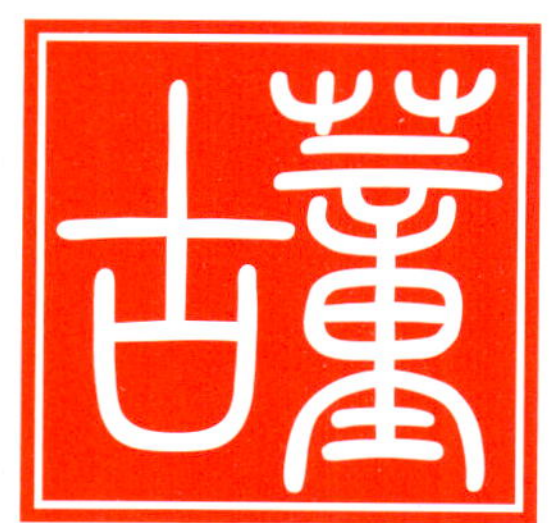

2015ANTIQUES AUCTION RECORDS

拍卖年鉴 全彩版

2014.1.1～2014.12.31

欣 弘　主编

cns | 湖南美术出版社

图书在版编目(CIP)数据

2015古董拍卖年鉴·玉器／欣弘主编．—长沙：湖南美术出版社，2015.3
ISBN 978-7-5356-7149-3

I. ①2… II. ①欣… III. ①历史文物－拍卖－价格－中国－2015－年鉴②古玉器－拍卖－价格－中国－2015－年鉴 IV. ①F724.787-54

中国版本图书馆CIP数据核字(2015)第019410号

2015古董拍卖年鉴·玉器

主　　编：欣　弘
策　　划：易兴宏　李志文
责任编辑：李　坚

湖南美术出版社出版发行(长沙市东二环一段622号)
湖南省新华书店经销
雅昌文化(集团)有限公司制版、印刷
(本书采用CTP工艺制版、印刷)
开本：787×1092　1/16　印张：15
2015年3月第1版　2015年3月第1次印刷
ISBN 978-7-5356-7149-3
定价：118.00元

目　　录

礼　玉

玉　璜…… 1
玉　璧…… 1
玉　琮…… 5
玉　圭…… 6
玉　琥…… 7
玉　册…… 7

佩玩件

玉　玦…… 7
玉璇玑…… 7
玉　环…… 8
玉　管…… 10
玉　勒…… 11
玉扳指…… 12
玉带饰…… 13
玉带钩…… 15
玉带扣…… 16
玉　锁…… 16
玉柄形器…… 17
玉炉顶…… 17
玉珠串、项链…… 18
玉　镯…… 19
玉簪　玉梳…… 21
玉　牌…… 21
佩玩人物件…… 30
佩玩动物件…… 43
佩玩植物件…… 71
其他佩玩件…… 77

陈设和生活用品

玉　屏…… 86
玉如意…… 87
玉佛手…… 89
玉山子…… 90
人物摆件…… 96
动物摆件…… 114
其他摆件…… 135
玉　瓶…… 139
玉　尊…… 145
玉　觥…… 146
玉　觚…… 147
玉　鼎…… 148
玉　壶…… 149
玉　罐…… 151
玉　匜…… 151
玉　炉…… 151
玉　盒…… 155
玉　奁…… 157
玉　簋…… 158
玉　盘…… 158
玉　碗…… 159
玉　杯…… 161
玉　缸…… 165
玉　盆…… 165
花插　香插…… 165
玉香筒…… 168
玉　镜…… 169
玉　盏…… 169
其他生活用品…… 169

文房用品

笔　杆…… 170
笔　筒…… 170
笔　架…… 172
笔　掭…… 173
印　盒…… 173
墨　床…… 174
水　丞…… 175
水　盂…… 175
砚　滴…… 176
笔　洗…… 177
纸　镇…… 181
砚　台…… 182
玉　玺…… 183
玉　印…… 184
其他文房用品…… 186

兵器及刀剑饰…… 187

2014玉器拍卖成交汇总…… 189

凡　例

1.《2015古董拍卖年鉴》分瓷器卷、玉器卷、杂项卷、珠宝翡翠卷、书画卷共五册。收录了纽约、伦敦、香港、澳门、台北、北京、上海、广州、昆明、天津、重庆、成都、安徽、云南、南京、西安、沈阳、济南等城市或地区的几十家拍卖公司几百个专场的2014年度拍卖成交记录与拍品图片。

2.本书内文条目原则上保留了原拍卖记录，按拍品号、朝代、品名、估价、成交价、尺寸、拍卖公司名称、拍卖日期等排序，部分原内容缺或不详的，即不注明，书画卷内文条目还有作者姓名、作品形式、创作年代等内容。

3.因境外拍卖公司宿地不同，本书拍品中有多种币种：RMB人民币，USD美元，EUR欧元，GBP英磅，HKD港币，TWD台币。但本书所有拍品成交价均采用按汇率转换成RMB(人民币)币种。

4.需查看更多图片资料，请登陆“www.artron.net”进入“中国艺搜”栏目，输入要查看拍品的完整名称或名称的关键词语点击搜索即可。

礼 玉

玉 璜

148 东周 玉饕餮纹璜
估　价：USD 20,000～25,000
成交价：RMB 383,438
长11.8cm 纽约苏富比 2014.03.18

149 东周 玉龙首璜
估　价：USD 20,000～30,000
成交价：RMB 383,438
长7.8cm 纽约苏富比 2014.03.18

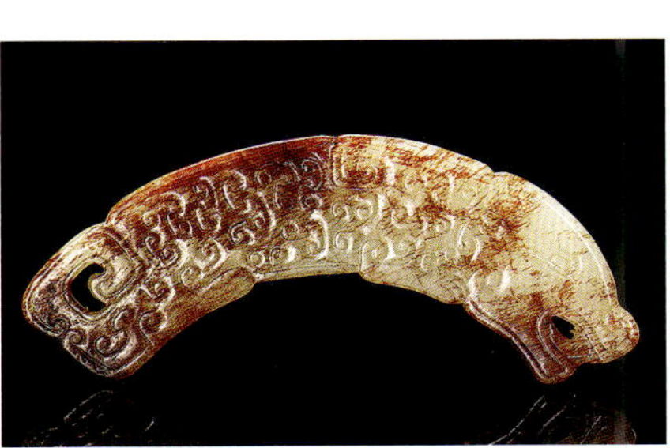

4286 金/元 旧玉洒金虎形璜
估　价：RMB 80,000～120,000
成交价：RMB 149,500
长11cm 北京翰海 2014.10.26

玉 璧

132 新石器时代 良渚文化 玉璧
估　价：USD 35,000～45,000
成交价：RMB 230,063
直径20.5cm 纽约苏富比 2014.03.18

1249 春秋 玉雕勾云纹璧
估　价：HKD 8,000～12,000
成交价：RMB 127,351
直径4.8cm 中国嘉德 2014.10.07

810 战国 玉雕勾云纹璧
估　价：HKD 30,000～50,000
成交价：RMB 68,828
直径9.2cm 中国嘉德 2014.04.09

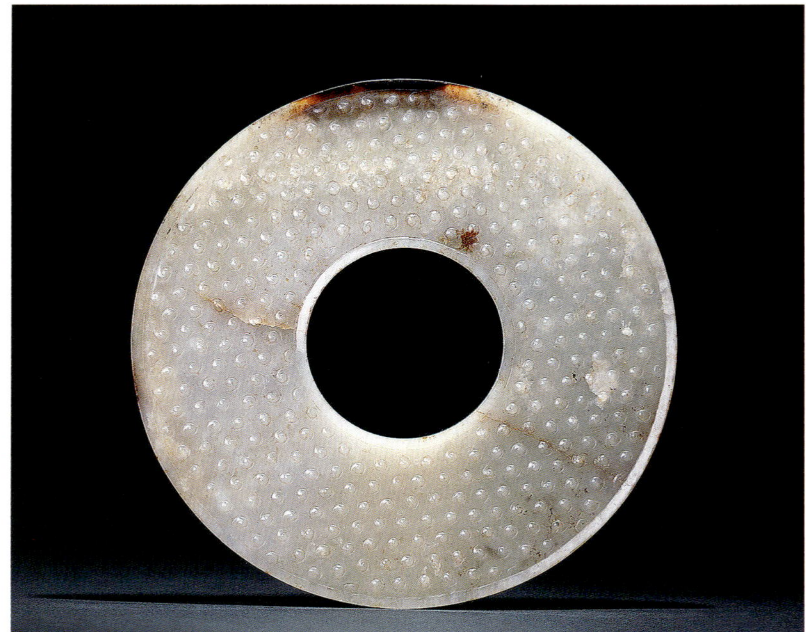

1250 战国 谷纹玉璧
估　价：HKD 60,000～90,000
成交价：RMB 272,895
直径12.5cm 中国嘉德 2014.10.07

510 西汉 白玉镂雕龙纹璧
估　价：HKD 2,000,000～3,500,000
成交价：RMB 1,756,740
直径7.6cm 大唐国际 2014.05.27

135 东周 玉璧
估　价：USD 7,000～9,000
成交价：RMB 46,013
直径11.3cm 纽约苏富比 2014.03.18

806 西汉 玉雕勾云纹璧
估　价：HKD 20,000～30,000
成交价：RMB 84,428
直径7.7cm 中国嘉德 2014.04.09

398 汉 蒲纹玉璧
估　价：HKD 150,000～250,000
成交价：RMB 231,150
直径10.5cm 大唐国际 2014.05.27

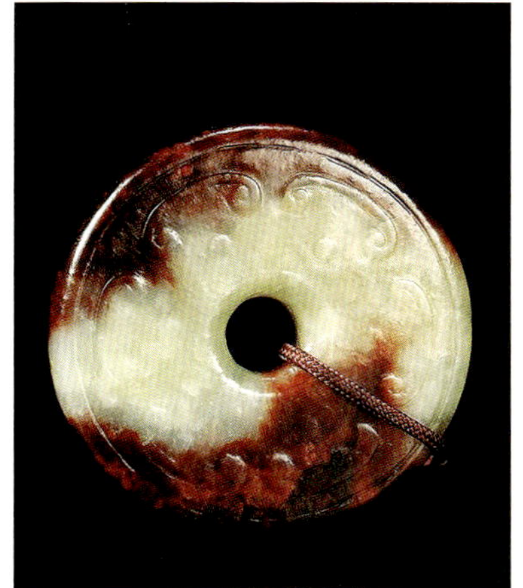

3191 宋 黄玉雕勾云纹璧
估　价：RMB 30,000～40,000
成交价：RMB 48,300
直径6cm 西泠拍卖 2014.05.06

1501 明 白玉沁色螭龙璧
估　价：RMB 50,000～100,000
成交价：RMB 287,500
直径16cm 北京翰海 2014.10.25

476 明 白玉雕望子成龙纹璧
估　价：RMB 100,000
成交价：RMB 112,000
直径9.2cm 天津文物 2014.05.16

1502 明 白玉沁色螭龙璧
估　价：RMB 30,000～60,000
成交价：RMB 103,500
直径7cm 北京翰海 2014.10.25

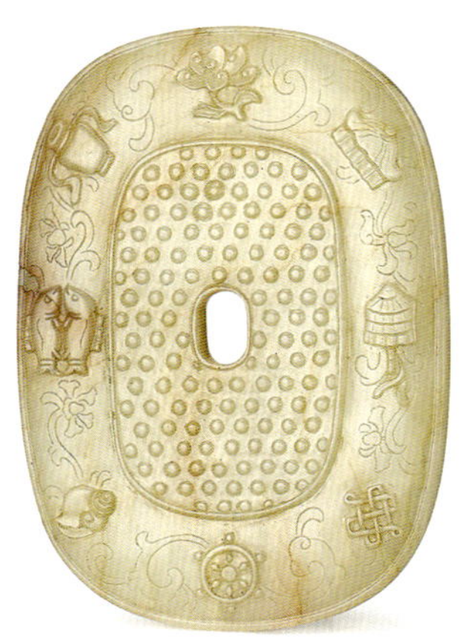

3821 清乾隆 褐斑白玉八吉祥纹璧
估　价：HKD 400,000～600,000
成交价：RMB 395,500
直径11.5cm 香港苏富比 2014.10.08

4306 清乾隆 白玉饕餮乳钉纹璧
估　价：RMB 580,000～700,000
成交价：RMB 793,500
直径8.3cm 北京翰海 2014.10.26

285 清康熙 黄玉雕螭龙八卦纹璧
估　价：USD 10,000～15,000
成交价：RMB 153,375
直径7.6cm 纽约苏富比 2014.03.18

2985 清乾隆 黄玉浮雕云龙纹璧
估　价：RMB 1,200,000～1,600,000
成交价：RMB 1,955,000
直径23cm 西泠拍卖 2014.12.13

159 清 青白玉五福捧寿转心璧
成交价：RMB 379,500
长20.5cm 北京保利 2014.08.02

2656 清乾隆 白玉螭龙御题诗文璧
估 价：RMB 180,000～260,000
成交价：RMB 230,000
直径8.1cm 北京翰海 2014.05.11

553 清 白玉沁色雕龙马精神纹活心璧
估 价：RMB 180,000
成交价：RMB 442,400
直径7.8cm 天津文物 2014.11.15

556 清 白玉雕龙凤纹璧
估 价：RMB 60,000
成交价：RMB 112,000
直径5.7cm 天津文物 2014.11.15

玉 琮

119 新石器时代/商 玉琮
估 价：USD 10,000～15,000
成交价：RMB 99,694
直径5.3cm 纽约苏富比 2014.03.18

1018 明 黄玉琮
成交价：RMB 57,500
长7cm 北京保利 2014.10.26

2000 新石器时代 良渚文化 青褐玉琮
估 价：USD 12,000～18,000
成交价：RMB 1,503,075
高21.3cm 纽约佳士得 2014.03.20

490 清 白玉雕兽面纹琮
估 价：RMB 100,000
成交价：RMB 235,200
高8.9cm 天津文物 2014.05.16

253 玉仿古琮（两件）
估 价：USD 5,000~7,000
成交价：RMB 45,998
较大者直径7cm 纽约苏富比 2014.09.16

玉圭

1031 宋 玉雕带沁圭
估 价：HKD 100,000~200,000
成交价：RMB 90,965
长14cm 中国嘉德 2014.10.07

931 清乾隆 白玉龙纹圭璧
估 价：RMB 150,000~200,000
成交价：RMB 218,500
长19cm 北京保利 2014.04.27

134 清乾隆 御制青玉带皮雕十二章纹圭
估 价：GBP 10,000~15,000
成交价：RMB 184,520
高19.2cm 伦敦邦瀚斯 2014.05.15

玉 琥

145 商 玉琥形佩
估　价：USD 4,000～6,000
成交价：RMB 38,344
长6cm 纽约苏富比 2014.03.18

玉 册

5624 清乾隆 御制“佛说贤者五福德经”玉册
估　价：RMB 5,300,000～8,300,000
成交价：RMB 6,440,000
玉册长17.7cm×10.7cm×3.3cm 北京保利 2014.12.03

佩玩件

玉 玦

392 东周 玉玦（一对）
估　价：HKD 35,000～55,000
成交价：RMB 30,512
直径2.9cm 大唐国际 2014.05.27

玉璇玑

123 新石器时代 玉璇玑
估　价：USD 80,000～100,000
成交价：RMB 460,125
直径18.5cm 纽约苏富比 2014.03.18

126 新石器时代 玉璇玑
估　价：USD 20,000～30,000
成交价：RMB 138,038
直径15cm 纽约苏富比 2014.03.18

玉 环

1251 商 玉环
估　价：HKD 30,000～50,000
成交价：RMB 43,663
直径10cm 中国嘉德 2014.10.07

1019 春秋 玉雕勾云纹环
估　价：HKD 12,000～22,000
成交价：RMB 56,398
直径6.6cm 中国嘉德 2014.10.07

1023 战国 玉雕谷纹环
估　价：HKD 35,000～55,000
成交价：RMB 145,544
直径8cm 中国嘉德 2014.10.07

3209 元 白玉双螭纹环
估　价：HKD 150,000～220,000
成交价：RMB 140,007
直径7.1cm 保利香港 2014.10.07

558 宋 白玉雕云纹环
估　价：RMB 50,000
成交价：RMB 179,200
直径7.3cm 天津文物 2014.11.15

865 明 黄玉龙纹臂环
估　价：RMB 50,000～80,000
成交价：RMB 184,000
直径10.5cm 北京保利 2014.04.27

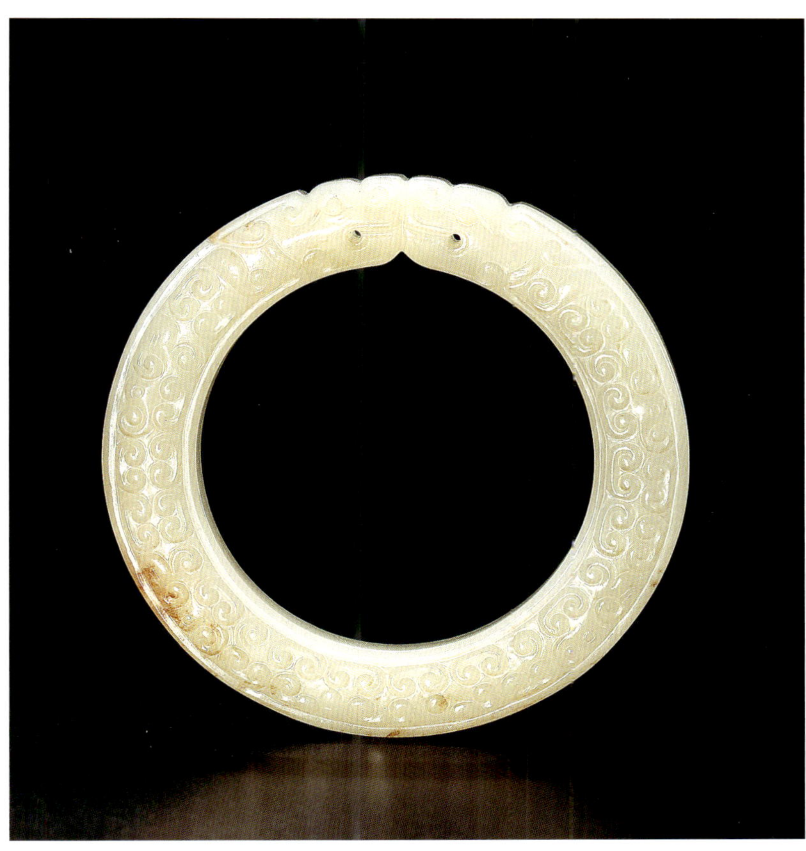

4301 清中期 白玉洒金双龙环
估　价：RMB 280,000～360,000
成交价：RMB 345,000
直径5.8cm 北京翰海 2014.10.26

1032 明 黄玉螭龙环
成交价：RMB 138,000
长7.5cm 北京保利 2014.10.26

559 清 白玉雕螭纹环
估　价：RMB 120,000
成交价：RMB 246,400
直径5.6cm 天津文物 2014.11.15

2301 清中期 白玉盘龙环佩
估　价：RMB 80,000～100,000
成交价：RMB 345,000
直径4.5cm 北京翰海 2014.05.10

玉 管

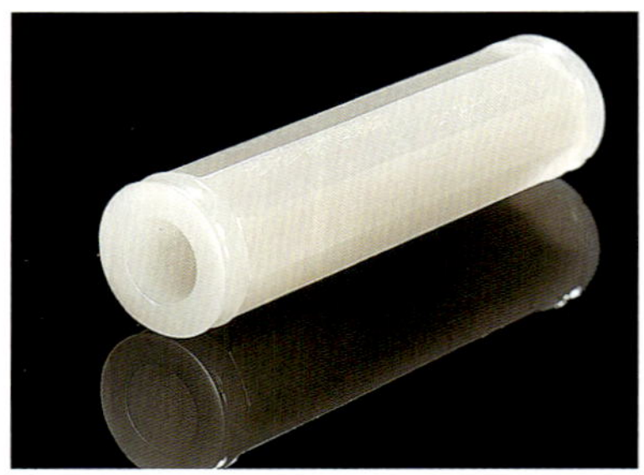

3354 明 白玉浅刻“般若密多心经”管
估 价：RMB 800,000～1,100,000
成交价：RMB 2,012,500
高6cm 北京翰海 2014.10.25

2529 清 白玉指日高升翎管
估 价：USD 4,000～6,000
成交价：RMB 76,688
长7.7cm 纽约佳士得 2014.03.20

1507 明 旧玉沁色经幢
估 价：RMB 20,000～40,000
成交价：RMB 92,000
高13.5cm 北京翰海 2014.10.25

604 清 白玉留皮翎管
估 价：RMB 30,000
成交价：RMB 35,840
长7.1cm 天津文物 2014.11.15

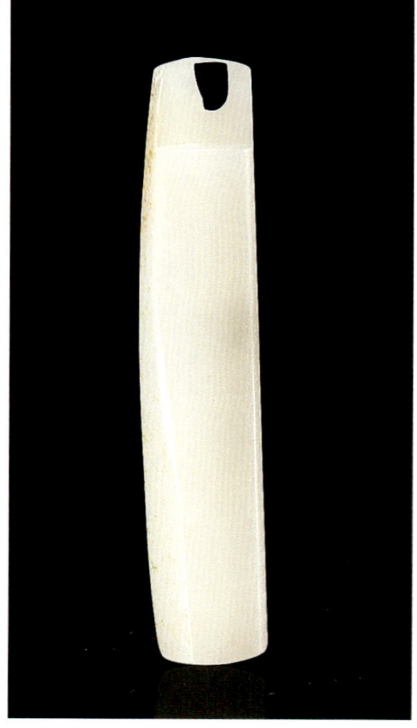

2873 清中期 白玉洒金翎管
估 价：RMB 150,000～180,000
成交价：RMB 189,750
高7.7cm 北京翰海 2014.05.11

玉 勒

808 春秋 白玉佩
估　价：HKD 20,000～30,000
成交价：RMB 66,074
高6.4cm 中国嘉德 2014.04.09

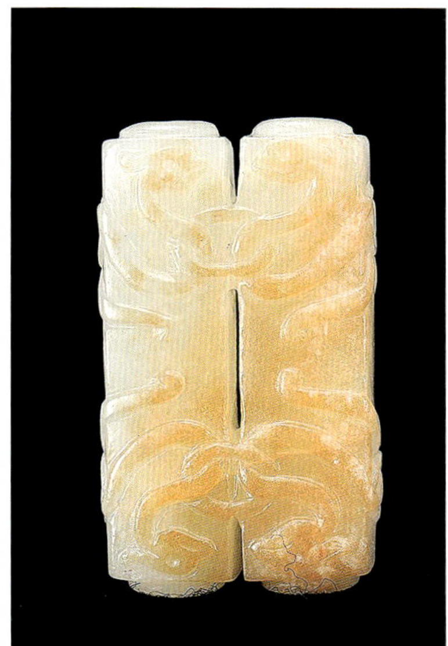

155 明 白玉留皮八凤勒子
估　价：RMB 40,000～60,000
成交价：RMB 80,640
4.8cm×2.4cm 武汉中信 2014.10.23

3602 元 白玉蟠螭勒子
估　价：RMB 150,000～180,000
成交价：RMB 172,500
高6.5cm 中鸿信 2014.11.22

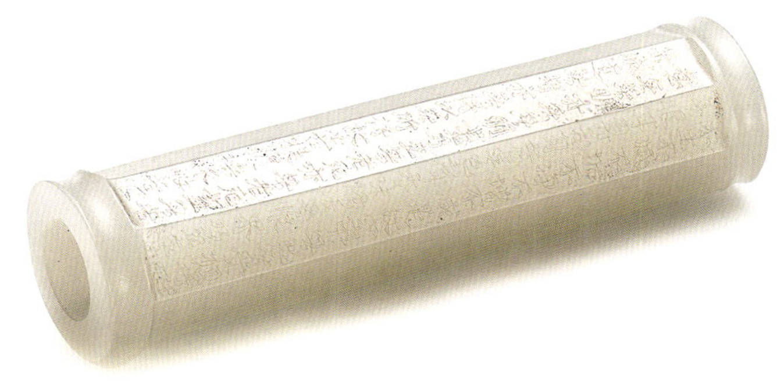

3174 18世纪 白玉刻“般若波罗蜜经”勒子
估　价：HKD 250,000～350,000
成交价：RMB 543,125
高6.1cm 香港苏富比 2014.04.08

719 清乾隆 白玉雕兽面龙凤纹勒
估　价：RMB 30,000～40,000
成交价：RMB 115,000
高4.8cm 北京诚轩 2014.05.19

2770 明 黄玉勾云纹菱形勒
估　价：RMB 40,000～60,000
成交价：RMB 63,250
高4.7cm 北京翰海 2014.05.11

4135 清中期 白玉诗文勒
估　价：RMB 150,000～200,000
成交价：RMB 207,000
长6.3cm 北京翰海 2014.10.26

玉扳指

119 明 绿玉带皮雕螭龙纹扳指及褐玉雕琮
估　价：GBP 2,000～3,000
成交价：RMB 79,080
宽4.2cm 伦敦邦瀚斯 2014.05.15

2358 清乾隆 金嵌绿松石青金石镂空寿字纹扳指
估　价：USD 40,000～60,000
成交价：RMB 2,975,475
直径3.5cm 纽约佳士得 2014.03.20

917 清乾隆 白玉御题诗文扳指
估　价：RMB 600,000～800,000
成交价：RMB 1,092,500
直径3cm 北京保利 2014.04.27

11474 羊脂玉夔龙纹扳指
估　价：RMB 950,000～1,500,000
成交价：RMB 1,667,500
直径5.5cm 北京博观 2014.07.06

4138 清乾隆 白玉花卉御制诗文扳指
估　价：RMB 40,000～60,000
成交价：RMB 126,500
内径2.1cm 北京翰海 2014.10.26

3349 清 白玉马纹扳指
估　价：RMB 150,000～250,000
成交价：RMB 241,500
直径3cm 中国嘉德 2014.05.18

3322 清 日玉带金皮扳指
估　价：RMB 200,000～300,000
成交价：RMB 230,000
宽3.3cm 中国嘉德 2014.11.20

玉带饰

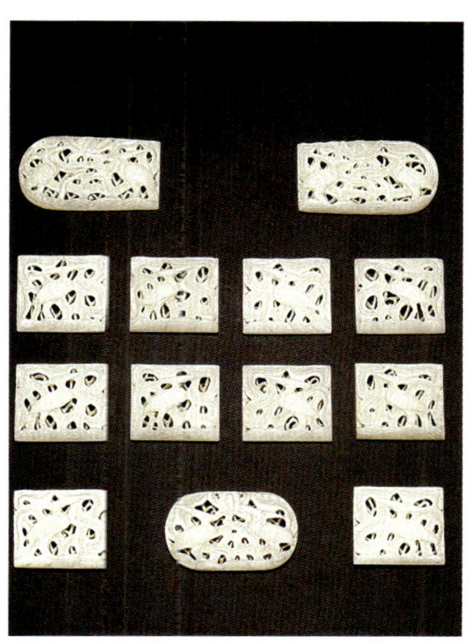

2697 金/元 白王一路连科带饰（十三件）
估　价：RMB 240,000～380,000
成交价：RMB 299,000
尺寸不一　北京翰海 2014.05.11

570 元 白玉雕望子成龙纹带饰
估 价：RMB 180,000
成交价：RMB 403,200
长8.2cm 天津文物 2014.11.15

2495 元/明 青白玉镂雕春水带饰
估 价：USD 10,000~15,000
成交价：RMB 76,688
长9.6cm 纽约佳士得 2014.03.20

571 明 碧玉雕龙纹带饰
估 价：RMB 100,000
成交价：RMB 168,000
长96cm 天津文物 2014.11.15

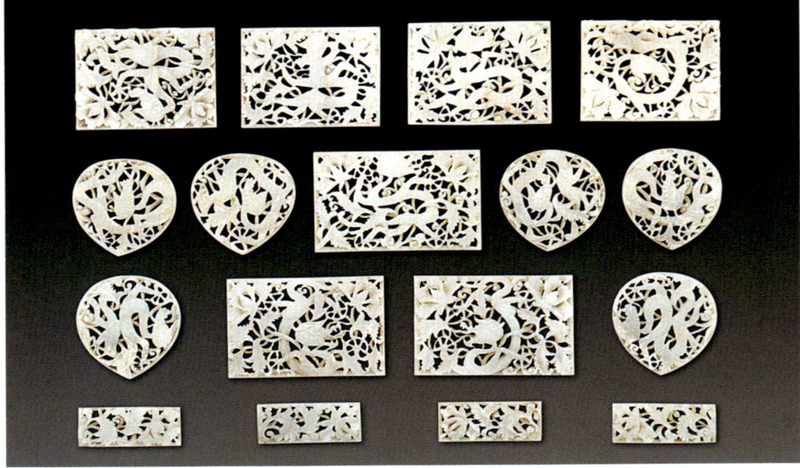

1058 明 透雕龙纹玉带板（一套十七件）
估 价：RMB 600,000~800,000
成交价：RMB 862,500
上海敬华 2014.07.01

540 明 白玉沁色雕以介眉寿纹带饰
估 价：RMB 100,000
成交价：RMB 218,400
长9.2cm 天津文物 2014.05.16

568 清 白玉沁色雕和合二仙纹带饰
估 价：RMB 180,000
成交价：RMB 201,600
长6cm 天津文物 2014.11.15

玉带钩

811 战国 玉雕夔龙钩
估　价：HKD 80,000～120,000
成交价：RMB 201,894
高8.3cm 中国嘉德 2014.04.09

1551 元/明早期 白玉羊首带钩
估　价：RMB 20,000
成交价：RMB 59,800
长10cm 北京翰海 2014.04.12

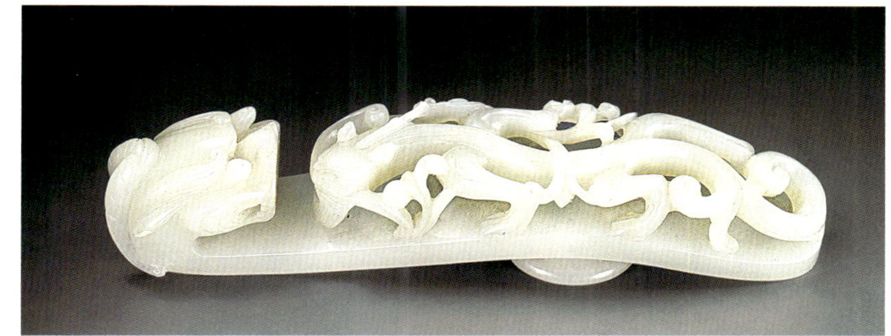

590 清 白玉雕螭纹龙首带钩
成交价：RMB 168,000
长14.5cm 天津文物 2014.11.15

3742 清乾隆 白玉雕螭龙纹带钩
成交价：RMB 84,044
长14cm 香港苏富比 2014.10.08

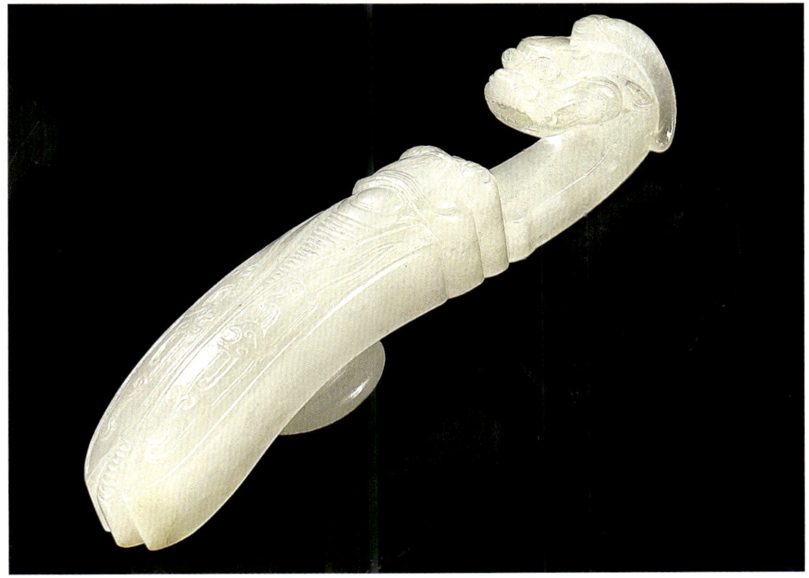

2732 清早期 白玉蝉纹带钩
估　价：RMB 50,000～70,000
成交价：RMB 126,500
长10cm 北京翰海 2014.05.11

2393 18世纪/19世纪 青白玉苍龙教子带钩（两件）
估　价：USD 8,000～12,000
成交价：RMB 130,369
长14；长13cm 纽约佳士得 2014.03.20

玉带扣

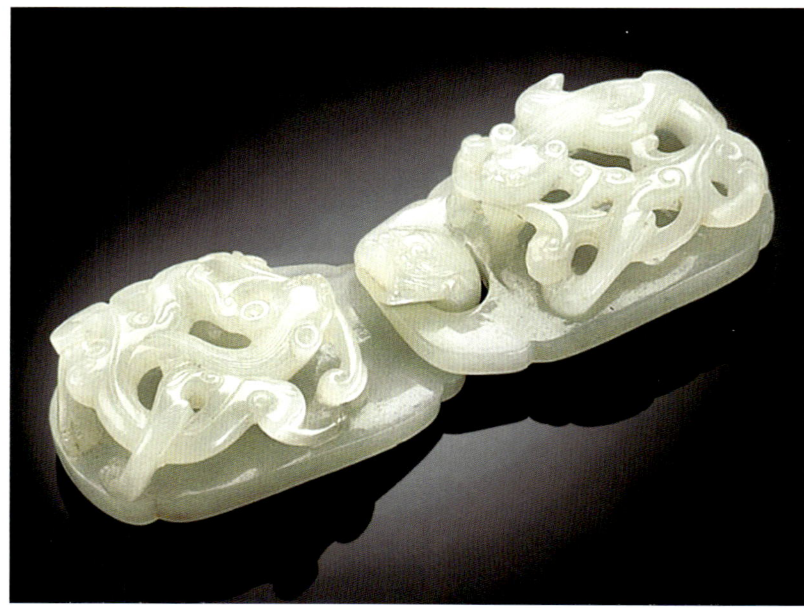

2563 18世纪 青白玉螭龙衔芝带扣
估　价：USD 6,000～8,000
成交价：RMB 92,025
长12.7cm 纽约佳士得 2014.03.20

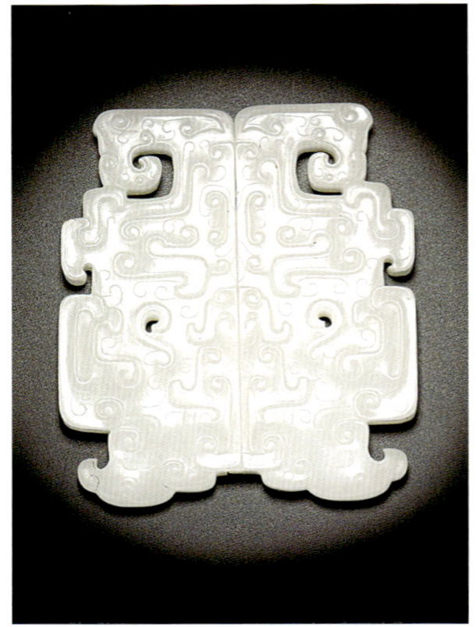

146 清 白玉仿古瑞兽纹带扣
估　价：GBP 4,000～6,000
成交价：RMB 297,660
长7.5cm 伦敦苏富比 2014.11.05

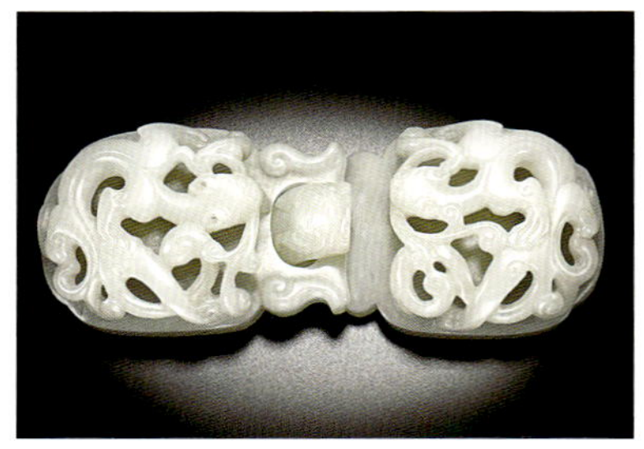

149 18世纪 青白玉龙纹带扣
估　价：GBP 4,000～6,000
成交价：RMB 52,091
长11.5cm 伦敦苏富比 2014.11.05

玉 锁

2659 清中期 白玉富贵有余锁
估　价：RMB 40,000～60,000
成交价：RMB 63,250
长9.2cm 北京翰海 2014.05.11

474 清 白玉雕福寿双全纹锁
估 价：RMB 80,000
成交价：RMB 221,760
长13.5cm 天津文物 2014.05.16

玉柄形器

1076 清中期 白玉龙纹柄
成交价：RMB 17,250
长10.5cm 北京保利 2014.10.26

玉炉顶

4284 辽/金 白玉透雕鹭莲炉顶
估 价：RMB 100,000～120,000
成交价：RMB 138,000
高4.5cm 北京翰海 2014.10.26

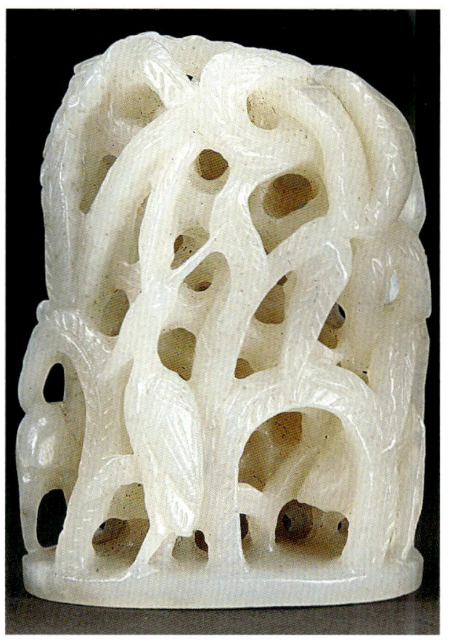

1312 元 白玉雕秋水炉顶
估 价：RMB 120,000
成交价：RMB 138,000
高7cm 北京翰海 2014.01.11

541 元 青白玉雕一路连科纹炉顶
估 价：RMB 40,000
成交价：RMB 168,000
高5cm 天津文物 2014.05.16

153 元/明 青白玉镂雕穿云游龙冠顶
估 价：GBP 8,000～12,000
成交价：RMB 272,855
高5cm 伦敦苏富比 2014.11.05

3303 清 白玉留皮凤凰牡丹炉顶
估　价：RMB 50,000~80,000
成交价：RMB 345,000
高7cm 中国嘉德 2014.05.18

3481 红珊瑚手串
估　价：RMB 12,000~18,000
成交价：RMB 55,200
长9.8cm 中国嘉德 2014.11.20

玉珠串、项链

513 蜜蜡手串
估　价：RMB 55,000~70,000
成交价：RMB 69,000
约重48.8g 北京保利 2014.02.05

3869 清中期 蜜蜡朝珠串
估　价：RMB 320,000~460,000
成交价：RMB 402,500
北京翰海 2014.05.11

398 清中期 琥珀朝珠
估　价：RMB 800,000~900,000
成交价：RMB 920,000
长55cm 北京东正 2014.11.20

2453 明 南红玛瑙念珠（20粒）
估　价：RMB 50,000~80,000
成交价：RMB 69,000
北京翰海 2014.05.10

780 清 琥珀朝珠（108粒）
估　价：RMB 150,000
成交价：RMB 224,000
天津文物 2014.11.15

6821 南红玛瑙项链
估　价：RMB 500,000～580,000
成交价：RMB 575,000
半径2.7cm 北京保利 2014.06.05

1300 珊瑚串项链
估　价：RMB 600,000～1,200,000
成交价：RMB 805,000
长34cm 中贸圣佳 2014.07.06

6787 珊瑚念珠
估　价：RMB 180,000～200,000
成交价：RMB 207,000
直径1.5cm 北京保利 2014.06.05

玉镯

870 明 黄玉龙纹镯
估　价：RMB 60,000～80,000
成交价：RMB 299,000
直径7.5cm 北京保利 2014.04.27

1014 明 黄玉兽面纹镯
成交价：RMB 74,750
直径7.5cm 北京保利 2014.10.26

4524 李康 双龙戏珠 白玉镯（一套）
估　价：RMB 420,000～480,000
成交价：RMB 483,000
直径6.8cm 北京匡时 2014.06.05

612 清 白玉贵妃手镯
估　价：RMB 15,000
成交价：RMB 112,000
内径6cm 天津文物 2014.11.15

3972 杨曦 银杏·梦影 白玉手镯
估　价：RMB 1,300,000～1,500,000
成交价：RMB 1,725,000
内径5.9cm 西泠拍卖 2014.12.14

244 新疆和田籽料白玉手镯
估　价：RMB 800,000
成交价：RMB 896,000
内径5.8cm 上海联合 2014.10.11

61 新疆和田黄玉玉镯
估　价：RMB 100,000～120,000
成交价：RMB 414,000
内径5.9cm 北京保利 2014.10.08

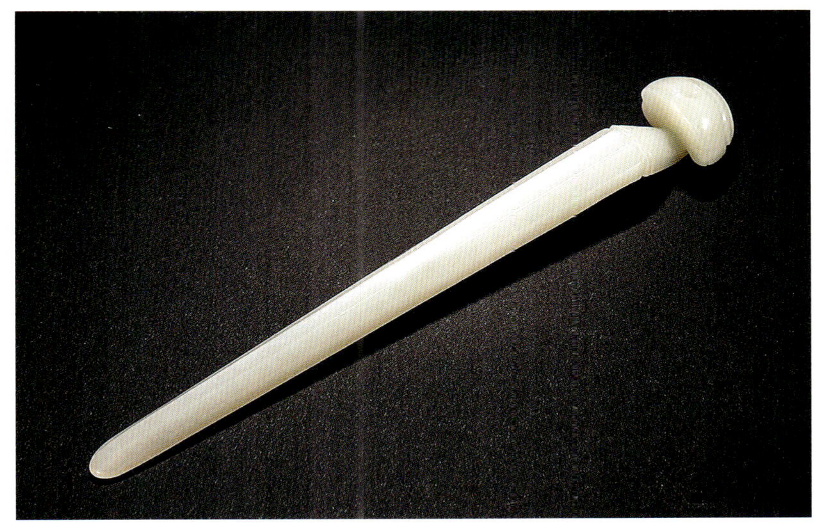

513 明 白玉雕如意云头纹发簪
估　价：RMB 30,000～50,000
成交价：RMB 36,800
长13cm 苏州东方 2014.10.30

玉簪 玉梳

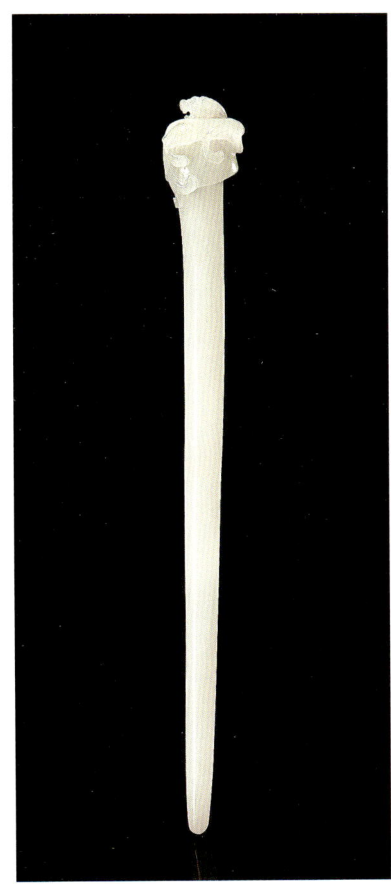

2712 明 白玉螭龙纹簪
估　价：RMB 55,000～85,000
成交价：RMB 78,200
长16cm 北京翰海 2014.05.11

906 殷建国 有风来仪 白玉梳
估　价：RMB 220,000～280,000
成交价：RMB 287,500
西泠拍卖 2014.05.03

玉牌

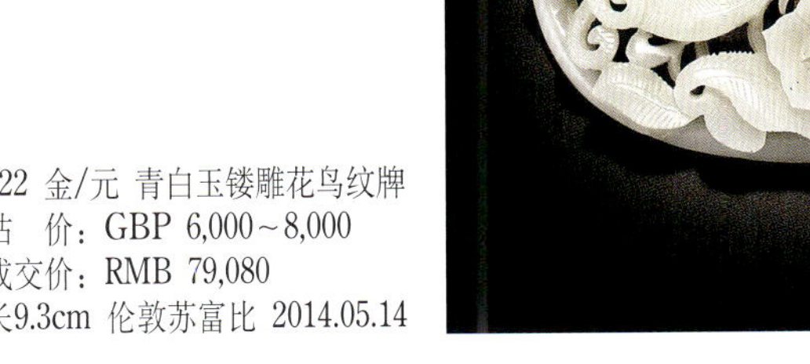

122 金/元 青白玉镂雕花鸟纹牌
估　价：GBP 6,000～8,000
成交价：RMB 79,080
长9.3cm 伦敦苏富比 2014.05.14

150 元 灰青玉镂雕龙纹牌
估 价：GBP 4,000～6,000
成交价：RMB 198,440
直径7.1cm 伦敦苏富比 2014.11.05

281 元/明初 青白玉镂雕龙纹牌
估 价：USD 6,000～8,000
成交价：RMB 191,719
长7.3cm 纽约苏富比 2014.03.18

2377 元 青白玉太极图花牌
估 价：USD 5,000～7,000
成交价：RMB 38,344
直径7.3cm 纽约佳士得 2014.03.20

570 明 青白玉镂雕龙纹牌
估 价：USD 7,000～9,000
成交价：RMB 99,661
高13cm 纽约苏富比 2014.09.16

799 明 玉雕鹭鸶诗文牌
估 价：HKD 40,000～60,000
成交价：RMB 1,560,090
长7.2cm 中国嘉德 2014.04.09

1009 明末清早期 白玉米芾拜石子冈牌
估 价：HKD 80,000~120,000
成交价：RMB 354,764
高5.1cm 中国嘉德 2014.10.07

890 清早期 白玉花卉诗文牌
估 价：RMB 60,000~80,000
成交价：RMB 149,500
长7cm 北京保利 2014.04.27

1010 清早期 白玉米芾拜石子冈牌
估 价：HKD 100,000~200,000
成交价：RMB 727,720
5.8cm×3.5cm 中国嘉德 2014.10.07

791 明末清早期 青白玉“风云际会”牌
估 价：HKD 30,000~50,000
成交价：RMB 50,474
长5.3cm 中国嘉德 2014.04.09

1006 清乾隆 白玉榴开百子牌
估 价：HKD 150,000~250,000
成交价：RMB 263,799
高5.5cm 中国嘉德 2014.10.07

543 清乾隆 白玉雕花卉纹牌
估 价：RMB 350,000
成交价：RMB 604,800
高7.5cm 天津文物 2014.11.15

894 清乾隆 白玉踏雪寻梅诗文牌
估 价：RMB 550,000～800,000
成交价：RMB 805,000
长7cm 北京保利 2014.04.27

3171 清中期 白玉关公夜读牌
估 价：HKD 180,000～280,000
成交价：RMB 205,344
高6.5cm 保利香港 2014.10.07

798 清中期 白玉“黄粱一梦”子冈牌
估 价：HKD 200,000～300,000
成交价：RMB 743,337
长5.5cm 中国嘉德 2014.04.09

802 清中期 白玉“云龙瑞霞”牌
估 价：HKD 40,000～60,000
成交价：RMB 312,018
长5.2cm 中国嘉德 2014.04.09

542 清 白玉雕榴开百子诗文牌
估 价：RMB 450,000
成交价：RMB 784,000
高7.2cm 天津文物 2014.11.15

309 18世纪 白玉刻儒家经典诗文牌
估 价：USD 8,000～12,000
成交价：RMB 728,531
高6.4cm 纽约苏富比 2014.03.18

3574 清 白玉人物牌
估 价：HKD 100,000～150,000
成交价：RMB 753,750
高4.1cm 佳士得 2014.05.28

1329 清 白玉高士抚琴牌
估 价：RMB 380,000～450,000
成交价：RMB 460,000
高5.5cm 北京保利 2014.10.26

9 18世纪/19世纪 白玉庭院人物图牌
估 价：GBP 6,000～8,000
成交价：RMB 434,940
长5.5cm 伦敦苏富比 2014.05.14

512 清 白玉雕脚踏如意纹牌
估 价：RMB 280,000
成交价：RMB 560,000
长6.3cm 天津文物 2014.05.16

300 18世纪/19世纪 白玉雕龙凤纹牌
估 价：USD 7,000~9,000
成交价：RMB 199,388
长5.4cm 纽约苏富比 2014.03.18

1691 民国 白玉渔樵耕读挂牌
估 价：RMB 40,000~50,000
成交价：RMB 57,500
长6.1cm 北京传是 2014.06.05

623 范同生 和田玉籽料武财神方牌
估 价：RMB 350,000~400,000
成交价：RMB 483,000
长8.4cm 北京艺融 2014.06.03

4577 陈冠军 十牛图 白玉对牌
估 价：RMB 2,000,000~2,500,000
成交价：RMB 2,300,000
高11.6cm×2 北京匡时 2014.06.05

11475 和田玉籽料渔樵耕读套牌
估　价：RMB 3,000,000～4,000,000
成交价：RMB 3,450,000
尺寸不一　北京博观 2014.07.06

3208 郭万龙 白玉雕长宜子孙牌
估　价：RMB 350,000～450,000
成交价：RMB 437,000
高7.4cm 中国嘉德 2014.11.20

4687 当代 苏然作 和田玉籽料君子牌
估　价：RMB 360 000～450,000
成交价：RMB 414 000
高6.3cm 中鸿信 2014.11.23

4125 陈冠军 竹云松涛 白玉对牌
估　价：RMB 2,500,000～3,000,000
成交价：RMB 2,990,000
10.5cm × 3.5cm × 1.2cm；
10.5cm × 3.8cm × 1.2cm
西泠拍卖 2014.12.14

4600 葛洪 飞龙在天 白玉牌
估　价：RMB 720,000～800,000
成交价：RMB 897,000
长8.7cm 北京匡时 2014.06.05

4077 翟倚卫 赫赫姜嫄 白玉牌
估　价：RMB 7,500,000～9,500,000
成交价：RMB 10,925,000
11.3cm×5.4cm×1.7cm 西泠拍卖 2014.12.14

3240 孟庆东 白玉雕闺中香玉牌
估　价：RMB 360,000～460,000
成交价：RMB 414,000
高7cm 中国嘉德 2014.11.20

3227 翟倚卫 白玉雕雨沥牌
估　价：RMB 3,000,000～4,000,000
成交价：RMB 3,450,000
高9.2cm 中国嘉德 2014.11.20

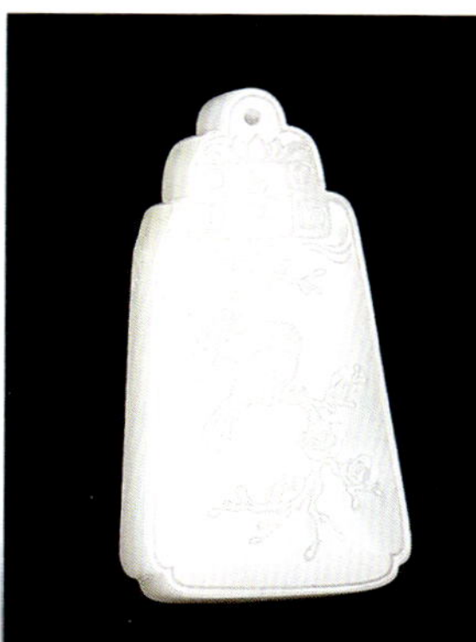

300 姚圣国 白玉雕春夏秋冬对牌
估　价：RMB 300,000
成交价：RMB 560,000
高6.2cm×2　上海联合 2014.10.11

4033 苏然 三国三事 白玉牌（一组）
估　价：RMB 9,000,000～11,000,000
成交价：RMB 10,350,000
9cm×5.3cm×1.5cm×3 西泠拍卖 2014.12.14

797 翟利军 龙腾凤舞 白玉对牌
估　价：RMB 1,300,000～1,500,000
成交价：RMB 1,840,000
西泠拍卖 2014.05.03

5249 颜桂明 观音插牌
估　价：RMB 1,200,000～1,400,000
成交价：RMB 1,380,000
玉高16cm 北京保利 2014.06.04

1530 杨曦 白玉雕太极福牌
估　价：RMB 700,000～1,200,000
成交价：RMB 782,000
长6.5cm 中贸圣佳 2014.07.06

佩玩人物件

563 明 玉雕童子
估　价：RMB 10,000～20,000
成交价：RMB 34,500
长4cm 北京保利 2014.01.11

2698 金/元 白玉洒金透雕松下人物饰件
估　价：RMB 180,000～260,000
成交价：RMB 230,000
长8.3cm 北京翰海 2014.05.11

702 明或更早 白玉飞天佩
估　价：RMB 380,000～480,000
成交价：RMB 437,000
长8.8cm 北京华辰 2014.04.27

746 明 玉雕莲生贵子佩
估　价：RMB 15,000～22,000
成交价：RMB 46,000
长6.2cm 北京诚轩 2014.11.20

3817 明末/清早期17世纪 黄玉雕卧鹿童子把件
估　价：HKD 300,000～400,000
成交价：RMB 494,375
长7.5cm 香港苏富比 2014.10.08

2678 清乾隆 白玉竹林七贤佩
估　价：RMB 200,000～300,000
成交价：RMB 287,500
高8.6cm 北京翰海 2014.05.11

2677 清乾隆 白玉狩猎图佩
估　价：RMB 250,000～350,000
成交价：RMB 345,000
高7.3cm 北京翰海 2014.05.11

2679 清乾隆 白玉人物诗文佩
估　价：RMB 300,000～500,000
成交价：RMB 575,000
高4.8cm 北京翰海 2014.05.11

1177 清乾隆 白玉童子祝寿图佩
成交价：RMB 218,500
长7cm 北京保利 2014.10.26

2819 清乾隆 白玉人物故事诗文佩
估 价：RMB 180,000～280,000
成交价：RMB 230,000
高6.8cm 北京翰海 2014.05.11

2666 清乾隆 白玉刘海戏金蟾佩
估 价：RMB 40,000～60,000
成交价：RMB 78,200
高5.9cm 北京翰海 2014.05.11

4333 清中期 白玉无双谱佩
估 价：RMB 28,000～40,000
成交价：RMB 34,500
高5.8cm 北京翰海 2014.10.26

3843 清中期 琥珀五子闹弥勒
估 价：RMB 80,000～120,000
成交价：RMB 103,500
高5.9cm 北京翰海 2014.05.11

2681 清中期 白玉童子献瑞诗文链式佩
估 价：RMB 250,000～350,000
成交价：RMB 379,500
高5.6cm 北京翰海 2014.05.11

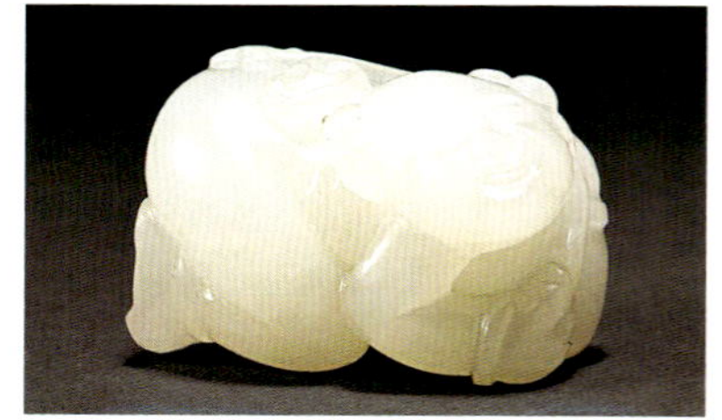

721 清中期 白玉雕灵芝童子坠
估 价：RMB 25,000～35,000
成交价：RMB 115,000
长2.6cm 北京诚轩 2014.05.19

4326 清中期 白玉永葆太平佩
估　价：RMB 80,000～160,000
成交价：RMB 115,000
高7.4cm 北京翰海 2014.10.26

4324 清中期 白玉泛舟诗文佩
估　价：RMB 80,000～160,000
成交价：RMB 115,000
高6.6cm 北京翰海 2014.10.26

4239 清中期 白玉观音佩
估　价：RMB 220,000～300,000
成交价：RMB 287,500
高5.5cm 北京翰海 2014.10.26

2383 18世纪/19世纪 青白玉童子诗文佩
估　价：USD 8,000～12,000
成交价：RMB 130,369
高5.2cm 纽约佳士得 2014.03.20

3178 18世纪 黄玉高士图佩
估　价：HKD 180,000～220,000
成交价：RMB 177,750
长5.8cm 香港苏富比 2014.04.08

2562 18世纪/19世纪 白玉击鼓童子坠
估 价：USD 3,000～5,000
成交价：RMB 291,413
长4.2cm 纽约佳士得 2014.03.20

3172 18世纪 白玉童子骑木马把件
估 价：HKD 100,000～150,000
成交价：RMB 375,250
长4.6cm 香港苏富比 2014.04.08

3168 18世纪 白玉雕父子丰收图把件
估 价：HKD 70,000～90,000
成交价：RMB 217,250
长3.6cm 香港苏富比 2014.04.08

3725 18世纪 白玉雕刘海戏金蟾把件
估 价：HKD 80,000～120,000
成交价：RMB 79,100
长5cm 香港苏富比 2014.10.08

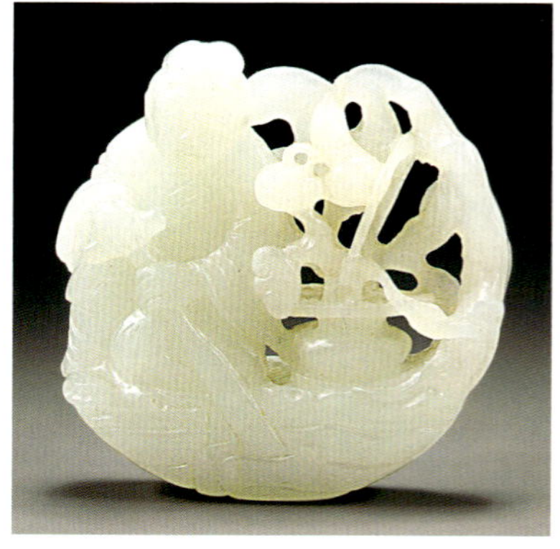

1546 清 白玉载来花甲佩
估 价：RMB 30,000
成交价：RMB 115,000
高5.8cm 北京翰海 2014.04.12

4236 清 白玉普贤菩萨佩
估　价：RMB 78,000～90,000
成交价：RMB 92,000
高7.8cm 北京翰海 2014.10.26

534 清 白玉雕多子多福吉庆纹佩
估　价：RMB 180,000
成交价：RMB 201,600
长5.4cm 天津文物 2014.11.15

510 清 白玉雕童子执如意纹佩
估　价：RMB 60,000
成交价：RMB 134,400
长6.4cm 天津文物 2014.11.15

12188 阿拉善玛瑙裸女把件
成交价：RMB 17,250
高10.5cm 北京博观 2014.11.15

1551 白玉雕诸葛孔明运筹帷幄
估　价：RMB 440,000～950,000
成交价：RMB 483,000
长3.9cm 中贸圣佳 2014.07.06

11361 碧玉绰约多姿把件
估 价：RMB 290,000~380,000
成交价：RMB 339,250
长7.3cm 北京博观 2014.07.06

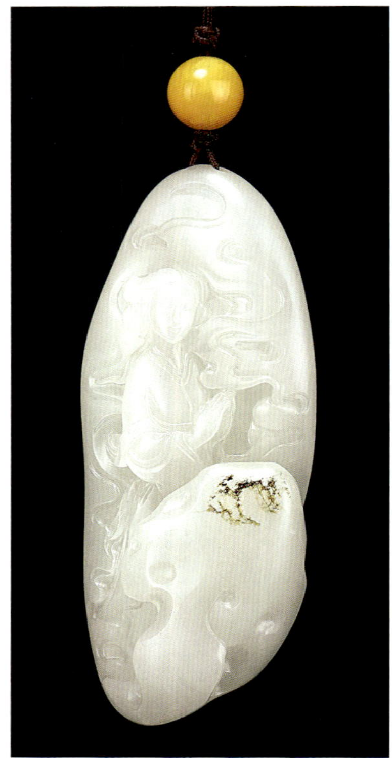

411 曹扬 貂蝉拜月把件
估 价：RMB 350,000~400,000
成交价：RMB 437,000
长7.7cm 荣宝斋(上海) 2014.05.09

945 陈健 仁者不惑 白玉把件
估 价：RMB 500,000~600,000
成交价：RMB 632,500
西泠拍卖 2014.05.03

4588 崔磊 关公挂印 白玉把件
估 价：RMB 450,000~500,000
成交价：RMB 517,500
长8cm 北京匡时 2014.06.05

5271 崔磊 魁星点斗把件
估 价：RMB 850,000~950,000
成交价：RMB 977,500
长8.8cm 北京保利 2014.06.04

850 崔磊 能使鬼推磨 白玉把件
估 价：RMB 350,000~450,000
成交价：RMB 460,000
西泠拍卖 2014.05.03

4589 崔磊 钟馗 白玉把件
估 价：RMB 1,200,000～1,500,000
成交价：RMB 1,840,000
长8.7cm 北京匡时 2014.06.05

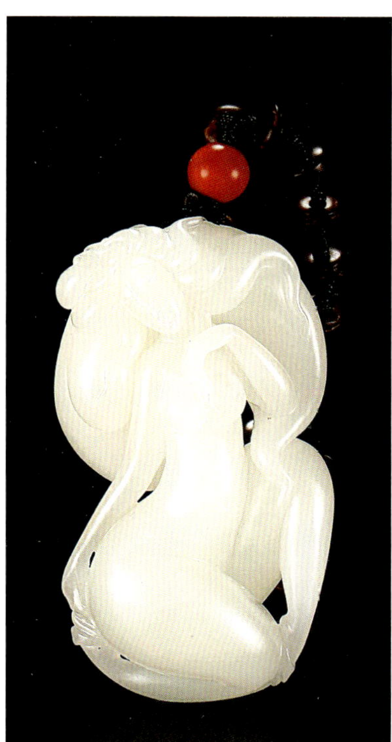

2317 和田玉春宫阑珊把件
成交价：RMB 333,500
6.0cm×4.0cm 北京博观 2014.11.16

5269 代胜坤 三娘教子
估 价：RMB 400,000～450,000
成交价：RMB 460,000
长8.4cm 北京保利 2014.06.04

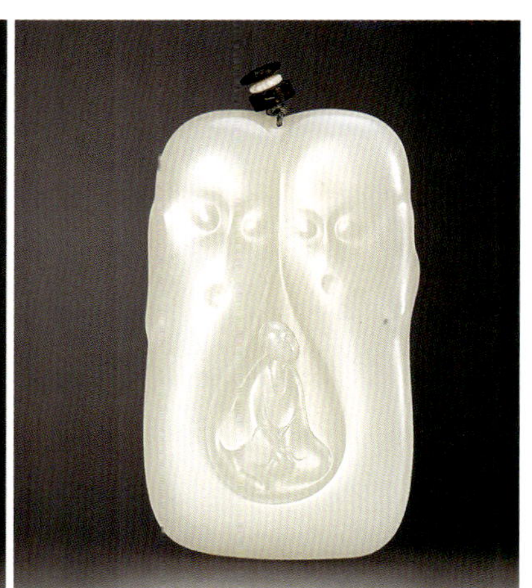

3212 樊军民 白玉雕凹把件
估 价：RMB 250,000～350,000
成交价：RMB 287,500
8.0cm×4.8cm 中国嘉德 2014.11.20

11472 和田玉籽料禅宗把件
估 价：RMB 1,250,000～1,600,000
成交价：RMB 1,437,500
长5.5cm 北京博观 2014.07.06

2357 和田玉籽料行神休素对佩
成交价：RMB 20,700
高5.8cm 北京博观 2014.11.16

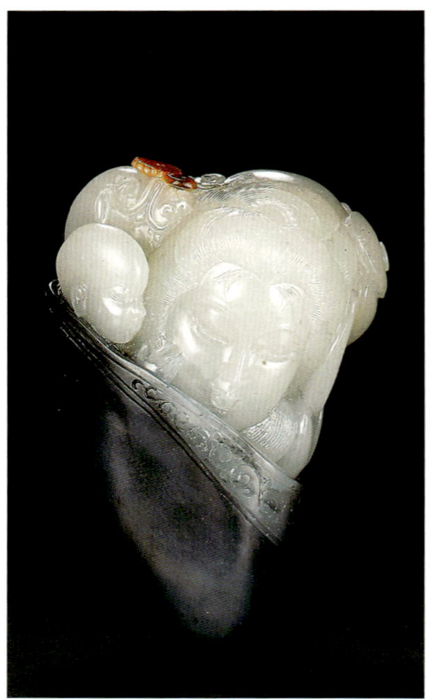

2297 和田玉籽料母爱把件
成交价：RMB 78,200
6.6cm × 4.3cm 北京博观 2014.11.16

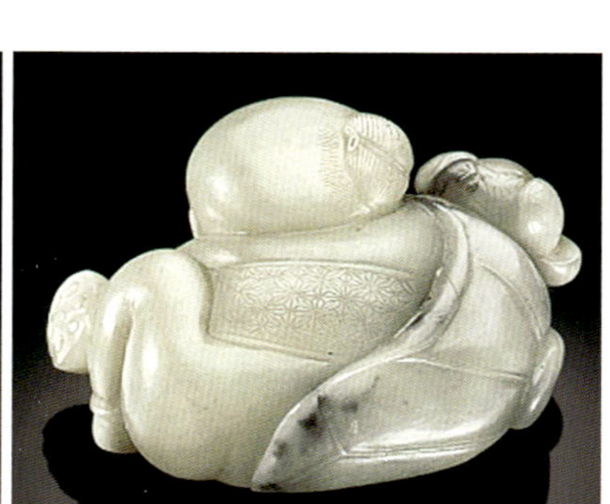

2518 灰白玉莲生贵子把件
估 价：USD 6,000~8,000
成交价：RMB 49,847
宽8.6cm 纽约佳士得 2014.03.20

1479 卢开飞 钟馗手把件
估 价：RMB 400,000~500,000
成交价：RMB 460,000
长5.3cm 北京盘古 2014.06.25

2289 和田玉籽料闲趣佩
成交价：RMB 78,200
6.5cm × 2.9cm 北京博观 2014.11.16

866 黄杨洪 绿度母 白玉挂件
估 价：RMB 1,000,000～1,200,000
成交价：RMB 1,265,000
西泠拍卖 2014.05.03

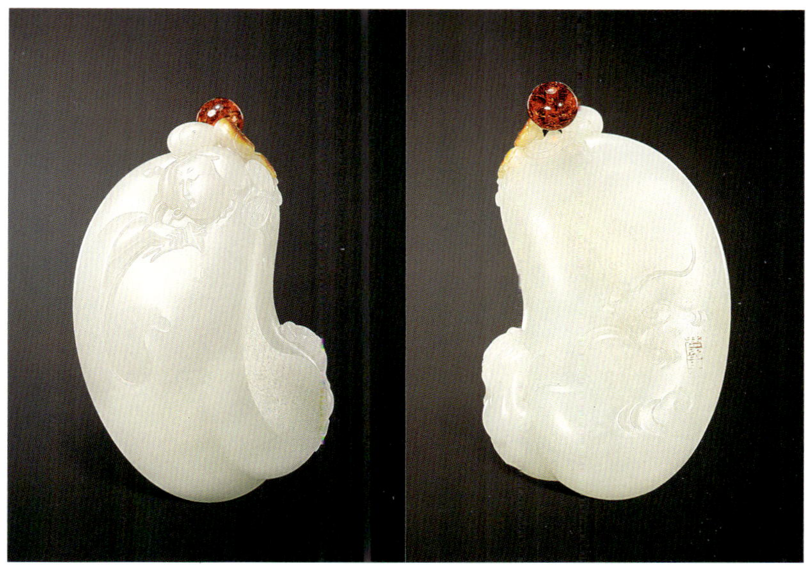

3238 孟庆东 白玉雕国色天香把件
估 价：RMB 260,000～350,000
成交价：RMB 299,000
8.5cm×5cm 中国嘉德 2014.11.20

4511 吕德 钟馗纳福 白玉把件
估 价：RMB 330,000～380,000
成交价：RMB 379,500
长6.8cm 北京匡时 2014.06.05

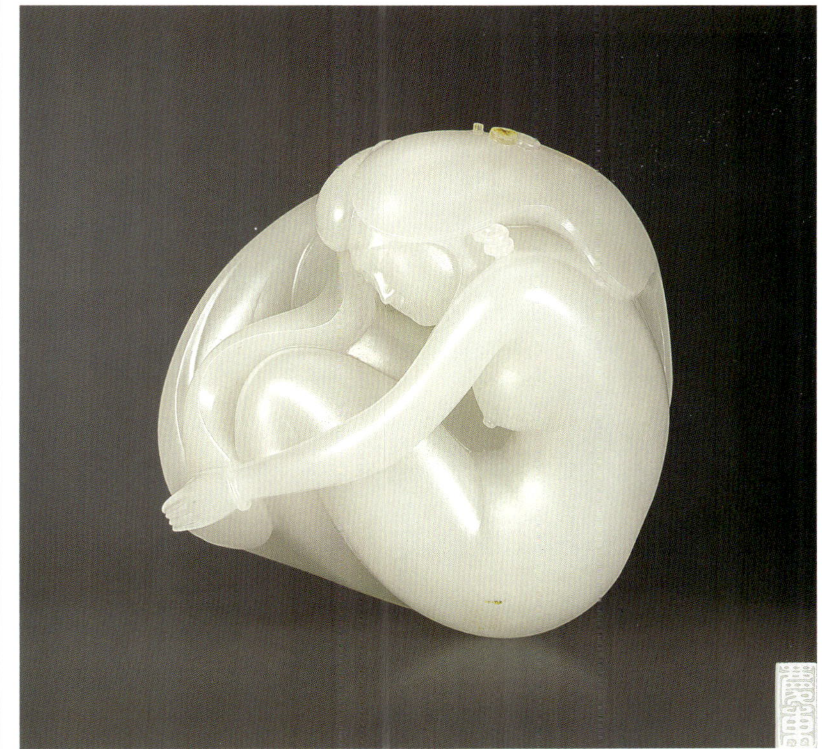

3235 孟庆东 白玉雕憩把件
估 价：RMB 400,000～500,000
成交价：RMB 460,000
4.5cm×4.5cm 中国嘉德 2014.11.20

4509 吕德 平步青云 白玉挂件
估 价：RMB 180,000～250,000
成交价：RMB 207,000
长7.5cm 北京匡时 2014.06.05

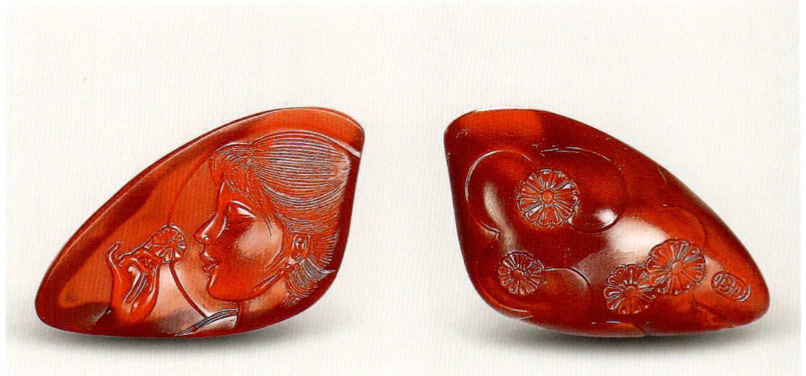

12115 南红玛瑙闻香佩
成交价：RMB 13,800
高5.5cm 北京博观 2014.11.15

12033 南红玛瑙渔舟唱晚把件
成交价：RMB 20,700
高4.1cm 北京博观 2014.11.15

5219 王金忠 笑佛
估 价：RMB 540,000～600,000
成交价：RMB 632,500
长6cm 北京保利 2014.06.04

276 吕德 白玉枣红皮三星堆人面像挂件
估 价：RMB 100,000
成交价：RMB 179,200
3.4cm×2.2cm 上海联合 2014.10.11

1008 王金忠 财神到 白玉把件
估 价：RMB 1,000,000～1,300,000
成交价：RMB 1,380,000
西泠拍卖 2014.05.03

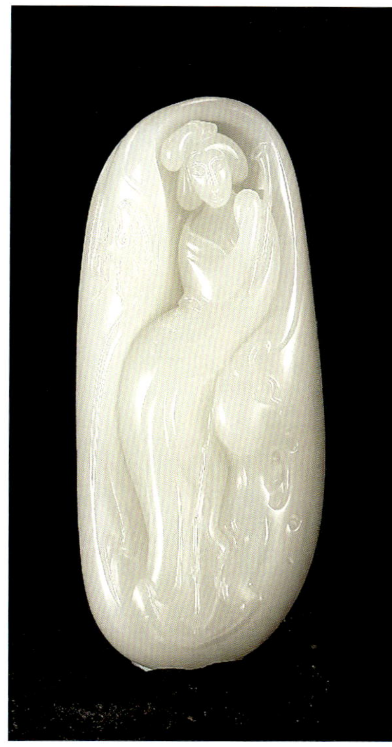

932 吴德升 琼姿灵秀 白玉把件
估　价：RMB 480,000～550,000
成交价：RMB 598,000
西泠拍卖 2014.05.03

819 仵子辉 白玉裸女挂件
估　价：RMB 136,000～200,000
成交价：RMB 172,500
长8cm 深圳市拍 2014.06.29

246 徐志浩 白玉雕童趣把件
估　价：RMB 160,000
成交价：RMB 179,200

9.1cm×3.7cm 上海联合 2014.10.11

11480 羊脂玉庄周梦蝶把件
估　价：RMB 1,400,000～2,000,000
成交价：RMB 1,610,000
长8cm 北京博观 2014.07.06

868 于雪涛 福气腾辉 白玉把件
估　价：RMB 280,000～350,000
成交价：RMB 517,500
6.4cm×5.7cm×4cm 西泠拍卖 2014.05.03

3220 于雪涛 白玉雕望子成龙把件
估　价：RMB 320,000～400,000
成交价：RMB 368,000
6.5cm×5.5cm 中国嘉德 2014.11.20

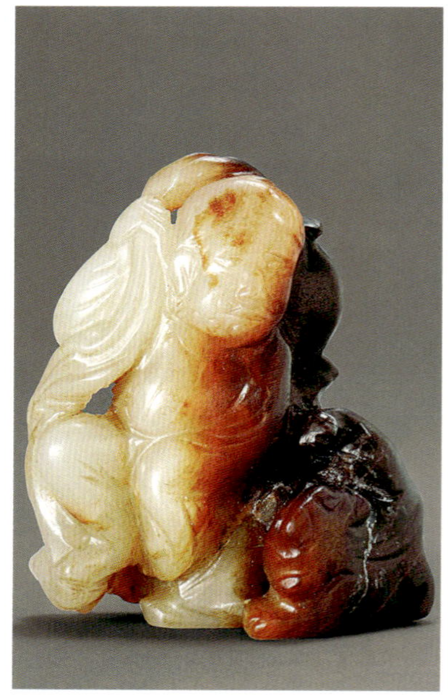

71 元 玉雕刘海戏金蟾挂坠
估　价：RMB 100,000～150,000
成交价：RMB 184,000
高5cm 远方拍卖 2014.06.02

3216 于雪涛 白玉雕祝福把件
估　价：RMB 380,000～450,000
成交价：RMB 437,000
7cm×4.5cm 中国嘉德 2014.11.20

877 翟倚卫 蔷薇处处 白玉把件
估　价：RMB 900,000～1,200,000
成交价：RMB 1,265,000
西泠拍卖 2014.05.03

12029 紫水晶千手千眼观音
成交价：RMB 25,300
高5.4cm 北京博观 2014.11.15

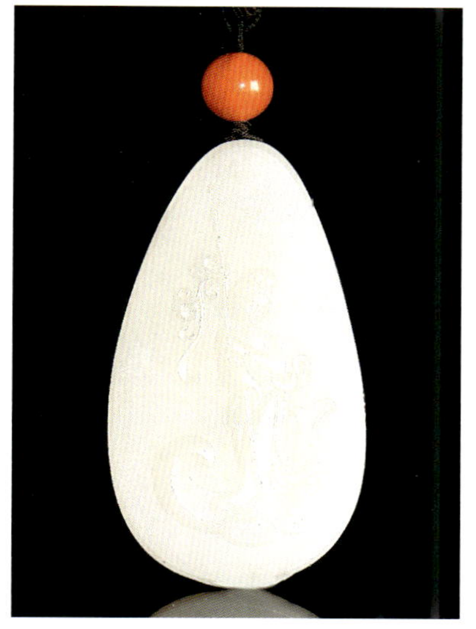

5262 张明泉 麻姑献寿
估　价：RMB 350,000～380,000
成交价：RMB 402,500
高6.79cm 北京保利 2014.06.04

1276 西周 绿松石熊
估　价：HKD 50,000～80,000
成交价：RMB 45,483
高4cm 中国嘉德 2014.10.07

佩玩动物件

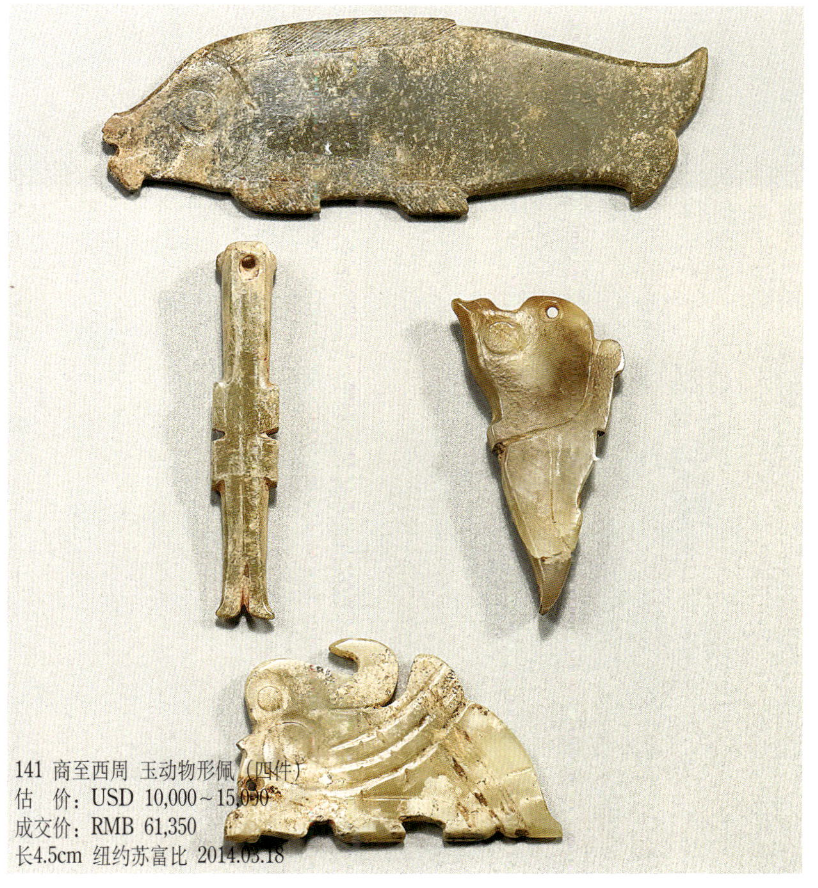

141 商至西周 玉动物形佩（四件）
估　价：USD 10,000～15,000
成交价：RMB 61,350
长4.5cm 纽约苏富比 2014.03.18

405 战国 青玉龙型佩
估　价：HKD 700,000～950,000
成交价：RMB 600,990
长21.3cm 大唐国际 2014.05.27

3205 战国 玉雕龙形佩
估　价：HKD 680,000～850,000
成交价：RMB 634,698
长11.5cm 保利香港 2014.10.07

1024 汉 白玉螭龙佩
估　价：HKD 50,000～80,000
成交价：RMB 89,146
4.2cm×5cm 中国嘉德 2014.10.07

3186 宋 白玉雕双雄把件
估　价：RMB 65,000～80,000
成交价：RMB 86,250
高4.5cm 西泠拍卖 2014.05.06

150 战国 玉龙形佩
估　价：USD 30,000～35,000
成交价：RMB 230,063
长12.5cm 纽约苏富比 2014.03.18

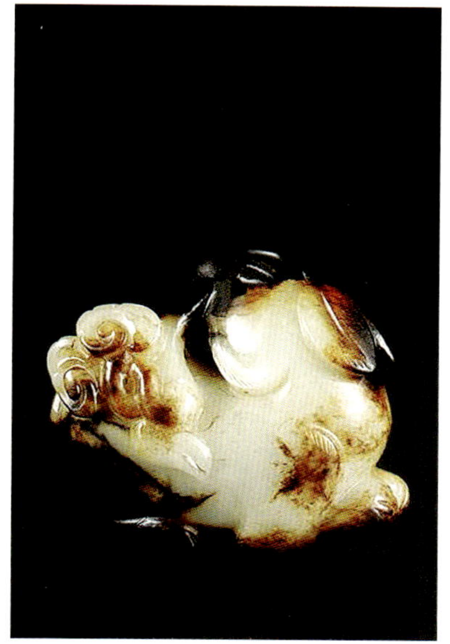

3013 宋 白玉沁色雕瑞兔衔灵芝挂件
估　价：RMB 80,000～120,000
成交价：RMB 149,500
高5.5cm 西泠拍卖 2014.05.06

1223 宋 黄玉带沁鱼形佩
估　价：HKD 30,000～50,000
成交价：RMB 127,351
7cm×4cm 中国嘉德 2014.10.07

1226 宋 白玉沁色狗
估　价：HKD 50,000～80,000
成交价：RMB 100,062
长7cm 中国嘉德 2014.10.07

823 宋 玉雕马
估　价：HKD 30 000～50,000
成交价：RMB 34 873
宽5.6cm 中国嘉德 2014.04.09

8308 辽金 春水王佩
估　价：HKD 1,200,000～1,900,000
成交价：RMB 964,800
香港华洋 2014.06.26

4238 辽/金 旧玉大鹏鸟佩
估　价：RMB 80,000～120,000
成交价：RMB 115,000
高5.7cm 北京翰海 2014.10.26

4292 金/元 旧玉鱼
估　价：RMB 20,000～30,000
成交价：RMB 34,500
长8.2cm 北京翰海 2014.10.26

2708 明 白玉螭龙纹工字佩
估　价：RMB 25,000～38,000
成交价：RMB 34,500
高4.5cm 北京翰海 2014.05.11

1270 金 玉雕带沁春水秋山
估　价：HKD 120,000～220,000
成交价：RMB 109,158
高5.5cm 中国嘉德 2014.10.07

3595 元 白玉瑞兽手把件
估　价：RMB 150,000～180,000
成交价：RMB 172,500
高14.5cm 中鸿信 2014.11.22

1581 明 白玉沁色辟邪
估　价：RMB 150,000~200,000
成交价：RMB 345,000
长7.5cm；高5cm 北京翰海 2014.10.25

3747 明 白玉雕卧马把件
估　价：HKD 120,000~150,000
成交价：RMB 118,650
长6.8cm 香港苏富比 2014.10.08

1590 明 白玉沁色天禄献瑞
估　价：RMB 150,000~200,000
成交价：RMB 402,500
长9.5cm 北京翰海 2014.10.25

489 明 白玉沁色雕独占鳌头纹佩
估　价：RMB 250,000
成交价：RMB 436,800
长9cm 天津文物 2014.05.16

1582 明 白玉沁色骆驼暖手
估　价：RMB 300,000~500,000
成交价：RMB 1,380,000
长6cm；高5cm 北京翰海 2014.10.25

2302 明 白玉双鹅坠
估　价：RMB 30,000～50,000
成交价：RMB 138,000
长4.5cm 北京翰海 2014.05.10

2501 明 白玉麒麟把件
估　价：USD 6,000～8,000
成交价：RMB 168,713
高5.7cm 纽约佳士得 2014.03.20

2661 明 白玉喜中三元佩
估　价：RMB 45,000～65,000
成交价：RMB 57,500
高6.8cm 北京翰海 2014.05.11

1655 明 白玉透雕春水饰件
估　价：RMB 110,000～150,000
成交价：RMB 126,500
长9.5cm 北京翰海 2014.10.25

860 明 黄玉螭龙鸡心佩
估　价：RMB 80,000～100,000
成交价：RMB 103,500
长6cm 北京保利 2014.04.27

1005 明 白玉长宜子孙螭龙佩
估　价：HKD 80,000～120,000
成交价：RMB 100,062
6.5cm×4.9cm 中国嘉德 2014.10.07

1016 明 黄玉带沁螭龙鸡心佩
估　价：HKD 80,000～120,000
成交价：RMB 236,509
高6cm 中国嘉德 2014.10.07

2481 明 黄玉刻祥云瑞象把件
估　价：USD 15,000～25,000
成交价：RMB 575,156
长6cm 纽约佳士得 2014.03.20

1580 明 黄玉沁色瑞兽
估　价：RMB 80,000～120,000
成交价：RMB 195,500
长6cm 高4.5cm
北京翰海 2014.10.25

2331 明 火烧玉太师少师挂件
估　价：RMB 20,000～30,000
成交价：RMB 34,500
高6.5cm 北京翰海 2014.05.10

1035 明 黄玉螭龙鸡心佩
成交价：RMB 80,500
长6cm 北京保利 2014.10.26

3038 明 黄玉云龙纹佩
估　价：RMB 150,000～180,000
成交价：RMB 172,500
长8cm 北京盈时 2014.05.31

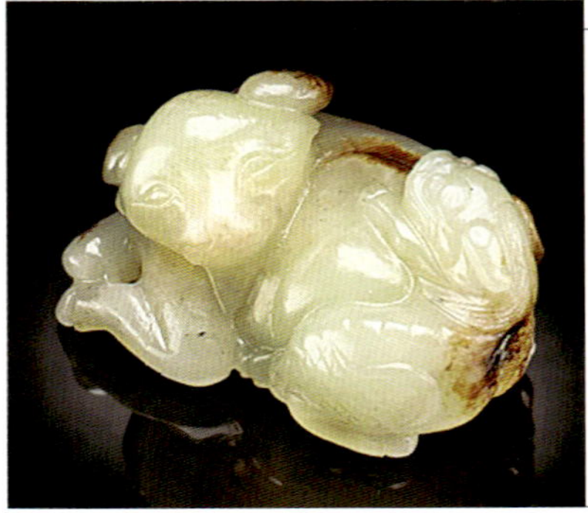

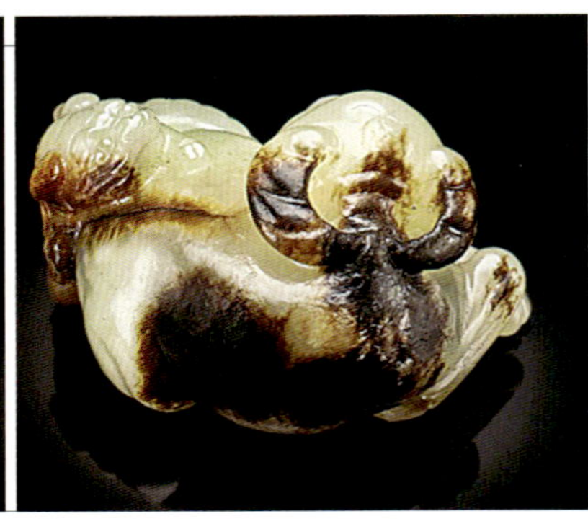

2490 明末/18世纪 黄玉卧牛麒麟把件
估　价：USD 10,000～15,000
成交价：RMB 99,694
长4cm 纽约佳士得 2014.03.20

2484 明末/18世纪 灰玉卧熊坠
估　价：USD 4,000～6,000
成交价：RMB 53,681
宽4.5cm 纽约佳士得 2014.03.20

731 明晚期 玉雕凤形坠
估　价：RMB 50,000～60,000
成交价：RMB 276,000
长6.8cm 北京诚轩 2014.05.19

715 明 金珀雕花鸟图佩
估 价：RMB 15,000～22,000
成交价：RMB 48,300
长8.5cm 北京诚轩 2014.05.19

703 明或更早 白玉凤鸟衔花纹佩
估 价：RMB 380,000～480,000
成交价：RMB 437,000
直径6cm 北京华辰 2014.04.27

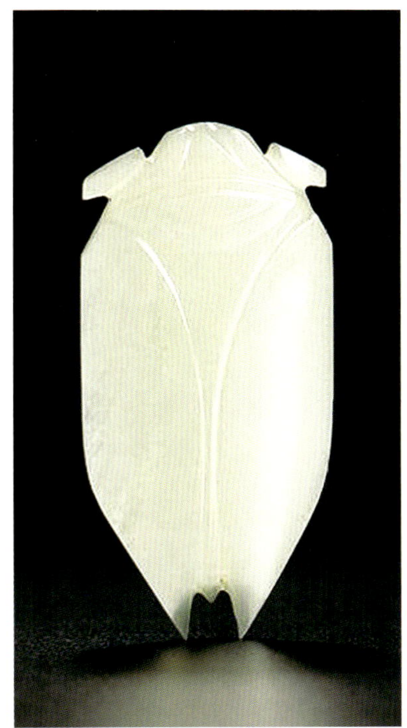

3187 明以前 白玉雕蝉形佩
估 价：RMB 25,000～30,000
成交价：RMB 34,500
长6.5cm 西泠拍卖 2014.05.06

1158 明早期 白玉雕鱼化龙挂件
估 价：RMB 50,000～100,000
成交价：RMB 57,500
长6cm 中贸圣佳 2014.07.06

717 明早期 琥珀雕玉兔坠
估 价：RMB 50,000～60,000
成交价：RMB 138.000
长4.5cm 北京诚轩 2014.05.19

283 17世纪 白玉带皮雕瑞兽坠把件
估 价：USD 5,000～7 000
成交价：RMB 99,694
长8cm 纽约苏富比 2014.03.18

273 清早期 白玉蝶形佩
成交价：RMB 71,300
长11cm 北京保利 2014 08.02

3148 清乾隆 黄玉卧羊把件
估 价：HKD 100,000～150,000
成交价：RMB 158,000
高5.7cm 香港苏富比 2014.04.08

1572 清早期 火烧玉沁色公鸡
估 价：RMB 20,000～40,000
成交价：RMB 46,000
长7cm 北京翰海 2014.10.25

2874 清早期 白玉蝴蝶佩
估 价：RMB 40,000～60,000
成交价：RMB 55,200
长7.9cm 北京翰海 2014.05.11

3353 清乾隆 白玉太平有象梅花佩
估　价：RMB 280,000～380,000
成交价：RMB 690,000
高5.5cm 北京翰海 2014.10.25

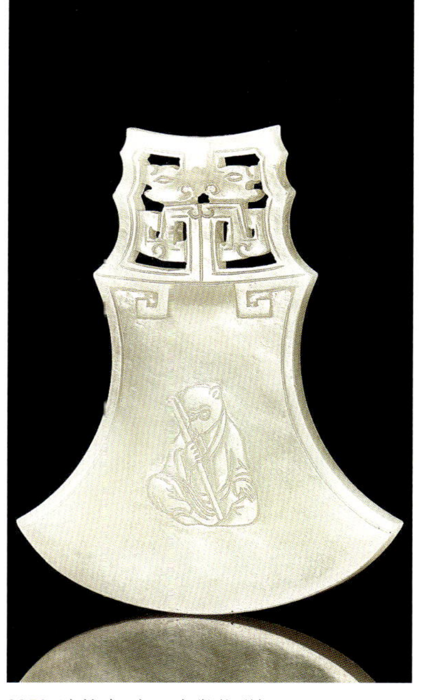

3350 清乾隆 白玉申猴斧形佩
估　价：RMB 400,000～600,000
成交价：RMB 1,840,000
高8.7cm 北京翰海 2014.10.25

549 清乾隆 白玉龙纹钟形佩
估　价：RMB 100,000～200,000
成交价：RMB 207,000
长6cm 北京保利 2014.01.11

6324 清乾隆 白玉兽面纹螭龙钮小盖瓶
估　价：RMB 300,000～500,000
成交价：RMB 345,000
高8.2cm 北京保利 2014.06.04

1178 清乾隆 白玉龙纹转心佩
成交价：RMB 575,000
长9cm 北京保利 2014.10.26

3315 清乾隆 白玉吉庆有余佩
估　价：RMB 600,000～800,000
成交价：RMB 690,000
6.2cm×4.3cm 中国嘉德 2014.11.20

350 清乾隆 白玉仿汉鸡心佩
估　价：RMB 180,000～200,000
成交价：RMB 207,000
长6.8cm 北京东正 2014.11.20

4234 清乾隆 白玉福禄寿永宝子孙葫芦佩
估　价：RMB 280,000～400,000
成交价：RMB 345,000
高9.5cm 北京翰海 2014.10.26

3795 清乾隆 白玉留皮仙鹤祝寿把件
估　价：RMB 50,000～60,000
成交价：RMB 92,000
长5.5cm 中鸿信 2014.11.22

1176 清乾隆 白玉、青玉终生兴隆佩
成交价：RMB 32,200
长9cm；长6cm 北京保利 2014.10.26

2660 清乾隆 白玉螭龙宜子孙佩
估　价：RMB 50,000～70,000
成交价：RMB 195,500
高5.4cm 北京翰海 2014.05.11

4169 清中期 白玉透雕九龙佩
估　价：RMB 120,000～180,000
成交价：RMB 172,500
高9.3cm 北京翰海 2014.10.26

2667 清乾隆 白玉比翼同心佩
估　价：RMB 50,000～70,000
成交价：RMB 149,500
高6cm 北京翰海 2014.05.11

1203 清中期 白玉雕双鱼佩
估　价：RMB 80,000～380,000
成交价：RMB 161,000
长5.5cm 中贸圣佳 2014.07.06

4349 清中期 白玉洒金福寿坠
估　价：RMB 80,000～100,000
成交价：RMB 173,250
高5.3cm 北京翰海 2014.10.26

4345 清中期 白玉洒金灵芝花鸟坠
估　价：RMB 150,000～180,000
成交价：RMB 184,000
长5.8cm 北京翰海 2014.10.26

4232 清中期 白玉洒金鹤鹿同春诗文佩
估　价：RMB 1,100,000～1,300,000
成交价：RMB 1,495,000
高6.3cm 北京翰海 2014.10.26

4331 清中期 白玉八骏图佩
估　价：RMB 78,000～90,000
成交价：RMB 92,000
高5.1cm 北京翰海 2014.10.26

1162 清中期 白玉雕海东青挂件
估　价：RMB 80,000～260,000
成交价：RMB 92,000
长5cm 中贸圣佳 2014.07.06

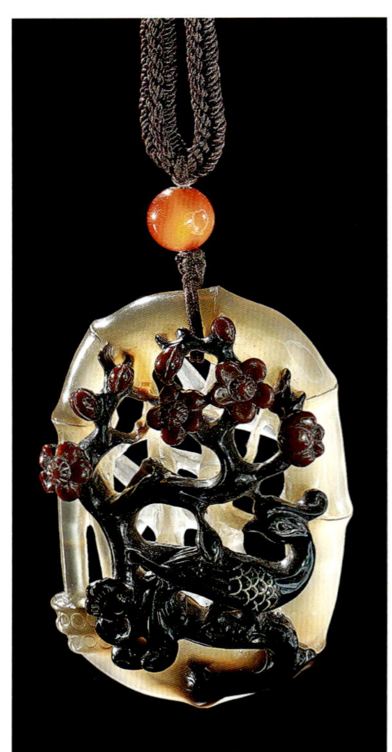

5083 清 玛瑙巧雕喜上眉梢佩
估　价：RMB 120,000～150,000
成交价：RMB 149,500
高5.4cm 北京翰海 2014.10.26

1689 清 玛瑙雕荷莲蛙鸣
估 价：RMB 200,000～250,000
成交价：RMB 230,000
长5.5cm 北京翰海 2014.10.25

3180 清 黄玉雕饕餮纹佩
估 价：HKD 60,000～80,000
成交价：RMB 158,000
长4.6cm 香港苏富比 2014.04.08

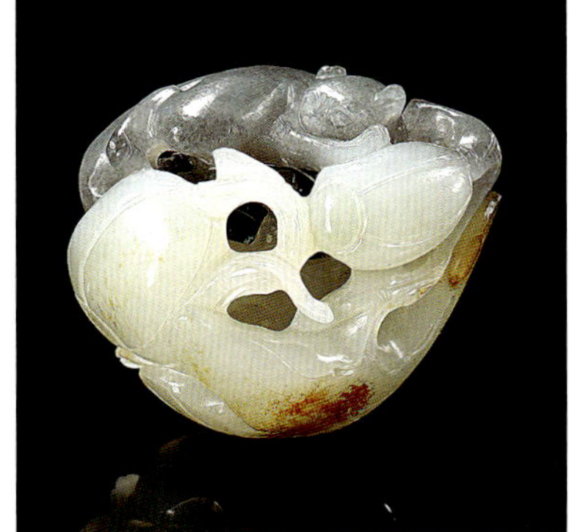

4343 清 黑白玉巧作瓜果坠
估 价：RMB 120,000～180,000
成交价：RMB 172,500
长4.8cm 北京翰海 2014.10.26

1057 清 白玉宜子孙钟形佩
估 价：RMB 65,000～85,000
成交价：RMB 100,800
长7.1cm 北京荣宝 2014.03.23

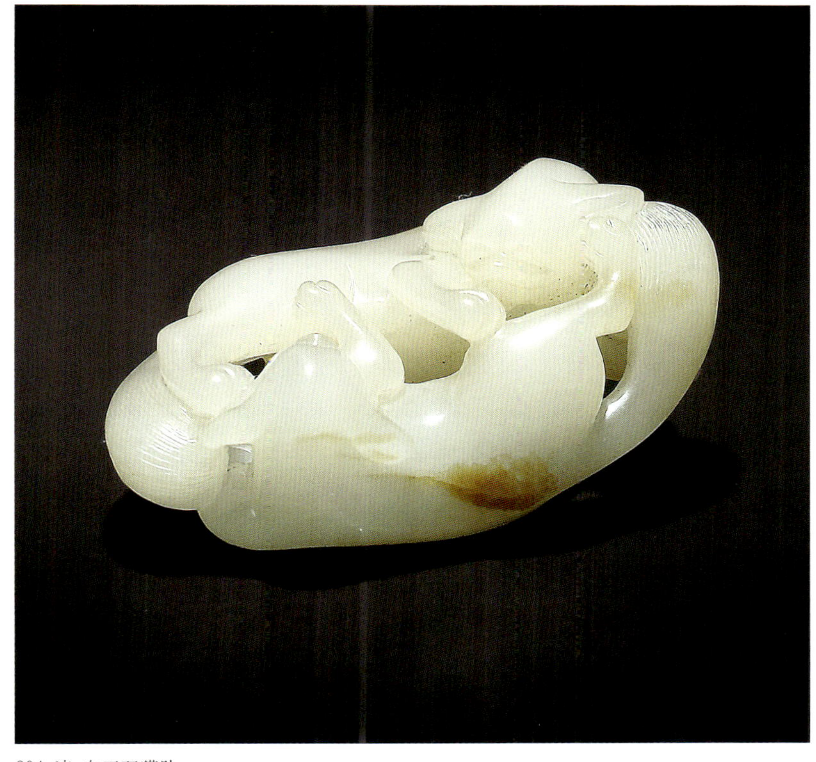

804 清 白玉双獾坠
估 价：HKD 60,000～90,000
成交价：RMB 256,956
长5.6cm 中国嘉德 2014.04.09

1025 清 白玉留皮鸟形坠
估　价：RMB 150,000~200,000
成交价：RMB 172,500
长6cm 北京保利 2014.0[illegible].27

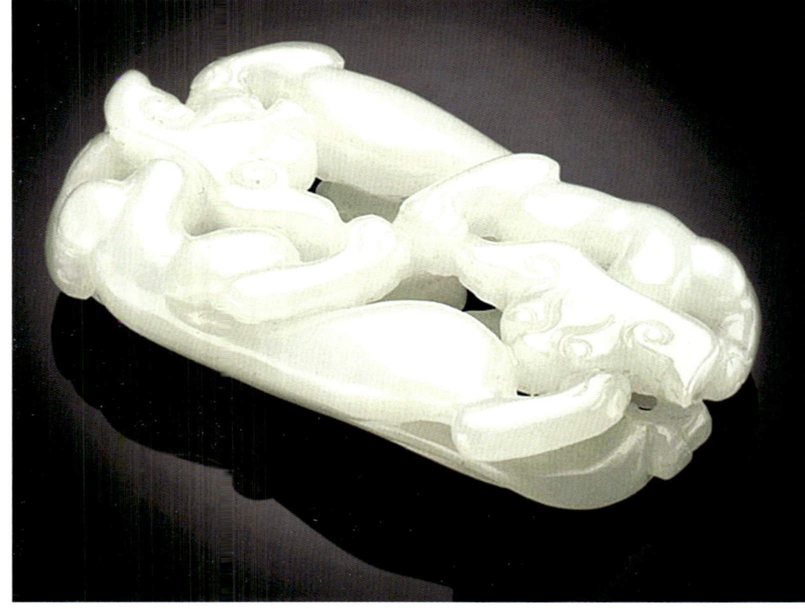

2494 清 白玉镂雕双螭坠
估　价：USD [illegible],000~8,[illegible]00
成交价：RMB 122,700
长6.3cm 纽约佳士得 201[illegible].03.20

482 清 白玉沁色雕福至心灵纹佩
估　价：RMB 1[illegible],000
成交价：RMB 1[illegible],400
高6.6cm 天津文物 2014.11.15

3353 清 白玉盘龙佩
估　价：RMB 38,000~58,000
成交价：RMB 101,200
长7cm 中国嘉德 2014.05.18

5251 清 白玉三羊开泰八卦太极佩
估　价：RMB 50,000~80,000
成交价：RMB 57,500
直径5.4cm 中国嘉德 2014.03.24

531 清 白玉沁色雕福寿纹佩
估 价：RMB 50,000
成交价：RMB 56,000
高7.5cm 天津文物 2014.11.15

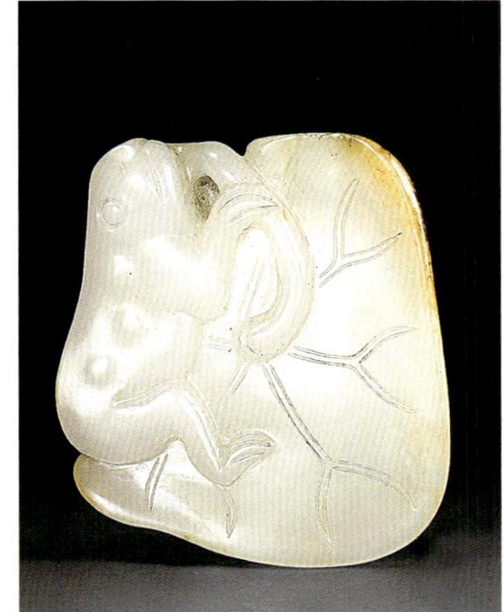

486 清 白玉留皮雕荷塘清趣纹佩
估 价：RMB 60,000
成交价：RMB 123,200
高4.6cm 天津文物 2014.11.15

442 清 白玉留皮雕仙鹤衔桃纹佩
估 价：RMB 100,000
成交价：RMB 201,600
长6cm 天津文物 2014.05.16

500 清 白玉留皮雕松鼠葡萄纹佩
估 价：RMB 200,000
成交价：RMB 224,000
长5.7cm 天津文物 2014.05.16

3309 清 白玉风云际会佩
估 价：RMB 30,000～50,000
成交价：RMB 34,500
高8cm 中国嘉德 2014.11.20

500 清 白玉留皮雕望子成龙纹佩
估　价：RMB 100,000
成交价：RMB 168,000
高7cm 天津文物 2014.11.15

505 清 白玉雕喜事连连纹佩
估　价：RMB 48,000
成交价：RMB 87,360
高6cm 天津文物 2014.11.15

3720 18世纪 白玉雕三羊开泰把件
估　价：HKD 100,000～150,000
成交价：RMB 118,650
长6.1cm 香港苏富比 2014.10.08

518 清 白玉雕龙纹佩
估　价：RMB 120,000
成交价：RMB 308,000
高5cm 天津文物 2014.11.15

147 18世纪 白玉交锁龙纹佩
估　价：GBP 3,000～5,000
成交价：RMB 80,616
高5.5cm 伦敦苏富比 2014.11.05

649 18世纪 白玉夔凰纹佩
估 价：USD 20,000~30,000
成交价：RMB 183,990
长8.2cm 纽约苏富比 2014.09.16

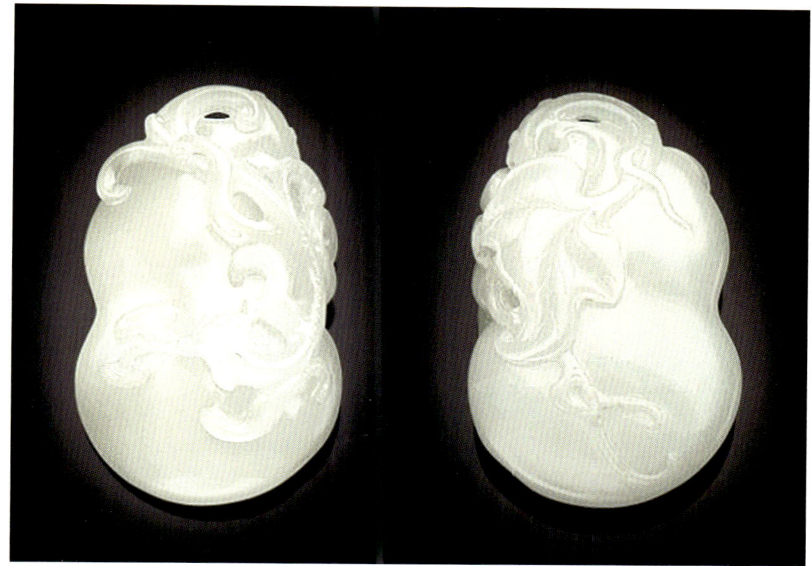

2550 18世纪/19世纪 白玉螭龙衔芝坠
估 价：USD 3,000~5,000
成交价：RMB 130,369
长5.5cm 纽约佳士得 2014.03.20

3144 18世纪 白玉镂雕子孙万代图佩
估 价：HKD 60,000~80,000
成交价：RMB 59,250
高4.6cm 香港苏富比 2014.04.08

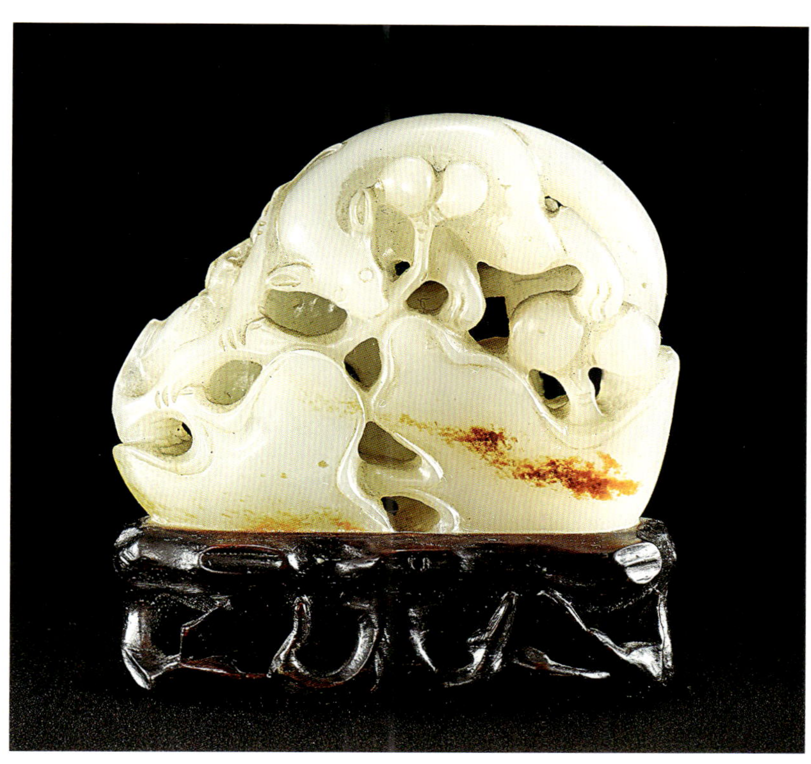

267 18世纪/19世纪 白玉雕松树葡萄把件
估 价：USD 5,000~7,000
成交价：RMB 130,326
长5.4cm 纽约苏富比 2014.09.16

3816 18世纪/19世纪 白玉镂雕螭龙纹牒佩
估　价：HKD 40,000～60,000
成交价：RMB 593,250
高6.9cm 香港苏富比 2014.10.08

3155 18世纪 黄玉螭龙纹佩
估　价：HKD 600,000～800,000
成交价：RMB 1,120,380
长6.2cm 佳士得 2014.11.26

5013 民国 白玉留皮桑蚕佩
估　价：RMB 8,000～12,000
成交价：RMB 97,750
长5.7cm 中国嘉德 2014.03.24

3213 白玉雕有样把件
估　价：RMB 200,000～300,000
成交价：RMB 230,000
8.3cm×5.7cm 中国嘉德 2014.11.20

8108 18世纪/19世纪 白玉镂雕螭龙佩
估　价：USD 5,000～7,000
成交价：RMB 245,320
直径5.7cm 邦瀚斯 2014.09.15

12037 碧玉知足佩
成交价：RMB 23,000
高5.7cm 北京博观 2014.11.15

11316 碧玉握权把件
估　价：RMB 80,000～150,000
成交价：RMB 120,750
长8.8cm 北京博观 2014.07.06

4714 白玉留皮连中三甲把件
估　价：RMB 12,000～15,000
成交价：RMB 13,800
长9.1cm 中鸿信 2014.11.23

1547 白玉俏雕雅趣
估　价：RMB 450,000～950,000
成交价：RMB 575,000
长9.3cm 中贸圣佳 2014.07.06

88 白玉S龙佩・绿松石球
估　价：HKD 100,000～150,000
成交价：RMB 407,950
宽9.0cm 日本伊斯特 2014.05.31

930 葛洪 延年益寿 白玉把件
估　价：RMB 350,000～400,000
成交价：RMB 437,000
西泠拍卖 2014.05.03

5252 曹国斌 贺寿
估　价：RMB 1,980,000～2,000,000
成交价：RMB 2,300,000
长9.5cm 北京保利 2014.06.04

928 葛洪 虎虎生威 白玉把件
估　价：RMB 250,000～300,000
成交价：RMB 322,000
西泠拍卖 2014.05.03

931 葛洪 玄武 白玉把件
估　价：RMB 1,400,000～1,600,000
成交价：RMB 1,840,000
西泠拍卖 2014.05.03

4529 陈强 和谐 白玉把件
估　价：RMB 180,000～250,000
成交价：RMB 207,000
长10.5cm 北京匡时 2014.06.05

2255 和田玉籽料吉祥如意佩
成交价：RMB 184,000
5.2cm×3.6cm 北京博观 2014.11.16

5267 郭万龙 白玉留皮比翼双飞佩
估　价：RMB 260,000~300,000
成交价：RMB 322,000
长6.1cm 北京保利 2014.06.04

11484 和田玉籽料龟鹤延年把件
估　价：RMB 1,750,000~2,500,000
成交价：RMB 2,012,500
长5.5cm 北京博观 2014.07.06

4533 顾中华 天地英雄 白玉把件
估　价：RMB 800,000~1,000,000
成交价：RMB 920,000
长7.6cm 北京匡时 2014.06.05

3209 郭万龙 白玉雕双欢把件
估 价：RMB 350,000～450,000
成交价：RMB 402,500
5.5cm×5.1cm 中国嘉德 2014.11.20

11303 和田玉籽料天龙地虎把件
估 价：RMB 920,000～1,200,000
成交价：RMB 977,500
长5.3cm 北京博观 2014.07.06

11483 和田玉籽料鹤望把件
估 价：RMB 3,500,000～5,000,000
成交价：RMB 4,025,000
高13.3cm 北京博观 2014.07.06

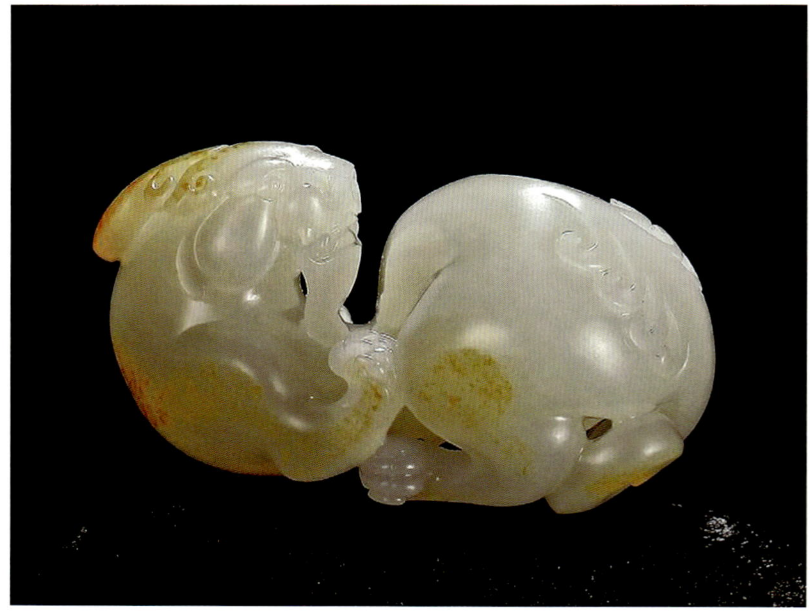

758 黄罕勇 金运瑞兽 白玉把件
估 价：RMB 450,000～500,000
成交价：RMB 552,000
西泠拍卖 2014.05.03

863 黄杨洪 多子多福 白玉把件
估　价：RMB 400,000～500,000
成交价：RMB 483,000
西泠拍卖 2014.05.03

1541 黄杨红 玄武手把件
估　价：RMB 360,000～450,000
成交价：RMB 414,000
长5.25cm 北京盘古 2014.06.25

2216 和田玉籽料神行天下把件
成交价：RMB 138,000
7.0cm×5.1cm 北京博观 2014.11.16

3388 龙凤纹梯形佩
估　价：RMB 200,000～300,000
成交价：RMB 230,000
高7cm 中国嘉德 2014.11.20

4578 陆爱风 古兽白玉把件
估　价：RMB 2,600,000~3,000,000
成交价：RMB 3,162,500
长8.8cm 北京匡时 2014.06.05

2499 青玉瑞兽把件
估　价：USD 10,000~15,000
成交价：RMB 268,406
高5cm 纽约佳士得 2014.03.20

3259 陆爱风 白玉凤佩
估　价：RMB 430,000~520,000
成交价：RMB 506,000
7cm×3cm 中国嘉德 2014.11.20

4505 蒋喜 带子上朝 白玉把件
估　价：RMB 720,000~800,000
成交价：RMB 897,000
长7.7cm 北京匡时 2014.06.05

12080 青花鱼熊兼得把件
成交价：RMB 20,700
高7.2cm 北京博观 2014.11.15

4605 吴金星 吉祥如意 黄玉把件
估　价：RMB 1,200,000～1,500,000
成交价：RMB 1,610,000
长6.6cm 北京匡时 2014.06.05

3808 宋至明 褐斑黄玉卧羊把件
估　价：HKD 700,000～900,000
成交价：RMB 933,380
长7cm 香港苏富比 2014.10.08

12059 糖白玉鸿运当头
成交价：RMB 17,250
高8.4cm 北京博观 2014.11.15

3258 陆爱风 白玉小貔貅
估　价：RMB 280,000～380,000
成交价：RMB 322,000
4cm×2.8cm 中国嘉德 2014.11.20

4604 吴金星 必定成材 黄玉把件
估　价：RMB 570,000～600,000
成交价：RMB 667,000
长7.3cm 北京匡时 2014.06.05

938 吴金星 瑞兽报福 白玉把件
估　价：RMB 350,000～400,000
成交价：RMB 483,000
西泠拍卖 2014.05.03

5233 于雪涛 莲年有渔 白玉留皮把件
估　价：RMB 450,000～480,000
成交价：RMB 517,500
长6.3cm 北京保利 2014.06.04

5250 吴士发 池娇白玉留皮把件
估　价：RMB 1,200,000～1,250,000
成交价：RMB 1,380,000
长8.6cm 北京保利 2014.06.04

4608 赵显志 安居乐业 白玉把件
估　价：RMB 1,000,000～1,200,000
成交价：RMB 1,150,000
长8.5cm 北京匡时 2014.06.05

4537 叶清 我有福 白玉把件
估　价：RMB 360,000～500,000
成交价：RMB 414,000
高5.8cm 北京匡时 2014.06.05

5260 张明泉 有凤来仪 白玉留皮把件
估　价：RMB 780,000～820,000
成交价：RMB 897,000
长8.6cm 北京保利 2014.06.04

5245 翟倚卫 乐路 白玉把件
估　价：RMB 1,200,000～1,400,000
成交价：RMB 1,380,000
长6.6cm 北京保利 2014.06.04

4575 吴灶发 金色荷塘 白玉把件
估　价：RMB 500,000～600,000
成交价：RMB 575,000
长5.3cm 北京匡时 2014.06.05

佩玩植物件

1663 明 白玉凌霄花佩
估　价：RMB 70,000～100,000
成交价：RMB 82,800
高7.5cm 北京翰海 2014.10.25

2854 清早期 白玉洒金蔬果草虫坠
估　价：RMB 30,000～50,000
成交价：RMB 287,500
高5.7cm 北京翰海 2014.05.11

4229 清乾隆 白玉喜报三元佩
估　价：RMB 250,000～360,000
成交价：RMB 322,000
高6.2cm 北京翰海 2014.10.26

3012 清 白玉雕福寿佩
估　价：RMB 120,000～150,000
成交价：RMB 172,500
高5.8cm 西泠拍卖 2014.05.06

2662 清乾隆 白玉山水诗文佩
估　价：RMB 40,000～60,000
成交价：RMB 310,500
高5.5cm 北京翰海 2014.05.11

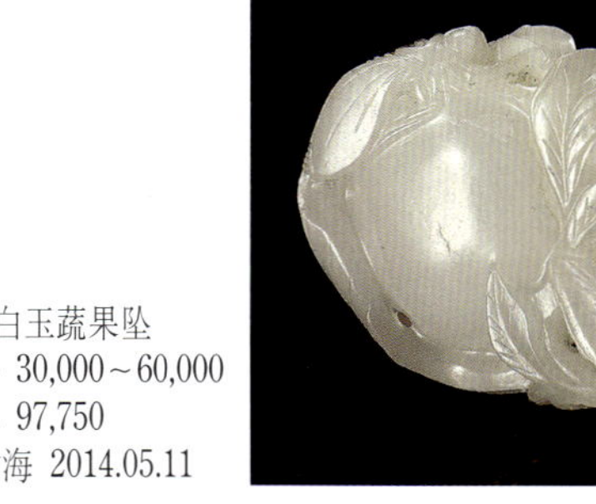

2853 清乾隆 白玉蔬果坠
估　价：RMB 30,000～60,000
成交价：RMB 97,750
长6cm 北京翰海 2014.05.11

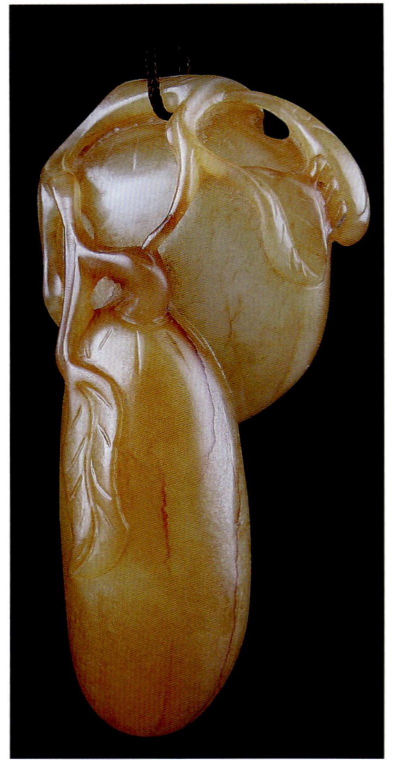

1469 清早期 白玉红沁瓜果
估　价：RMB 15,000～15,000
成交价：RMB 34,500
长6.5cm 北京翰海 2014.04.12

506 清 白玉留皮雕葫芦万代纹佩
估 价：RMB 120,000
成交价：RMB 224,000
高5.8cm 天津文物 2014.11.15

4227 清中期 白玉花卉诗文佩
估 价：RMB 80,000~120,000
成交价：RMB 115,000
高5.6cm 北京翰海 2014.10.26

956 清 黄玉松竹梅佩
估 价：RMB 70,000~80,000
成交价：RMB 253,000
长7cm 北京保利 2014.04.27

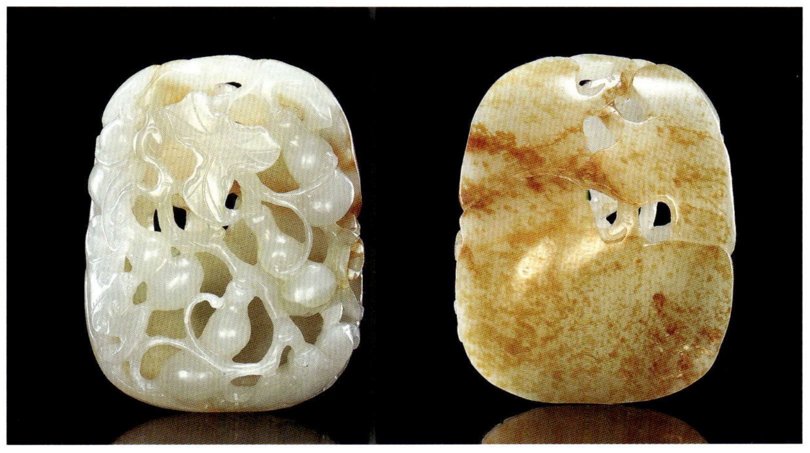

3347 清中期 白玉留金皮福禄万代挂坠
估 价：RMB 150,000~250,000
成交价：RMB 172,500
长4.8cm 中国嘉德 2014.11.20

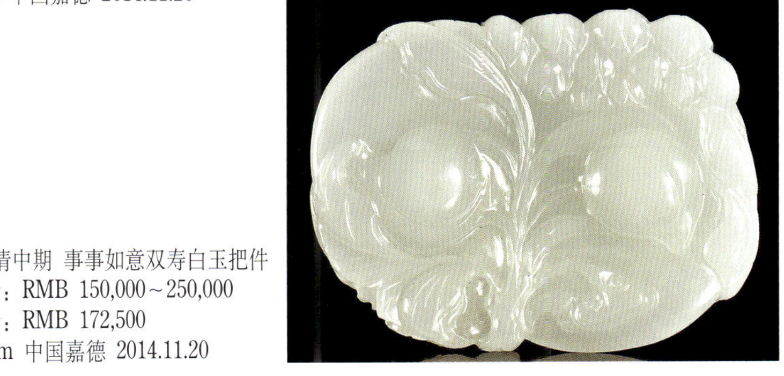

3348 清中期 事事如意双寿白玉把件
估 价：RMB 150,000~250,000
成交价：RMB 172,500
宽6.3cm 中国嘉德 2014.11.20

487 清 白玉雕榴开百子纹佩
估 价：RMB 120,000
成交价：RMB 156,800
高5cm 天津文物 2014.11.15

508 清 白玉沁色雕岁寒三友纹佩
估 价：RMB 80,000
成交价：RMB 168,000
长6cm 天津文物 2014.05.16

445 清 白玉留皮雕双菱纹佩
估 价：RMB 60,000
成交价：RMB 145,600
长5.7cm 天津文物 2014.05.16

955 清 黄玉竹纹佩
估 价：RMB 60,000～80,000
成交价：RMB 115,000
长7cm 北京保利 2014.04.27

1154 清 黄玉竹纹佩
成交价：RMB 126,500
长7cm 北京保利 2014.10.26

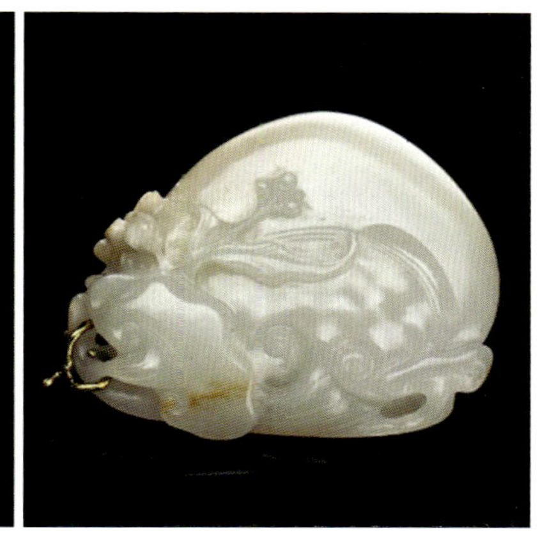

2493 18世纪 白玉灵芝坠
估 价：USD 8,000～12,000
成交价：RMB 84,356
长5.5cm 纽约佳士得 2014.03.20

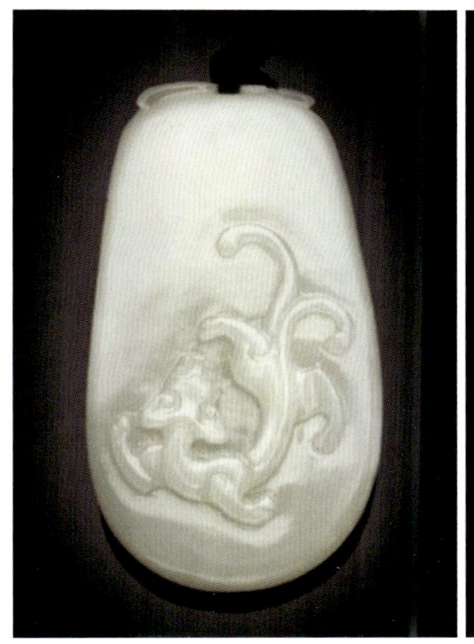

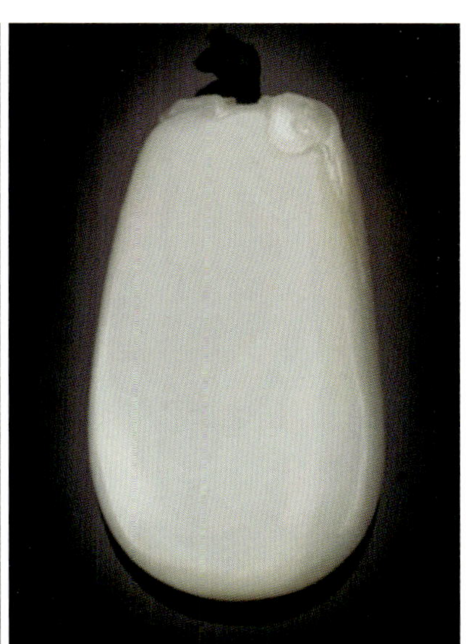

2544 19世纪 玛瑙巧雕葫芦坠
估 价：USD 3,000～5,000
成交价：RMB 42,178
长5.7cm 纽约佳士得 2014.03.20

1536 白玉雕瓜瓞绵绵
估 价：RMB 190,000～380,000
成交价：RMB 207,000
长8.7cm 中贸圣佳 2014.07.06

3163 清 南红玛瑙雕荔枝挂件
估 价：RMB 20,000～30,000
成交价：RMB 103,500
长3.8cm 西泠拍卖 2014.05.06

4414 清 青白玉太平葫芦转心佩
估 价：RMB 5,000~8,000
成交价：RMB 92,000
长8.5cm 中国嘉德 2014.09.22

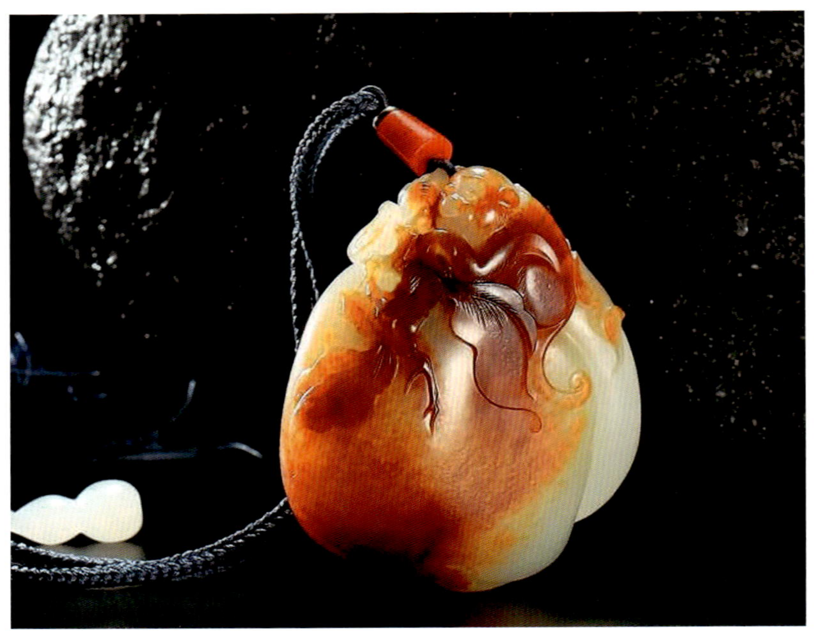

791 瞿利军 寿比南山 白玉把件
估 价：RMB 250,000~350,000
成交价：RMB 402,500
西泠拍卖 2014.05.03

4699 当代 白玉莲花把件
估 价：RMB 120,000~150,000
成交价：RMB 184,000
高8.5cm 中鸿信 2014.11.23

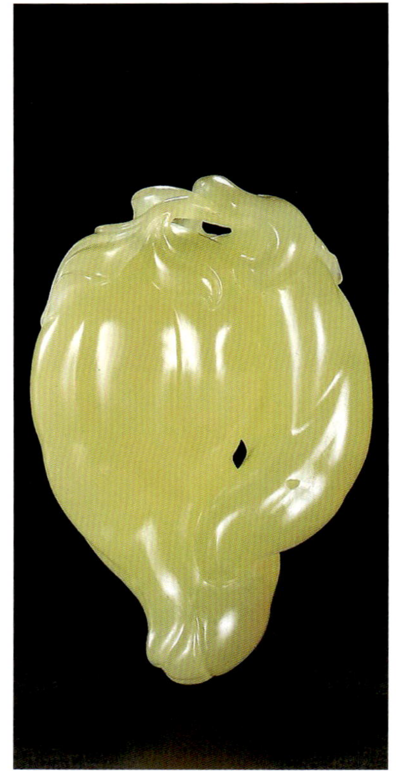

12153 黄玉辣椒挂件
成交价：RMB 51,750
长5.4cm 北京博观 2014.11.15

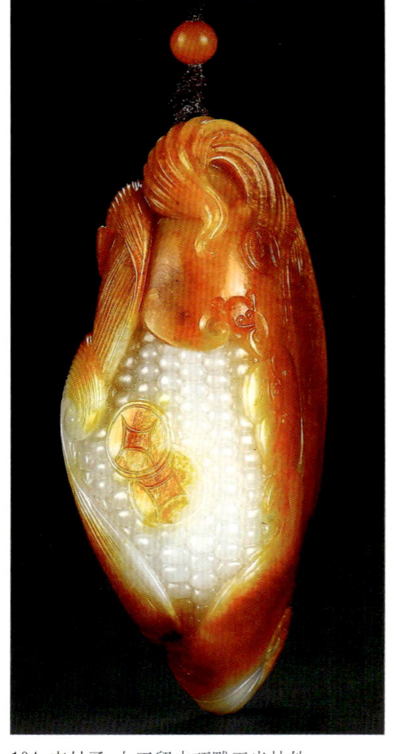

104 李付勇 白玉留皮巧雕玉米挂件
估 价：RMB 75,000~75,000
成交价：RMB 84,000
长8cm 上海联合 2014.10.11

其他佩玩件

128 商/周 玉星形器
估　价：USD 4,000～6,000
成交价：RMB 30,675
直径4.5cm 纽约苏富比 2014.03.18

1254 战国 勾连纹玉律
估　价：HKD 20,000～30,000
成交价：RMB 136,448
长4cm 中国嘉德 2014.10.07

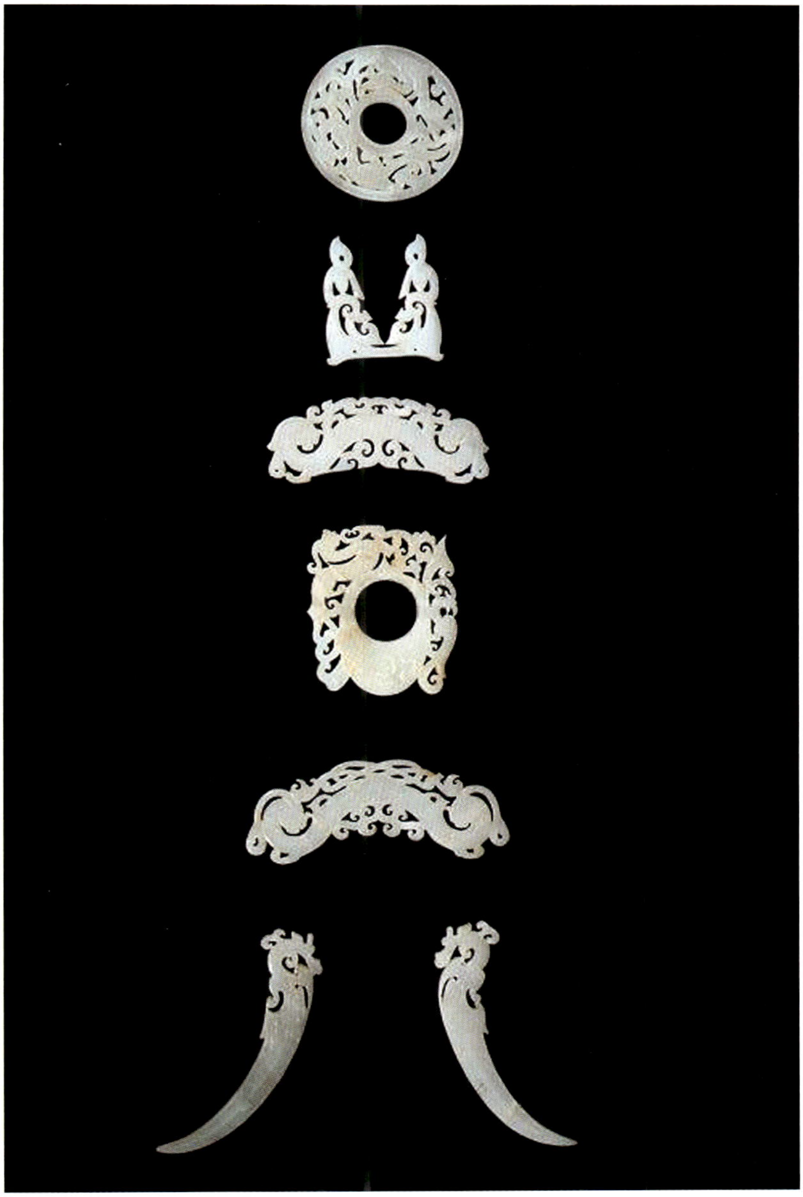

1834 汉代 玉组佩（七件）
估　价：NTD 14,000,000～20,000,000
成交价：RMB 3,460,800
尺寸不一　台湾世家 2014.04.13

127 西周 玉镯形器
估　价：USD 5,000～7,000
成交价：RMB 42,178
直径5.6cm 纽约苏富比 2014.03.18

162 汉 玉鸟形杖首
估 价：USD 10,000～15,000
成交价：RMB 153,375
长7cm 纽约苏富比 2014.03.18

2137 辽 玉雕海东青瓦子
估 价：RMB 30,000～30,000
成交价：RMB 34,500
长8.5cm 北京翰海 2014.08.24

3732 元 青白玉镂雕路路连科帽顶
估 价：HKD 80,000～100,000
成交价：RMB 79,100
高4.5cm 香港苏富比 2014.10.08

1235 宋 白玉带沁韘
估 价：HKD 100,000～200,000
成交价：RMB 90,965
宽4cm 中国嘉德 2014.10.07

516 宋 白玉沁色雕勾云纹佩
估 价：RMB 50,000
成交价：RMB 95,200
高7cm 天津文物 2014.11.15

782 明 白玉发冠
成交价：RMB 46,000
长6cm 北京保利 2014.04.27

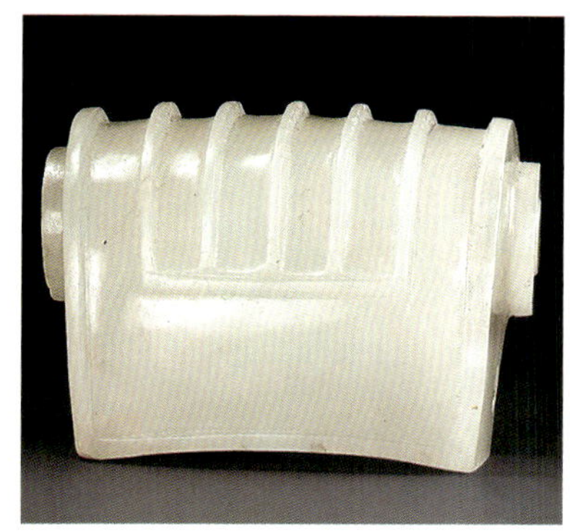

544 明 白玉发冠
估　价：RMB 80,000
成交价：RMB 112,000
长5.9cm 天津文物 2014.11.15

850 明 白玉留皮发箍
成交价：RMB 43,700
宽3.5cm 北京保利 2014.04.27

981 明 白玉噶拉哈
估　价：RMB 50,000~80,000
成交价：RMB 143,750
长3.5cm 北京保利 2014.08.02

4151 明 白玉龙凤纹饰件
估　价：RMB 120,000~160,000
成交价：RMB 184,000
直径8cm 北京翰海 2014.10.26

1383 明 玉雕龙纹瓦子
估 价：RMB 30,000～30,000
成交价：RMB 34,500
直径8cm 北京翰海 2014.11.22

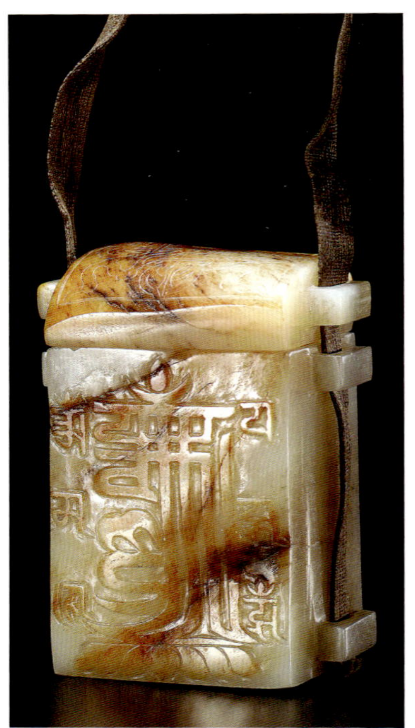

4172 明 白玉洒金梵纹穿带盒
估 价：RMB 60,000～90,000
成交价：RMB 138,000
高8cm 北京翰海 2014.10.26

2315 明 黄玉饕餮纹帽冠
估 价：RMB 120,000～150,000
成交价：RMB 161,000
高5.5cm 北京翰海 2014.05.10

2695 清早期 白玉云龙饰件
估 价：RMB 30,000～50,000
成交价：RMB 74,750
高5cm 北京翰海 2014.05.11

2496 明 青玉仿古饰（两件）
估 价：USD 10,000～15,000
成交价：RMB 107,363
长12cm 纽约佳士得 2014.03.20

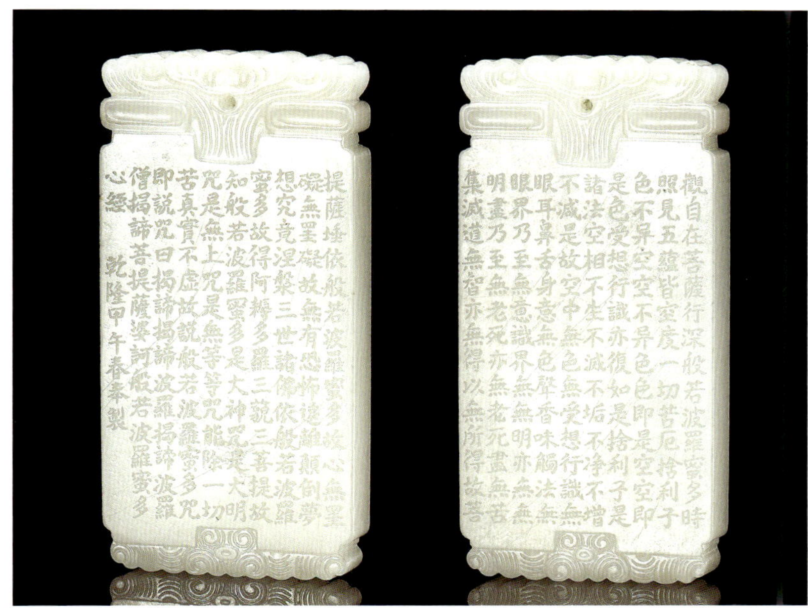

3352 清乾隆 白玉“波罗密多心经”佩
估 价：RMB 180,000～260,000
成交价：RMB 460,000
高7.1cm 北京翰海 2014.10.25

3145 17世纪 白玉鸟形杖首
估 价：HKD 70,000～90,000
成交价：RMB 88,875
长9.6cm 香港苏富比 2014.04.08

3350 清乾隆 白玉雕双龙戏珠鞭柄
估 价：RMB 120,000～180,000
成交价：RMB 230,000
长12.6cm 中国嘉德 2014.05.18

4231 清中期 白玉宫殿诗文佩
估　价：RMB 1,100,000～1,300,000
成交价：RMB 1,265,000
高6cm 北京翰海 2014.10.26

2314 清乾隆 白玉贯耳寿字纹香囊
估　价：RMB 80,000～100,000
成交价：RMB 368,000
高7cm 北京翰海 2014.05.10

4233 清乾隆 黄玉斋戒佩
估　价：RMB 400,000～600,000
成交价：RMB 483,000
高5.4cm 北京翰海 2014.10.26

1204 清中期 白玉雕喜字纹葫芦形佩
估　价：RMB 80,000～280,000
成交价：RMB 103,500
长9cm 中贸圣佳 2014.07.06

5001 清乾隆 玛瑙巧雕天保九如坠
成交价：RMB 161,000
长4.7cm 中国嘉德 2014.03.24

366 清早期 白玉枝山款诗文帽正
估 价：RMB 18,000～20,000
成交价：RMB 59,800
长5cm 北京东正 2014.11.20

2395 清 灰青玉镂雕金刚橛式饰件
估 价：USD 4,000～6,000
成交价：RMB 145,706
长10cm 纽约佳士得 2014.03.20

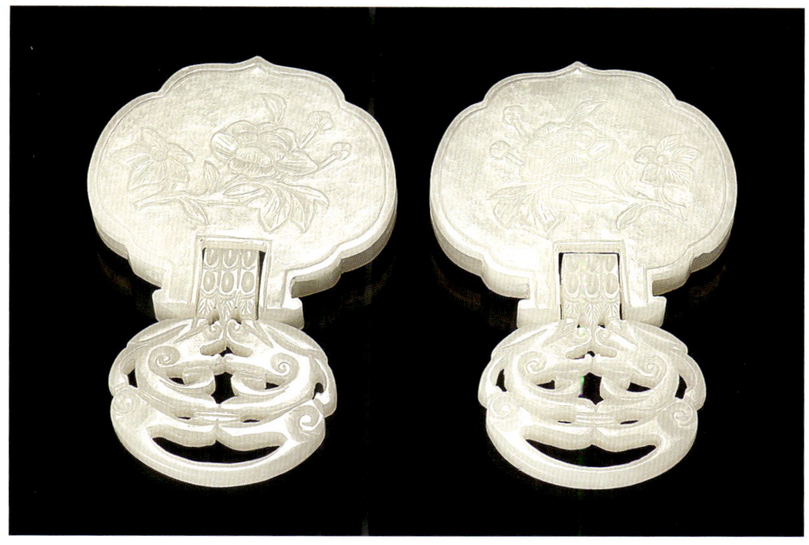

2403 清 白玉双螭龙花卉纹提携（二件）
估 价：RMB 80,000～120,000
成交价：RMB 126,500
长8.5cm 北京翰海 2014.05.10

1049 清 白玉题诗诗筒佩
估 价：RMB 250,000～300,000
成交价：RMB 287,500
高10.5cm 上海敬华 2014.07.01

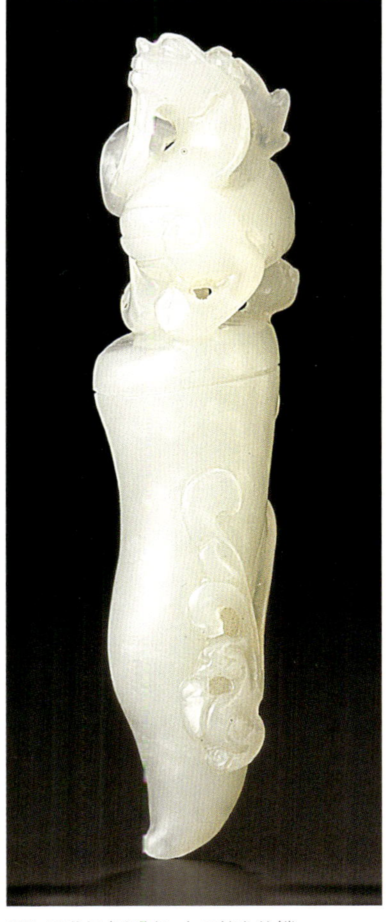

298 18世纪/19世纪 白玉螭龙纹觿
估 价：USD 5,000～7,000
成交价：RMB 30,675
长6.7cm 纽约苏富比 2014.03.18

1261 清中期 白玉如心如意佩
估　价：HKD 120,000～220,000
成交价：RMB 109,158
7.5cm×5cm 中国嘉德 2014.10.07

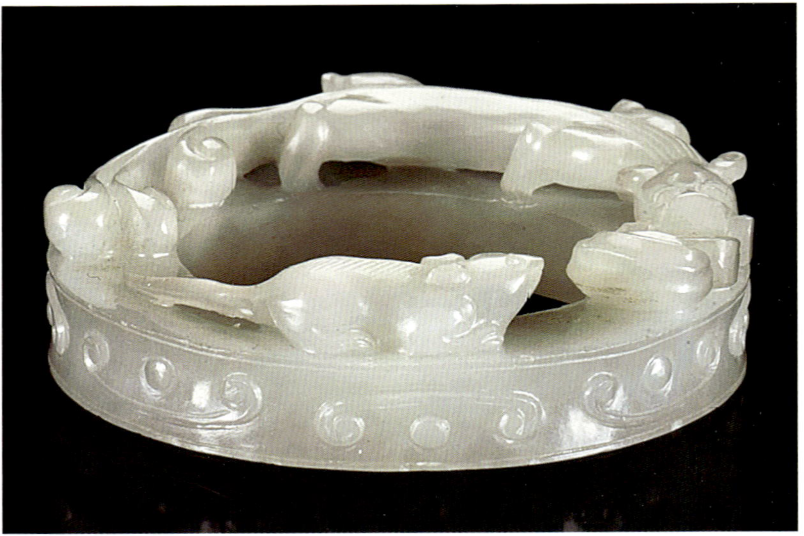

2388 18世纪/19世纪 白玉子辰环形饰
估　价：USD 6,000～8,000
成交价：RMB 115,031
直径6cm 纽约佳士得 2014.03.20

3662 18世纪 青玉龙纹饰片
估　价：HKD 250,000～350,000
成交价：RMB 257,075
76.2cm×54.4cm 香港苏富比 2014.10.08

3820 18世纪 白玉带皮御制诗“松下高士”图卵石佩
估　价：HKD 280,000～350,000
成交价：RMB 885,920
高5.7cm 香港苏富比 2014.10.08

1030 白玉雕神兽香囊佩
估　价：RMB 50,000～70,000
成交价：RMB 84,000
长5.5cm 北京荣宝 2014.03.23

631 19世纪 青白玉雕“淡月初吸松影斜”佩
估　价：USD 12,000～15,000
成交价：RMB 114,994
长7.6cm 纽约苏富比 2014.09.16

5246 翟倚卫 云蹄留柳 白玉把件
估　价：RMB 2,300,000～2,500,000
成交价：RMB 2,645,000
长11.4cm 北京保利 2014.06.04

1552 白玉雕山子手玩件
估　价：RMB 200,000～380,000
成交价：RMB 218,500
长8.1cm 中贸圣佳 2014.07.06

3215 宋/元 白玉仕读龟吐祥云鹤纹嵌饰
估　价：HKD 75,000～100,000
成交价：RMB 70,004
高6.6cm；宽4.5cm 保利香港 2014.10.07

6789 珊瑚法器（一对）
估　价：RMB 128,000～150,000
成交价：RMB 147,200
长4.2cm 北京保利 2014.06.05

陈设和生活用品

玉屏

3355 清乾隆 白玉山水福禄寿插屏
估 价：RMB 400,000～600,000
成交价：RMB 1,207,500
23.6cm×15.2cm 北京翰海 2014.10.25

3325 清 白玉赤壁夜游图插屏
估 价：RMB 800,000～1,200,000
成交价：RMB 920,000
高29cm 中国嘉德 2014.11.20

043 清 青金石题诗芝鹿纹长方插屏
估 价：GBP 8,000～12,000
成交价：RMB 224,060
长23cm 伦敦苏富比 2014.05.14

3354 18世纪/19世纪 白玉山水插屏
估 价：HKD 1,000,000～1,500,000
成交价：RMB 3,629,400
直径24cm 佳士得 2014.11.26

玉如意

6269 清乾隆 白玉仙人贺寿双蝠如意（一对）
估　价：RMB 7,000,000～9,000,000
成交价：RMB 10,350,000
长43cm 北京保利 2014.06.04

2766 清乾隆 碧玉鹭莲福寿如意
估　价：RMB 4,000,000～6,000,000
成交价：RMB 6,785,000
长47cm 北京翰海 2014.05.11

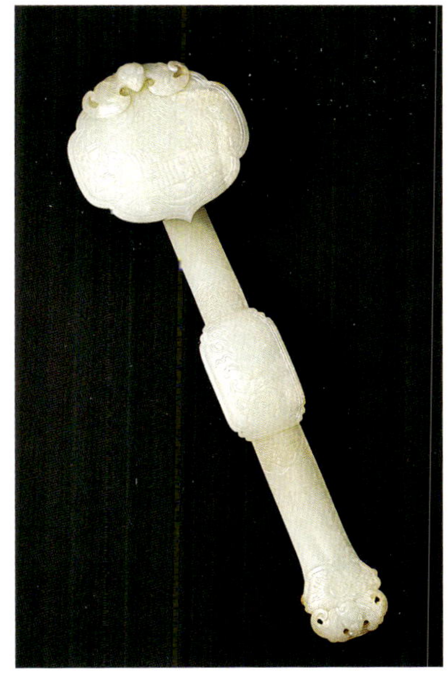

747 清乾隆 玉雕太平有象八吉祥纹如意
估　价：RMB 350,000～450,000
成交价：RMB 690,000
长34.3cm 北京诚轩 2014.11.20

2767 清嘉庆 白玉御题诗文吉庆有余如意
估　价：RMB 10,000,000～20,000,000
成交价：RMB 23,000,000
长37.5cm 北京翰海 2014.05.11

3327 清中期 黄玉群仙贺寿如意
估　价：RMB 2,500,000～2,800,000
成交价：RMB 2,875,000
长31cm 中国嘉德 2014.11.20

3073 18世纪/19世纪 白玉八仙万寿如意
估　价：HKD 1,000,000～1,500,000
成交价：RMB 1,927,600
长39.1cm 香港苏富比 2014.04.08

1048 清 黄玉八宝纹如意
估　价：RMB 50,000～80,000
成交价：RMB 2,829,000
长40cm 北京保利 2014.04.27

003 18世纪/19世纪 青白玉岁岁平安纹如意
估　价：GBP 40,000～60,000
成交价：RMB 2,763,277
长40cm 伦敦苏富比 2014.11.05

3167 19世纪 白玉万寿如意
估　价：HKD 350,000～450,000
成交价：RMB 1,643,200
长37.5cm 香港苏富比 2014.04.08

玉佛手

1190 清乾隆 白玉雕佛手
估　价：RMB 850,000～1,800,000
成交价：RMB 943,000
高13.5cm 中贸圣佳 2014.07.06

2849 明 白玉佛手
估　价：RMB 40,000～60,000
成交价：RMB 57,500
高7.2cm 北京翰海 2014.05.11

1233 清 青白玉佛手
估　价：HKD 50,000～80,000
成交价：RMB 50,031
长9cm 中国嘉德 2014.10.07

1199 清 黄玉佛手
估 价：RMB 35,000～55,000
成交价：RMB 143,750
长10cm 北京保利 2014.08.02

3246 金/元 玉山摆件
估 价：HKD 500,000～700,000
成交价：RMB 4,663,200
高18cm 佳士得 2014.05.28

玉山子

4205 金/元 白玉洒金秋山山子
估 价：RMB 220,000～300,000
成交价：RMB 287,500
高15cm 北京翰海 2014.10.26

2506 明末/18世纪 青白玉镂雕寿老图山子
估 价：USD 40,000～60,000
成交价：RMB 575,156
高20.5cm 纽约佳士得 2014.03.20

8072 明 火燎玉太狮少狮山子
估　价：HKD 1,000,000～1,600,000
成交价：RMB 916,560
长24cm 罗芙奥 2014.05.25

1567 清乾隆 白玉御题诗罗汉山子
估　价：RMB 3,000,000～5,000,000
成交价：RMB 8,050,000
高26.5cm 北京翰海 2014.10.25

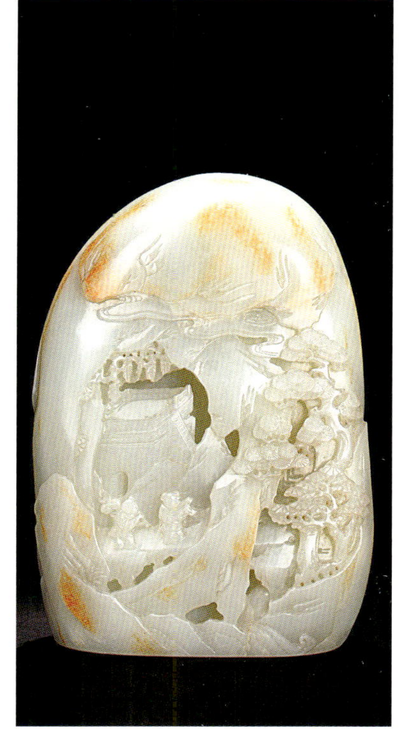

575 清乾隆 白玉雕松山童乐纹山子
估　价：RMB 2,000,000～2,200,000
成交价：RMB 2,990,000
高20cm 北京东正 2014.05.18

2497 明末/18世纪 青白玉松下高士山子
估　价：USD 10,000～15,000
成交价：RMB 383,438
高17cm 纽约佳士得 2014.03.20

2750 清早期 白玉洒金松下人物山子
估 价：RMB 300,000～500,000
成交价：RMB 517,500
长14.2cm 北京翰海 2014.05.11

647 清 白玉高士山子
估 价：RMB 800,000～1,500,000
成交价：RMB 920,000
高20cm 北京保利 2014.01.11

5717 清乾隆 白玉仙人捧寿山子
估 价：RMB 2,200,000～3,200,000
成交价：RMB 2,990,000
长16.5cm 北京保利 2014.12.03

4649 清中期 白玉十骏图山子
估 价：RMB 400,000～700,000
成交价：RMB 598,000
高18cm 中国嘉德 2014.05.19

1162 清 黑白玉巧雕渔家乐山子摆件
成交价：RMB 172,500
长21cm 北京保利 2014.10.26

3156 清 张熊款青金石嵌宝石山子
估 价：HKD 80,000～120,000
成交价：RMB 74,670
高15.5cm 保利香港 2014.10.07

271 18世纪/19世纪 青白玉雕五老山子
估 价：USD 20,000～30,000
成交价：RMB 122,660
长15.3cm 纽约苏富比 2014.09.16

242 18世纪/19世纪 琥珀雕山水人物图山子
估 价：GBP 3,000～5,000
成交价：RMB 105,440
高9.2cm 伦敦邦瀚斯 2014.05.15

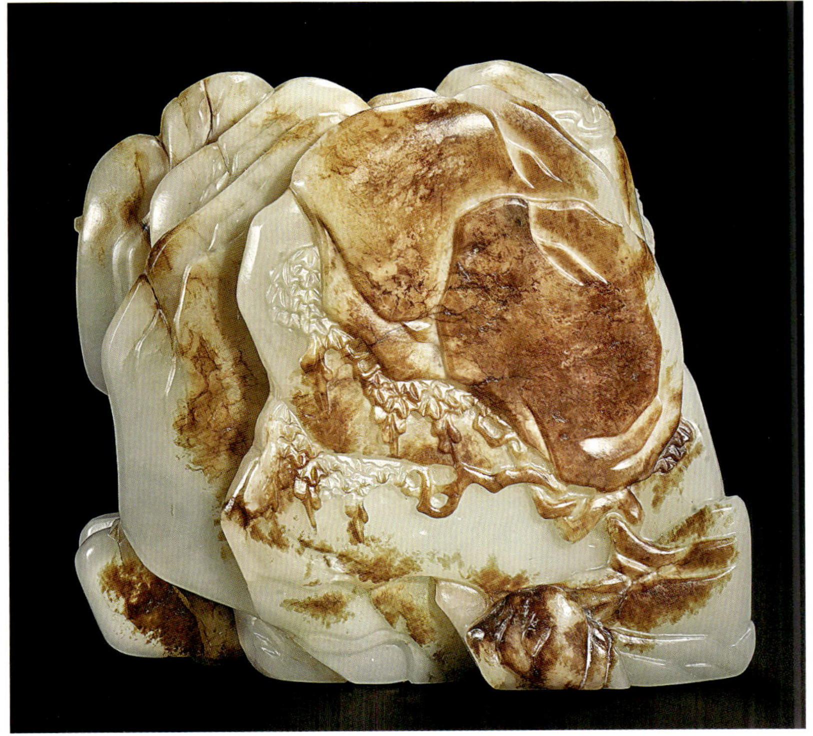

273 18世纪 青白玉带反花果纹山子
估 价：USD 15,000～25,000
成交价：RMB 421,644
长 12.1cm 纽约苏富比 2014.09.16

4732 20世纪中期 和田玉籽料朝圣图大玉山
估 价：RMB 2,000,000～2,800,000
成交价：RMB 2,760,000
84cm×46cm 中鸿信 2014.11.23

4700 20世纪中期 观音普度大玉山
估 价：RMB 1,000,000～1,500,000
成交价：RMB 1,380,000
50cm×54cm 中鸿信 2014.11.23

288 17世纪/18世纪 青白玉雕罗汉修行图山子
估 价：USD 25,000～35,000
成交价：RMB 199,388
高15.2cm 纽约苏富比 2014.03.18

2020 和田玉携琴访友图山子
估 价：RMB 300,000～400,000
成交价：RMB 632,500
高50cm 北京匡时 2014.09.17

4179 王金忠 醉舞双清荷 白玉摆件
估 价：RMB 1,600,000～1,900,000
成交价：RMB 1,840,000
11.4cm×7cm×2.8cm 西泠拍卖 2014.12.14

8091 黑白玉雕松下樵夫山子
估　价：USD 8,000～12,000
成交价：RMB 245,320
宽22.9cm 邦瀚斯 2014.09.15

5241 汪德海 小乔观书 白玉山子
估　价：RMB 3,800,000～4,000,000
成交价：RMB 4,370,000
高17.6cm 北京保利 2014.06.04

3248 汪德海 白玉雕麻姑献寿山子
估　价：RMB 380,000～500,000
成交价：RMB 437,000
18cm×40cm 中国嘉德 2014.11.20

4591 顾永骏 天音 白玉山子摆件
估　价：RMB 6,500,000～7,000,000
成交价：RMB 7,820,000
高22.5cm 北京匡时 2014.06.05

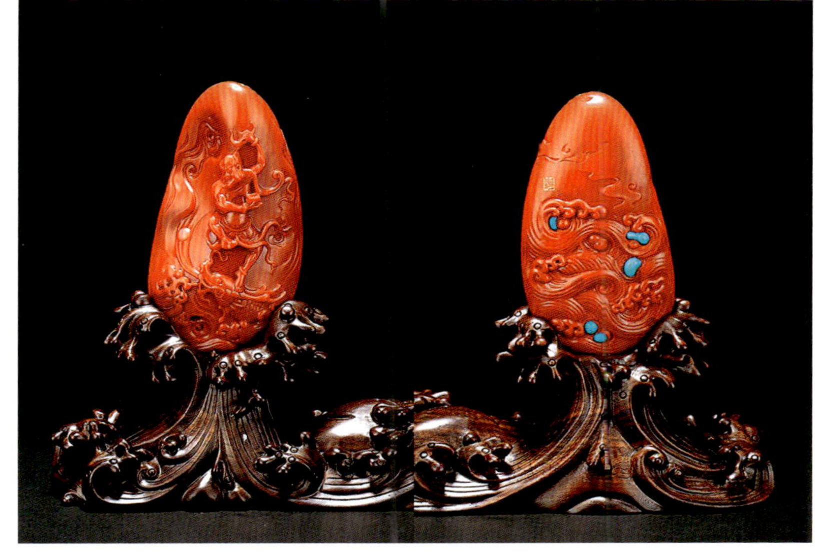

26 南红玛瑙独占鳌头摆件
估　价：RMB 600,000～800,000
成交价：RMB 1,840,000
11.1cm×6.1cm×2.9cm 上海金艺 2014.12.17

人物摆件

163 西汉 褐玉人像
估　价：USD 10,000～15,000
成交价：RMB 84,356
高7.4cm 纽约苏富比 2014.03.18

3245 宋或更晚 童子戏莲
估　价：HKD 500,000～600,000
成交价：RMB 502,500
长6cm 佳士得 2014.05.28

1238 宋 玉雕飞天
估　价：HKD 80,000～120,000
成交价：RMB 72,772
宽7cm 中国嘉德 2014.10.07

3242 宋/明 黄玉骆驼摆件
估　价：HKD 500,000～700,000
成交价：RMB 452,250
长6.4cm 佳士得 2014.05.28

488 辽 白玉沁色雕飞天
估　价：RMB 60,000
成交价：RMB 67,200
高4.2cm 天津文物 2014.05.16

2792 金/元 白玉和合二仙
估　价：RMB 90,000~120,000
成交价：RMB 112,700
高5.7cm 北京翰海 2014.05.11

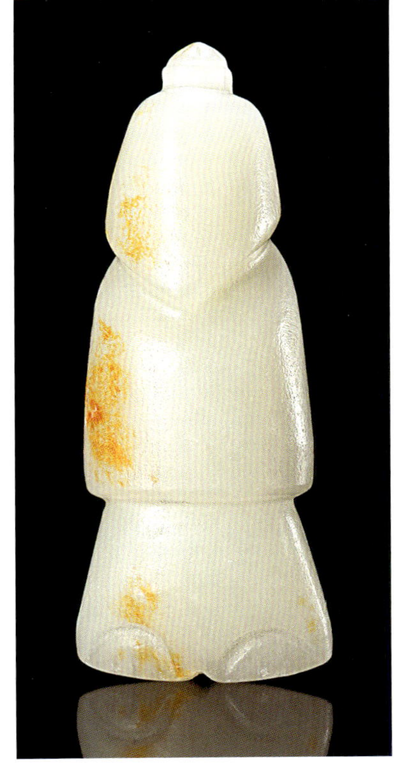

4242 金/元 白玉翁仲
估　价：RMB 180,000~280,000
成交价：RMB 230,000
高9.2cm 北京翰海 2014.10.26

1552 元 青白玉胡人戏狮
估　价：RMB 20,000
成交价：RMB 57,500
高7.2cm 北京翰海 2014.04.12

1265 明 白玉留皮童子牧牛
估　价：RMB 25,000~35,000
成交价：RMB 28,750
长7.5cm 北京保利 2014.10.26

715 金/元 和田玉自在观音
估 价：RMB 250,000～350,000
成交价：RMB 632,500
高15.5cm 远方拍卖 2014.06.02

157 明或更早 白玉执莲童子
估 价：RMB 130,000～160,000
成交价：RMB 246,400
7cm×2cm 武汉中信 2014.10.23

520 明 玉雕骆驼
估 价：RMB 100,000～200,000
成交价：RMB 115,000
长5.5cm 北京保利 2014.01.11

3151 明 白玉童子太平有象
估 价：HKD 200,000～300,000
成交价：RMB 197,500
高7.8cm 香港苏富比 2014.04.08

1687 明 南红玛瑙雕渔家乐
估　价：RMB 180,000～250,000
成交价：RMB 207,000
长6.8cm 北京翰海 2014.10.25

6935 明 青白玉佛附玉杵
估　价：RMB 500,000～800,000
成交价：RMB 862,500
佛高16.3cm；杵长10cm 北京保利 2014.12.05

2503 明 青白玉观音立像
估　价：USD 8,000～12,000
成交价：RMB 65,184
高16.5cm 纽约佳士得 2014.03.20

4245 明 旧玉人物
估　价：RMB 38,000～50,000
成交价：RMB 59,800
高5cm 北京翰海 2014.10.26

2780 清早期 白玉灵猴献寿
估　价：RMB 400,000～600,000
成交价：RMB 63,250
高12.1cm 北京翰海 2014.05.11

3045 清乾隆 白玉童子太平有象
估　价：HKD 1,500,000～2,500,000
成交价：RMB 3,065,200
高15.3cm 香港苏富比 2014.04.08

1192 清早期 白玉雕福禄寿寿星摆件
估　价：RMB 450,000～950,000
成交价：RMB 483,000
高15cm 中贸圣佳 2014.07.06

837 清早期 青白玉罗汉
估　价：HKD 85,000～120,000
成交价：RMB 78,005
高12cm 中国嘉德 2014.04.09

742 清乾隆 玉雕胡人驯鹰立像
估　价：RMB 250,000～350,000
成交价：RMB 287,500
高14.5cm 北京诚轩 2014.11.20

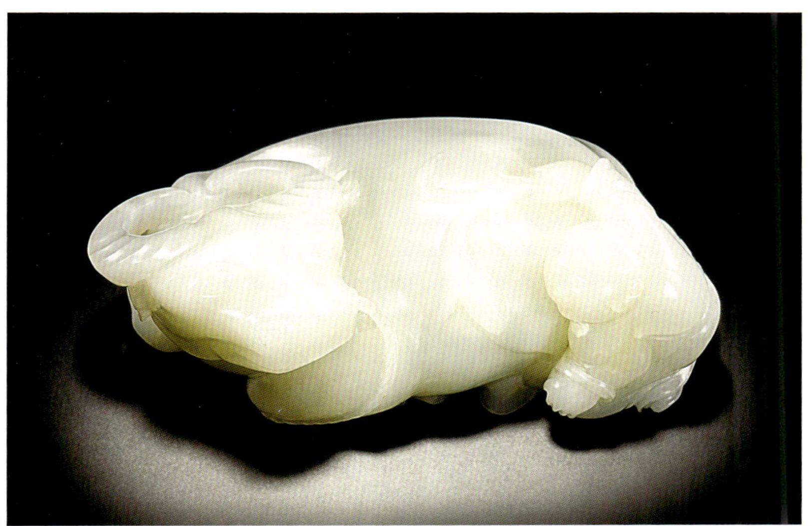

3 清乾隆 白玉童子牧牛摆件
估　价：GBP 15,000～20,000
成交价：RMB 722,264
高11.2cm 伦敦苏富比 2014.05.14

3408 清乾隆 珊瑚整雕吹箫引凤摆件
估　价：RMB 400,000～500,000
成交价：RMB 483,000
高19.5cm 北京匡时 2014.06.03

6318 清乾隆 白玉童子戏欢
估　价：RMB 250,000～350,000
成交价：RMB 299,000
宽4.5cm 北京保利 2014.06.04

2410 清中期 白玉和合二仙
估　价：RMB 500,000～600,000
成交价：RMB 575,000
北京翰海 2014.05.10

4355 清中期 白玉三贵人
估　价：RMB 28,000～50,000
成交价：RMB 552,000
高4.3cm 北京翰海 2014.10.26

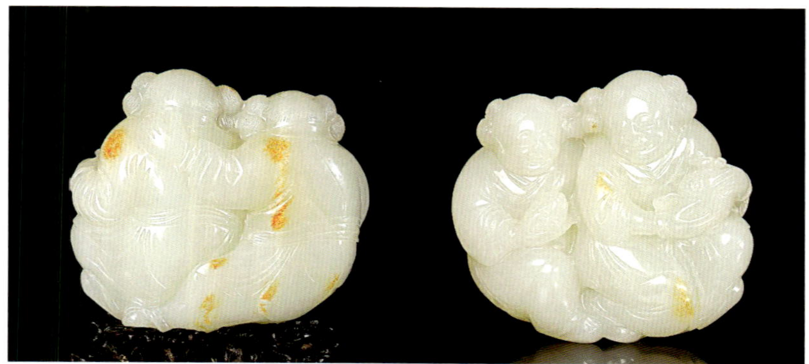

6319 清乾隆 御制白玉和合二仙
估　价：RMB 2,200,000～3,200,000
成交价：RMB 4,370,000
宽8.5cm 北京保利 2014.06.04

355 清中期 白玉仙人乘槎摆件
估　价：RMB 300,000～350,000
成交价：RMB 345,000
长18cm 北京东正 2014.11.20

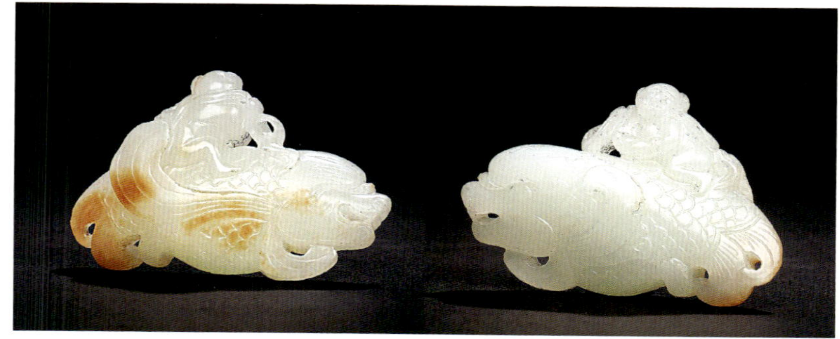

727 清 白玉独占鳌头
成交价：RMB 92,000
长6.5cm 北京保利 2014.04.27

3643 清中期 青白玉雕寿星像
估　价：RMB 88,000～126,000
成交价：RMB 101,200
高18cm 中鸿信 2014.11.22

1359 清 白玉荷花童子暖手
估　价：RMB 60,000～120,000
成交价：RMB 149,500
长6cm 北京保利 2014.10.26

526 清 白玉雕渔家乐摆件
估　价：RMB 100,000
成交价：RMB 302,400
长9cm 天津文物 2014.11.15

1662 清 白玉双联童子
估　价：RMB 220,000～350,000
成交价：RMB 253,000
长8cm 北京翰海 2014.10.25

3484 清 红珊瑚仕女提篮摆件
估　价：RMB 100,000～150,000
成交价：RMB 115,000
高19.5cm 中国嘉德 2014.11.20

1304 清 白玉舞女摆件
估　价：RMB 80,000
成交价：RMB 94,300
高8cm 北京翰海 2014.01.11

3170 清17世纪/18世纪 白玉雕张骞乘槎
估　价：HKD 150,000～200,000
成交价：RMB 148,125
高8cm 香港苏富比 2014.04.08

156 18世纪 褐青玉状元及第摆件
估　价：GBP 5,000～7,000
成交价：RMB 62,013
宽7.5cm 伦敦苏富比 2014.11.05

4241 清 青玉释迦牟尼
估　价：RMB 220,000～380,000
成交价：RMB 287,500
高17.4cm 北京翰海 2014.10.26

1353 清 玉雕八臂观音
估　价：RMB 260,000
成交价：RMB 299,000
高15cm 北京翰海 2014.01.11

3406 清 珊瑚雕罗汉立像
估　价：RMB 72,000～80,000
成交价：RMB 218,500
高11.7cm 北京匡时 2014.06.03

1158 清 玉巧雕达摩渡海摆件
成交价：RMB 103,500
高12cm 北京保利 2014.10.26

1410 清 黄玉雕童子
成交价：RMB 11,500
高4.5cm 北京翰海 2014.11.22

529 清 和田碧玉雕穆桂英摆件（一对）
估　价：RMB 500,000～800,000
成交价：RMB 672,000
高24.2cm×2 未来四方 2014.07.29

219 18世纪 白玉雕童子戏鸟
估　价：GBP 30,000~50,000
成交价：RMB 553,560

长8.5cm 伦敦邦瀚斯 2014.05.15

320 清晚 青白玉罗汉坐像
估　价：USD 10,000~15,000
成交价：RMB 61,350
高8.8cm 纽约苏富比 2014.03.18

205 18世纪/19世纪 青玉雕佛像
估　价：GBP 20,000~30,000
成交价：RMB 5,087,480
高13.5cm 伦敦邦瀚斯 2014.05.15

269 19世纪 青白玉雕鳌鱼观音立像
估　价：USD 5,000~7,000
成交价：RMB 651,631
高25.5cm 纽约苏富比 2014.09.16

16 18世纪 青白玉童子戏狮摆件
估　价：GBP 8,000~12,000
成交价：RMB 316,320
高13.6cm 伦敦苏富比 2014.05.14

153 19世纪初 青玉雕渔夫童子
估　价：GBP 7,000~10,000
成交价：RMB 2,240,600
宽14cm 伦敦邦瀚斯 2014.05.15

12046 阿拉善玛瑙美杜莎的惩罚
成交价：RMB 55,200
5.9cm×6.1cm 北京博观 2014.11.15

12079 阿拉善玛瑙青衣摆件
成交价：RMB 20,700
高9.9cm 北京博观 2014.11.15

1428 白玉童子拜观音摆件
估　价：RMB 150,000
成交价：RMB 184,000
长11.5cm 北京翰海 2014.11.22

262 崔磊　降魔护道
估　价：RMB 450,000～600,000
成交价：RMB 552,000
高8cm 荣宝斋（上海） 2014.05.09

853 崔磊 高乐图 白玉摆件
估　价：RMB 2,800,000～3,200,000
成交价：RMB 3,565,000
9.7×7.2×6.8cm 西泠拍卖 2014.05.03

238 白玉雕骑象寿老
估　价：GBP 20,000～30,000
成交价：RMB 263,600
高15cm 伦敦邦瀚斯 2014.05.15

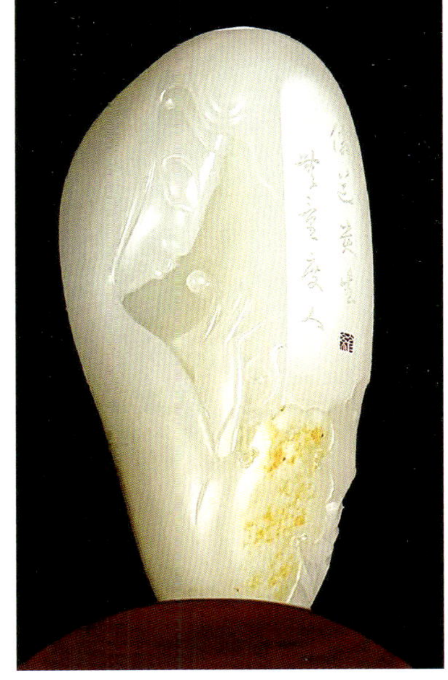

929 葛洪 莲香梵音 白玉摆件
估　价：RMB 600,000～750,000
成交价：RMB 805,000
西泠拍卖 2014.05.03

84 和田黄玉四美图
估 价：RMB 2,000,000～2,300,000
成交价：RMB 3,450,000
尺寸不一 北京保利 2014.10.08

3920 和田白玉籽料青玉籽料 极乐世界·识心
估 价：RMB 500,000～700,000
成交价：RMB 73,600,000
佛1.5cm×1cm×11cm；兽17.5cm×8cm×7.6cm 西泠拍卖 2014.12.14

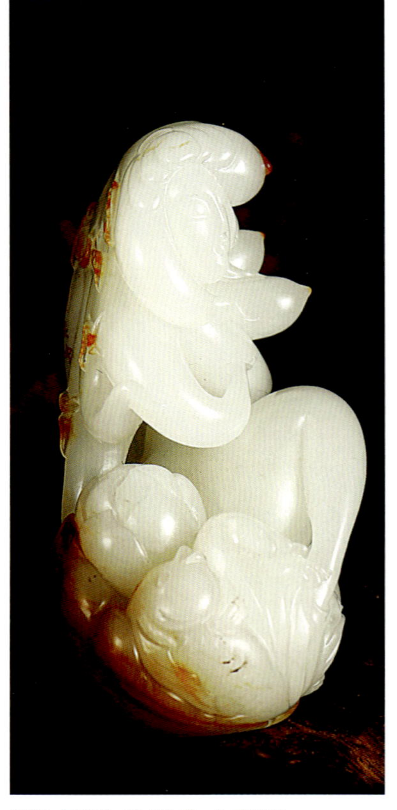

4102 吴德升 春光如意 白玉把件
估 价：RMB 2,500,000～2,800,000
成交价：RMB 3,220,000
6.8cm×4.6cm×3.3cm 西泠拍卖 2014.12.14

2279 非洲玛瑙莲梦如诗摆件
成交价：RMB 46,000
5.4cm×4.6cm 北京博观 2014.11.16

4062 王平 荷间拾慧 白玉摆件
估 价：RMB 2,800,000~3,500,000
成交价：RMB 3,795,000
10.4cm×10.4cm×4.9cm 西泠拍卖 2014.12.14

78 和田黄玉往事如烟
估 价：RMB 500,000~600,000
成交价：RMB 3,220,000
宽9.7cm 北京保利 2014.10.08

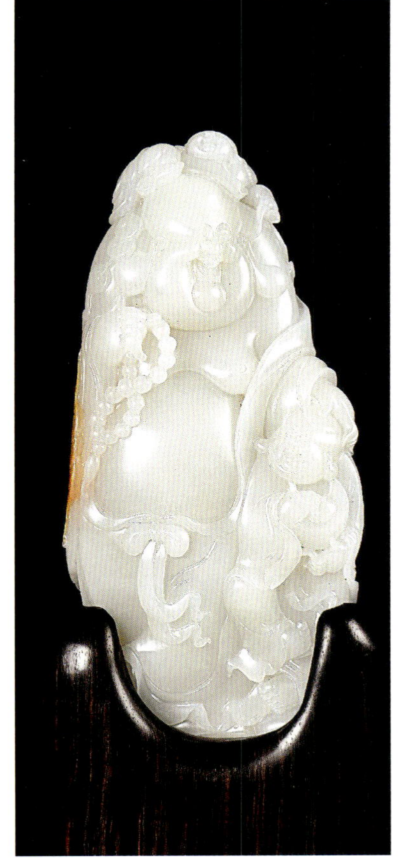

5239 洪新华 白玉笑口常开
估 价：RMB 1,080,000~1,100,000
成交价：RMB 1,380,000
高13.5cm 北京保利 2014.06.04

4382 王胜 和田黄玉九天飞流
估 价：RMB 10,000,000~13,000,000
成交价：RMB 13,800,000
宽21.5cm；长47cm 北京保利 2014.12.03

2345 独山玉金鱼戏童子摆件
成交价：RMB 25,300
11.4cm×7.7cm×6.7cm 北京博观 2014.11.16

637 吴德升 和田玉籽料双娇摆件
估 价：RMB 1,500,000~1,800,000
成交价：RMB 2,070,000
长14cm 北京艺融 2014.06.03

7592 邱启敬 涅槃·修心
估 价：RMB 180,000~280,000
成交价：RMB 207,000
高11.4cm 北京保利 2014.06.05

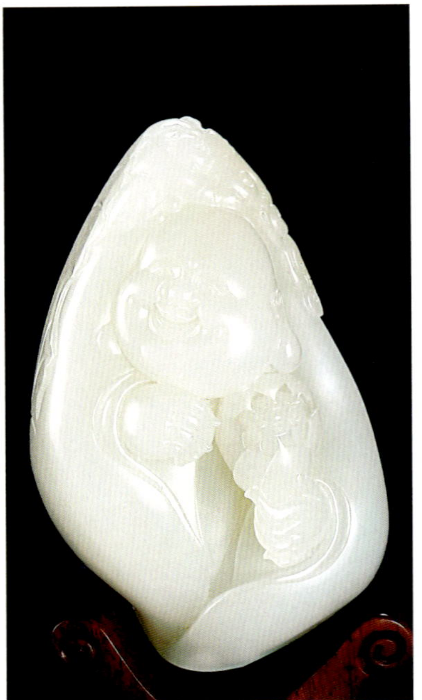

280 吕德 白玉雕童子戏佛摆件
估 价：RMB 650,000
成交价：RMB 1,008,000
10cm×4.7cm 上海联合 2014.10.11

11493 水晶童子观音摆件
估 价：RMB 1,000,000~1,500,000
成交价：RMB 1,150,000
高46cm 北京博观 2014.07.06

2361 水晶千手观音摆件
成交价：RMB 235,750
25cm×13cm 北京博观 2014.11.16

12040 和田玉籽料守护摆件
成交价：RMB 115,000
11.0cm×5.3cm 北京博观 2014.11.15

1534 尚石工作室 白玉雕达摩禅悟
估　价：RMB 680,000～1,200,000
成交价：RMB 747,500
高8.9cm 中贸圣佳 2014.07.06

4595 苏然 罗汉 白玉摆件
估　价：RMB 1,000,000～1,200,000
成交价：RMB 1,150,000
高14.8cm 北京匡时 2014.06.05

4593 苏然 庄生梦蝶 白玉摆件
估　价：RMB 280,000～350,000
成交价：RMB 322,000
高14.8cm 北京匡时 2014.06.05

9696 天然MOMO红珊瑚仕女摆件
估　价：RMB 200,000～300,000
成交价：RMB 322,000
北京保利 2014.06.06

5244 吴德升 妙趣横生
估　价：RMB 11,000,000～12,000,000
成交价：RMB 13,800,000
高17.2cm 北京保利 2014.06.04

89 新疆和田黄玉达摩
估　价：RMB 1,900,000～2,200,000
成交价：RMB 2,300,000
高18cm 北京保利 2014.10.08

870 于雪涛 喜气袭人 白玉摆件
估　价：RMB 17,000,000～25,000,000
成交价：RMB 23,000,000
17.2cm×10.4cm×7.1cm，重1991g
西泠拍卖 2014.05.03

660 夏立仁 白玉雕济公摆件
估　价：RMB 120,000~120,000
成交价：RMB 268,800
高12.5cm 上海联合 2014.06.29

5243 吴德升 共舞 白玉人物摆件
估　价：RMB 6,600,000~6,800,000
成交价：RMB 7,820,000
高11.6cm 北京保利 2014.06.04

4103 吴德升 双娇 白玉摆件
估　价：RMB 28,000,000~35,000,000
成交价：RMB 40,250,000
26cm × 10cm × 6.9cm 西泠拍卖 2014.12.14

动物摆件

1022 西周 玉雕虎
估　价：HKD 18,000～28,000
成交价：RMB 47,302
宽5cm 中国嘉德 2014.10.07

3240 宋/明 黄玉狗摆件
估　价：HKD 150,000～200,000
成交价：RMB 552,750
长6.7cm 佳士得 2014.05.28

4140 宋 玉雕螭龙摆件
估　价：RMB 140,000～150,000
成交价：RMB 161,000
长4cm 北京匡时 2014.06.04

1000 元 白玉鹿
成交价：RMB 40,250
长5cm 北京保利 2014.10.26

995 元 白玉喜鹊
成交价：RMB 28,750
长7.5cm 北京保利 2014.10.26

483 元 玉雕卧兽
估　价：RMB 35,000～55,000
成交价：RMB 63,250
长6cm 北京保利 2014.01.11

4279 金/元 白玉卧猪
估　价：RMB 1,500,000～2,000,000
成交价：RMB 1,897,500
长13.5cm 北京翰海 2014.10.26

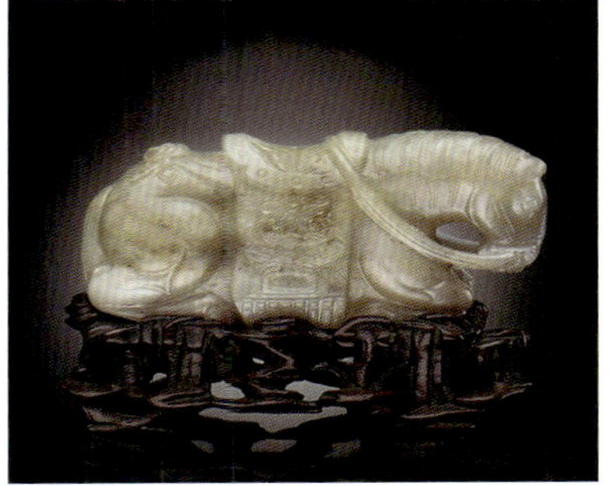

2479 元/明 灰白玉跪马摆件
估　价：USD 5,000～7,000
成交价：RMB 57,516
长9cm 纽约佳士得 2014.03.20

1243 明 白玉猴
估　价：HKD 85,000～120,000
成交价：RMB 291,088
高3.3cm 中国嘉德 2014.10.07

4283 金/元 旧玉水车
估　价：RMB 300,000～500,000
成交价：RMB 552,000
高7.8cm 北京翰海 2014.10.26

810 明 白玉伽罗洛神鸟
成交价：RMB 322,000
长3.3cm 北京保利 2014.04.27

4114 明 黄玉卧马
估　价：RMB 580,000~650,000
成交价：RMB 690,000
长8cm 北京翰海 2014.10.26

4117 明 旧玉虎
估　价：RMB 130,000~180,000
成交价：RMB 172,500
长7cm 北京翰海 2014.10.26

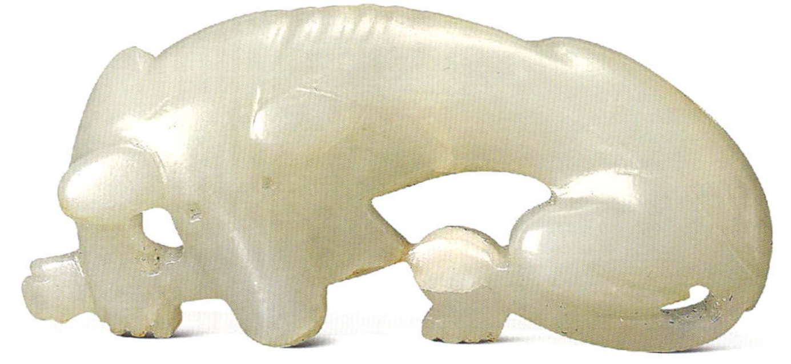

173 明 玉雕狗
成交价：RMB 207,000
长5cm 北京保利 2014.08.02

476 明 旧玉兽
估　价：RMB 40,000
成交价：RMB 95,200
高4.3cm 天津文物 2014.11.15

165 明 绿玉带皮雕双峰驼
估　价：GBP 20,000~30,000
成交价：RMB 237,240
宽12cm 伦敦邦瀚斯 2014.05.15

1062 明 黄玉羊
成交价：RMB 218,500
长4.5cm 北京保利 2014.10.26

1017 明 青白玉瑞兽
估 价：HKD 50,000～80,000
成交价：RMB 172,834
宽6.4cm 中国嘉德 2014.10.07

811 明 玉沁色兽
成交价：RMB 115,000
长6cm 北京保利 2014.04.27

2491 明末/清18世纪 青玉灵猴献寿摆件
估 价：USD 80,000～120,000
成交价：RMB 536,813
宽10.2cm 纽约佳士得 2014.03.20

2498 明末/清18世纪 鸡骨白玉马上封侯摆件
估 价：USD 7,000～9,000
成交价：RMB 57,516
长8.9cm 纽约佳士得 2014.03.20

228 18世纪 青玉带皮雕卧骆驼
估 价：GBP 12,000～15,000
成交价：RMB 886,750
宽14.4cm 伦敦邦瀚斯 2014.05.15

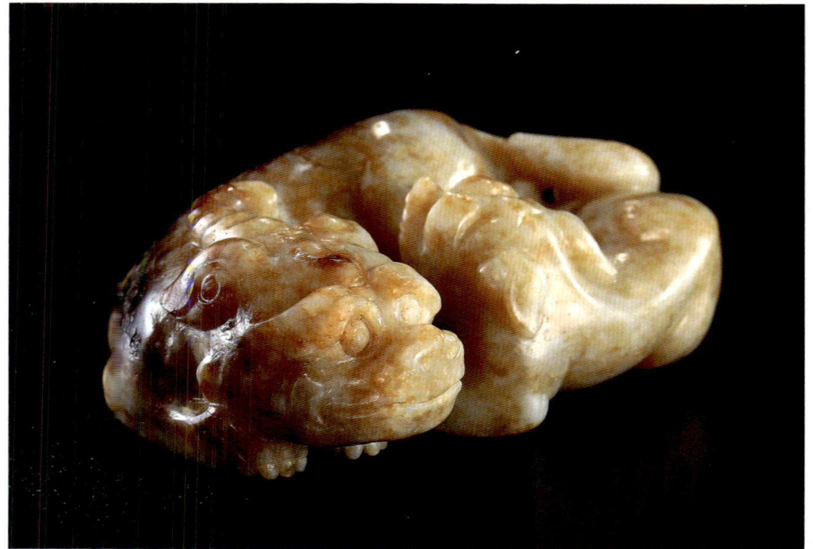

1589 明 白三沁色带子上朝瑞兽
估 价：RMB 200,000～250,000
成交价：RMB 483,000
长9cm 北京翰海 2014.10.25

2619 明 白玉洒金双兔
估 价：RMB 30,000～50,000
成交价：RMB 92,000
长4.4cm 北京翰海 2014.05.11

4120 明 白玉洒金麒麟送子
估 价：RMB 100,000～160,000
成交价：RMB 115,000
长9.5cm 北京翰海 2014.10.26

1050 明 白玉六齿象
成交价：RMB 92,000
宽5cm 北京保利 2014.10.26

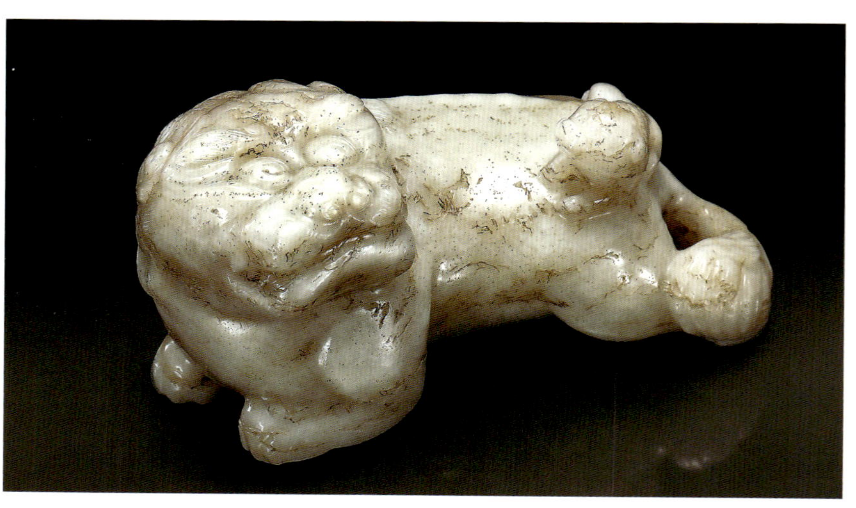

1583 明 白玉太狮少狮
估 价：RMB 200,000～300,000
成交价：RMB 471,500
长9cm 北京翰海 2014.10.25

842 明 白玉兔
成交价：RMB 97,750
长4cm 北京保利 2014.04.27

1270 明 白玉卧犬
估　价：RMB 80,000～120,000
成交价：RMB 92,000
长6.5cm 北京保利 2014.10.26

845 明 黄玉卧马
估　价：RMB 40,000～60,000
成交价：RMB 345,000
长7cm 北京保利 2014.04.27

4272 明 白玉一羊启泰
估　价：RMB 600,000～800,000
成交价：RMB 943,000
长7cm 北京翰海 2014.10.26

272 明 褐黑玉衔莲鸳鸯
估　价：GBP 3,000～5,000
成交价：RMB 39,540
长5.5cm 伦敦苏富比 2014.05.14

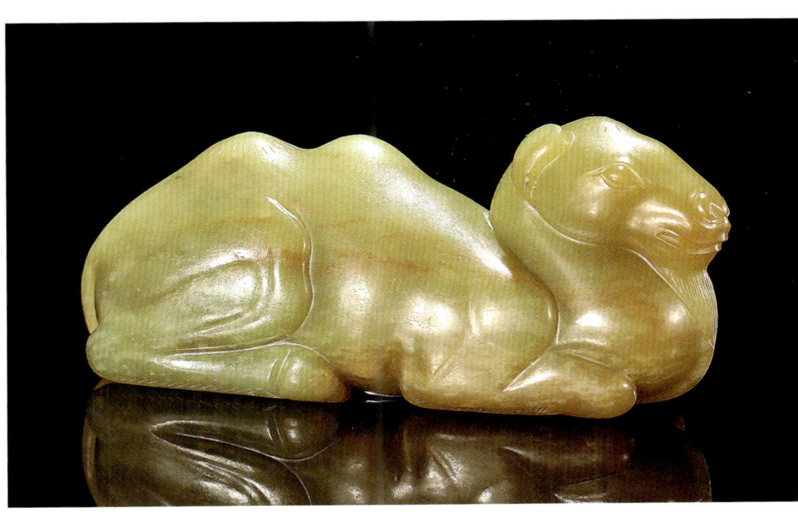

4273 明 黄玉骆驼
估　价：RMB 220,000～280,000
成交价：RMB 287,500
长10.9cm 北京翰海 2014.10.26

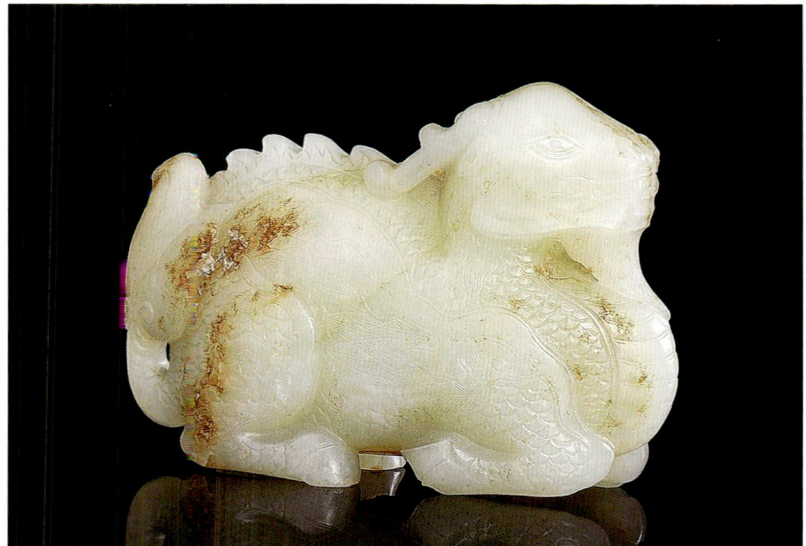

170 17世纪/18世纪 白玉带皮雕麒麟
估 价：GBP 10,000～15,000
成交价：RMB 1,924,280
宽9.3cm 伦敦邦瀚斯 2014.05.15

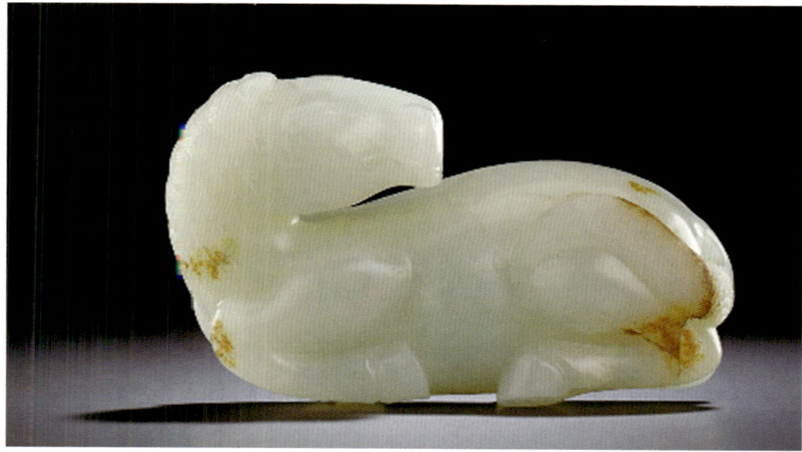

3564 18世纪 白玉卧马
估 价：HKD 1,000,000～1,500,000
成交价：RMB 996,960
高11cm 佳士得 2014.05.28

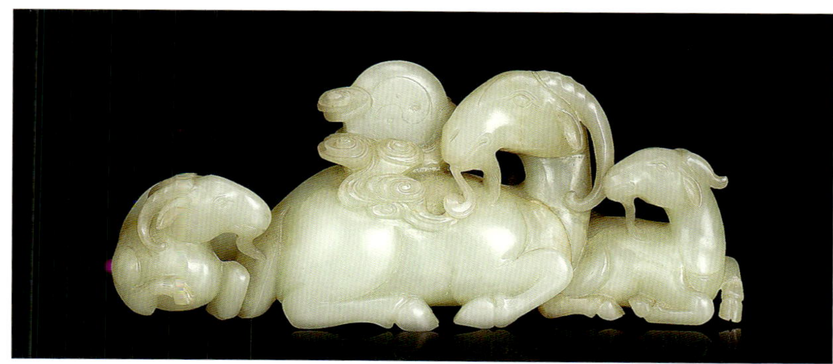

1593 明 白玉雕沁色獬豸
估 价：RMB 1,000,000～1,500,000
成交价：RMB 1,955,000
长11cm；高8cm 北京翰海 2014.10.25

1219 18世纪 青白玉鹦鹉摆件
估 价：HKD 350,000～550,000
成交价：RMB 727,720
宽17cm 中国嘉德 2014.10.07

189 18世纪 青玉雕三羊
估 价：GBP 6,000～8,000
成交价：RMB 395,400
宽18cm 伦敦邦瀚斯 2014.05.15

6914 清乾隆 白玉卧羊
估 价：RMB 2,500,000～3,500,000
成交价：RMB 4,600,000
长13cm 北京保利 2014.12.05

3146 17世纪 褐斑青白玉坐兽
估 价：HKD 200,000～300,000
成交价：RMB 197,500
长8.8cm 香港苏富比 2014.04.08

6921 清早期 青白玉卧马
估 价：RMB 1,200,000～2,200,000
成交价：RMB 1,380,000
长34.5cm 北京保利 2014.12.05

120 17世纪 黄玉雕双鸳鸯
估 价：GBP 8,000～12,000
成交价：RMB 112,030
长5.8cm 伦敦邦瀚斯 2014.05.15

2489 明末/清18世纪 青白玉鹤衔寿桃摆件
估　价：USD 10,000~15,000
成交价：RMB 322,038
长11.5cm 纽约佳士得 2014.03.20

1032 明末清早期 黄玉牛
估　价：HKD 150,000~250,000
成交价：RMB 136,448
宽5.5cm 中国嘉德 2014.10.07

1198 清乾隆 白玉瑞兽摆件
成交价：RMB 862,500
长13cm 北京保利 2014.10.26

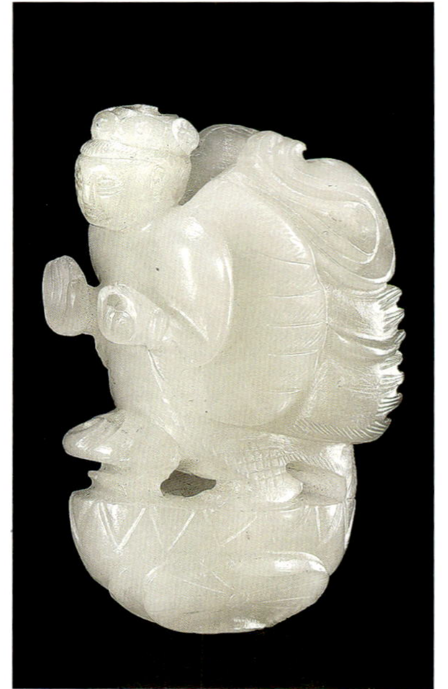

2858 清早期 白玉金翅鸟
估　价：RMB 30,000~50,000
成交价：RMB 43,700
高4.6cm 北京翰海 2014.05.11

90 清乾隆 黑白玉灵猴献寿摆件
估　价：RMB 250,000~350,000
成交价：RMB 448,500
长13cm 远方拍卖 2014.06.02

1171 清乾隆 白玉宝鸭摆件
成交价：RMB 92,000
长11cm 北京保利 2014.10.26

1197 清乾隆 白玉三阳开泰摆件
成交价：RMB 345,000
长10cm 北京保利 2014.10.26

1201 清乾隆 玉雕太平有象
成交价：RMB 437,000
长10cm 北京保利 2014.10.26

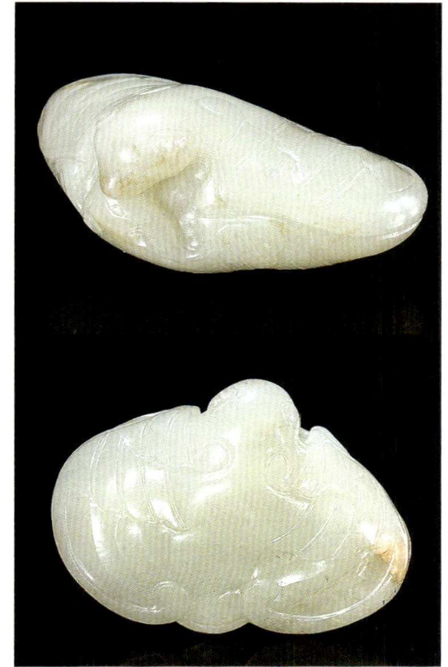

2842 清乾隆 青白玉双福
估 价：RMB 60,000～90,000
成交价：RMB 80,500
长7.6cm 北京翰海 2014.05.11

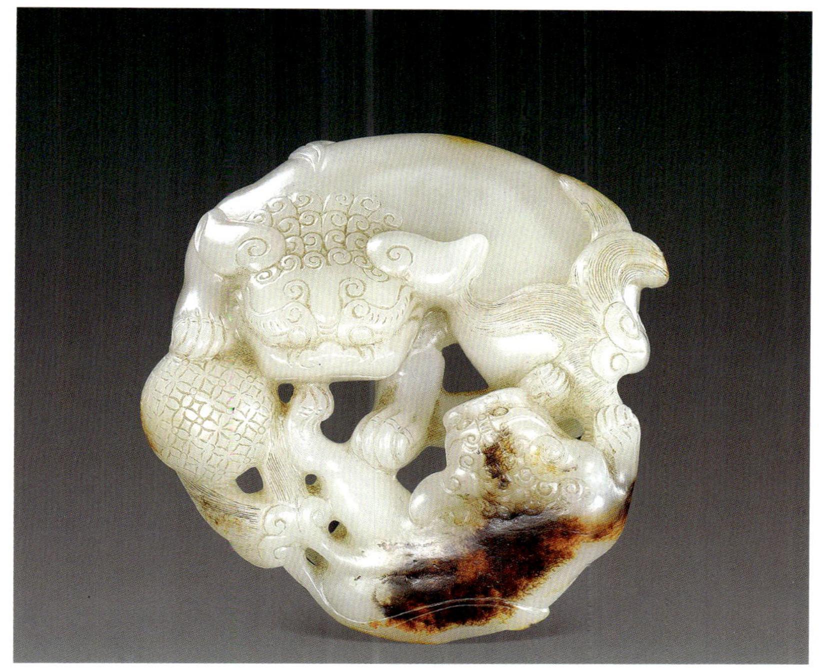

478 清乾隆 白玉雕太狮少狮
估 价：RMB 500,000
成交价：RMB 1,321,600
高9.6cm 天津文物 2014.11.15

3368 清乾隆 白玉雕三羊开泰摆件
估 价：RMB 400,000～500,000
成交价：RMB 460,000
高14.8cm 中国嘉德 2014.05.18

718 清乾隆 金丝发晶英雄斗志摆件
估 价：RMB 250,000～350,000
成交价：RMB 517,500
长13cm 远方拍卖 2014.06.02

3316 清乾隆 白玉凤採瑞果摆件
估 价：RMB 1,000,000～1,200,000
成交价：RMB 1,150,000
宽10.5cm 中国嘉德 2014.11.20

720 清早期 白玉卧狗
估 价：RMB 20,000～30,000
成交价：RMB 51,750
长6cm 北京诚轩 2014.05.19

1224 清乾隆 玛瑙雕瑞兽
估 价：RMB 600,000～1,200,000
成交价：RMB 805,000
长12.5cm 中贸圣佳 2014.06.01

3176 清早期 白玉马上封侯
估 价：HKD 150,000～220,000
成交价：RMB 140,007
长7.5cm 保利香港 2014.10.07

1656 清晚期 白玉雕富贵有余摆件
估 价：HKD 160,000～200,000
成交价：RMB 1,453,600
长25cm 香港苏富比 2014.04.07

1293 清早期 黄玉双鹿摆件
估 价：RMB 80,000～150,000
成交价：RMB 92,000
长11cm 北京保利 2014.10.26

1018 清早期 青白玉瑞兽
估 价：HKD 80,000～120,000
成交价：RMB 463,922
宽6cm 中国嘉德 2014.10.07

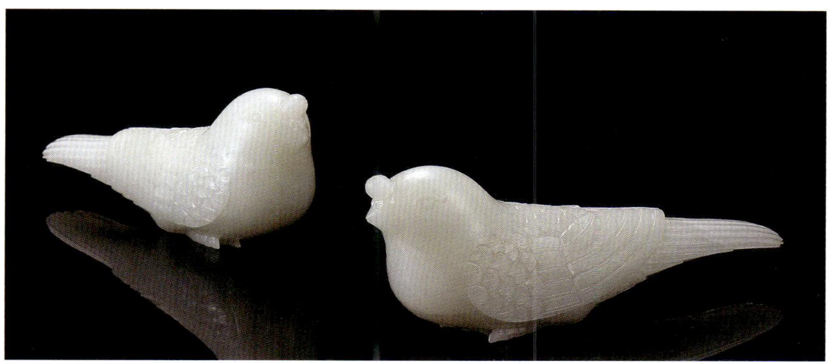

3396 清中期 白玉鹌鹑摆件（一对）
估 价：RMB 220,000～300,000
成交价：RMB 690,000
高5cm×2 北京匡时 2014.06.03

2409 清中期 白玉雕衔灵芝双鹿
估　价：RMB 300,000～400,000
成交价：RMB 368,000
高17cm 北京翰海 2014.05.10

4265 清中期 白玉鹅衔灵芝
估　价：RMB 300,000～400,000
成交价：RMB 862,500
高18.6cm 北京翰海 2014.10.26

363 清中期 白玉满庭欢喜摆件
估　价：RMB 550,000～600,000
成交价：RMB 632,500
长8.6cm 北京东正 2014.11.20

4268 清中期 白玉独占鳌头
估　价：RMB 150,000～280,000
成交价：RMB 207,000
长4.8cm 北京翰海 2014.10.26

4103 清中期 白玉鸡
估 价：RMB 18,000～22,000
成交价：RMB 25,300
高4.7cm 北京翰海 2014.10.26

4270 清中期 白玉三羊开泰
估 价：RMB 180,000～220,000
成交价：RMB 230,000
长5cm 北京翰海 2014.10.26

4113 清中期 白玉双骏
估 价：RMB 320,000～380,000
成交价：RMB 437,000
长7.5cm 北京翰海 2014.10.26

2101 清中期 白玉巧雕榴开百子
估 价：RMB 600,000～800,000
成交价：RMB 667,000
长5cm 古天一 2014.06.05

2860 清中期 黑白玉巧作太狮少狮
估 价：RMB 35,000～65,000
成交价：RMB 46,000
长6.2cm 北京翰海 2014.05.11

2106 清中期 苏作黑白玉巧雕海马玉书
估　价：RMB 1,100,000～1,500,000
成交价：RMB 1,150,000
长4cm 古天一 2014.06.05

4363 清中期 黑白玉三羊开泰
估　价：RMB 18,000～26,000
成交价：RMB 23,000
长9.8cm 北京翰海 2014.10.26

2327 清 火烧玉马上封侯
估　价：RMB 30,000～50,000
成交价：RMB 74,750
长11cm 北京翰海 2014.05.10

1086 清中期 青白玉马（一对）
成交价：RMB 218,500
宽25.5cm 北京保利 2014.10.26

1348 清 白玉雕福禄寿摆件
估 价：RMB 220,000～220,000
成交价：RMB 253,000
长16.8cm 北京翰海 2014.01.11

4275 清 白玉犀牛望月
估 价：RMB 78,000～90,000
成交价：RMB 92,000
长7.5cm 北京翰海 2014.10.26

437 清 白玉鱼
估 价：RMB 45,000
成交价：RMB 50,400
长7.5cm 天津文物 2014.05.16

3531 清 白玉雕麒麟驮书摆件
估 价：HKD 200,000～250,000
成交价：RMB 290,720
长13cm 保利香港 2014.04.07

1139 清 白玉金蟾摆件
成交价：RMB 218,500
宽8cm 北京保利 2014.10.26

514 清 青白玉带皮雕海水龙纹摆件
估　价：RMB 150,000～200,000
成交价：RMB 195,500
长16.2cm 上海泓盛 2014.06.26

3366 清 青白玉雕双鹿衔灵芝摆件
估　价：RMB 120,000～180,000
成交价：RMB 299,000
宽16cm 中国嘉德 2014.05.18

4846 清 青白玉金蟾五蝠摆件
估　价：RMB 150,000～250,000
成交价：RMB 172,500
长10cm 中国嘉德 2014.09.22

2520 清 青玉瑞兽摆件
估　价：USD 20,000～30,000
成交价：RMB 245,400
长11.5cm 纽约佳士得 2014.03.20

5077 清 水晶卧牛
估　价：RMB 180,000～220,000
成交价：RMB 230,000
长16cm 北京翰海 2014.10.26

296 18世纪 白玉雕卧犬
估 价：USD 15,000~20,000
成交价：RMB 766,875
长12.3cm 纽约苏富比 2014.03.18

199 清 鱼化龙摆件
成交价：RMB 32,200
长12.5cm 北京保利 2014.08.02

886 清 玉雕老鼠
估 价：RMB 30,000~50,000
成交价：RMB 34,500
长6cm 北京保利 2014.01.11

3064 18世纪 白玉太平有象摆件
估 价：HKD 600,000~800,000
成交价：RMB 592,500
长16.5cm 香港苏富比 2014.04.08

3149 18世纪 白玉卧羊
估 价：HKD 150,000~200,000
成交价：RMB 592,500
长7.9cm 香港苏富比 2014.04.08

4715 民国 白玉岁岁平安摆件
成交价：RMB 11,500
长23cm 中国嘉德 2014.09.22

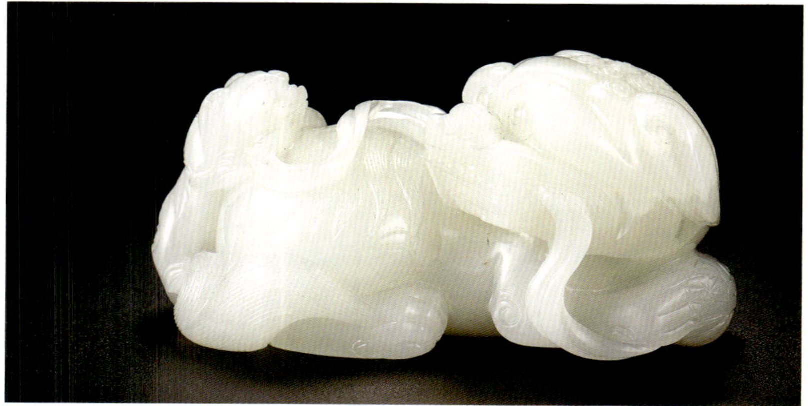

356 18世纪/19世纪 青白玉太狮少狮
估 价：GBP 8,000～12,000
成交价：RMB 105,440
长7cm 伦敦苏富比 2014.05.14

3655 18世纪 珊瑚镂雕云龙摆件
估 价：HKD 600,000～800,000
成交价：RMB 593,250
长20.3cm 香港苏富比 2014.10.08

4861 碧玉牛
成交价：RMB 25,300
长31cm 中国嘉德 2014.09.22

280 18世纪 玛瑙卧猫
估 价：GBP 6,000～8,000
成交价：RMB 186,038
长13cm 伦敦苏富比 2014.11.05

374 18世纪 黑白玉熊
估 价：GBP 5,000～8,000
成交价：RMB 65,900
长4.5cm 伦敦苏富比 2014.05.14

825 冯钤 自有高见 碧玉罐
估 价：RMB 80,000～120,000
成交价：RMB 155,250
西泠拍卖 2014.05.03

4662 当代 碧玉雕福禄寿摆件
估 价：RMB 66,000～98,000
成交价：RMB 75,900
长21.8cm 中鸿信 2014.11.23

12131 和田玉籽料贺寿摆件
成交价：RMB 92,000
9.4cm×3.4cm 北京博观 2014.11.15

12070 独山玉慎行摆件
成交价：RMB 20,700
长19.0cm 北京博观 2014.11.15

625 范同生 和田玉籽料带皮巧雕蟾宫折桂摆件
估 价：RMB 1,000,000～1,300,000
成交价：RMB 1,495,000
高16cm 北京艺融 2014.06.03

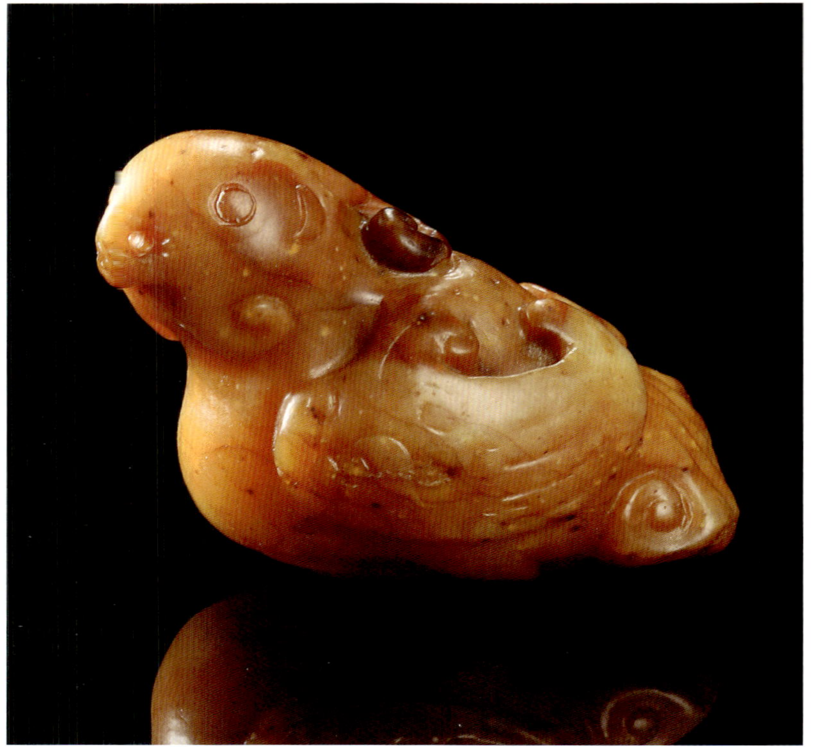

3381 黄玉鹦鹉
估　价：RMB 140,000～200,000
成交价：RMB 448,500
高3cm 北京匡时 2014.06.03

4520 穆宇静 丹凤朝阳 白玉摆件
估　价：RMB 360,000～400,000
成交价：RMB 414,000
长23.4cm 北京匡时 2014.06.05

4613 张克山 报喜 白玉摆件
估　价：RMB 1,000,000～1,500,000
成交价：RMB 1,610,000
长11.6cm 北京匡时 2014.06.05

264 颜桂明　和谐 白玉摆件
估　价：RMB 180,000～250,000
成交价：RMB 230,000
长7.5cm 荣宝斋（上海）2014.05.09

其他摆件

218 清乾隆 白玉雕福寿双桃
估 价：GBP 30,000～50,000
成交价：RMB 395,400
宽6.7cm 伦敦邦瀚斯 2014.05.15

3393 清乾隆 白玉雕瓜瓞绵绵摆件
估 价：RMB 450,000～650,000
成交价：RMB 529,000
高7cm 北京匡时 2014.06.03

4187 清中期 南红玛瑙巧雕寿桃摆件
估 价：RMB 100,000～110,000
成交价：RMB 115,000
长10cm 北京匡时 2014.06.04

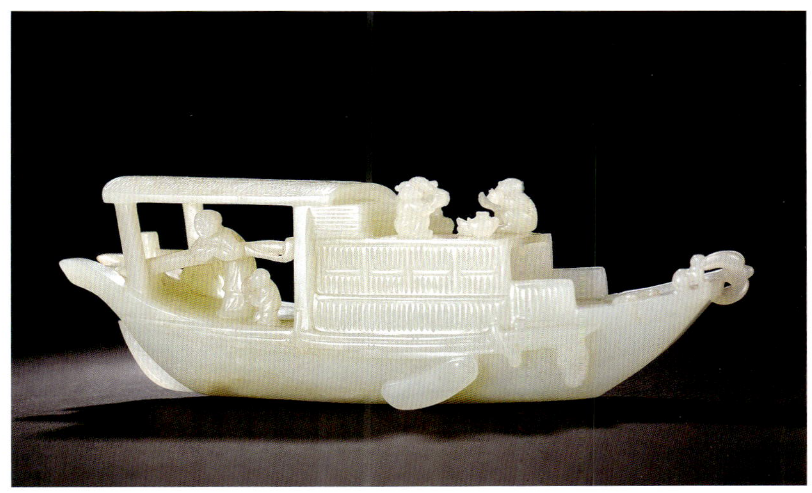

574 清乾隆 白玉雕渔家乐船形摆件
估 价：RMB 2,200,000～2,500,000
成交价：RMB 3,105,000
长17.5cm 北京东正 2014.05.18

2941 清乾隆 碧玉描金龙纹“南吕”编磬
估 价：HKD 2,600,000～3,000,000
成交价：RMB 4,765,560
长53.5cm 佳士得 2014.11.26

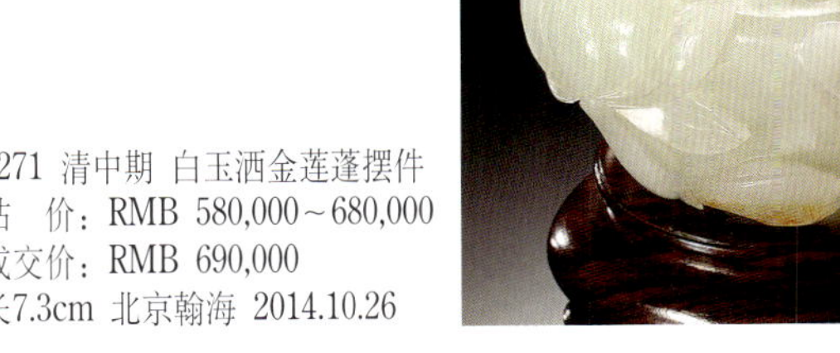

4271 清中期 白玉洒金莲蓬摆件
估 价：RMB 580,000～680,000
成交价：RMB 690,000
长7.3cm 北京翰海 2014.10.26

2324 清中期 火烧玉如意乾坤袋
估 价：RMB 20,000～30,000
成交价：RMB 51,750
高10cm 北京翰海 2014.05.10

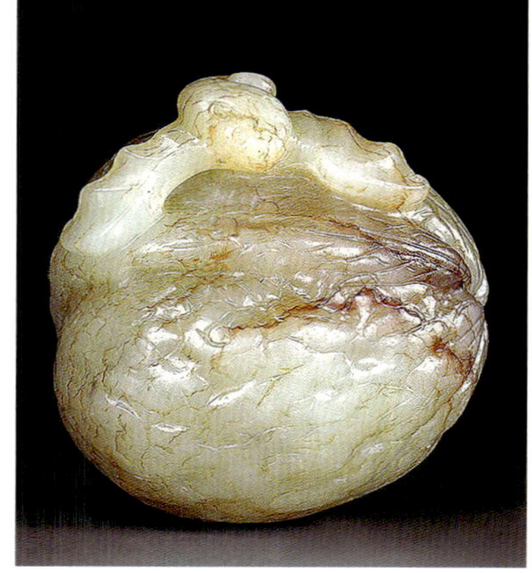

485 清 白玉沁色核桃
估 价：RMB 60,000
成交价：RMB 67,200
长4cm 天津文物 2014.11.15

2147 清 玉雕荷叶摆件
估 价：RMB 50,000
成交价：RMB 57,500
长13cm 北京翰海 2014.08.24

2167 清 白玉船
估 价：RMB 160,000～180,000
成交价：RMB 345,000
长24cm 北京匡时 2014.09.17

792 清 白玉雕江舟渔乐图船形摆件
估 价：RMB 400,000～600,000
成交价：RMB 747,500
长15cm 保利厦门 2014.11.02

741 清 青白玉一夜成名摆件
估 价：RMB 80,000～120,000
成交价：RMB 126,500
长15.5cm 八益拍卖 2014.10.24

573 19世纪 青白玉仿古纹摆件
估 价：USD 10,000～15,000
成交价：RMB 84,329
长展开18cm 纽约苏富比 2014.09.16

837 清 珊瑚雕寿山福海摆件
估 价：RMB 400,000～500,000
成交价：RMB 747,500
高20cm 江苏爱涛 2014.07.06

5340 白玉兽面纹钟
成交价：RMB 89,700
高40.5cm 中国嘉德 2014.03.24

11379 黄玉百财摆件
成交价：RMB 103,500
长22cm 北京博观 2014.07.06

88 新疆和田黄玉 度 摆件
估　价：RMB 1,000,000～1,200,000
成交价：RMB 8,050,000
高11cm；宽25cm 北京保利 2014.10.08

5259 张焕庆 黄瓜 碧玉摆件
估　价：RMB 390,000～450,000
成交价：RMB 460,000
长13cm 北京保利 2014.06.04

7608 邱启敬 无常·水 和田青玉摆件
估　价：RMB 480,000～680,000
成交价：RMB 552,000
长30cm 北京保利 2014.06.05

2303 玛瑙乐在其中摆件
成交价：RMB 25,300
高17cm 北京博观 2014.11.16

530 吕德 白玉雕江山多娇摆件
估　价：RMB 280,000
成交价：RMB 392,000
长9.4cm 上海联合 2014.06.29

玉 瓶

1325 明 黄玉仿古兽面纹盖瓶
估 价：HKD 750,000
成交价：RMB 693,450
高16.9cm 澳门中信 2014.06.08

3726 清康熙/雍正 黄玉悟空戏狮盖瓶
估 价：HKD 500,000~700,000
成交价：RMB 692,125
高11.6cm 香港苏富比 2014.10.08

4257 明 旧玉螭龙纹铺耳衔环瓶
估 价：RMB 420,000~550,000
成交价：RMB 517,500
高12.6cm 北京翰海 2014.10.26

578 清乾隆 白玉雕兽面纹鸠耳活环瓶
估 价：RMB 2,800,000~3,000,000
成交价：RMB 4,025,000
高28.5cm 北京东正 2014.05.18

4955 清乾隆 白玉龙凤纹双耳衔环盖瓶
估 价：RMB 1,700,000~2,000,000
成交价：RMB 2,070,000
高31.5cm 北京翰海 2014.10.26

1188 清乾隆 白玉雕兽面蕉叶纹双耳瓶
估 价：RMB 1,300,000~2,600,000
成交价：RMB 1,495,000
高24.5cm 中贸圣佳 2014.07.06

918 清乾隆 白玉英雄双联瓶
估　价：RMB 800,000～1,200,000
成交价：RMB 920,000
高21cm 北京保利 2014.04.27

3001 清乾隆 碧玉雕宝相花双耳瓶
估　价：RMB 1,200,000～1,800,000
成交价：RMB 2,185,000
带座高51.5cm 西泠拍卖 2014.12.13

3683 清乾隆 黄玉云蝠纹螭龙钮盖瓶
估　价：HKD 700,000～900,000
成交价：RMB 1,455,440
高13cm 香港苏富比 2014.10.08

8089 清乾隆 白玉双龙拱寿如意耳八棱盖瓶
估　价：HKD 6,000,000～8,000,000
成交价：RMB 5,788,800
高26.4cm 罗芙奥 2014.05.25

3370 清乾隆 仿古玉瓶
估　价：HKD 2,600,000～3,500,000
成交价：RMB 2,347,680
高33cm 佳士得 2014.05.28

4226 清乾隆 琥珀双耳瓶
估　价：RMB 260,000～280,000
成交价：RMB 322,000
高21.5cm 北京匡时 2014.06.04

3635 清乾隆 玛瑙瓶摆件
估　价：HKD 600,000～800,000
成交价：RMB 603,000
高20cm 佳士得 2014.05.28

2414 清乾隆 御制白玉英雄双联盖瓶
估　价：RMB 2,800,000～3,500,000
成交价：RMB 9,200,000
高10cm 北京翰海 2014.05.10

3341 清光绪 白玉雕兽面纹双凤耳瓶
估　价：RMB 2,000,000～3,000,000
成交价：RMB 2,300,000
高25.5cm 中国嘉德 2014.05.18

6329 清中期 白玉龙凤六方瓶
估　价：RMB 1,000,000～1,500,000
成交价：RMB 1,380,000
高18.3cm 北京保利 2014.06.04

6316 清中期 白玉兽面纹瑞兽钮双环耳盖瓶
估　价：RMB 2,000,000～3,000,000
成交价：RMB 2,300,000
高19cm 北京保利 2014.06.04

959 清 黄玉兽面纹如意耳活环瓶（一对）
估 价：RMB 1,200,000～2,400,000
成交价：RMB 2,645,000
高13cm 保利厦门 2014.11.01

3752 清 白玉仿古兽面纹活环耳瓶
估 价：HKD 200,000～300,000
成交价：RMB 375,725
高18.4cm 香港苏富比 2014.10.08

2533 清 水晶双龙瓶
估 价：RMB 80,000～100,000
成交价：RMB 103,500
高24cm 朵云轩 2014.06.29

3348 清 黄玉人物瓶
估 价：RMB 180,000～280,000
成交价：RMB 345,000
高21.5cm 中国嘉德 2014.05.18

537 清 白玉雕四海升平纹瓶
估 价：RMB 800,000
成交价：RMB 1,960,000
高27cm 天津文物 2014.05.16

3160 19世纪 白玉仿古兽面活环瑞鸟耳瓶
估　价：HKD 300,000～400,000
成交价：RMB 641,875
高17cm 香港苏富比 2014.04.08

354 19世纪 珊瑚浮雕仙人盖瓶
估　价：USD 5,000～7,000
成交价：RMB 184,050
高20.2cm 纽约苏富比 2014.03.18

3162 18世纪 白玉雕饕餮纹双龙耳瓶
估　价：HKD 250,000～350,000
成交价：RMB 237,000
高13.8cm 香港苏富比 2014.04.08

3042 18世纪 褐斑黄玉童子盖瓶
估　价：HKD 300,000～400,000
成交价：RMB 1,832,800
高10.5cm 香港苏富比 2014.04.08

3043 19世纪初 白玉双螭耳瓶
估　价：HKD 500,000～800,000
成交价：RMB 671,500
高14.6cm 香港苏富比 2014.04.08

617 20世纪 水晶雕螭龙纹吊盖瓶
估 价：USD 5,000～7,000
成交价：RMB 26,832
高46.6cm 纽约苏富比 2014.09.16

285 19世纪/20世纪 灰白玉雕花鸟纹链盖瓶
估 价：USD 3,000～5,000
成交价：RMB 137,993
高32.4cm 纽约苏富比 2014.09.16

4615 俞艇 花开富贵 薄胎白玉瓶
估 价：RMB 6,200,000～7,000,000
成交价：RMB 7,590,000
高25.2cm 北京匡时 2014.06.05

635 张春明 和田白玉岁寒三友如意耳瓶
估 价：RMB 3,200,000～3,500,000
成交价：RMB 5,520,000
高36cm 北京艺融 2014.06.03

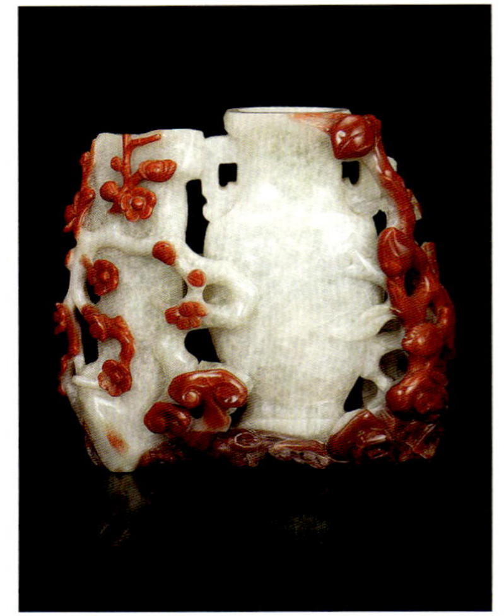

143 18世纪 红玉髓雕梅花灵芝纹双联瓶
估 价：GBP 8,000～12,000
成交价：RMB 158,160
宽17.2cm 伦敦邦瀚斯 2014.05.15

5237 俞艇 梅花薄胎瓶
估　价：RMB 7,200,000～7,400,000
成交价：RMB 8,280,000
高21cm 北京保利 2014.06.04

4574 范栋强 兽面纹镂空碧玉梅瓶（一对）
估　价：RMB 660,000～700,000
成交价：RMB 782,000
高20.7cm×2 北京匡时 2014.06.05

2523 翠玉痕都斯坦式花鸟纹双耳盖瓶
估　价：USD 10,000～15,000
成交价：RMB 199,388
高23.5cm 纽约佳士得 2014.03.20

玉尊

3267 明 青玉出戟兽耳尊
成交价：RMB 109,250
高21cm 上海嘉泰 2014.06.19

4254 清乾隆 白玉三鸠尊
估　价：RMB 120,000～180,000
成交价：RMB 218,500
高9.1cm 北京翰海 2014.10.26

181 清乾隆 碧玉雕三凤纹尊
估 价：GBP 50,000~80,000
成交价：RMB 659,000
宽12.7cm 伦敦邦瀚斯 2014.05.15

734 清中期 青白玉雕天鸡尊
估 价：RMB 90,000~120,000
成交价：RMB 184,000
高13.4cm 北京诚轩 2014.05.19

3706 清乾隆 白玉雕仿青铜瑞兽尊
估 价：RMB 1,200,000~1,500,000
成交价：RMB 1,380,000
高18.5cm 北京匡时 2014.12.03

玉 觥

10 明末 褐皮青白玉仿古云纹螭耳觥
估 价：GBP 15,000~20,000
成交价：RMB 197,700
高17.5cm 伦敦苏富比 2014.05.14

2504 明 灰青玉雕螭龙如意云纹觥
估 价：USD 12,000~18,000
成交价：RMB 92,025
高10.2cm 纽约佳士得 2014.03.20

3535 清乾隆 白玉雕仿古觥
估　价：HKD 350,000~450,000
成交价：RMB 317,975
高17.1cm 保利香港 2014.04.07

2510 18世纪 青白玉透雕凤鸟觥
估　价：USD 80,000~120,000
成交价：RMB 613,500
高12.8cm 纽约佳士得 2014.03.20

3728 清乾隆 黄玉仿古卧龙盖觥
估　价：HKD 500,000~800,000
成交价：RMB 1,550,360
高10.6cm 香港苏富比 2014.10.08

3671 18世纪初 白玉凤凰觥
估　价：HKD 2,000,000~3,000,000
成交价：RMB 1,930,040
高16.6cm 香港苏富比 2014.10.08

玉 觚

2761 明 旧玉兽面纹象耳花觚
估　价：RMB 300,000~500,000
成交价：RMB 552,000
高20.9cm 北京翰海 2014.05.11

2760 清早期 白玉和合二仙六棱花觚
估 价：RMB 120,000~180,000
成交价：RMB 172,500
高15.5cm 北京翰海 2014.05.11

3670 17世纪/18世纪 黄玉仿古兽面纹六方觚
估 价：HKD 2,500,000~3,000,000
成交价：RMB 5,537,000
高18.8cm 香港苏富比 2014.10.08

327 19世纪 碧玉雕饕餮纹觚
估 价：USD 6,000~8,000
成交价：RMB 99,694
高21.9cm 纽约苏富比 2014.03.18

3340 清 青白玉兽面纹出戟花觚
估 价：RMB 280,000~350,000
成交价：RMB 322,000
高20.3cm 中国嘉德 2014.05.18

145 19世纪 水晶灵芝纹花觚
估 价：GBP 2,500~3,500
成交价：RMB 68,214
高21.7cm 伦敦苏富比 2014.11.05

玉 鼎

155 19世纪 碧玉雕饕餮纹冲耳四足方鼎
估 价：GBP 8,000~12,000
成交价：RMB 144,980
高19.7cm 伦敦邦瀚斯 2014.05.15

玉壶

126 元/明 青玉雕仿古纹双兽耳壶
估 价：GBP 10,000~15,000
成交价：RMB 184,520
高13.5cm 伦敦邦瀚斯 2014.05.15

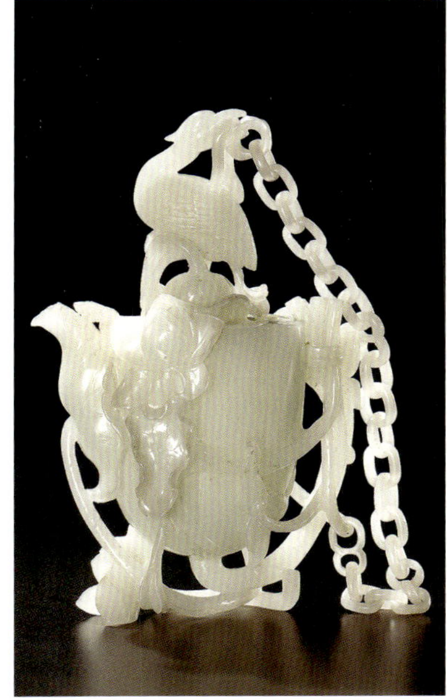

4261 明 白玉一路连科链式壶
估 价：RMB 1,300,000~1,800,000
成交价：RMB 1,725,000
高18.5cm 北京翰海 2014.10.26

286 17世纪 青灰玉雕莲花螭龙纹带盖执壶
估 价：USD 20,000~30,000
成交价：RMB 168,713
高19.7cm 纽约苏富比 2014.03.18

1305 清乾隆 白玉仿古宝鸭提梁壶摆件
估 价：RMB 600,000~800,000
成交价：RMB 862,500
宽17cm 北京保利 2014.10.26

3328 清乾隆 白玉龙纹活环双耳壶
估 价：RMB 4,000,000~5,000,000
成交价：RMB 4,600,000
高24cm 中国嘉德 2014.11.20

5745 清乾隆 白玉兽面纹提梁卣
估 价：RMB 2,500,000~3,500,000
成交价：RMB 2,875,000
高25cm 北京保利 2014.12.03

6327 清乾隆 白玉松竹梅执壶
估 价：RMB 2,000,000～3,000,000
成交价：RMB 2,300,000
高15cm 北京保利 2014.06.04

4614 俞艇 薄胎白玉蕉叶壶
估 价：RMB 1,200,000～1,500,000
成交价：RMB 1,552,500
长11.8cm 北京匡时 2014.06.05

717 清乾隆 青白玉莲蓬执壶
估 价：RMB 600,000～800,000
成交价：RMB 690,000
高18cm 远方拍卖 2014.06.02

3032 18世纪 褐斑黄玉仿古卷叶纹衔环铺兽首小扁壶
估 价：HKD 250,000～350,000
成交价：RMB 1,643,200
高9.2cm 香港苏富比 2014.04.08

4069 瞿惠中 太白壶（一组）
估 价：RMB 7,000,000～8,000,000
成交价：RMB 9,200,000
壶高11.6cm 西泠拍卖 2014.12.14

玉 罐

288 19世纪 青玉雕饕餮龙纹香罐
估　价：USD 5,000～7,000
成交价：RMB 53,664
高11.1cm 纽约苏富比 2014.09.16

玉 匜

196 18世纪 白玉雕螭龙纹匜
估　价：GBP 4,000～6,000
成交价：RMB 52,720
长15.8cm 伦敦邦瀚斯 2014.05.15

911 殷建国 凤首活环 白玉匜
估　价：RMB 1,800,000～2,200,000
成交价：RMB 2,300,000
3.5cm×11.9cm×6.4cm 西泠拍卖 2014.05.03

4006 杨光 大帅 白玉匜
估　价：RMB 1,700,000～2,000,000
成交价：RMB 2,070,000
12.7cm×10.2cm×6.1cm 西泠拍卖 2014.12.14

17世纪/18世纪 青白玉螭龙柄匜
估　价：GBP 6,000～8,000
成交价：RMB 80,616
长15cm 伦敦苏富比 2014.11.05

玉 炉

1043 明 青白玉花卉香薰
成交价：RMB 149,500
宽21cm 北京保利 2014.10.26

463 明 青玉雕双龙耳三足炉
估 价：RMB 180,000
成交价：RMB 324,800
高17cm 天津文物 2014.05.16

1217 清乾隆 白玉雕龙钮双耳炉
估 价：RMB 1,300,000～2,000,000
成交价：RMB 1,725,000
高13cm 中贸圣佳 2014.06.01

3326 清乾隆 青白玉兽面纹方鼎式炉
估 价：RMB 1,200,000～1,500,000
成交价：RMB 1,437,500
高17cm 中国嘉德 2014.11.20

3356 清乾隆 白玉龙耳狮钮三足炉
估 价：RMB 2,600,000～3,600,000
成交价：RMB 3,220,000
高22.5cm 北京翰海 2014.10.25

3345 清乾隆 白玉饕餮纹出戟朝冠耳三足盖炉
估 价：RMB 5,000,000～6,000,000
成交价：RMB 5,750,000
宽22.3cm 中国嘉德 2014.11.20

1195 清乾隆 白玉平定四方香薰
成交价：RMB 966,000
宽13cm 北京保利 2014.10.26

491 清 白玉透雕牡丹纹薰炉
估 价：RMB 1,000,000~1,400,000
成交价：RMB 1,840,000
高11cm 江苏爱涛 2014.07.06

3161 清乾隆 碧玉饕餮纹双活环耳熏炉
估 价：HKD 250,000~350,000
成交价：RMB 246,875
高14.5cm 香港苏富比 2014.04.08

8729 清中期 白玉仿痕都斯坦式香熏
估 价：RMB 200,000~300,000
成交价：RMB 287,500
宽15.5cm 北京保利 2014.06.06

4260 清中期 白玉龙凤双耳衔环香薰
估 价：RMB 1,100,000~1,300,000
成交价：RMB 1,380,000
高14cm 北京翰海 2014.10.26

2966 18世纪 白玉福寿双全活环耳三足盖炉
估　价：HKD 3,500,000～4,500,000
成交价：RMB 3,061,320
宽18cm 佳士得 2014.11.26

283 18世纪 青玉雕狮耳活环盖炉
估　价：USD 20,000～30,000
成交价：RMB 321,983
长19.7cm 纽约苏富比 2014.09.16

3191 清中期 黄玉雕双龙耳炉
估　价：HKD 500,000～700,000
成交价：RMB 466,690
宽17.7cm 保利香港 2014.10.07

2522 18世纪/19世纪 白玉雕如意龙纹双龙耳活环盖炉
估　价：USD 8,000～12,000
成交价：RMB 199,388
直径14.5cm 纽约佳士得 2014.03.20

660 清 白玉双花卉耳狮衔花卉香炉
估　价：RMB 800,000～12,000,000
成交价：RMB 1,322,500
宽12.5cm 北京保利 2014.01.11

2940 19世纪 痕都斯坦式青白玉番莲纹三足盖炉
估　价：HKD 800,000～1,200,000
成交价：RMB 3,345,360
直径14.6cm 佳士得 2014.11.26

634 张春明 和田白玉籽料如意耳香炉
估　价：RMB 1,500,000～1,800,000
成交价：RMB 2,070,000
长16cm 北京艺融 2014.06.03

4601 青白玉缠枝莲寿字朝冠耳炉
成交价：RMB 28,750
高12.9cm 中国嘉德 2014.09.22

4850 青玉观音耳炉
成交价：RMB 28,750
长18.5cm 中国嘉德 2014.09.22

玉 盒

4285 明 银镶三透雕云龙纹首饰盒
估　价：RMB 220,000～380,000
成交价：RMB 287,500
长16.7cm 北京翰海 2014.10.26

1193 清中期 白玉瓜瓞绵绵盒
估　价：RMB 700,000～1,800,000
成交价：RMB 782,000
长7cm 中贸圣佳 2014.07.06

3681 清乾隆 青白玉天禄盖盒（一对）
估　价：HKD 1,000,000～1,500,000
成交价：RMB 980,840
长5.9cm 香港苏富比 2014.10.08

3169 清 碧玉镂雕牡丹纹盖盒
估　价：HKD 120,000～180,000
成交价：RMB 112,006
直径13.2cm 保利香港 2014.10.07

1035 清乾隆 白玉嵌宝八宝纹盖盒
估　价：HKD 500,000～800,000
成交价：RMB 773,203
直径12.5cm 中国嘉德 2014.10.07

534 清 白玉雕鹌鹑纹盒
估　价：RMB 180,000
成交价：RMB 448,000
长10cm 天津文物 2014.05.16

1668 清 白玉痕都斯坦花卉盖盒
估　价：RMB 320,000～400,000
成交价：RMB 368,000
长13cm 北京翰海 2014.10.25

300 18世纪/19世纪 痕都斯坦青白玉花卉纹十二棱盖盒
估　价：GBP 20,000~30,000
成交价：RMB 289,960
长15.5cm 伦敦苏富比 2014.05.14

3682 清乾隆 白玉痕都斯坦式番莲纹花耳盖奁
估　价：HKD 700,000~900,000
成交价：RMB 692,125
直径12.5cm 香港苏富比 2014.10.08

玉 奁

3677 清乾隆 白玉莲瓣纹菊花式盖奁
估　价：HKD 4,000,000~5,000,000
成交价：RMB 3,828,440
直径10.8cm 香港苏富比 2014.10.08

728 清中期 黄玉浅刻松荫高士图盖奁
估　价：RMB 60,000~80,000
成交价：RMB 414,000
直径7.3cm 北京诚轩 2014.05.19

3047 18世纪 白玉瓜棱式双活环福寿耳奁
估　价：HKD 2,500,000~3,500,000
成交价：RMB 2,496,400
长16.2cm 香港苏富比 2014.04.08

玉簋

1042 明 青白玉方座簋
成交价：RMB 264,500
宽18cm 北京保利 2014.10.26

4449 清乾隆 白玉梅花纹盘（一对）
估　价：RMB 200,000～300,000
成交价：RMB 230,000
直径14.7cm 中国嘉德 2014.09.22

玉盘

4156 清乾隆 白玉香橼盘（一对）
估　价：RMB 2,000,000～2,300,000
成交价：RMB 2,185,000
直径10.7cm×2 北京匡时 2014.06.04

130 明 青玉雕龙纹长方托盘
估　价：GBP 4,000～6,000
成交价：RMB 52,720
长17.8cm 伦敦邦瀚斯 2014.05.15

8744 清 碧玉荷叶莲瓣盘
估　价：RMB 250,000～350,000
成交价：RMB 1,150,000
直径22cm 北京保利 2014.06.06

3155 18世纪 白玉雕寿迭年年图盘
估　价：HKD 120,000~180,000
成交价：RMB 118,500
直径13.8cm 香港苏富比 2014.04.08

3343 清 青白玉乳丁荣华富贵盘
估　价：RMB 1,200,000~1,500,000
成交价：RMB 1,380,000
直径17.2cm 中国嘉德 2014.11.20

3416 民国 黄玉花蝶纹盘
估　价：RMB 30,000~50,000
成交价：RMB 55,200
直径11.3cm 中国嘉德 2014.11.20

3774 清雍正 玛瑙素碗
估　价：HKD 500,000~700,000
成交价：RMB 833,460
直径10.7cm 香港苏富比 2014.10.08

292 清乾隆 青白玉雕八吉祥莲花纹碗
估　价：USD 30,000~40,000
成交价：RMB 345,094
直径11.7cm 纽约苏富比 2014.03.18

玉 碗

3003 清乾隆 痕都斯坦式白玉雕莨苕纹碗
估　价：HKD 2,600,000~3,500,000
成交价：RMB 3,408,960
直径15.8cm 佳士得 2014.05.28

960 清乾隆 痕都斯坦式白玉错金嵌宝盖碗
估　价：RMB 2,800,000～3,800,000
成交价：RMB 4,140,000
直径15cm 保利厦门 2014.11.01

3071 18世纪 痕都斯坦式白玉串枝花卉纹碗（一对）
估　价：HKD 800,000～1,200,000
成交价：RMB 790,000
直径15.5cm 香港苏富比 2014.04.08

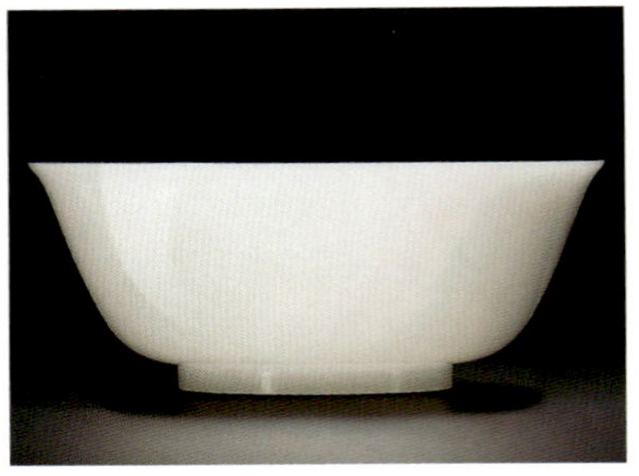

2 18世纪 白玉碗
估　价：GBP 40,000～60,000
成交价：RMB 739,189
直径17.2cm 伦敦苏富比 2014.11.05

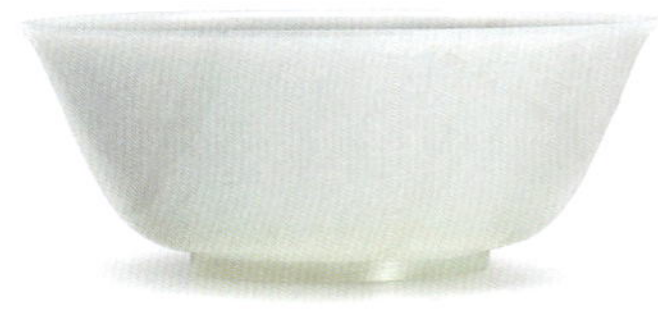

3739 清嘉庆 白玉撇口碗
估　价：HKD 400,000～600,000
成交价：RMB 415,275
直径16.6cm 香港苏富比 2014.10.08

3038 清乾隆 白玉光素碗
估　价：HKD 400,000～600,000
成交价：RMB 543,125
直径16.6cm 香港苏富比 2014.04.08

23 18世纪 白玉碗（一对）
估　价：GBP 150,000～200,000
成交价：RMB 4,834,424
直径14cm 伦敦苏富比 2014.05.14

6267 清乾隆 白玉刻乾隆御题诗碗
估 价：RMB 2,600,000～3,600,000
成交价：RMB 4,485,000
直径13.3cm 北京保利 2014.06.04

538 黄玉雕明式碗
估 价：USD 3,000～5,000
成交价：RMB 536,638
直径11.1cm 纽约苏富比 2014.09.16

1317 清 青白玉雕缠枝花卉碗
估 价：RMB 80,000～80,000
成交价：RMB 112,700
直径10cm 北京翰海 2014.01.11

玉 杯

4248 明 白玉太白醉酒云龙纹杯
估 价：RMB 60,000～90,000
成交价：RMB 230,000
长9.7cm 北京翰海 2014.10.26

1550 明 八角人物玉杯
估 价：RMB 60,000～60,000
成交价：RMB 368,000
耳距10.5cm 北京翰海 2014.04.12

161 明 灰玉雕螭龙耳杯
估 价：GBP 20,000~30,000
成交价：RMB 263,600
宽13.3cm 伦敦邦瀚斯 2014.05.15

2317 明 沁色白玉螭龙耳杯
估 价：RMB 100,000~150,000
成交价：RMB 402,500
长12cm 北京翰海 2014.05.10

8025 明 玛瑙巧雕灵芝如意耳杯
估 价：RMB 150,000~200,000
成交价：RMB 218,500
宽9.8cm 北京保利 2014.06.05

3769 清康熙 玛瑙洋洋得意杯
估 价：HKD 700,000~900,000
成交价：RMB 692,125
直径9.6cm 香港苏富比 2014.10.08

3156 17世纪 白玉双螭龙耳杯
估 价：HKD 150,000~200,000
成交价：RMB 217,250
长13.5cm 香港苏富比 2014.04.08

665 清乾隆 白玉痕都斯坦花卉双耳杯
估　价：RMB 300,000～400,000
成交价：RMB 345,000
宽21.5cm 北京保利 2014.01.11

3722 清乾隆 白玉瑞鹿图灵芝耳杯
估　价：HKD 600,000～800,000
成交价：RMB 980,840
直径13.6cm 香港苏富比 2014.10.08

3674 清乾隆 白玉双螭龙耳杯
估　价：HKD 800,000～1,000,000
成交价：RMB 791,000
直径14.5cm 香港苏富比 2014.10.08

1040 清早期 白玉苍龙教子杯
估　价：HKD 350,000～550,000
成交价：RMB 318,378
宽14cm 中国嘉德 2014.10.07

304 清乾隆/嘉庆 青白玉雕婴戏杯
估　价：USD 200,000～300,000
成交价：RMB 1,503,075
长12.7cm 纽约苏富比 2014.03.18

2931 清乾隆 白玉御题“三清茶诗”茶钟
估　价：HKD 700,000～900,000
成交价：RMB 2,871,960
直径10.7cm 佳士得 2014.11.26

3679 18世纪/19世纪 白玉痕都斯坦式花叶形单耳杯
估　价：HKD 700,000～900,000
成交价：RMB 692,125
直径16.6cm 香港苏富比 2014.10.08

462 清 白玉留皮雕荷塘情趣纹杯
估　价：RMB 150,000
成交价：RMB 246,400
长11.5cm 天津文物 2014.05.16

298 19世纪 痕都斯坦青白玉瓜瓣杯
估　价：GBP 10,000～15,000
成交价：RMB 276,780
长11.4cm 伦敦苏富比 2014.05.14

3139 18世纪 琥珀雕张骞乘槎杯
估　价：HKD 600,000～800,000
成交价：RMB 837,400
长12.1cm 香港苏富比 2014.04.08

玉 缸

4872 碧玉云龙纹大缸
成交价：RMB 69,000
直径98cm 中国嘉德 2014.09.22

玉 盆

1822 清 嵌百宝水仙花盆
成交价：RMB 40,250
高31cm 北京保利 2014.10.26

花插 香插

281 清乾隆 玛瑙巧雕福寿纹花插
估 价：RMB 500,000～700,000
成交价：RMB 690,000
长17.5cm 北京东正 2014.11.20

661 明 玉巧雕螭龙纹香插
成交价：RMB 40,250
高15cm 北京保利 2014.01.11

659 清乾隆 青白玉龙纹花插
估 价：RMB 400,000～600,000
成交价：RMB 460,000
高24cm 北京保利 2014.01.11

3062 清乾隆 黄玉雕摩羯鱼花插
估 价：HKD 1,500,000～2,000,000
成交价：RMB 1,927,600
高14.9cm 香港苏富比 2014.04.08

2547 18世纪/19世纪 玛瑙雕岁寒三友图花插
估 价：USD 8,000～12,000
成交价：RMB 368,100
高10.9cm 纽约佳士得 2014.03.20

182 清乾隆 白玉雕兽面纹双筒形花插
估 价：GBP 200,000～300,000
成交价：RMB 5,214,008
高18.5cm 伦敦邦瀚斯 2014.05.15

3411 清 黄玉龙纹花插
估　价：RMB 160,000～260,000
成交价：RMB 184,000
高14cm 中国嘉德 2014.11.20

1548 清中期 墨玉巧雕灵猴蟠桃花插
估　价：RMB 50,000～80,000
成交价：RMB 333,500
长18cm 北京翰海 2014.10.25

3040 清 黄玉开光花卉香插
估　价：RMB 100,000～150,000
成交价：RMB 264,500
高11cm 北京翰海 2014.05.11

188 18世纪 白玉富贵凤凰纹花插
估　价：GBP 15,000～20,000
成交价：RMB 186,038
长12.7cm 伦敦苏富比 2014.11.05

130 18世纪/19世纪 褐斑白玉猴子松树桩花插
估　价：GBP 20,000～30,000
成交价：RMB 848,792
高12cm 伦敦苏富比 2014.05.14

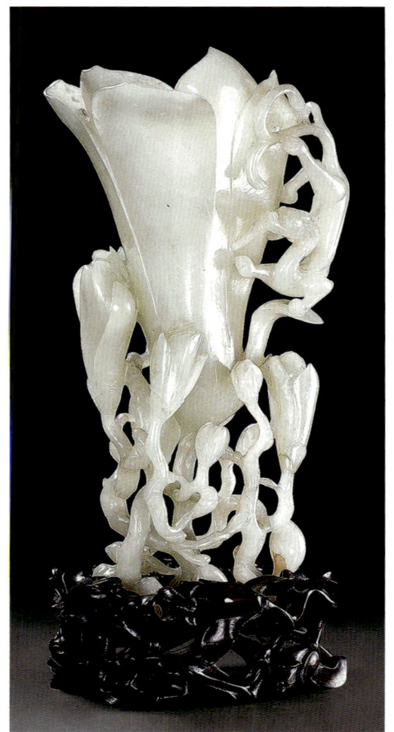

524 清 白玉雕龙纹花插
估　价：RMB 180,000
成交价：RMB 364,000
高19.6cm 天津文物 2014.11.15

玉香筒

1194 清乾隆 玉雕山水人物香筒（一对）
成交价：RMB 1,265,000
高25cm 北京保利 2014.10.26

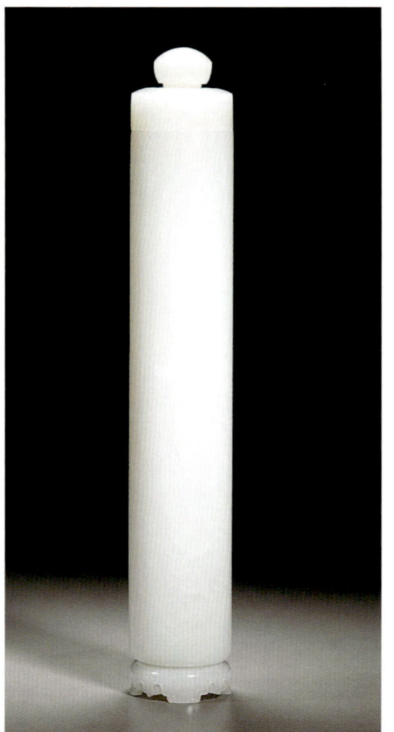

3807 民国 白玉平安香筒
估　价：RMB 180,000～260,000
成交价：RMB 207,000
高30.6cm 中鸿信 2014.11.22

2406 清中期 白玉锦地纹香筒
估　价：RMB 200,000～250,000
成交价：RMB 253,000
高19.5cm 北京翰海 2014.05.10

玉镜

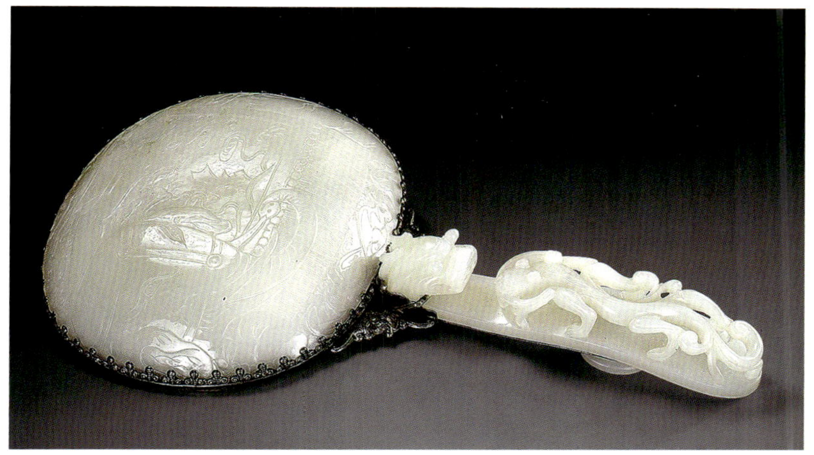

579 清 白玉雕太平有象纹手镜
估　价：RMB 60,000
成交价：RMB 123,200
长26cm 天津文物 2014.11.15

2524 银镶白玉龙纹把镜
估　价：USD 10,000～15,000
成交价：RMB 122,700
长23.2cm 纽约佳士得 2014.03.20

玉盏

1882 宋 玛瑙花口茶盏连托（一套）
估　价：HKD 40,000～60,000
成交价：RMB 45,170
尺寸不一　宝港国际 2014.11.27

其他生活用品

3565 18世纪 白玉渣斗
估　价：HKD 500,000～800,000
成交价：RMB 1,961,760
高8.2cm 佳士得 2014.05.28

2538 18世纪/19世纪 碧玉鸟形烛台（一对）
估 价：USD 7,000～9,000
成交价：RMB 61,350
高25.5cm 纽约佳士得 2014.03.20

3676 清乾隆 白玉光素渣斗
估 价：HKD 200,000～250,000
成交价：RMB 1,740,200
直径8cm 香港苏富比 2014.10.08

文房用品

笔杆

739 清中期 珊瑚诗文笔
估 价：RMB 100,000～200,000
成交价：RMB 172,500
长19cm 北京保利 2014.01.11

笔筒

3044 清乾隆 松下居士仙游图碧玉笔筒
估 价：RMB 3,000,000～5,000,000
成交价：RMB 5,175,000
高23cm 北京盈时 2014.05.31

527 清 白玉留皮雕岁寒三友纹笔筒
估 价：RMB 400,000
成交价：RMB 1,657,600
高12.6cm 天津文物 2014.11.15

817 清乾隆 碧玉山水人物图笔筒
估　价：HKD 1,200,000～2,200,000
成交价：RMB 1,193,010
直径17cm 中国嘉德 2014.04.09

4862 碧玉高士图笔筒
成交价：RMB 25,300
高18.5cm 中国嘉德 2014.09.22

5715 清乾隆 碧玉竹溪六逸笔筒
估　价：RMB 1,500,000～2,000,000
成交价：RMB 2,300,000
高16cm 北京保利 2014.12.03

3356 清 碧玉笔筒
估　价：HKD 600,000～800,000
成交价：RMB 1,073,040
高14.5cm 佳士得 2014.11.26

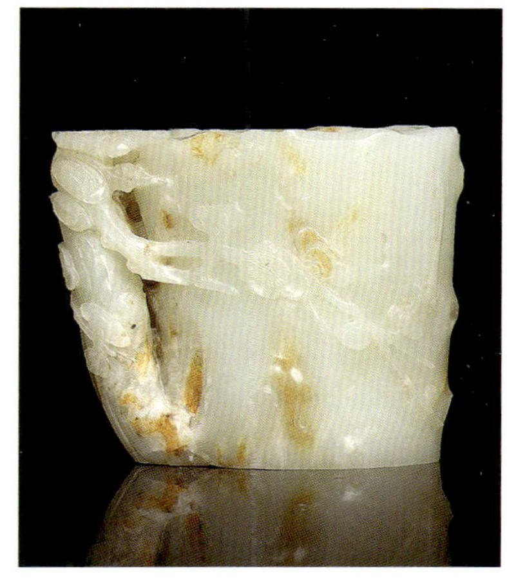

234 19世纪 青玉带皮雕梅花纹笔筒
估　价：GBP 5,000～8,000
成交价：RMB 461,300
宽9.2cm 伦敦邦瀚斯 2014.05.15

笔架

4183 明 玉螭龙纹四孔笔插
估 价：RMB 60,000～90,000
成交价：RMB 149,500
直径8.7cm 北京翰海 2014.10.26

1216 清 玉雕寿山福海笔架
估 价：RMB 250,000～400,000
成交价：RMB 287,500
长26cm 中贸圣佳 2014.06.01

477 清 白玉雕双鹅衔枝纹笔架
估 价：RMB 150,000
成交价：RMB 288,960
长9.4cm 天津文物 2014.11.15

3688 明 玉镂雕笔山
估 价：HKD 100,000～150,000
成交价：RMB 197,500
长16.8cm 香港苏富比 2014.04.07

19 18世纪/19世纪 褐皮白玉仙人乘槎纹笔搁
估 价：GBP 4,000～6,000
成交价：RMB 171,340
长11.1cm 伦敦苏富比 2014.05.14

笔 掭

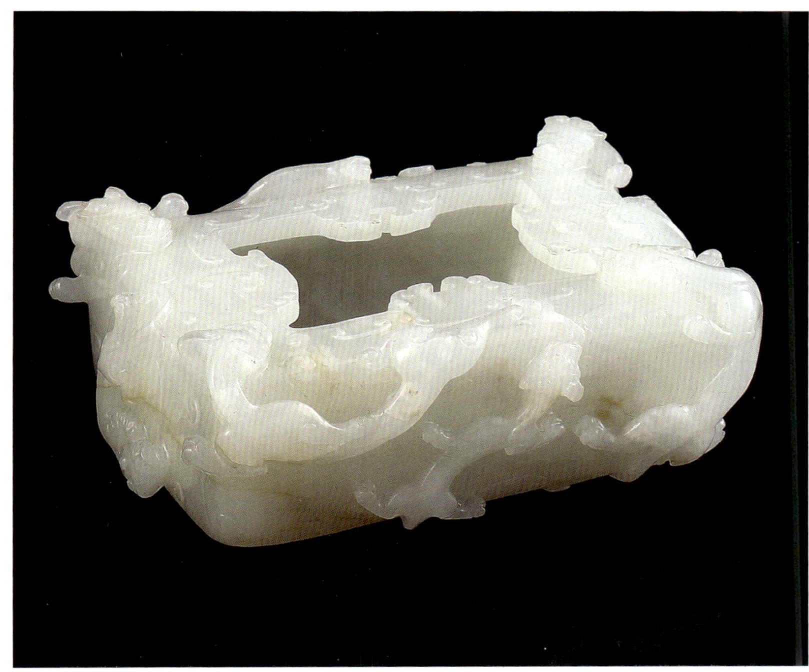

3545 清乾隆 白玉雕螭龙纹笔掭
估　价：RMB 400,000～420,000
成交价：RMB 460,000
长7.8cm 北京匡时 2014.06.03

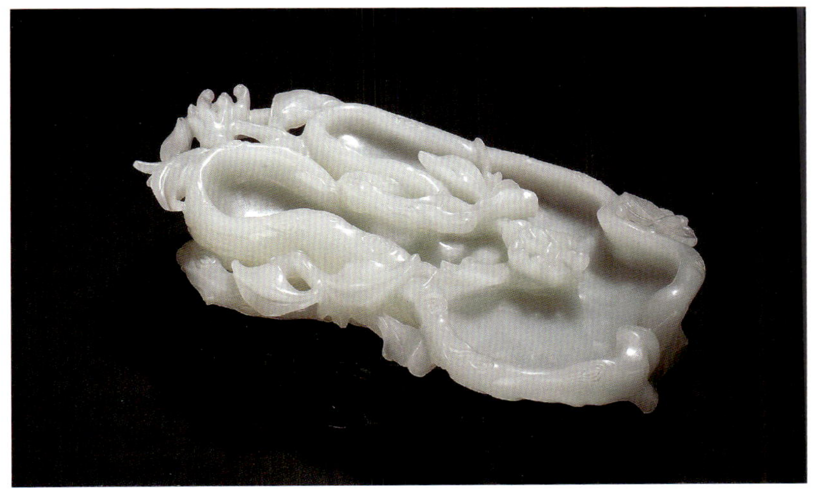

619 清乾隆 白玉双瓜蝶纹佛手笔掭
估　价：RMB 350,000～500,000
成交价：RMB 575,000
长15.5cm 北京保利 2014.01.11

3415 清中期 白玉留皮雕松鼠葡萄笔掭
估　价：RMB 70,000～90,000
成交价：RMB 80,500
宽15.8cm 中国嘉德 2014.11.20

1658 清 白玉双欢叶形笔掭
估　价：RMB 100,000～150,000
成交价：RMB 115,000
长9cm 北京翰海 2014.10.25

印 盒

522 清 白玉雕兽面纹印盒
估　价：RMB 100,000
成交价：RMB 224,000
直径8cm 天津文物 2014.11.15

557 清 黄玉印盒
估　价：RMB 150,000
成交价：RMB 425,600
长6.8cm 天津文物 2014.05.16

墨床

3035 清雍正 黄玉巧色梅花墨床
估　价：HKD 500,000～700,000
成交价：RMB 2,022,400
长7.5cm 香港苏富比 2014.04.08

3351 清乾隆 白玉洒金诗文琴式墨床
估　价：RMB 160,000～260,000
成交价：RMB 368,000
长10.7cm 北京翰海 2014.10.25

739 清中期 白玉雕梅香图墨床
估　价：RMB 20,000～30,000
成交价：RMB 184,000
长10.8cm 北京诚轩 2014.11.20

4184 清乾隆 白玉双寿一鹭莲科墨床
估　价：RMB 60,000～90,000
成交价：RMB 523,250
长11cm 北京翰海 2014.10.26

水丞

1057 明 白玉太狮少狮水丞
成交价：RMB 172,500
宽15cm 北京保利 2014.10.26

488 清 白玉雕梅花纹水丞
估　价：RMB 120,000
成交价：RMB 224,000
长10.7cm 天津文物 2014.11.15

514 清 白玉雕望子成龙纹水丞
估　价：RMB 150,000
成交价：RMB 230,000
长13.7cm 天津文物 2014.11.15

162 17世纪/18世纪 青玉雕螭龙纹桃式水丞
估　价：GBP 8,000~12,000
成交价：RMB 158,160
宽13.4cm 伦敦邦瀚斯 2014.05.15

水盂

3738 18世纪 白玉渣斗式水盂
估　价：HKD 300,000~400,000
成交价：RMB 791,000
长7.8cm 香港苏富比 2014.10.08

3070 清乾隆 黄玉宝鸭水盂
估 价：HKD 800,000～1,200,000
成交价：RMB 979,600
长9.2cm 香港苏富比 2014.04.08

2064 清早期 白玉辟邪水盂
成交价：RMB 166,750
长12cm 北京保利 2014.10.26

3401 清 白玉方斗形龙耳水盂
估 价：RMB 86,000～135,000
成交价：RMB 98,900
长14.6cm 中鸿信 2014.11.22

砚滴

2492 明末/清18世纪 青白玉赑屃式水滴
估 价：USD 10,000～15,000
成交价：RMB 122,700
长9.5cm 纽约佳士得 2014.03.20

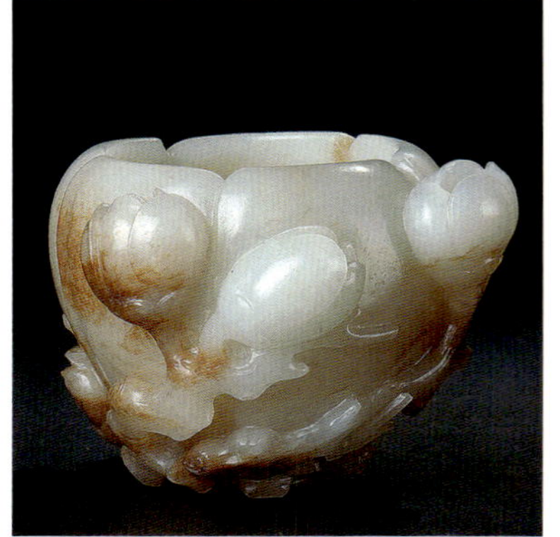

1027 明末清早期 白玉带沁色梅花洗
估 价：HKD 80,000～120,000
成交价：RMB 272,895
宽7.5cm 中国嘉德 2014.10.07

4950 清乾隆 白玉瑞兽砚滴
估　价：RMB 420,000～480,000
成交价：RMB 517,500
长12cm 北京翰海 2014.10.26

127 明 黄玉雕螭龙纹盖洗
估　价：GBP 15,000～20,000
成交价：RMB 197,700
宽12.5cm 伦敦邦瀚斯 2014.05.15

1532 白玉羊型水滴
估　价：RMB 200,000～300,000
成交价：RMB 224,000
长12.5cm 北京荣宝 2014.06.15

笔 洗

41 17世纪/18世纪 琥珀雕莲式洗及象牙座
估　价：GBP 20,000～30,000
成交价：RMB 316,320
长9.5cm 伦敦苏富比 2014.05.14

280 清康熙/乾隆 灰白玉雕九龙纹洗
估　价：USD 80,000～120,000
成交价：RMB 613,300
直径14.3cm 纽约苏富比 2014.09.16

3375 清乾隆 黄玉洗
估　价：HKD 350,000～450,000
成交价：RMB 1,286,400
长9cm 佳士得 2014.05.28

3737 清雍正/乾隆 褐斑白玉桃式洗
估　价：HKD 400,000～600,000
成交价：RMB 395,500
长8.6cm 香港苏富比 2014.10.08

2412 清乾隆 白玉云龙如意纹笔洗
估　价：RMB 350,000～450,000
成交价：RMB 460,000
直径13.5cm 北京翰海 2014.05.10

3685 清乾隆 碧玉雕香莲纹花耳洗
估　价：HKD 1,000,000～1,500,000
成交价：RMB 1,028,300
长32.1cm 香港苏富比 2014.10.08

3583 清乾隆 白玉雕五龙纹笔洗
估　价：RMB 9,000,000～15,000,000
成交价：RMB 14,950,000
宽20cm 中国嘉德 2014.05.18

1566 清乾隆 白玉西番莲水洗
估　价：RMB 600,000～800,000
成交价：RMB 2,070,000
直径15.5cm 北京翰海 2014.10.25

8109 清乾隆 白玉兽面纹蝠耳活环五足洗
估　价：HKD 5,000,000～7,000,000
成交价：RMB 5,016,960
直径23.2cm　罗芙奥 2014.05.25

270 18世纪 白玉雕御题诗如意云形洗
估 价：USD 250,000～350,000
成交价：RMB 1,686,575
长32.7cm 纽约苏富比 2014.09.16

1308 清乾隆 白玉九如葵口洗
估 价：RMB 680,000～880,000
成交价：RMB 782,000
直径14cm 北京保利 2014.10.26

3068 18世纪 白玉桃树椿形洗
估 价：HKD 90,000～150,000
成交价：RMB 837,400
长15cm 香港苏富比 2014.04.08

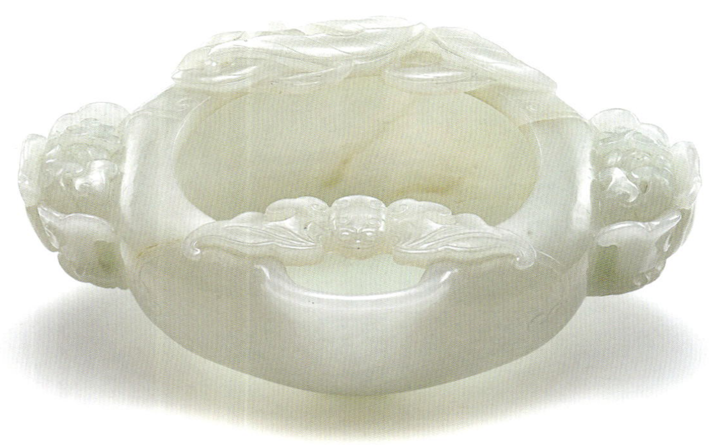

3037 18世纪 白玉福寿图双耳桃形洗
估 价：HKD 200,000～300,000
成交价：RMB 1,264,000
长13.7cm 香港苏富比 2014.04.08

3031 17世纪/18世纪 褐斑黄玉拐子龙纹洗
估 价：HKD 250,000～300,000
成交价：RMB 1,358,800
长8.2cm 香港苏富比 2014.04.08

纸 镇

1825 汉 玉雕熊形镇纸
估 价：NTD 2,000,000～3,000,000
成交价：RMB 494,400
高3.5cm 台湾世家 2014.04.13

3061 17世纪 黄玉卧马镇纸
估 价：HKD 2,200,000～2,800,000
成交价：RMB 5,245,600
长8.6cm 香港苏富比 2014.04.08

3730 元/明 玉雕瑞兽镇纸
估 价：HKD 500,000～700,000
成交价：RMB 494,375
长7.2cm 香港苏富比 2014.10.08

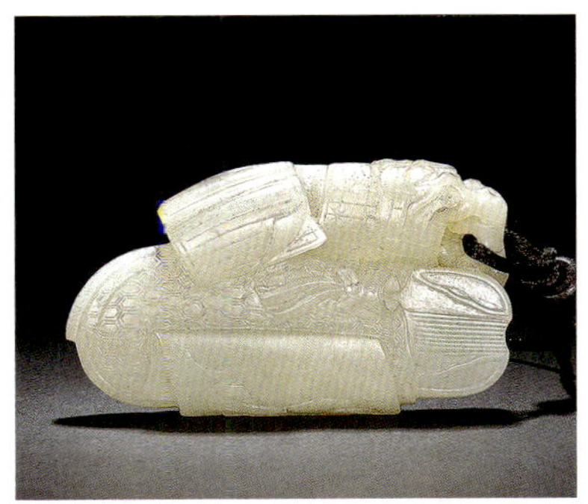

1664 明 白玉雕琴棋书画纸镇
估 价：RMB 60,000～100,000
成交价：RMB 80,500
高7.8cm 北京翰海 2014.10.25

1591 明 白玉沁色狮子戏球纸镇
估 价：RMB 300,000～400,000
成交价：RMB 552,000
长9cm 北京翰海 2014.10.25

2330 明 火烧玉九龙纸镇
估　价：RMB 10,000～20,000
成交价：RMB 172,500
长15cm 北京翰海 2014.05.10

2416 明 青白玉螭蟠泗水纸镇
估　价：RMB 500,000～600,000
成交价：RMB 920,000
宽7.5cm 北京翰海 2014.05.10

2341 明 南红玛瑙太师少师纸镇
估　价：RMB 80,000～120,000
成交价：RMB 195,500
长8.5cm 北京翰海 2014.05.10

2240 和田玉籽料一鸣惊人镇纸
成交价：RMB 230,000
长7.7cm 北京博观 2014.11.16

砚 台

2775 清早期 黄玉太平有象纹瓶式砚
估　价：RMB 65,000～85,000
成交价：RMB 115,000
长17.5cm 北京翰海 2014.05.11

1546 清 白玉三足寿字蝉形砚
估　价：RMB 50,000～80,000
成交价：RMB 86,250
长9.5cm 北京翰海 2014.10.25

802 清 沈秉成藏佛手水晶砚
估　价：RMB 48,000
成交价：RMB 109,760
长11.3cm 天津文物 2014.11.15

玉 玺

3122 清乾隆 青金石雕龙钮方玺
估　价：HKD 150,000～250,000
成交价：RMB 838,460
高4.8cm 香港苏富比 2014.10.08

5621 清乾隆 御制黄水晶"德日新"、"所宝惟贤"、"乾隆御笔"玺（三方）
估　价：RMB 10,000,000～15,000,000
成交价：RMB 12,075,000
2.6cm×1.4cm×4.3 cm；2.1cm×2.1cm×4.6cm；2.3cm×2.3cm×5cm 北京保利 2014.12.03

5706 清乾隆 御制黄玉"奉三无私"螭龙钮葫芦形玺
估　价：RMB 500,000～800,000
成交价：RMB 1,725,000
长3.7cm 北京保利 2014.12.03

234 清光绪 慈禧太后 御宝灰青玉交龙钮长方玺
估　价：GBP 10,000～15,000
成交价：RMB 461,300
长14.7cm 伦敦苏富比 2014.05.14

2765 白玉双龙钮玺（二件）
估 价：RMB 3,600,000～4,800,000
成交价：RMB 5,462,500
长5.3cm 北京翰海 2014.05.11

4199 清道光 白玉龙钮玺
估 价：RMB 580,000～680,000
成交价：RMB 690,000
高7cm 北京翰海 2014.10.26

玉 印

594 明 白玉雕龟钮印章
估 价：RMB 40,000
成交价：RMB 44,800
宽3.2cm 天津文物 2014.11.15

889 清早期 玉雕兽钮小印章
成交价：RMB 80,500
高3cm 北京保利 2014.04.27

301 清18世纪 碧玉雕螭龙钮章料
估　价：USD 18,000～25,000
成交价：RMB 138,038
高6cm 纽约苏富比 2014.03.18

2044 清 琥珀瑞兽钮印
估　价：USD 1,800～2,500
成交价：RMB 76,688
高4cm 纽约佳士得 2014.03.20

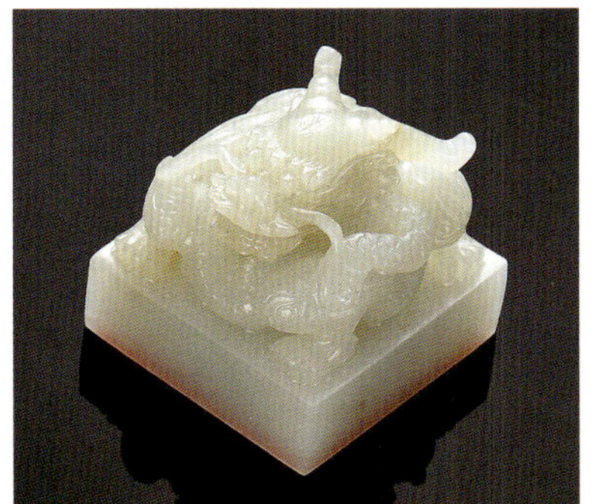

3543 清 白玉雕龙钮印章“清宁之宝”
估　价：HKD 80,000～120,000
成交价：RMB 181,700
高4.3cm 保利香港 2014.04.07

733 清康熙 玉雕苍龙教子钮方章
估　价：RMB 50,000～60,000
成交价：RMB 483,000
高5.7cm 北京诚轩 2014.05.19

2845 清乾隆 永瑆款黄玉巧雕龙钮方章
估　价：RMB 280,000～500,000
成交价：RMB 437,000
高4.4cm 西泠拍卖 2014.05.06

6280 清 红珊瑚“鸿福齐天”章
估　价：RMB 200,000～300,000
成交价：RMB 276,000
长5.7cm 北京保利 2014.06.04

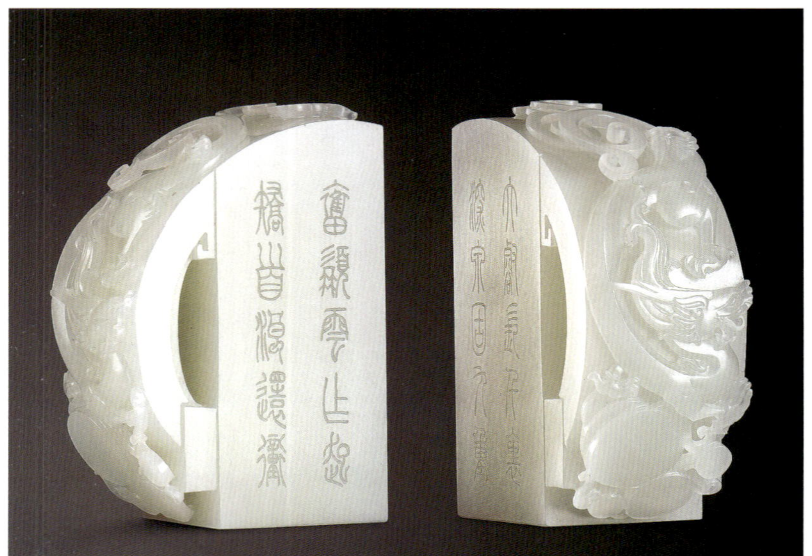

3222 崔磊 白玉司命之印
估 价：RMB 180,000～250,000
成交价：RMB 207,000
高5cm 中国嘉德 2014.11.20

3219 于雪涛 白玉天印
估 价：RMB 2,600,000～3,000,000
成交价：RMB 2,990,000
10cm×8.5cm×7cm 中国嘉德 2014.11.20

3232 黄罕勇 白玉辟邪印章
估 价：RMB 200,000～300,000
成交价：RMB 230,000
高5.6cm 中国嘉德 2014.11.20

其他文房用品

370 明末 白玉子冈款松树纹臂搁
估 价：RMB 20,000～30,000
成交价：RMB 115,000
长15.2cm 北京东正 2014.11.20

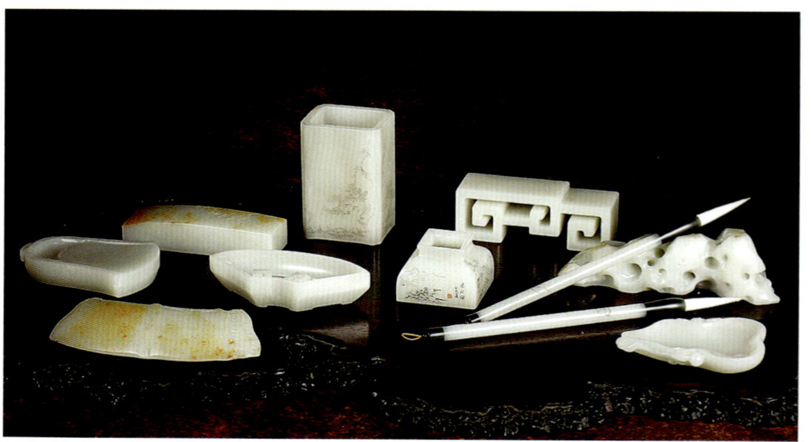

4085 殷建国 溪山清逸 新疆和田籽料文房（十一件套）
估 价：RMB 6,000,000～8,000,000
成交价：RMB 8,625,000
尺寸不一 西泠拍卖 2014.12.14

兵器及刀剑饰

118 新石器时代 良渚文化 石斧
成交价：RMB 345,094
长18.8cm 纽约苏富比 2014.03.18

122 新石器时代 玉刀
估　价：USD 8,000~10,000
成交价：RMB 46,013
长20.8cm 纽约苏富比 2014.03.18

161 西汉 玉螭龙纹剑璏及螭龙纹剑格
估　价：USD 20,000~25,000
成交价：RMB 230,063
长9.4cm 纽约苏富比 2014.03.18

3217 汉 黄玉兽面云纹剑璏
估　价：HKD 65,000~100,000
成交价：RMB 130,673
长10.35cm 保利香港 2014.10.07

1021 战国 玉雕剑珌
估　价：HKD 20,000~30,000
成交价：RMB 52,760
宽6cm 中国嘉德 2014.10.07

4281 金/元 白玉五节双龙首剑（两件）
估　价：RMB 900,000~1,200,000
成交价：RMB 1,150,000
长20.5cm 北京翰海 2014.10.26

3184 明以前 玉剑饰（一组四件）
估 价：RMB 180,000～300,000
成交价：RMB 230,000
尺寸不一 西泠拍卖 2014.05.06

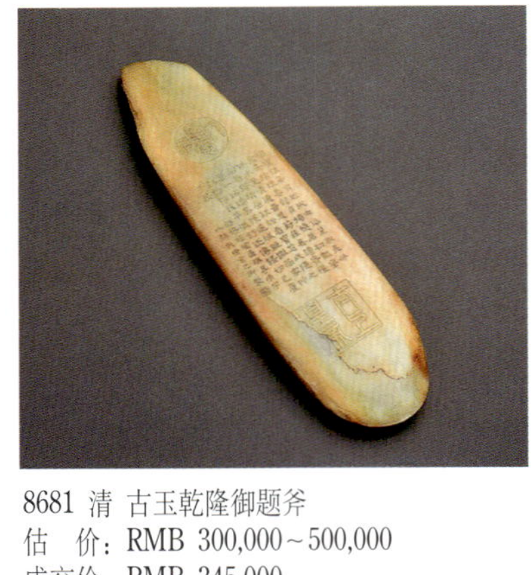

8681 清 古玉乾隆御题斧
估 价：RMB 300,000～500,000
成交价：RMB 345,000
长24.2cm 北京保利 2014.06.06

3551 明或更早 青玉七孔玉刀
估 价：HKD 50,000～60,000
成交价：RMB 45,425
长36.7cm 保利香港 2014.04.07

1347 清 苏做仿痕都斯坦玉柄匕首
估 价：RMB 300,000～350,000
成交价：RMB 345,000
长35cm 北京传是 2014.06.05

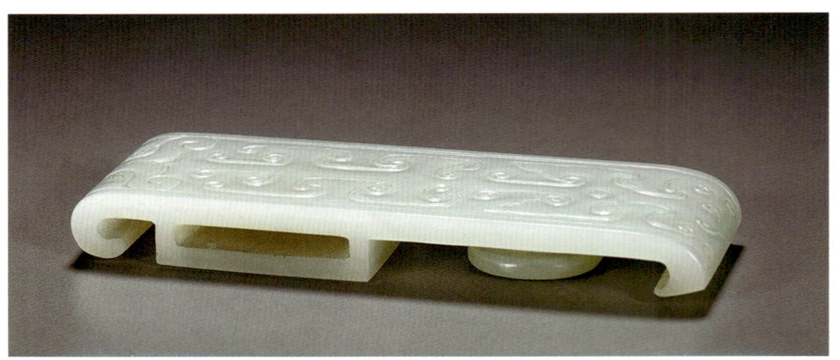

3641 清乾隆 白玉雕兽面纹剑璏
估 价：RMB 56,000～68,000
成交价：RMB 64,400
长10cm 中鸿信 2014.11.22

2014玉器拍卖成交汇总

(成交价RMB：1万元以上)

拍品名称	物品尺寸	成交价RMB	拍卖公司	拍卖日期
一、礼玉				
玉璜				
春秋战国时期 玉璜	长14.1cm	247,200	台湾世家	2014.04.13
东周 玉饕餮纹璜	长11.8cm	383,438	纽约苏富比	2014.03.18
东周 玉龙首璜	长7.8cm	383,438	纽约苏富比	2014.03.18
西周 玉璜璧（一对）	长12.5cm×2	55,476	大唐国际	2014.05.27
金/元 旧玉洒金虎形璜	长11cm	149,500	北京翰海	2014.10.26
玉璧				
红山文化 双联璧	长7.4cm	73,968	大唐国际	2014.05.27
新石器时代晚期 绿玉雕璧	直径15.5cm	105,440	伦敦邦瀚斯	2014.05.15
新石器时代 良渚文化 玉璧	直径20.5cm	230,063	纽约苏富比	2014.03.18
新石器时代或晚期 褐玉璧	直径17.5cm	76,663	纽约苏富比	2014.09.16
商/周 灰青玉璧	直径17.8cm	49,847	纽约佳士得	2014.03.20
战国晚期/西汉 青玉谷纹璧	直径16.5cm	84,356	纽约佳士得	2014.03.20
春秋 玉雕勾云纹璧	直径4.8cm	127,351	中国嘉德	2014.10.07
战国 玉雕勾云纹璧	直径9.2cm	68,828	中国嘉德	2014.04.09
战国 玉璧（两件）	尺寸不一	93,338	保利香港	2014.10.07
战国 谷纹玉璧	直径12.5cm	272,895	中国嘉德	2014.10.07
东周 玉璧	直径11.3cm	46,013	纽约苏富比	2014.03.18
战国 谷纹璧	直径21.2cm	93,338	保利香港	2014.10.07
西汉 玉雕勾云纹璧	直径7.7cm	84,428	中国嘉德	2014.04.09
西汉 白玉镂雕龙纹璧	直径7.6cm	1,756,740	大唐国际	2014.05.27
汉 蒲纹玉璧	直径10.5cm	231,150	大唐国际	2014.05.27
宋 黄玉雕勾云纹璧	直径6cm	48,300	西泠拍卖	2014.05.06
元 白玉龙纹璧	直径8.5cm	34,500	北京保利	2014.10.26
元 白玉穿云龙纹璧	直径10cm	28,750	北京保利	2014.10.26
元 白玉穿云龙纹璧	直径5.5cm	25,300	北京保利	2014.10.26
明以前 青玉谷纹璧	直径14.4cm	103,500	西泠拍卖	2014.05.06
明晚期 白玉螭龙璧	长10cm	63,250	北京保利	2014.10.26
明或明以前 玉谷纹璧	直径5cm	22,400	武汉中信	2014.10.23
明或更早 青玉大璧	直径33.5cm	713,000	江苏爱涛	2014.07.06
明 玉雕子辰龙纹璧（两件）	尺寸不一	20,700	北京保利	2014.10.26
明 玉雕龙璧 带饰 玉符（三件）	尺寸不一	207,000	北京保利	2014.01.11
明 玉雕螭龙纹璧	直径21cm	46,000	北京保利	2014.10.26
明 黄玉兽面纹璧	长7cm	103,500	北京保利	2014.04.27
明 黄玉龙纹臂环	直径10.5cm	28,750	北京保利	2014.10.26
明 各式龙璧、带饰、玉符（三件）	尺寸不一	63,250	北京保利	2014.10.26
明 白玉双龙璧	长7.5cm	36,800	北京匡时	2014.09.17
明 白玉双螭龙璧	直径7cm	97,750	北京翰海	2014.10.25
明 白玉兽面纹璧	直径6.5cm	28,750	北京保利	2014.10.26
明 白玉沁色螭龙璧	直径16cm	287,500	北京翰海	2014.10.25
明 白玉沁色螭龙璧	直径7cm	103,500	北京翰海	2014.10.25
明 白玉龙纹勒子 璧 坠（三件）	尺寸不一	41,400	北京保利	2014.01.11
明 白玉龙纹璧	直径6cm	43,700	北京保利	2014.10.26
明 白玉龙纹璧	直径5.5cm	20,700	北京保利	2014.10.26
明 白玉红沁素璧	直径7.5cm	17,250	北京保利	2014.10.26
明 白玉斧、玉璧（两件）	尺寸不一	43,700	北京保利	2014.10.26
明 白玉雕望子成龙纹璧	直径9.2cm	112,000	天津文物	2014.05.16
明 白玉雕“螭龙献寿”纹璧	直径8.9cm	126,500	远方拍卖	2014.06.02
清早期 白玉提油螭龙纹璧	直径4.7cm	57,500	北京东正	2014.11.20
清早期 白玉螭龙璧	直径6cm	34,567	中国嘉德	2014.10.07
明 白玉雕螭龙勾云纹璧	直径5.8cm	51,750	西泠拍卖	2014.12.13
明以前 白玉雕勾云纹双凤出廓璧	长8.7cm	32,200	西泠拍卖	2014.12.13
清康熙 黄玉雕螭龙八卦纹璧	直径7.6cm	153,375	纽约苏富比	2014.03.18
清乾隆 黄玉浮雕云龙纹璧	直径23cm	1,955,000	西泠拍卖	2014.12.13
清乾隆 褐斑白玉八吉祥纹璧	直径11.5cm	395,500	香港苏富比	2014.10.08
清乾隆 白玉五龙璧	长5cm	10,350	北京保利	2014.10.26
清乾隆 白玉透雕龙纹璧	长7.7cm	34,500	中鸿信	2014.11.22
清乾隆 白玉饕餮乳钉纹璧	直径8.3cm	793,500	北京翰海	2014.10.26
清乾隆 白玉太狮少狮玉堂锦绣璧	直径5.9cm	59,800	北京翰海	2014.05.11
清乾隆 白玉回纹龙凤出廓璧	长12cm	437,000	远方拍卖	2014.06.02
清乾隆 白玉雕龙纹璧	直径5.5cm	36,800	北京保利	2014.10.26
清乾隆 白玉雕“苍龙教子”出廓璧	长6.9cm	138,000	远方拍卖	2014.06.02
清乾隆 白玉螭龙御题诗文璧	直径8.1cm	230,000	北京翰海	2014.05.11
清乾隆 白玉八吉祥璧	直径5.6cm	46,000	北京翰海	2014.05.11
清中期 白玉螭龙纹璧	直径5.5cm	43,700	北京翰海	2014.05.11
清中期 白玉螭龙纹璧	直径6cm	40,250	北京东正	2014.11.20
清中期 白玉螭龙璧	6cm×1.8cm	56,000	武汉中信	2014.10.23
18世纪 青白玉仿古龙纹璧	直径12.3cm	65,900	伦敦苏富比	2014.05.14
19世纪 白玉螭龙纹璧	直径5.4cm	53,664	纽约苏富比	2014.09.16
清 玉雕螭龙璧	直径4.5cm	11,500	北京保利	2014.10.26
清 青白玉五福捧寿转心璧	长20.5cm	379,500	北京保利	2014.08.02
清 青白玉兽面纹璧	直径5.9cm	20,700	中国嘉德	2014.09.22
清 碧玉 白玉螭龙纹璧（两件）	尺寸不一	103,500	翰风国际	2014.04.30
清 白玉“福在眼前”巧雕玉璧	直径3.5cm	40,250	北京盈时	2014.12.07
清 白玉鱼化龙璧	直径4cm	51,750	北京保利	2014.08.02
清 白玉兽面纹璧	直径5.6cm	20,700	中国嘉德	2014.09.22
清 白玉日益纹璧	直径5.7cm	36,800	中国嘉德	2014.11.20
清 白玉沁色狮球璧	直径5.8cm	17,250	中国嘉德	2014.09.22
清 白玉沁色雕望子成龙纹璧	直径5.4cm	212,800	天津文物	2014.05.16
清 白玉沁色雕龙马精神纹活心璧	直径7.8cm	442,400	天津文物	2014.11.15
清 白玉沁色雕螭纹璧等	直径4cm	33,600	天津文物	2014.05.16
清 白玉龙纹璧	直径7.5cm	57,500	中国嘉德	2014.05.18
清 白玉龙纹璧	直径10.5cm	10,350	北京保利	2014.10.26
清 白玉留皮龙纹璧	长5cm	46,000	北京保利	2014.08.02
清 白玉雕以介眉寿纹璧	直径5.6cm	33,600	天津文物	2014.05.16
清 白玉雕五铢钱璧	直径5.2cm	24,640	天津文物	2014.11.15
清 白玉雕龙纹出廓璧	直径8cm	87,360	天津文物	2014.11.15
清 白玉雕龙凤纹璧	直径5.2cm	89,600	天津文物	2014.05.16
清 白玉雕龙凤纹璧	直径5.7cm	112,000	天津文物	2014.11.15
清 白玉雕勾云纹璧	直径5.7cm	28,000	天津文物	2014.11.15
清 白玉雕螭龙璧	直径3.5cm	36,800	西泠拍卖	2014.05.06
清 白玉螭龙纹璧（两件）	尺寸不一	43,700	北京保利	2014.10.26
清 白玉螭龙纹璧	直径8.3cm	126,500	中国嘉德	2014.05.18
清 白玉螭龙纹璧	直径5.7cm	92,000	中国嘉德	2014.11.20
清 白玉螭龙纹璧	直径5.5cm	54,579	中国嘉德	2014.10.07
清 白玉螭龙璧	直径5cm	44,850	北京翰海	2014.01.11
清 白玉螭龙璧	宽9cm	46,000	北京保利	2014.10.26
夔龙纹朱雀、玄武、青龙、白虎白玉璧	长16cm	867,900	中国艺海	2014.11.15
和田青白玉谷纹璧	长6cm	56,000	一得阁	2014.10.20
和氏璧	长9cm	30,800	浙江六通	2014.10.19
白玉螭龙穿心璧形佩	高5.7cm	30,675	纽约佳士得	2014.03.20
向玉蚩龙纹璧	直径9.5cm	477,345	中国艺海	2014.11.15
范同生新疆和田籽玉（白墨）雕九龙璧（一组）	重452g	632,500	北京艺融	2014.12.08
葛洪 古韵添香 白玉璧	5.1cm×5.1cm	184,000	西泠拍卖	2014.12.14
玉琮				
红山文化 兽面纹琮	高2.2cm	194,166	大唐国际	2014.05.27
新石器时代/商 玉琮	直径5.3cm	99,694	纽约苏富比	2014.03.18
新石器时代/商 玉琮	直径5.8cm	76,688	纽约苏富比	2014.03.18
新石器时代 良渚文化 青褐玉琮	高21.3cm	1,503,075	纽约佳士得	2014.03.20
明 黄玉琮	长7cm	126,500	北京保利	2014.04.27
明 黄玉琮	长7cm	57,500	北京保利	2014.10.26
明 玉琮	高10cm	161,000	远方拍卖	2014.06.02
清 白玉雕兽面纹琮	高8.9cm	235,200	天津文物	2014.05.16
黄玉玉琮	高8cm	682,000	中信拍卖	2014.07.14
玉琮	高12.4cm	1,000,000	荣盛国际	2014.07.26
玉琮	高31cm	3,471,600	中国艺海	2014.11.15
玉琮	高10cm	1,110,912	中国艺海	2014.11.15
玉仿古琮（两件）	较大直径7cm	45,998	纽约苏富比	2014.09.16

＊查看图片请参照凡例4方法

2014玉器拍卖成交汇总

(成交价RMB：1万元以上)

拍品名称	物品尺寸	成交价RMB	拍卖公司	拍卖日期
玉圭				
宋 玉雕带沁圭	长14cm	90,965	中国嘉德	2014.10.07
明 圭璧摆件	高14.2cm	361,600	江苏爱涛	2014.07.06
明 龙凤纹玉圭	高22cm	115,000	北京盘古	2014.06.25
明或更早 碧玉蒲纹圭	长18.6cm	120,750	华艺国际	2014.05.31
清乾隆 白玉龙纹圭璧	长19cm	218,500	北京保利	2014.04.27
清乾隆 白玉龙纹圭璧	长19cm	28,750	北京保利	2014.10.26
清乾隆 御制青玉带皮雕十二章纹圭	高19.2cm	184,520	伦敦邦瀚斯	2014.05.15
清 白玉双龙圭	长8cm	23,000	北京保利	2014.10.26
玉璋				
明或更早 玉素璋	长17.5cm	112,700	华艺国际	2014.05.31
玉琥				
商 玉琥形佩	长6cm	38,344	纽约苏富比	2014.03.18
玉册				
清乾隆 和阗墨玉刻佛经（一册十五开）	长23cm	214,245	中信国际	2014.05.18
清乾隆 碧玉御制先农礼成有述册页（一套八片）	长15.5cm×8	2,631,200	帝图艺术	2014.06.22
清乾隆 御制“佛说贤者五福德经”玉册	17.7cm×10.7cm	6,440,000	北京保利	2014.12.03
二、佩玩件				
玉玦				
东周 玉玦（一对）	直径2.9cm	30,512	大唐国际	2014.05.27
玉璇玑				
新石器时代 玉璇玑	直径18.5cm	460,125	纽约苏富比	2014.03.18
新石器时代 玉璇玑	直径15cm	138,038	纽约苏富比	2014.03.18
新石器时代 玉璇玑	直径10cm	46,013	纽约苏富比	2014.03.18
玉环、玉瑗				
商 玉环	直径10cm	43,663	中国嘉德	2014.10.07
春秋 玉雕勾云纹环	直径6.6cm	56,398	中国嘉德	2014.10.07
战国 玉雕谷纹环	直径8cm	145,544	中国嘉德	2014.10.07
战国 玉雕谷纹环	直径8.8cm	34,567	中国嘉德	2014.10.07
宋 白玉雕云纹环	直径7.3cm	179,200	天津文物	2014.11.15
元 白玉双螭纹环	直径7.1cm	140,007	保利香港	2014.10.07
明以前 黄玉雕谷丁纹环	直径11cm	48,300	西泠拍卖	2014.05.06
明 白玉双螭福环	长6cm	48,300	八益拍卖	2014.10.25
明 黄玉螭龙环	长7.5cm	218,500	北京保利	2014.04.27
明 黄玉螭龙环	长7.5cm	138,000	北京保利	2014.10.26
明 黄玉龙纹臂环	直径10.5cm	184,000	北京保利	2014.04.27
明 灰青玉双螭纹长方环佩	宽10.5cm	107,363	纽约佳士得	2014.03.20
明 黄玉咬尾龙环	直径5.2cm	230,000	古天一	2014.06.05
清乾隆 白玉龙纹环	直径5.4cm	287,500	北京保利	2014.12.05
清乾隆 白玉勾云纹环	直径5.2cm	48,300	北京翰海	2014.05.11
清中期 白玉夔龙纹环	直径7.5cm	46,000	北京翰海	2014.10.26
清中期 白玉龙凤环	直径8.5cm	92,000	北京翰海	2014.05.10
清中期 白玉龙纹环	高6.1cm	32,200	北京翰海	2014.05.11
清中期 白玉盘龙环佩	直径4.5cm	345,000	北京翰海	2014.05.10
清中期 白玉洒金双龙环	直径5.8cm	345,000	北京翰海	2014.10.26
清中期 白玉洒金双龙环	直径7.5cm	71,300	北京翰海	2014.10.26
清中期 白玉诗文环形佩	高6.6cm	32,200	北京翰海	2014.05.11
清中期 玉永年千秋万代双联环	长6.2cm	66,700	北京翰海	2014.10.26
清 白玉雕螭纹环	直径5.6cm	246,400	天津文物	2014.11.15
清 白玉雕蟠龙环形佩	长4.5cm	161,000	中贸圣佳	2014.07.06
清 白玉龙纹环、龙纹佩（各一件）	尺寸不一	45,368	香港淳浩	2014.11.27
18世纪/19世纪 白玉螭龙环	直径4cm	118,650	香港苏富比	2014.10.08
仵子辉 白玉云龙环	直径4.9cm	126,500	深圳市拍	2014.06.29
玉饰（七件）玉斧 玉环	长13.1cm	313,600	成都金沙	2014.11.16
玉管				
明 白玉浅刻般若密多心经管	高6cm	2,012,500	北京翰海	2014.10.25

拍品名称	物品尺寸	成交价RMB	拍卖公司	拍卖日期
明 旧玉沁色经幢	高13.5cm	92,000	北京翰海	2014.10.25
清中期 白玉洒金翎管	高7.7cm	189,750	北京翰海	2014.05.11
清 白玉“指日高升”翎管	长7.7cm	76,688	纽约佳士得	2014.03.20
清 白玉翎管	长7.5cm	33,600	天津文物	2014.11.15
清 白玉留皮翎管	长7cm	46,000	北京保利	2014.08.02
清 白玉留皮翎管	长7.2cm	44,800	天津文物	2014.05.16
清 白玉留皮翎管	长7.1cm	35,840	天津文物	2014.11.15
清 白玉秋梨皮翎管	长7.3cm	13,800	中鸿信	2014.11.22
清 带皮白玉翎管	长7.3cm	47,182	香港淳浩	2014.11.27
清 玛瑙巧雕螭龙纹翎管	长8cm	34,500	西泠拍卖	2014.05.06
宋鸣放 翎管 白玉挂件	长6.9cm	48,300	西泠拍卖	2014.12.14
玉勒				
春秋 白玉佩	高6.4cm	66,074	中国嘉德	2014.04.09
元 白玉蟠螭勒子	高6.5cm	172,500	中鸿信	2014.11.22
明 白玉雕谷钉纹勒子	高5cm	22,400	天津文物	2014.11.15
明 白玉留皮八凤勒子	长4.8cm	80,640	武汉中信	2014.10.23
明 白玉洒金弦纹勒	高5cm	40,250	北京翰海	2014.10.26
明 黄玉琮形勒子	长5.5cm	40,250	北京翰海	2014.10.25
明 黄玉勾云纹菱形勒	高4.7cm	63,250	北京翰海	2014.05.11
明 旧玉螭龙纹琮式勒	高5.3cm	40,250	北京翰海	2014.10.26
明 旧玉鸟、工字佩、文字勒（三件）	尺寸不一	23,000	北京翰海	2014.10.26
明 玉雕勒子	直径4.5cm	92,000	北京保利	2014.08.02
明以前 弦纹玉勒子	高4cm	126,500	古天一	2014.06.05
明以前 玉勒子	长7.5cm	241,500	古天一	2014.06.05
清早期 黄玉嵌碧玉刻梅花诗文勒子	高10.7cm	172,500	北京东正	2014.11.20
18世纪 白玉仿古勾云纹珠	长5.5cm	63,264	伦敦苏富比	2014.05.14
18世纪 白玉刻“般若波罗蜜经”勒子	高6.1cm	543,125	香港苏富比	2014.04.08
清乾隆 白玉般若波罗蜜多心经勒	高5.1cm	59,800	北京翰海	2014.10.26
清乾隆 白玉雕兽面龙凤纹勒	高4.8cm	115,000	北京诚轩	2014.05.19
清乾隆 白玉佛光普照经文方勒	高6.1cm	55,200	北京翰海	2014.10.26
清乾隆 白玉诗文方勒	长8.5cm	115,000	北京翰海	2014.10.26
清乾隆 白玉御题经文方勒	高7.8cm	94,300	北京翰海	2014.05.11
清中期 白玉海水纹勒	高3.5cm	25,300	北京翰海	2014.10.26
清中期 白玉诗文勒	长6.3cm	207,000	北京翰海	2014.10.26
清中期 白玉松下人物诗文勒	高2.8cm	112,700	北京翰海	2014.10.26
清 白玉雕三财纹勒子	长4.5cm	76,160	天津文物	2014.05.16
清 白玉雕三螭纹勒子	长5cm	134,400	天津文物	2014.05.16
清 白玉兰花“空谷幽香”勒子	长2.5cm	126,500	北京保利	2014.01.11
清 白玉兰花“空谷幽香”勒子	长2.5cm	36,800	北京保利	2014.10.26
清 白玉莲花纹勒子	长3.5cm	40,250	北京保利	2014.04.27
清 白玉留皮雕御题诗纹勒子	长5.7cm	683,200	天津文物	2014.05.16
清 玉雕诗文勒子	长9cm	46,000	北京保利	2014.01.11
玉扳指				
明 绿玉带皮雕螭龙纹扳指及褐玉雕琮	宽4.2cm	79,080	伦敦邦瀚斯	2014.05.15
18世纪 白玉镂雕螭龙衔芝纹扳指	高2.5cm	72,853	纽约佳士得	2014.03.20
18世纪/19世纪 白玉云蝠纹扳指	高2.5cm	61,350	纽约佳士得	2014.03.20
清乾隆 白玉螭龙纹扳指	直径2.8cm	368,000	北京匡时	2014.06.04
清乾隆 白玉带洒金皮“春风德意”扳指	长3.6cm	128,560	万昌斯	2014.05.25
清乾隆 白玉花卉御制诗文扳指	内径2.1cm	126,500	北京翰海	2014.10.26
清乾隆 白玉诗文扳指	直径3.5cm	80,500	中国嘉德	2014.05.18
清乾隆 白玉御题诗文扳指	直径3cm	1,092,500	北京保利	2014.04.27
清乾隆 白玉御题诗文扳指	直径3cm	90,965	中国嘉德	2014.10.07
清乾隆 白玉御制诗文扳指	内径2cm	103,500	北京翰海	2014.10.26
清乾隆 白玉御制诗文扳指	内径1.9cm	69,000	北京翰海	2014.10.26
清乾隆 白玉御製诗扳指	直径2cm	115,000	北京保利	2014.08.02
清乾隆 黄玉乾隆御题玉簪花扳指	直径2.8cm	287,500	北京保利	2014.06.04

拍品名称	物品尺寸	成交价RMB	拍卖公司	拍卖日期
清乾隆 金嵌绿松石青金石镂空寿字纹扳指	直径3.5cm	2,975,475	纽约佳士得	2014.03.20
清乾隆 提油七律诗、白玉寿字螭龙纹扳指（两只）	直径3cm	163,530	保利香港	2014.04.07
清中期 白玉扳指	直径3.2cm	143,376	台湾世家	2014.04.13
清中期 白玉扳指	内径2.3cm	40,250	北京翰海	2014.05.11
清中期 白玉带皮扳指 指环	长3.1cm 直径3.1cm	46,000	中鸿信	2014.11.22
清中期 白玉雕芦雁飞鸣食宿扳指	直径3cm	34,500	北京保利	2014.10.26
清中期 白玉雕驴背诗思图扳指	直径2.9cm	92,000	北京诚轩	2014.05.19
清中期 白玉花卉诗文扳指	内径2cm	40,250	北京翰海	2014.05.11
清中期 白玉吉祥如意扳指	内径2cm	34,500	北京翰海	2014.05.11
清中期 白玉开光喜字扳指	内径2cm	43,700	北京翰海	2014.05.11
清中期 白玉洒金扳指	内径2cm	57,500	北京翰海	2014.05.11
清中期 玉雕携琴访友图扳指	直径3.2cm	94,300	北京诚轩	2014.05.19
19世纪 白玉雕山水人物图扳指	直径2.9cm	125,210	伦敦邦瀚斯	2014.05.15
清 白玉扳指	直径3.8cm	212,800	天津文物	2014.05.16
清 白玉扳指	长3.1cm	44,800	天津文物	2014.11.15
清 白玉扳指	长3.6cm	42,560	天津文物	2014.11.15
清 白玉螭龙纹扳指	内径2cm	20,700	北京翰海	2014.10.25
清 白玉带金皮扳指	宽3.3cm	230,000	中国嘉德	2014.11.20
清 白玉雕勾云纹扳指	长3cm	89,600	天津文物	2014.11.15
清 白玉雕双骏纹扳指	长2.9cm	33,600	天津文物	2014.11.15
清 白玉雕云龙纹扳指	直径2.6cm	76,160	天津文物	2014.05.16
清 白玉雕云纹扳指	长3cm	61,600	天津文物	2014.11.15
清 白玉锦地纹刻四喜扳指挂饰	长37cm	78,200	北京华辰	2014.05.17
清 白玉留皮扳指	长3.4cm	57,500	中国嘉德	2014.06.22
清 白玉留皮扳指	宽3cm	40,250	北京保利	2014.04.27
清 白玉马纹扳指	直径3cm	241,500	中国嘉德	2014.05.18
清 白玉饮马图扳指、狮钮小章等（三件）	尺寸不一	34,500	北京保利	2014.06.06
清 白玉云蝠纹扳指	直径3cm	16,875	中鸿信	2014.11.22
清 白玉云纹扳指	直径3.2cm	66,700	北京保利	2014.04.27
清 扳指（五只）	尺寸不一	74,750	中国嘉德	2014.06.22
清 扳指 玉牌（一组）	尺寸不一	109,250	中宝拍卖	2014.07.06
清 和田玉扳指	直径3.1cm	40,250	南京经典	2014.01.06
清 黄玉福寿扳指	直径3cm	23,000	中国嘉德	2014.11.20
清 漆盒套装玉扳指	尺寸不一	575,000	北京盘古	2014.06.25
清 玉云纹扳指	长3cm	36,800	北京保利	2014.04.27
白玉诗文扳指	直径3.5cm	10,350	中国嘉德	2014.09.22
碧玉兽面纹扳指	长4.1cm	35,840	上海联合	2014.10.11
杭航 白玉扳指	长6.3cm	69,000	北京匡时	2014.06.05
和田玉籽料安静笃扳指	长6.0cm	94,300	北京博观	2014.11.15
和田玉籽料常自在扳指	直径5.5cm	667,000	北京博观	2014.07.06
和田玉籽料龙纹扳指	直径5.1cm	166,750	北京博观	2014.07.06
和田玉籽料宁静致远扳指	直径5.4cm	103,500	北京博观	2014.07.06
宋鸣放 月白夜醉 玉扳指（一对）		40,250	西泠拍卖	2014.05.03
羊脂玉夔龙纹扳指	直径5.5cm	1,667,500	北京博观	2014.07.06
玉带饰				
金/元 白玉一路连科带饰（十三件）	尺寸不一	299,000	北京翰海	2014.05.11
元 白玉雕螭纹带饰	长4.6cm	56,000	天津文物	2014.05.16
元 白玉雕双螭纹带饰	长7.9cm	156,800	天津文物	2014.11.15
元 白玉雕望子成龙纹带饰	长8.2cm	403,200	天津文物	2014.11.15
元 白玉留皮虎纹带饰	长3.5cm	17,250	北京保利	2014.10.26
元/明 青白玉镂雕春水带饰	长9.6cm	76,688	纽约佳士得	2014.03.20
明 白玉雕龙纹带板	长6.9cm	89,600	天津文物	2014.05.16
明 白玉雕龙纹带板	长8cm	64,960	天津文物	2014.11.15
明 白玉莲鹅纹带饰如意	长45cm	172,500	北京翰海	2014.04.12
明 白玉龙纹带饰	长9.5cm	25,300	北京保利	2014.10.26
明 白玉镂雕游龙穿花椭圆形带饰	长12cm	153,375	纽约佳士得	2014.03.20

拍品名称	物品尺寸	成交价RMB	拍卖公司	拍卖日期
明 白玉麒麟带板（一对）	长8cm	109,250	北京保利	2014.10.26
明 白玉沁色雕以介眉寿纹带饰	长9.2cm	218,400	天津文物	2014.05.16
明 白玉透雕鹤鹿同春带板	长7.8cm	49,904	香港淳浩	2014.11.27
明 白玉透雕龙纹带饰板	高11.5cm	310,500	安徽艺海	2014.04.30
明 碧玉雕龙纹带饰	长96cm	168,000	天津文物	2014.11.15
明 灰玉镂雕游龙穿花纹带饰	长9.8cm	122,700	纽约佳士得	2014.03.20
明 青白玉镂雕龙纹桃形带板	长5.6cm	30,665	纽约苏富比	2014.09.16
明 青玉镂雕带饰（两件）	尺寸不一	57,516	纽约佳士得	2014.03.20
明 透雕龙纹玉带板（一套十七件）		862,500	上海敬华	2014.07.01
明 玉带板		33,600	成都金沙	2014.11.16
明 玉雕穿花龙纹带板	长6.5cm	126,500	古天一	2014.06.05
明16世纪 白玉镂雕云龙纹带板	长6.9cm	65,184	纽约佳士得	2014.03.20
清早期 白玉螭龙带饰	长7cm	34,500	北京保利	2014.08.02
清乾隆 白玉龙纹带板	长5.3cm	192,950	中拍国际	2014.06.04
清乾隆 白玉雕龙纹带板	长6.9cm	86,250	西泠拍卖	2014.05.06
清乾隆 白玉雕蝉形带板（一组两件）	长6.3cm	103,500	西泠拍卖	2014.05.06
清 白玉沁色雕和合二仙纹带饰	长6cm	201,600	天津文物	2014.11.15
清 白玉龙纹春水带饰（两件）	尺寸不一	23,000	北京保利	2014.10.26
清 白玉雕花卉诗文带饰	长7.3cm	39,200	天津文物	2014.11.15
镶白玉镂雕螭龙连珠纹带板	长9cm	49,847	纽约佳士得	2014.03.20
民国 白玉双寿带板	长8cm	41,400	北京保利	2014.04.27
玉带钩(龙钩)				
战国 玉雕夔龙钩	高8.3cm	201,894	中国嘉德	2014.04.09
元/明早期 白玉羊首带钩	长10cm	59,800	北京翰海	2014.04.12
元 白玉留皮带钩	长12.5cm	36,800	北京保利	2014.10.26
明 灰墨玉雕螭龙纹带钩	长10cm	50,084	伦敦邦瀚斯	2014.05.15
明 白玉龙首带钩	长8cm	103,500	北京翰海	2014.05.10
明 白玉龙钩	长10.5cm	44,800	武汉中信	2014.10.23
明 白玉带钩（一对）	长7.4cm×2	34,500	南京经典	2014.01.06
清早期 白玉蝉纹带钩	长10cm	126,500	北京翰海	2014.05.11
清早期 白玉螭龙带钩（二件）	尺寸不一	36,800	北京匡时	2014.09.17
清乾隆 白玉雕螭纹龙首带钩	长13.5cm	106,400	天津文物	2014.11.15
清乾隆 白玉雕螭龙纹带钩	长14cm	84,044	香港苏富比	2014.10.08
清乾隆 白玉雕螭龙纹带钩	长11.7cm	49,438	香港苏富比	2014.10.08
清中期 绿碧玺螭龙纹带钩	长10.5cm	80,500	北京翰海	2014.10.26
清中期 白玉龙首带钩	长7.6cm	34,500	北京翰海	2014.05.11
清中期 白玉龙带钩	长11.5cm	32,200	北京匡时	2014.06.04
清中期 白玉海崖云纹龙带钩	长10cm	57,500	中国嘉德	2014.11.20
清中期 白玉螭龙带钩（一对）	尺寸不一	138,000	华艺国际	2014.05.31
18世纪/19世纪 玉雕带钩两件 带扣一件	最长12.1cm	65,163	纽约苏富比	2014.09.16
18世纪/19世纪 袖珍白玉龙首带钩	长5cm	69,019	纽约佳士得	2014.03.20
18世纪/19世纪 青白玉雕螭龙纹带钩（四件）	最长12.5cm	99,661	纽约苏富比	2014.09.16
18世纪/19世纪 青白玉苍龙教子带钩（两件）	长14；长13cm	130,369	纽约佳士得	2014.03.20
18世纪/19世纪 白玉雕螭龙纹带钩	长11cm	30,675	纽约苏富比	2014.03.18
18世纪/19世纪 白玉雕螭龙纹带钩	长12.6cm	57,497	纽约苏富比	2014.09.16
18世纪 白玉龙纹带钩（两件）	长15.5cm	52,091	伦敦苏富比	2014.11.05
18世纪 白玉龙纹带钩	长10.6cm	65,900	伦敦苏富比	2014.05.14
18世纪 白玉雕凤纹带钩	长10.1cm	65,163	纽约苏富比	2014.09.16
18世纪 白玉苍龙教子带钩（两件）	长13.3cm	122,700	纽约佳士得	2014.03.20
18世纪/19世纪 白玉雕龙带钩（两件）	长12.7；长11.4cm	68,996	邦瀚斯	2014.09.15
19世纪 玉雕带钩两件 玉剑璏一件	最长11.7cm	45,998	纽约苏富比	2014.09.16
19世纪 白玉带钩（两件）	较长11.7cm	30,665	纽约苏富比	2014.09.16
清 玉龙钩	长11.5cm	11,500	北京匡时	2014.09.17
清 玉龙带钩	长12cm	59,800	北京保利	2014.06.06

2014玉器拍卖成交汇总

(成交价RMB：1万元以上)

拍品名称	物品尺寸	成交价RMB	拍卖公司	拍卖日期
清 玉雕龙钩（四件）	尺寸不一	20,700	北京保利	2014.10.26
清 青白玉龙钩	长10cm	18,193	中国嘉德	2014.10.07
清 黄玉苍龙教子带钩	长9.5cm	30,675	纽约佳士得	2014.03.20
清 红珊瑚螭龙带钩	长9.5cm	92,000	南京经典	2014.08.04
清 苍龙教子大龙玉勾	长16cm	39,200	成都金沙	2014.11.16
清 白玉龙首带钩（三件）	尺寸不一	25,300	中国嘉德	2014.09.22
清 白玉龙首带钩	长10.7cm	40,250	中国嘉德	2014.06.22
清 白玉龙钩 福寿坠（三件）	尺寸不一	80,500	北京保利	2014.08.02
清 白玉龙钩（一组三件）	尺寸不一	109,250	北京匡时	2014.06.04
清 白玉龙钩（一对）	尺寸不一	180,800	江苏爱涛	2014.07.06
清 白玉龙钩（三件）	尺寸不一	57,500	中国嘉德	2014.11.20
清 白玉龙钩	长12.5cm	616,000	武汉中信	2014.10.23
清 白玉龙钩	长8cm	11,500	北京保利	2014.10.26
清 白玉龙钩	长11.5cm	20,700	北京保利	2014.10.26
清 白玉浮雕双龙纹龙首带钩	长8.9cm	36,294	香港淳浩	2014.11.27
清 白玉浮雕龙纹龙首带勾连环	长9.9cm	32,665	香港淳浩	2014.11.27
清 白玉浮雕龙纹龙首大带钩	长13.5cm	45,368	香港淳浩	2014.11.27
清 白玉凤首带钩	长8.5cm	23,000	北京保利	2014.10.26
清 白玉雕马上封侯纹龙首带钩	长11cm	67,200	天津文物	2014.11.15
清 白玉雕龙首螭纹带钩	长13cm	67,200	天津文物	2014.05.16
清 白玉雕龙首螭纹带钩	长13.5cm	67,200	天津文物	2014.05.16
清 白玉雕龙首螭纹带钩	长12.5cm	47,040	天津文物	2014.05.16
清 白玉雕龙首螭纹带钩	长11.5cm	44,800	天津文物	2014.05.16
清 白玉雕龙首螭纹带钩	长11.5cm	42,560	天津文物	2014.05.16
清 白玉雕灵芝纹带钩	长9cm	134,400	天津文物	2014.11.15
清 白玉雕各式龙钩等	尺寸不一	78,400	天津文物	2014.05.16
清 白玉雕鹅首带钩	长9.8cm	56,000	天津文物	2014.11.15
清 白玉雕螭纹龙首带钩等	尺寸不一	89,600	天津文物	2014.11.15
清 白玉雕螭纹龙首带钩	长14.5cm	168,000	天津文物	2014.11.15
清 白玉雕螭纹龙首带钩	长12.5cm	64,960	天津文物	2014.11.15
清 白玉雕螭纹龙首带钩	长12.7cm	56,000	天津文物	2014.11.15
清 白玉雕螭纹龙首带钩	长12.2cm	53,760	天津文物	2014.11.15
清 白玉雕螭纹龙首带钩	长12.5cm	53,760	天津文物	2014.11.15
清 白玉雕螭纹龙首带钩	长11.3cm	44,800	天津文物	2014.11.15
清 白玉雕苍龙教子纹龙首带钩	长12cm	35,840	天津文物	2014.11.15
清 白玉螭龙带钩（三件）	尺寸不一	92,000	八益拍卖	2014.10.24
清 白玉苍龙教子带钩	长13cm	124,200	华艺国际	2014.05.31
清 白玉苍龙教子带钩	长13.5cm	55,500	北京华辰	2014.04.27
错金带钩	长12cm	607,530	中国艺海	2014.11.15
青玉雕螭龙纹带钩 白玉雕灵芝饕餮纹双耳扁瓶	长13.6cm	39,540	伦敦邦瀚斯	2014.05.15
玉带扣				
明 白玉螭龙纹带扣	长6cm	32,200	中鸿信	2014.11.22
明 白玉带扣	长8cm	34,500	北京保利	2014.10.26
明 白玉雕螭龙纹带扣	长12cm	143,750	南京经典	2014.08.04
明 白玉雕马上封侯带扣	长6.5cm	74,750	南京经典	2014.08.04
明 黄玉带扣	长10.4cm	224,000	成都金沙	2014.11.16
清乾隆 白玉三果带扣	长14cm	17,250	北京保利	2014.10.26
清中期 白玉花卉龙首带扣	长11cm	80,500	北京翰海	2014.05.11
清 白玉螭龙带扣	长10.5cm	123,200	武汉中信	2014.10.23
清 白玉带扣		32,200	华艺国际	2014.09.28
清 白玉雕螭龙纹带扣（一副）	长10cm	69,000	苏州东方	2014.10.30
清 白玉雕凤纹带扣	长12.8cm	39,200	天津文物	2014.05.16
清 白玉仿古瑞兽纹带扣	长7.5cm	297,660	伦敦苏富比	2014.11.05
清 白玉佛手纹带扣	长8.5cm	48,300	中国嘉德	2014.09.22
清 白玉浮雕龙纹带扣（一副）	长10cm	56,256	香港淳浩	2014.11.27
清 白玉留皮带扣	长6.6cm	34,500	北京保利	2014.04.27
清 白玉镂雕花篮形带扣	高6.7cm	34,500	中鸿信	2014.11.22
清 白玉巧雕三多纹带扣	长10.5cm	33,600	天津文物	2014.11.15
清 白玉人物带扣	长7.5cm	34,500	北京保利	2014.01.11
清 白玉双龙带扣	宽10.0cm	42,692	日本伊斯特	2014.05.31

拍品名称	物品尺寸	成交价RMB	拍卖公司	拍卖日期
清 白玉童子带扣	长6.5cm	17,250	北京保利	2014.10.26
18世纪 青白玉螭龙衔芝带扣	长12.7cm	92,025	纽约佳士得	2014.03.20
18世纪 青白玉龙纹带扣	长11.5cm	52,091	伦敦苏富比	2014.11.05
18世纪/19世纪 白玉苍龙教子带扣	宽9.5cm	69,019	纽约佳士得	2014.03.20
19世纪 白玉绳纹带扣（一组）	尺寸不一	53,681	纽约佳士得	2014.03.20
玉锁				
清中期 白玉富贵有余锁	长9.2cm	63,250	北京翰海	2014.05.11
清中期 白玉雕玉堂富贵玉锁	长7.8cm	51,750	北京保利	2014.04.27
清 火烧玉"寿比南山"锁	长7cm	36,800	北京保利	2014.04.27
清 白玉满堂富贵锁	长7.3cm	40,250	北京传是	2014.06.05
清 白玉福寿康宁锁	长9cm	153,225	中拍国际	2014.06.04
清 白玉雕瓜瓞绵绵纹锁	长8cm	33,600	天津文物	2014.05.16
清 白玉雕福寿双全纹锁	长13.5cm	221,760	天津文物	2014.05.16
和田玉童子平安锁（一对）	长8cm×2	46,000	南京经典	2014.08.04
玉柄形器				
清中期 白玉龙纹柄	长10.5cm	17,250	北京保利	2014.10.26
玉炉顶				
辽/金 白玉透雕鹭莲炉顶	高4.5cm	138,000	北京翰海	2014.10.26
金/元 白玉透雕鹭莲炉顶	高4.6cm	89,700	北京翰海	2014.05.11
元 白玉雕"五伦图"炉顶	高5.5cm	483,000	远方拍卖	2014.06.02
元 白玉雕秋水炉顶	高7cm	138,000	北京翰海	2014.01.11
元 白玉雕一路莲科纹炉顶	高3.2cm	132,160	天津文物	2014.05.16
元 白玉龙纹炉顶	高7cm	92,000	北京翰海	2014.10.25
元 红玛瑙鹭鸶炉顶	高5cm	34,500	北京翰海	2014.04.12
元 青白玉雕一路连科纹炉顶	高5cm	168,000	天津文物	2014.05.16
元/明 青白玉镂雕穿云游龙冠顶	高5cm	272,855	伦敦苏富比	2014.11.05
元或明 青白玉镂雕钮	高4.7cm	65,163	邦瀚斯	2014.09.15
元/明 青白玉龙纹炉顶	高6.5cm	25,300	北京保利	2014.10.26
明 白玉秋山炉顶	长3cm	36,800	北京保利	2014.08.02
明 玉雕胡人炉顶	高8.5cm	63,250	北京保利	2014.04.27
明/18世纪或早期 青玉镂雕鹭莲纹炉顶 白玉雕云龙纹炉顶	高3.2cm；高3.6cm	72,490	伦敦邦瀚斯	2014.05.15
清 白玉留皮凤凰牡丹炉顶	高7cm	345,000	中国嘉德	2014.05.18
清 白玉秋山炉顶	高5cm	92,000	北京保利	2014.04.27
清 白玉人物纹炉顶	高5.5cm	66,700	上海敬华	2014.07.01
玉珠串、项链				
明以前 唐八棱玛瑙手串		115,000	浙江世贸	2014.07.27
明 蜜蜡手串	长11cm	59,800	中国嘉德	2014.05.18
明 南红玛瑙手串	直径1.3cm	32,200	苏州东方	2014.10.30
明 玉翁仲手串		48,300	北京翰海	2014.10.26
清早期 琥珀朝珠		172,500	江苏爱涛	2014.07.06
清中期 蜜蜡朝珠串		402,500	北京翰海	2014.05.11
清 白玉多宝串	高13.5cm	46,000	中国嘉德	2014.05.18
清 白玉多宝串	长15cm	46,000	中国嘉德	2014.05.18
清 白玉多宝串	长42cm	10,350	中国嘉德	2014.09.22
清 白玉双獾多宝串	长11cm	10,350	中国嘉德	2014.09.22
清 虎牙天珠配蜜蜡手串		34,500	北京传是	2014.06.05
清 琥珀108子佛珠		113,000	江苏爱涛	2014.07.06
清 琥珀朝珠		201,600	天津文物	2014.05.16
清 金珀手串	直径1.5cm×14	40,250	北京诚轩	2014.11.20
清 旧蜜腊手串（一件）	珠直径2cm×8	40,320	上海国拍	2014.05.18
清 旧蜜腊手串（一件）	珠直径2.5cm×7	33,600	上海国拍	2014.05.18
清 旧蜜蜡手串	约2.3cm	49,280	上海国拍	2014.11.30
清 旧蜜蜡手串（一件）	珠直径2.2cm	43,680	上海国拍	2014.05.18
清 老南红松石多宝项串	尺寸不一	161,000	东拍国际	2014.07.31
清 蜜蜡串饰	长21.5cm	40,250	中国嘉德	2014.03.24
清 蜜蜡十八籽手串	长23cm	51,750	北京匡时	2014.09.17
清 蜜蜡提珠配翡翠及香囊 约278g		287,500	北京保利	2014.06.06
清 蜜蜡圆珠琥珀圆珠（各一）	尺寸不一	34,500	中国嘉德	2014.05.18

拍品名称	物品尺寸	成交价RMB	拍卖公司	拍卖日期
清 珊瑚串式银发圈（两支）	长5cm×2	89,700	中贸圣佳	2014.07.06
清 珊瑚镂雕螭龙纹提珠	珠直径1.5cm	172,500	中国嘉德	2014.05.19
清 珊瑚十八子		22,400	武汉中信	2014.10.23
清 松香蜜蜡手串	长12cm	17,250	中国嘉德	2014.09.22
清 天珠手串	长8.5cm	25,300	中国嘉德	2014.09.22
清 玉雕多宝串	长3.8cm	13,800	中国嘉德	2014.09.22
20世纪 鹤顶红手串	长12.5cm	10,350	中国嘉德	2014.09.22
阿卡红珊瑚手链		44,800	北京荣宝	2014.08.24
阿卡红珊瑚手链		35,840	北京荣宝	2014.08.24
阿拉善玛瑙十八罗汉提珠	尺寸不一	40,250	北京博观	2014.11.15
各式串饰（三串）	尺寸不一	43,700	中国嘉德	2014.03.24
共47.13克天然红珊瑚珠串	项链长44cm	80,500	北京保利	2014.06.06
和田玉吊坠、耳饰、手链、戒指套装/“国色天娇”		39,200	北京荣宝	2014.08.24
和田玉鼓形手串	重47.7g	36,800	北京博观	2014.11.16
红珊瑚手串	长9.8cm	55,200	中国嘉德	2014.11.20
侯晓锋 禅味一品 南红佛串（一组）		63,250	西泠拍卖	2014.05.03
琥珀朝珠	长70cm	43,700	中国嘉德	2014.06.22
琥珀手串	珠直径2.5cm	220,500	富佳斋	2014.07.20
蜜蜡手串	约重48.8g	69,000	北京保利	2014.02.05
蜜蜡手串		49,501	北京保利	2014.02.05
蜜蜡手串	约重35.2g	48,300	北京保利	2014.02.05
蜜蜡手串	约重48g	46,000	北京保利	2014.06.05
蜜蜡手串	约重16.4g	43,700	北京保利	2014.06.05
蜜蜡手串	约重54g	37,950	北京保利	2014.06.05
蜜蜡手串	约重26.1g	36,800	北京保利	2014.06.05
蜜蜡手串	约重18.2g	34,500	北京保利	2014.06.05
蜜蜡手串	约重47g	34,500	北京保利	2014.06.05
蜜蜡手串	约2.4cm	42,560	上海国拍	2014.11.30
蜜蜡珠串（3件）	长58.5cm	38,826	日本伊斯特	2014.04.26
民国 金丝血珀十八子		39,200	武汉中信	2014.10.23
珊瑚 青金石串饰各一串	长35cm	11,500	中国嘉德	2014.09.22
珊瑚 青金石串饰各一串	长40cm	11,500	中国嘉德	2014.09.22
珊瑚 珍珠串饰各一串	尺寸不一	13,800	中国嘉德	2014.09.22
珊瑚串饰	直径0.6cm	13,800	中国嘉德	2014.09.22
珊瑚串饰（两串）	直径0.4cm	11,500	中国嘉德	2014.09.22
珊瑚串珠	长69cm	25,300	北京匡时	2014.09.17
珊瑚瓜棱手串	直径1.5cm	28,750	中国嘉德	2014.09.22
珊瑚手串	直径1.4cm	51,750	中国嘉德	2014.06.22
珊瑚手串	直径1.2cm	17,250	中国嘉德	2014.09.22
南红玛瑙百态人生手串	重70g	40,250	北京博观	2014.11.16
南红玛瑙手串	直径1.5cm	40,250	北京保利	2014.02.05
南红玛瑙手串	直径1.3cm	36,800	北京保利	2014.06.05
“无畏”绿松石南红手钏		33,600	北京荣宝	2014.06.15
千年/纯虎牙天珠珊瑚手串	珠直径2.5cm	92,000	北京翰海	2014.01.11
千年镶蚀一线药师多宝项串	尺寸不一	345,000	东拍国际	2014.07.31
秦以好 白玉雕贵人手链	长22cm	86,250	中贸圣佳	2014.07.06
王军民 碧玉错金手链	重91g	40,250	宇辰拍卖	2014.11.02
王军民 墨玉错金金玉满堂手串	重83g	34,500	宇辰拍卖	2014.11.02
小两眼天珠手串	珠直径1.6cm	43,700	北京保利	2014.06.05
药师珠手串	长14.4cm	69,000	北京匡时	2014.06.04
意大利沙丁红珊瑚珠串	项链长48.3cm	97,750	北京保利	2014.06.06
鹰形玉坠 荷花玉珠串饰	长3.3cm	218,500	古天一	2014.06.05
玉印串饰	高1.5cm	287,500	古天一	2014.06.05
原石手链	重43.7g	41,400	北京盘古	2014.06.25
族徽纹印珠	直径3.4cm	170,250	中拍国际	2014.06.04
15世纪/16世纪 嘎巴拉念珠		230,000	东拍国际	2014.07.31
明 南红玛瑙念珠（20粒）		69,000	北京翰海	2014.05.10
明 南红玛瑙佛珠	长103cm	34,500	中国嘉德	2014.05.19
清中期 琥珀朝珠	直径82cm	69,000	中国嘉德	2014.05.19

拍品名称	物品尺寸	成交价RMB	拍卖公司	拍卖日期
清中期 琥珀朝珠	长55cm	920,000	北京东正	2014.11.20
清中期 蜜蜡朝珠		172,500	中宝拍卖	2014.07.06
清中期 珊瑚朝珠	长75cm	230,000	北京保利	2014.04.27
清中期 珊瑚朝珠	长63cm	115,000	北京保利	2014.10.26
清中期 水晶朝珠		123,200	成都金沙	2014.11.16
清中期 紫晶翡翠朝珠		57,500	北京保利	2014.06.06
清 琥珀朝珠	长71cm	13,800	北京保利	2014.10.26
清 琥珀朝珠（108粒）	直径1.3cm	57,500	北京诚轩	2014.11.20
清 琥珀朝珠（108粒）		224,000	天津文物	2014.11.15
清 琥珀朝珠（108）		42,560	武汉中信	2014.10.23
清 琥珀朝珠（108）		20,160	武汉中信	2014.10.23
清 琥珀朝珠（108）		20,160	武汉中信	2014.10.23
清 琥珀佛珠	直径1.6cm	35,650	苏州东方	2014.10.30
清 琥珀一百零八粒佛珠	长68cm	11,500	北京保利	2014.10.26
清 琥珀一百零八粒佛珠、捻珠（两件）		10,350	北京保利	2014.10.26
清 金铂朝珠		224,000	北京荣宝	2014.03.23
清 金珀108子佛珠		117,300	江苏爱涛	2014.07.06
清 金珀朝珠	长102cm	67,200	天津文物	2014.05.16
清 金珀朝珠	长70cm	20,700	北京保利	2014.10.26
清 金珀朝珠（一串）	直径1.34cm	69,000	八益拍卖	2014.10.25
清 蓝碧玺朝珠	直径0.12cm	115,000	中鸿信	2014.11.22
清 绿松石团寿纹念珠（108粒）		46,000	北京翰海	2014.05.10
清 蜜蜡朝珠	长90cm	13,800	北京保利	2014.10.26
清 蜜蜡佛珠108颗带配饰	长45cm	78,200	北京东正	2014.11.20
清 药师佛珠	长40.9cm	161,000	北京东正	2014.06.07
清晚期 红珊瑚佛珠链	长84cm	38,833	大唐国际	2014.05.27
民国 红珊瑚108颗佛珠	直径1.1cm	287,500	中鸿信	2014.11.23
民国 红珊瑚108颗佛珠	直径0.95cm	172,500	中鸿信	2014.11.23
碧玉朝珠		30,240	一得阁	2014.10.20
沉香配蜜蜡念珠	珠直径1.3cm	138,000	北京保利	2014.06.05
嘎巴拉念珠	半径1.5cm	36,800	北京保利	2014.06.05
和田108颗籽料项链		112,000	中晟国际	2014.10.11
金刚六眼天珠	直径4.1cm	678,500	北京保利	2014.06.05
金围带红珊瑚圆满情珠	珠径2.6cm	103,500	上海嘉泰	2014.06.18
琉璃朝珠		39,200	一得阁	2014.10.20
木珠配翡翠隔珠朝珠	珠直径1.1cm	80,500	北京保利	2014.06.05
青玉佛珠		35,840	中晟国际	2014.10.11
珊瑚108颗念珠	尺寸不一	92,000	北京华辰	2014.04.27
珊瑚碧玺念珠	直径0.8cm	32,200	北京保利	2014.06.05
珊瑚念珠	直径1.5cm	207,000	北京保利	2014.06.05
珊瑚念珠	直径1cm	46,000	北京保利	2014.06.05
通花珊瑚珠颈链		118,105	香港拍得高	2014.03.22
血珀108籽珠串	直径1.1cm	44,800	上海国拍	2014.11.30
椰壳配玛瑙念珠		40,250	北京保利	2014.06.05
一线药师珠108颗念珠	珠直径0.8cm	212,750	北京保利	2014.02.05
珍珠朝珠	长67cm	10,350	中国嘉德	2014.09.22
明 红糖金丝蜜蜡项链	长34.5cm	43,700	中国嘉德	2014.05.18
明 老南红玛瑙项链串		287,500	东拍国际	2014.07.31
明以前 千年一线药师珠项链	长80.0cm	138,000	上海泓盛	2014.06.26
清 红珊瑚项链		35,840	武汉中信	2014.10.23
清 琥珀项链	长83cm	126,500	中国嘉德	2014.11.20
清 珊瑚项链		92,000	北京翰海	2014.10.26
民国 红珊瑚项链	直径1.2cm	184,000	中鸿信	2014.11.23
民国 小白玉牌项链	长48.6cm	383,313	邦瀚斯	2014.09.15
13mm天然珊瑚珠链	长49cm	115,000	保利厦门	2014.11.02
18K金镶欧泊珊瑚枝项链	长31.5cm	345,000	中贸圣佳	2014.07.06
19世纪 琥珀项链	长27cm	13,800	中国嘉德	2014.09.22
19世纪 珊瑚项链（四件）	尺寸不一	13,800	北京保利	2014.10.26
20世纪 14K金扣珊瑚花卉项链	长47cm	18,400	中国嘉德	2014.09.22
20世纪 鹤顶红项链	长27cm	10,350	中国嘉德	2014.09.22

2014玉器拍卖成交汇总

(成交价RMB：1万元以上)

拍品名称	物品尺寸	成交价RMB	拍卖公司	拍卖日期
阿卡红珊瑚吊坠项链、耳饰套装		47,040	北京荣宝	2014.06.15
阿卡红珊瑚如意吊坠项链		31,360	北京荣宝	2014.08.24
白玉“一路连升”吊坠项链		142,308	天成国际	2014.06.08
砗磲配药师隔珠项链	直径0.7cm	51,750	北京保利	2014.06.05
多宝串项链	直径0.11cm	51,750	北京保利	2014.06.05
和田玉吊坠项链、戒指、手链、耳饰套装—“凤翎祥瑞”		35,840	北京荣宝	2014.06.15
和田玉吊坠项链、戒指、手链、耳饰套装—“喜上眉梢”		42,560	北京荣宝	2014.06.15
红珊瑚项链	长25cm	32,200	中国嘉德	2014.11.20
琥珀项链配老金		32,200	北京保利	2014.06.05
罗启妍 家族传世水晶项链		55,200	中国嘉德	2014.11.20
蜜蜡配珊瑚项链		34,500	北京保利	2014.06.05
蜜蜡三颗配绿松石隔珠项链	约重18.8g	39,100	北京保利	2014.02.05
蜜蜡三十五颗项链		69,000	北京保利	2014.06.05
蜜蜡塔珠项链		51,750	北京保利	2014.06.05
蜜蜡项链	尺寸不一	74,750	西泠拍卖	2014.05.06
蜜蜡项链		69,000	北京保利	2014.06.05
蜜蜡项链		57,500	北京保利	2014.06.05
蜜蜡项链		51,750	北京保利	2014.06.05
蜜蜡项链		36,800	北京保利	2014.06.05
蜜蜡项链		34,500	北京保利	2014.06.05
蜜蜡项链		34,500	北京保利	2014.06.05
木珠牟尼宝配珊瑚项链		230,000	北京保利	2014.06.05
南红玛瑙项链	半径2.7cm	575,000	北京保利	2014.06.05
青金石配珊瑚项链 手串各一件	长23cm；长8cm	40,250	中国嘉德	2014.03.24
青金石五层塔形项链	长50.5cm	43,700	中国嘉德	2014.03.24
沙丁红珊瑚项链		280,000	北京荣宝	2014.08.24
珊瑚串项链	长34cm	805,000	中贸圣佳	2014.07.06
珊瑚配翡翠吊坠项链		199,231	天成国际	2014.06.08
珊瑚配绿松石翡翠项链	长7.2cm	51,750	北京保利	2014.06.05
珊瑚四股项链一串 耳坠一对	直径0.4cm	40,250	中国嘉德	2014.03.24
珊瑚项链	直径2cm	161,000	北京保利	2014.06.05
珊瑚项链	直径1.4cm	46,000	北京保利	2014.06.05
珊瑚项链	尺寸不一	46,000	西泠拍卖	2014.05.06
珊瑚项链	长26cm	36,800	中国嘉德	2014.03.24
维多利亚18K金珊瑚项链	链长56cm	69,345	大唐国际	2014.05.27
线珠项链	长3.9cm	43,700	北京保利	2014.06.05
意大利沙丁珊瑚镶嵌碧玉项链	链长38cm	138,000	北京保利	2014.06.06
玉镯				
明以前 黄玉雕六龙绞丝纹手镯	直径8.5cm	517,500	西泠拍卖	2014.12.13
明 黄玉龙纹镯	直径7.5cm	299,000	北京保利	2014.04.27
明 黄玉龙纹镯	直径7.5cm	43,700	北京保利	2014.10.26
明 黄玉铭文镯	直径6cm	149,500	北京保利	2014.04.27
明 黄玉铭文镯	直径6cm	126,500	北京保利	2014.04.27
明 黄玉铭文镯	直径6cm	57,500	北京保利	2014.10.26
明 黄玉铭文镯	直径6cm	43,700	北京保利	2014.10.26
明 黄玉兽面纹镯	直径7.5cm	230,000	北京保利	2014.04.27
明 黄玉兽面纹镯	直径7.5cm	74,750	北京保利	2014.10.26
明 黄玉延年益寿镯	直径10cm	36,800	北京保利	2014.10.26
明 旧玉辅首镯	直径10cm	74,750	北京保利	2014.04.27
明 旧玉辅首镯	直径10cm	51,750	北京保利	2014.10.26
明 旧玉龙纹镯	直径8cm	92,000	北京保利	2014.04.27
明 旧玉龙纹镯	直径8cm	63,250	北京保利	2014.10.26
明 旧玉龙纹镯	直径9cm	13,800	北京保利	2014.10.26
明 旧玉铭文镯	直径8cm	184,000	北京保利	2014.04.27
明 旧玉铭文镯	直径8cm	80,500	北京保利	2014.10.26
明 旧玉兽面纹镯	直径8.5cm	69,000	北京保利	2014.04.27
明 旧玉兽面纹镯	直径8.5cm	43,700	北京保利	2014.10.26
明 旧玉镯	直径8cm	138,000	北京保利	2014.04.27
明 旧玉镯	直径8cm	51,750	北京保利	2014.10.26

拍品名称	物品尺寸	成交价RMB	拍卖公司	拍卖日期
明 青黄玉龙纹手镯	直径8cm	48,300	北京保利	2014.10.26
明 双龙首玉镯	外径8.5cm	89,600	成都金沙	2014.11.16
明晚期 黄玉雕双螭纹手镯	直径9cm	57,500	北京诚轩	2014.05.19
清早期 白玉雕五龙手镯（一对）	直径8.1cm×2	51,750	中贸圣佳	2014.06.01
清康熙 岫玉喜镯（一对）	直径8cm	46,000	西泠拍卖	2014.12.13
清乾隆 白玉雕缠枝花纹镯	直径7.8cm	138,000	北京东正	2014.05.18
清中期 白玉二龙戏珠手镯（二件）	内径5.7cm	94,300	北京翰海	2014.10.26
清中期 白玉二龙戏珠手镯（二件）	内径5.4cm	48,300	北京翰海	2014.10.26
清中期 白玉绞丝纹手镯	内径5.8cm	23,000	北京翰海	2014.10.26
清中期 白玉绞丝纹手镯（二件）	内径6cm	92,000	北京翰海	2014.10.26
清中期 白玉绳纹手镯	内径6.2cm	78,200	北京翰海	2014.05.11
清中期 白玉绳纹手镯	内径6.2cm	59,800	北京翰海	2014.10.26
清中期 白玉手镯	内径6.2cm	80,500	北京翰海	2014.05.11
清中期 白玉手镯	内径5.6cm	17,250	北京翰海	2014.10.26
清中期 白玉手镯（二件）	内径5.8cm	40,250	北京翰海	2014.05.11
清中期 白玉手镯（二件）	内径5.9cm	40,250	北京翰海	2014.10.26
清中期 白玉双龙戏珠镯（一对）	直径7.8cm	92,000	北京保利	2014.06.06
清中期 玉手镯	内径5.3cm	13,800	北京翰海	2014.10.26
清中期 玉手镯	内径6.2cm	17,250	北京翰海	2014.10.26
清中期 玉手镯	内径6cm	17,250	北京翰海	2014.10.26
清 白玉雕绳纹手镯	内径6cm	42,560	天津文物	2014.11.15
清 白玉雕手镯（一对）	直径8.2cm×2	34,500	中贸圣佳	2014.06.01
清 白玉雕双龙戏珠贵妃镯（一对）	长7.5cm×2	43,700	西泠拍卖	2014.05.06
清 白玉雕双龙戏珠手镯（一对）	直径7.5cm	138,000	浙江世贸	2014.07.27
清 白玉雕双龙戏珠纹手镯	内径5.8cm	42,560	天津文物	2014.05.16
清 白玉雕双龙戏珠纹手镯	内径5.6cm	35,840	天津文物	2014.05.16
清 白玉雕双龙衔珠镯（一对）	直径7.6cm	59,800	北京东正	2014.11.20
清 白玉贵妃手镯	内径6cm	112,000	天津文物	2014.11.15
清 白玉贵妃镯	直径6.3cm	17,250	中鸿信	2014.11.23
清 白玉绞丝手镯（一对）	直径5.6cm	115,000	中宝拍卖	2014.07.06
清 白玉龙珠镯（一对）	内径5.9cm	28,750	中国嘉德	2014.09.22
清 白玉手镯	直径8cm	78,200	北京匡时	2014.06.04
清 白玉手镯	直径5.7cm	46,000	深圳市拍	2014.01.05
清 白玉手镯	直径7.8cm	34,500	中贸圣佳	2014.07.06
清 白玉手镯	直径8cm	40,250	八益拍卖	2014.10.24
清 白玉手镯	直径8cm	51,750	保利厦门	2014.11.02
清 白玉手镯	直径8cm	51,750	保利厦门	2014.11.02
清 白玉手镯	内径6.2cm	44,800	天津文物	2014.11.15
清 白玉手镯	内径5.7cm	35,840	天津文物	2014.11.15
清 白玉手镯（一对）	内径5.8cm×2	34,500	北京传是	2014.06.05
清 白玉双龙戏珠镯	直径7.2cm	28,750	中国嘉德	2014.11.20
清 白玉双龙镯	直径7.5cm	40,250	北京保利	2014.10.26
清 白玉双龙镯（一对）	直径7.5cm	36,800	北京保利	2014.08.02
清 白玉素镯（一对）	直径7.6cm	55,200	北京东正	2014.11.20
清 白玉咬尾龙手镯（一对）	直径7cm	105,800	中国嘉德	2014.05.18
清 白玉竹节手镯（一对）	直径7.5cm	48,300	北京保利	2014.06.06
清 白玉镯	直径8cm	59,800	北京保利	2014.04.27
清 白玉镯	直径7.5cm	66,700	北京东正	2014.11.20
清 白玉镯	直径7.5cm	20,700	中国嘉德	2014.11.20
清 白玉镯	直径8cm	25,300	中国嘉德	2014.11.20
清 白玉镯	内径6cm	17,250	中国嘉德	2014.09.22
清 白玉镯（一对）	直径8.3cm×2	70,150	北京匡时	2014.12.03
清 白玉双龙戏珠手镯（一对）	直径8.2cm	69,000	北京保利	2014.12.05
清 玉雕竹节形手镯（一对）	直径7.8cm	69,000	西泠拍卖	2014.12.13

拍品名称	物品尺寸	成交价RMB	拍卖公司	拍卖日期
清 和田白玉手镯	外径8.4cm	336,000	未来四方	2014.07.29
清 和田玉手镯	外径7.6cm	57,500	南京经典	2014.08.04
清 绞丝玉镯（一对）	直径8cm	66,700	中国嘉德	2014.11.20
清 青白玉手镯（一对）	直径7.6cm×2	112,000	北京荣宝	2014.06.15
清 玉雕龙纹镯	直径8.2cm	10,350	北京翰海	2014.11.22
清 玉双龙戏珠手镯	直径7.8cm	46,000	保利厦门	2014.11.02
民国 白玉手镯（一对）	直径7.8cm×2	17,250	北京匡时	2014.09.17
民国 白玉手镯（一对）	直径8.1cm×2	20,700	北京匡时	2014.09.17
18世纪 青白玉雕双龙戏珠镯	阔7.9cm	61,330	纽约苏富比	2014.09.16
白玉绞丝纹镯	直径8cm	12,650	北京匡时	2014.09.17
白玉龙珠镯（一对）	直径7.9cm	34,500	中国嘉德	2014.03.24
白玉手镯	直径8cm	287,500	中贸圣佳	2014.07.06
白玉手镯	内径5.7cm	46,000	深圳市拍	2014.06.29
白玉手镯	内径5.5cm	43,700	深圳市拍	2014.06.29
白玉手镯	内径5.7cm	40,250	深圳市拍	2014.06.29
白玉手镯	内径5.8cm	40,250	深圳市拍	2014.06.29
白玉手镯	内径5.2cm	34,500	深圳市拍	2014.06.29
白玉手镯	内径5.8cm	34,500	深圳市拍	2014.06.29
白玉手镯	内径5.4cm	32,200	深圳市拍	2014.06.29
白玉手镯（一对）	直径7.8cm	40,250	深圳市拍	2014.01.05
白玉手镯一对及圆牌套装		1,470,516	天成国际	2014.06.08
白玉镯（一对）	内径5.9cm	13,800	中国嘉德	2014.09.22
白玉镯（一对）	内径5.6cm	17,250	中国嘉德	2014.09.22
白玉镯（一对）	内径5.5cm	11,500	中国嘉德	2014.09.22
碧玉富贵手镯	内径5.9cm	34,500	北京博观	2014.11.15
碧玉描金龙凤镯	内径5.7cm	35,840	中晟国际	2014.10.11
俄罗斯碧玉手镯	内径6.2cm	17,250	北京保利	2014.10.08
和田玉籽料手镯	直径5.7cm	65,550	中鸿信	2014.11.23
和田白玉手镯	内径5.7cm	33,600	中晟国际	2014.10.11
和田白玉圆条手镯	内径5.8cm	50,400	中晟国际	2014.10.11
和田碧玉描金如意人生手镯	内径5.8cm	35,840	中晟国际	2014.10.11
和田碧玉手镯	内径5.7cm	28,750	远方拍卖	2014.09.21
和田青花玉手镯	口径5.8cm	38,000	北京九歌	2014.12.17
和田羊脂白玉手镯	外径7.5cm	92,000	北京保利	2014.06.02
和田玉念珠手镯（一对）	外径7.6cm×2	66,700	南京经典	2014.08.04
和田玉手镯	内径5.9cm	109,250	上海泛华	2014.06.29
和田玉手镯	内径5.8cm	33,600	中晟国际	2014.10.11
胡锡涛 福从天降手镯	内径5.8cm	35,000	上海驰翰	2014.06.26
黄罕勇 有福 白玉手镯		161,000	西泠拍卖	2014.05.03
近代 白玉镯（两件）	尺寸不一	17,250	北京保利	2014.10.26
李俊杰 和田玉籽料日月同辉手镯	内径5.2cm	379,500	尚品润博	2014.08.03
李康 双龙戏珠 白玉镯（一套）	直径6.8cm	483,000	北京匡时	2014.06.05
吕德 和田玉籽料贵妃镯	内径5.4cm	230,000	尚品润博	2014.08.03
吕德 和田玉籽料手镯	内径5.4cm	345,000	尚品润博	2014.08.03
穆宇静 玉镯	镯内径5.7cm	75,000	上海驰翰	2014.06.26
青花玉镯	内径5.9cm	32,200	北京匡时	2014.06.05
瞿利军 清莲 白玉手镯	内径5.6cm	368,000	西泠拍卖	2014.12.14
手镯	直径7.8cm	46,000	八益拍卖	2014.10.24
阗田玉手镯	直径6.8cm	57,500	中贸圣佳	2014.07.06
吴银福 海派玉雕大师 缠枝纹贵妃手镯	内径6cm	138,000	荣宝斋（上海）	2014.05.09
新疆和田黄玉玉镯	内径5.9cm	414,000	北京保利	2014.10.08
新疆和田籽料白玉手镯	内径5.8cm	896,000	上海联合	2014.10.11
杨曦 银杏·梦影 白玉手镯	内径5.9cm	1,725,000	西泠拍卖	2014.12.14
叶清 和田玉籽料有凤来仪手镯	直径5.6cm	161,000	北京博观	2014.04.20
袁永清 凤凰 白玉手镯	直径6cm	161,000	中宝拍卖	2014.07.06
袁永清 龙凤呈祥 白玉手镯	直径5.5cm	126,500	中宝拍卖	2014.07.06
籽料青花手镯	内径5.5cm	67,200	中晟国际	2014.10.11
自儒堂 青花手镯	内径6cm	39,200	上海联合	2014.10.11
玉簪 玉梳（玉箍）				
明 白玉螭龙纹簪	长16cm	78,200	北京翰海	2014.05.11

拍品名称	物品尺寸	成交价RMB	拍卖公司	拍卖日期
明 白玉雕如意云头纹发簪	长13cm	36,800	苏州东方	2014.10.30
明 白玉梳	长12.7cm	23,000	北京翰海	2014.10.26
明 白玉簪（三件）	尺寸不一	48,300	北京保利	2014.10.26
明或更早 白玉凤衔花纹簪首（一对）	长7.3cm	113,500	中拍国际	2014.06.04
清 和田玉发簪	长13cm	32,200	南京经典	2014.08.04
清 珊瑚发簪（两支）	长16cm×2	103,500	中贸圣佳	2014.07.06
清 珊瑚松石发簪（两支）	长17.5cm×2	126,500	中贸圣佳	2014.07.06
清中期 白玉雕发簪	长10.5cm	34,500	北京匡时	2014.06.04
宋鸣放 芳泽 白玉梳		43,700	西泠拍卖	2014.05.03
宋鸣放 墨娆 青花玉梳		32,200	西泠拍卖	2014.05.03
宋鸣放 晓月 白玉梳		46,000	西泠拍卖	2014.05.03
殷建国 有凤来仪 白玉梳		287,500	西泠拍卖	2014.05.03
玉牌				
金/元 青白玉镂雕花鸟纹牌	长9.3cm	79,080	伦敦苏富比	2014.05.14
元 灰青玉镂雕龙纹牌	直径7.1cm	198,440	伦敦苏富比	2014.11.05
元 青白玉太极图花牌	直径7.3cm	38,344	纽约佳士得	2014.03.20
元/明 青白玉花牌（四件）	直径4.5cm	34,509	纽约佳士得	2014.03.20
元/明初 青白玉镂雕龙纹牌	长7.3cm	191,719	纽约苏富比	2014.03.18
明 白天牌竹子“福”寿	长6.5cm	299,000	安徽艺海	2014.04.30
明 白玉雕人物诗文牌	长3.8cm	84,000	天津文物	2014.05.16
明 白玉雕山水诗文牌	长5.5cm	1,495,000	古天一	2014.06.05
明 白玉狩猎、五岳真行牌（两件）	尺寸不一	25,300	北京保利	2014.10.26
明 白玉张骞乘槎诗文牌	长5.5cm	83,688	中国嘉德	2014.10.07
明 黄玉牌	高5.8cm	103,500	北京翰海	2014.04.12
明 旧玉“府上有龙”牌	高5.8cm	17,250	中鸿信	2014.11.22
明 青白玉风云际会牌	高5.8cm	36,386	中国嘉德	2014.10.07
明 青白玉镂雕龙纹牌	高13cm	99,661	纽约苏富比	2014.09.16
明 玉雕龙纹牌（两件）	尺寸不一	34,500	北京保利	2014.01.11
明 玉雕鹭鸶诗文牌	长7.2cm	1,560,090	中国嘉德	2014.04.09
明 玉雕岁寒三友牌	长4.7cm	126,500	中国嘉德	2014.06.22
明/清 青玉牌（四件）	最长9cm	61,330	纽约苏富比	2014.09.16
明末清早期 白玉米芾拜石子冈牌	高5.1cm	354,764	中国嘉德	2014.10.07
明末清早期 青白玉“风云际会”牌	长5.3cm	50,474	中国嘉德	2014.04.09
“子冈”款仙人乘槎玉牌 古钱币组串	长3.5cm	379,500	古天一	2014.06.05
17世纪/18世纪 青玉镂雕缠枝莲纹牌	高20.2cm	38,331	纽约苏富比	2014.09.16
清早期 玉雕龙德牌	高5.3cm	57,500	北京诚轩	2014.11.20
清早期 白玉花篮牌	高6.5cm	154,641	中国嘉德	2014.10.07
清早期 白玉花卉诗文牌	长7cm	149,500	北京保利	2014.04.27
清早期 白玉福寿牌	长5.4cm	45,483	中国嘉德	2014.10.07
清早期 白玉雕云首无字牌	高4.2cm	63,250	北京诚轩	2014.11.20
清早期 白玉“玉堂锦绣”牌	长5.7cm	256,956	中国嘉德	2014.04.09
清早期 白玉“福寿绵绵”牌	长7.4cm	137,655	中国嘉德	2014.04.09
清早期 白玉米芾拜石子冈牌	高5.8	727,720	中国嘉德	2014.10.07
清康熙 白玉麒麟送牌	高6cm	138,000	中鸿信	2014.11.22
清乾隆 玉雕寿天百禄牌	长6cm	667,000	古天一	2014.06.05
清乾隆 黄玉“太乙莲舟”牌	高7.6cm	276,898	万昌斯	2014.05.25
清乾隆 红玛瑙“马到乾坤”图牌	长5cm	161,000	北京东正	2014.05.18
清乾隆 白玉长宜子孙御题诗牌	高9cm	230,000	北京保利	2014.10.26
清乾隆 白玉踏雪寻梅诗文牌	长7cm	805,000	北京保利	2014.04.27
清乾隆 白玉人物子冈牌	高6cm	20,700	中鸿信	2014.11.22
清乾隆 白玉人物诗文子冈牌	高6cm	17,250	中鸿信	2014.11.22
清乾隆 白玉沁色鱼化龙牌	长16.5cm	230,000	北京保利	2014.01.11
清乾隆 白玉乾隆御题诗文子冈牌	高6cm	291,088	中国嘉德	2014.10.07
清乾隆 白玉镂空雕梅花玉牌	高5cm	36,800	八益拍卖	2014.10.24
清乾隆 白玉龙纹牌	长5.4cm	57,500	长风拍卖	2014.01.05
清乾隆 白玉龙纹挂牌	高5cm	184,000	八益拍卖	2014.10.24

2014玉器拍卖成交汇总

(成交价RMB：1万元以上)

拍品名称	物品尺寸	成交价RMB	拍卖公司	拍卖日期
清乾隆 白玉榴开百子牌	高5.5cm	263,799	中国嘉德	2014.10.07
清乾隆 白玉刻书卷梅花牌	长7cm	78,200	北京保利	2014.04.27
清乾隆 白玉吉祥牌	长5.7cm	137,655	中国嘉德	2014.04.09
清乾隆 白玉鸡心佩 白玉梅花挂牌各一件	尺寸不一	69,000	八益拍卖	2014.10.24
清乾隆 白玉和合二仙牌（一对）	直径5.5cm	575,000	北京保利	2014.01.11
清乾隆 白玉福禄万代葫芦牌	高7cm	69,000	中鸿信	2014.11.22
清乾隆 白玉雕携琴访友纹牌	长5cm	264,500	北京东正	2014.06.07
清乾隆 白玉雕榴开百子纹牌	长5.3cm	195,500	北京东正	2014.06.07
清乾隆 白玉雕吉祥如意牌	长7.6cm	241,500	华艺国际	2014.05.31
清乾隆 白玉雕花卉纹牌	高7.5cm	604,800	天津文物	2014.11.15
清乾隆 白玉雕螭龙纹牌	长5cm	161,000	北京东正	2014.05.18
清乾隆 白玉雕“字正体直”纹牌	长6.5cm	322,000	北京东正	2014.05.18
清乾隆 白玉雕“宝珠焕彩”纹牌	长5cm	460,000	北京东正	2014.05.18
清乾隆 白玉“羲之爱鹅”子冈牌	长6cm	568,974	中国嘉德	2014.04.09
清乾隆 白玉“太狮少狮”玉堂锦绣牌	长5.6cm	192,717	中国嘉德	2014.04.09
清乾隆 白玉“太乙莲舟”牌	长5.2cm	575,000	北京保利	2014.12.05
清乾隆 珊瑚雕斋戒牌	高5cm	100,800	北京荣宝	2014.11.30
清乾隆 绿松石“斋戒”牌	高16cm	103,500	北京盈时	2014.12.07
清中期 糖玉浮雕河图洛书子冈牌	高5.8cm	409,343	中国嘉德	2014.10.07
清中期 青白玉太狮少狮牌	高5.8cm	47,302	中国嘉德	2014.10.07
清中期 青白玉踏雪寻梅诗文牌	长6.3cm	51,750	中国嘉德	2014.09.22
清中期 青白玉梅花牌	高6.5cm	83,688	中国嘉德	2014.10.07
清中期 黄玉竹纹梅花牌	高6.5cm	207,000	北京保利	2014.10.26
清中期 白玉一鹭连科牌	长6cm	172,500	北京保利	2014.08.02
清中期 白玉星宿人物诗文牌	5cm×3.5cm	136,448	中国嘉德	2014.10.07
清中期 白玉太平丰乐童子诗文牌	长5.7cm	287,500	北京保利	2014.06.06
清中期 白玉双龙喜字牌	长6cm	43,700	北京保利	2014.04.27
清中期 白玉仕女诗文子冈牌	长5.7cm	440,496	中国嘉德	2014.04.09
清中期 白玉人物诗文牌	长5cm	103,500	北京保利	2014.04.27
清中期 白玉龙王牌	长6.2cm	92,000	中国嘉德	2014.03.24
清中期 白玉灵芝诗文牌	高5cm	207,000	北京保利	2014.10.26
清中期 白玉花甲载舟牌	长5.5cm	402,500	古天一	2014.06.05
清中期 白玉花卉牌	长9cm	17,250	北京保利	2014.10.26
清中期 白玉和合二仙牌	直径9cm	28,750	北京保利	2014.10.26
清中期 白玉关公夜读牌	高6.5cm	205,344	保利香港	2014.10.07
清中期 白玉福庆有余牌	7cm×4cm	65,495	中国嘉德	2014.10.07
清中期 白玉福禄万代牌	长6.5cm	51,750	中国嘉德	2014.09.22
清中期 白玉雕武将人物牌	高6.5cm	190,400	未来四方	2014.07.29
清中期 白玉雕马上封侯牌	长6cm	230,000	华艺国际	2014.05.31
清中期 白玉大吉牌	长6.1cm	119,301	中国嘉德	2014.04.09
清中期 白玉百子葡萄纹牌	高5.7cm	632,500	北京东正	2014.11.20
清中期 白玉安居乐业牌	高6cm	48,300	北京保利	2014.10.26
清中期 白玉“云龙瑞霞”牌	长5.2cm	312,018	中国嘉德	2014.04.09
清中期 白玉“岁寒三友”牌	长6.5cm	293,664	中国嘉德	2014.04.09
清中期 白玉“连生贵子”牌	长6.7cm	110,124	中国嘉德	2014.04.09
清中期 白玉“黄粱一梦”子冈牌	长5.5cm	743,337	中国嘉德	2014.04.09
清中期 白玉“德比君子”牌	长7.6cm	230,000	北京保利	2014.12.05
清中期 白玉“龙马精神”牌	长6.3cm	172,500	北京保利	2014.12.05
清中期 白玉大吉牌（一对）	高14cm	345,000	华艺国际	2014.12.09
清中期 白玉放鹤图诗文子冈牌	长6.3cm	920,000	北京保利	2014.12.05
清中期 白玉福寿兰芝牌	长6cm	230,000	北京保利	2014.12.05
清中期 白玉吉祥福寿牌	长5.8cm	172,500	北京保利	2014.12.05
清中期 白玉龙凤椭圆牌	长7.2cm	172,500	北京保利	2014.12.05
清中期 白玉巧色题诗“岁寒三友”挂牌	长5.7cm	48,300	北京保利	2014.12.05
清中期 白玉透雕龙凤瑞兽纹牌	长6.5cm	69,000	北京保利	2014.12.05
19世纪 青白玉雕仙童乘槎图牌	长6cm	61,330	纽约苏富比	2014.09.16
19世纪 白玉雕福寿字纹牌	高6.7cm	57,497	纽约苏富比	2014.09.16

拍品名称	物品尺寸	成交价RMB	拍卖公司	拍卖日期
18世纪/19世纪 白玉庭院人物图牌	长5.5cm	434,940	伦敦苏富比	2014.05.14
18世纪/19世纪 白玉牌（两件）	较大长1.7cm	65,163	纽约苏富比	2014.09.16
18世纪/19世纪 白玉雕龙凤纹牌	长5.4cm	199,388	纽约苏富比	2014.03.18
18世纪/19世纪 白玉雕大吉四喜葫芦形牌	长6.7cm	45,998	纽约苏富比	2014.09.16
18世纪 白玉诗文“子冈”牌	高5.9cm	276,898	万昌斯	2014.05.25
18世纪 白玉刻儒家经典诗文牌	高6.4cm	728,531	纽约苏富比	2014.03.18
清18/19 白玉雕人物图牌（两件）	较大高4.7cm	38,331	纽约苏富比	2014.09.16
清 玉福寿牌	长6.5cm	36,800	北京保利	2014.04.27
清 玉雕松骏图牌	长6.2cm	43,700	北京保利	2014.04.27
清 玉雕荷叶牌饰	长7cm	276,000	古天一	2014.06.05
清 水晶牧牛图牌	长6.2cm	13,800	中国嘉德	2014.09.22
清 青玉兽面纹牌	长3.7cm	11,500	中国嘉德	2014.09.22
清 青白玉武将诗文牌	长5.3cm	17,250	中国嘉德	2014.09.22
清 青白玉童子寿桃饰牌	长15cm	32,200	中国嘉德	2014.05.18
清 青白玉瑞兽纹牌	长5cm	20,700	中国嘉德	2014.09.22
清 青白玉人物故事牌	长6.5cm	34,500	北京保利	2014.08.02
清 青白玉高士诗文牌	长5cm	11,500	中国嘉德	2014.09.22
清 青白玉福寿玄武牌	长6.8cm	34,500	中国嘉德	2014.09.22
清 青白玉福寿牌	长5.5cm	11,500	北京保利	2014.10.26
清 青白玉缝衣罗汉诗文牌	长6cm	34,500	中国嘉德	2014.06.22
清 青白玉雕人物图诗句牌	高5cm	107,363	纽约苏富比	2014.03.18
清 青白玉比翼同心牌	长5.2cm	23,000	中国嘉德	2014.09.22
清 玛瑙狮球图牌	长5.7cm	23,000	中国嘉德	2014.09.22
清 旧玉封侯牌	高4.6cm	92,000	中国嘉德	2014.11.20
清 黄玉刘海戏蟾牌	长5.5cm	46,000	中国嘉德	2014.11.20
清 和田玉子冈牌	长6.5cm	74,750	南京经典	2014.08.04
清 和田玉子冈牌	长6cm	66,700	南京经典	2014.08.04
清 和田玉竹节纹葫芦牌	长6.6cm	34,500	南京经典	2014.08.04
清 白玉芝亭款人物牌	长6.2cm	103,500	雍和嘉诚	2014.05.31
清 白玉赵忭琴鹤相随牌	高5cm	207,000	中国嘉德	2014.11.20
清 白玉长方斋戒牌	长6cm	86,250	北京保利	2014.08.02
清 白玉斋戒长方牌	长8cm	66,700	北京保利	2014.08.02
清 白玉斋戒牌	长6cm	224,000	武汉中信	2014.10.23
清 白玉婴戏诗文牌	长6cm	17,250	北京保利	2014.10.26
清 白玉一团和气牌	长5cm	13,800	北京保利	2014.10.26
清 白玉延年益寿牌	长6cm	97,750	北京保利	2014.10.26
清 白玉祥瑞牌	直径5.5cm	57,500	北京保利	2014.10.26
清 白玉仙人乘槎诗文牌 青白玉山水纹喜字牌各一件	长4.9cm×2	34,500	中国嘉德	2014.06.22
清 白玉喜字牌	长6cm	55,200	中国嘉德	2014.05.18
清 白玉喜字牌	长5cm	13,800	北京保利	2014.10.26
清 白玉喜上眉梢诗文牌	长5.5cm	22,741	中国嘉德	2014.10.07
清 白玉羲之爱鹅牌	高4.8cm	34,500	中国嘉德	2014.11.20
清 白玉武将诗文牌	长4.1cm	253,000	中国嘉德	2014.03.24
清 白玉文玩清供牌	长5.6cm	36,800	中国嘉德	2014.03.24
清 白玉万寿无疆牌	长6.5cm	59,800	北京保利	2014.10.26
清 白玉透雕喜字牌挂饰	长50cm	34,500	北京华辰	2014.05.17
清 白玉透雕夔凤牌	长9.9cm	34,500	北京保利	2014.04.27
清 白玉童子牌	长5cm	51,750	北京保利	2014.08.02
清 白玉天干地支牌	长6.8cm	20,700	中国嘉德	2014.09.22
清 白玉天保九如牌	长6cm	25,300	北京保利	2014.10.26
清 白玉太白醉酒诗文牌	长6.6cm	11,500	中国嘉德	2014.09.22
清 白玉岁岁平安牌	长5.5cm	64,400	北京保利	2014.08.02
清 白玉松竹梅诗文牌	长6cm	34,500	北京保利	2014.10.26
清 白玉松石牌	长6cm	28,750	北京保利	2014.10.26
清 白玉双喜饰牌	长10cm	35,135	大唐国际	2014.05.27
清 白玉双龙斋戒牌	长6cm	74,750	北京保利	2014.01.11
清 白玉双龙斋戒牌	高6cm	47,150	北京保利	2014.10.26
清 白玉兽面纹牌	长6cm	34,500	中国嘉德	2014.09.22

拍品名称	物品尺寸	成交价RMB	拍卖公司	拍卖日期
清 白玉寿桃牌	高5.2cm	31,360	武汉中信	2014.10.23
清 白玉仕女牌	长7.5cm	36,800	北京保利	2014.08.02
清 白玉诗文牌	长6.5cm	178,250	北京翰海	2014.04.12
清 白玉诗文牌	高6.5cm	36,800	北京保利	2014.01.11
清 白玉山水牌	长5.5cm	46,000	北京保利	2014.10.26
清 白玉三阳开泰牌	高6.3cm	40,250	中国嘉德	2014.05.18
清 白玉三多福寿牌	长6.9cm	46,000	中国嘉德	2014.03.24
清 白玉洒金皮赏心乐事牌	长5.5cm	17,250	北京保利	2014.10.26
清 白玉瑞兽纹牌	长5.7cm	28,750	中国嘉德	2014.09.22
清 白玉如意童子牌	长6.7cm	34,500	中国嘉德	2014.06.22
清 白玉人物诗文子冈牌	长5cm	103,500	北京保利	2014.10.26
清 白玉人物诗文牌	长6cm	92,000	北京保利	2014.08.02
清 白玉人物诗文牌	高6.4cm	89,600	武汉中信	2014.10.23
清 白玉人物诗文牌	长5cm	23,000	中国嘉德	2014.09.22
清 白玉人物牌（两件）	尺寸不一	59,800	八益拍卖	2014.10.24
清 白玉人物牌	高4.1cm	753,750	佳士得	2014.05.28
清 白玉人物牌	高5.7cm	71,300	中国嘉德	2014.11.20
清 白玉人物牌	高6cm	25,300	中国嘉德	2014.11.20
清 白玉人物故事牌	长6.5cm	20,700	北京保利	2014.10.26
清 白玉沁色雕太白醉酒纹牌	长3.5cm	53,760	天津文物	2014.05.16
清 白玉麒麟牌	高5.5cm	56,000	武汉中信	2014.10.23
清 白玉平地高升牌	高4.8cm	189,750	上海敬华	2014.07.01
清 白玉年年如意牌	长6.5cm	32,200	北京保利	2014.08.02
清 白玉牧马诗文子冈牌	长5.5cm	11,500	北京保利	2014.10.26
清 白玉梅花诗文牌	长6.8cm	51,750	中国嘉德	2014.11.20
清 白玉梅花牌	长5cm	34,500	中国嘉德	2014.11.20
清 白玉梅花、吉庆牌（两件）	尺寸不一	13,800	北京保利	2014.10.26
清 白玉龙纹诗文牌	高5.8cm	281,992	中国嘉德	2014.10.07
清 白玉龙纹牌	长7.5cm	51,750	北京保利	2014.10.26
清 白玉榴开百子牌	长5.7cm	11,500	中国嘉德	2014.09.22
清 白玉留皮吉庆有余牌	长6cm	48,300	北京保利	2014.08.02
清 白玉留皮福山寿海牌	长6cm	69,000	北京保利	2014.08.02
清 白玉兰草子冈牌	长6cm	33,600	北京荣宝	2014.03.23
清 白玉夔龙纹牌	长5.3cm	34,500	北京保利	2014.06.06
清 白玉刻战将人物牌	长5.2cm	63,515	香港淳浩	2014.11.27
清 白玉刻一鹭连科牌	长5.6cm	58,978	香港淳浩	2014.11.27
清 白玉开光花卉龙凤纹牌	长6.8cm	368,000	翰风国际	2014.04.30
清 白玉吉祥如意牌	长5.5cm	10,350	北京保利	2014.10.26
清 白玉吉庆有余牌	高5.3cm	97,750	中国嘉德	2014.11.20
清 白玉花鸟牌	长6cm	43,700	北京保利	2014.04.27
清 白玉花卉天勿牌	长6.3cm	575,000	北京保利	2014.04.27
清 白玉葫芦牌	长5.5cm	46,000	北京保利	2014.01.11
清 白玉海天玉日诗文牌	直径5.5cm	126,500	中国嘉德	2014.09.22
清 白玉功臣牌	长6cm	55,200	北京保利	2014.08.02
清 白玉高士诗文牌	长5.8cm	126,500	中国嘉德	2014.06.22
清 白玉高士牌	长5.5cm	97,750	北京保利	2014.01.11
清 白玉高士牌	长5.5cm	57,500	北京保利	2014.10.26
清 白玉高士抚琴牌	高5.5cm	460,000	北京保利	2014.10.26
清 白玉富寿牌	长6cm	43,700	北京保利	2014.08.02
清 白玉福寿纹牌	长5.6cm	11,500	中国嘉德	2014.09.22
清 白玉福寿双全牌	长4cm	17,250	北京保利	2014.10.26
清 白玉福寿牌	长6cm	20,700	北京保利	2014.10.26
清 白玉福寿牌	长6cm	11,500	北京保利	2014.10.26
清 白玉福禄寿禧牌	长6cm	34,500	北京保利	2014.08.02
清 白玉福禄寿禧牌	长5.5cm	20,700	北京保利	2014.10.26
清 白玉福禄寿牌	长7.1cm	86,250	中国嘉德	2014.06.22
清 白玉丰乐太平牌	长6.5cm	402,500	广州皇玛	2014.01.02
清 白玉访友图诗文牌	高6.5cm	57,500	中鸿信	2014.11.22
清 白玉泛舟诗文牌	长5cm	34,500	北京保利	2014.04.27
清 白玉雕竹花牌	长5.4cm	45,998	纽约苏富比	2014.09.16
清 白玉雕渊明爱菊诗文牌	长6cm	112,000	天津文物	2014.05.16

拍品名称	物品尺寸	成交价RMB	拍卖公司	拍卖日期
清 白玉雕玉堂锦绣纹牌	高5.7cm	44,800	天津文物	2014.11.15
清 白玉雕玉堂富贵纹牌	长5.2cm	166,880	天津文物	2014.05.16
清 白玉雕鱼跃龙门牌	高6.4cm	48,300	西泠拍卖	2014.05.06
清 白玉雕携琴访友牌	高5.1cm	48,300	西泠拍卖	2014.05.06
清 白玉雕携琴访友牌	高6.5cm	145,600	未来四方	2014.07.29
清 白玉雕羲之爱鹅子冈牌	长6cm	1,479,360	澳门中信	2014.06.08
清 白玉雕双鱼牌	长6.5cm	78,200	南京经典	2014.08.04
清 白玉雕寿山福海纹牌	高5.1cm	56,000	天津文物	2014.11.15
清 白玉雕仕女诗文牌	长5.5cm	253,000	浙江世贸	2014.07.27
清 白玉雕山水诗文牌	高5.5cm	280,000	天津文物	2014.11.15
清 白玉雕山水人物诗文牌	长5.5cm	134,400	天津文物	2014.05.16
清 白玉雕山水牌	长6cm	80,500	北京保利	2014.08.02
清 白玉雕人物纹牌	长5cm	33,600	天津文物	2014.05.16
清 白玉雕人物诗文牌	高5cm	47,040	天津文物	2014.11.15
清 白玉雕俏皮天干地支祥福牌	高5.5cm	33,750	中鸿信	2014.11.22
清 白玉雕榴开百子诗文牌	高7.2cm	784,000	天津文物	2014.11.15
清 白玉雕连生贵子纹牌	高6cm	72,800	天津文物	2014.11.15
清 白玉雕脚踏如意纹牌	长6.3cm	560,000	天津文物	2014.05.16
清 白玉雕吉祥如意纹牌	长5.6cm	56,000	天津文物	2014.05.16
清 白玉雕吉庆有余纹牌	长5cm	33,600	天津文物	2014.05.16
清 白玉雕花卉纹牌	长5.5cm	56,000	天津文物	2014.05.16
清 白玉雕海天旭日牌	直径5.5cm	32,200	北京传是	2014.06.05
清 白玉雕高士诗文牌	高6.1cm	80,500	中鸿信	2014.11.22
清 白玉雕吹箫引凤牌	高6.6cm	36,800	北京传是	2014.06.05
清 白玉雕“寿天百禄”牌	高6.8cm	69,000	中鸿信	2014.11.22
清 白玉大吉葫芦牌	长7.5cm	36,800	北京保利	2014.08.02
清 白玉螭龙文玩神品牌	长6cm	10,350	中国嘉德	2014.09.22
清 白玉螭龙方牌	高5cm	16,800	武汉中信	2014.10.23
清 白玉乘舟双龙诗文牌	长6.5cm	25,300	北京保利	2014.10.26
清 白玉荸荠佛手牌	高5.5cm	92,000	中国嘉德	2014.05.18
清 白玉百事如意牌	长5.5cm	92,000	中国嘉德	2014.11.20
清 白玉百事大吉牌	高6cm	195,500	中国嘉德	2014.11.20
清 白玉“寿山福海”牌	长5.6cm	59,651	中国嘉德	2014.04.09
清 白玉“凝神养性”牌	长5.5cm	138,000	北京保利	2014.06.06
清 白玉百子挂牌	高5.8cm	134,400	北京荣宝	2014.11.30
清 白玉吹箫引凤挂牌	高6.6cm	44,800	北京荣宝	2014.11.30
清 白玉雕踏雪寻梅诗文牌	长5.8cm	34,500	西泠拍卖	2014.12.13
清 白玉龙德牌	长5.7cm	126,500	华艺国际	2014.12.09
清 白玉玉堂锦绣挂牌	高6cm	56,000	北京荣宝	2014.11.30
清 白玉子冈人物诗文牌	高6.6cm	61,600	北京荣宝	2014.11.30
清晚期 黄玉大吉牌	高5.8cm	22,400	武汉中信	2014.10.23
18世纪 白玉未羊生肖牌	6cm×4cm	191,027	中国嘉德	2014.10.07
民国 白玉雕童子牌	长6.2cm	46,000	中贸圣佳	2014.06.01
民国 白玉高士牌	高7.5cm	28,750	中鸿信	2014.11.22
民国 白玉渔樵耕读挂牌	长6.1cm	57,500	北京传是	2014.06.05
民国 青白玉平安如意挂牌	长6.2cm	32,200	北京传是	2014.06.05
阿拉善玛瑙关公牌	长7.6cm	23,000	北京博观	2014.11.15
18K金镶宝石白玉寿山福海牌项坠	长6cm	172,500	中贸圣佳	2014.07.06
白玉大吉牌（一对）	长5.4cm	55,200	中国嘉德	2014.06.22
白玉雕“一品当朝”牌	高4.5cm	43,700	远方拍卖	2014.09.21
白玉雕慈航普度牌	高5.5cm	138,000	中国嘉德	2014.11.20
白玉雕欢天喜地牌	直径5cm	50,400	北京荣宝	2014.06.15
白玉雕平安无事牌	长8.6cm	172,500	中贸圣佳	2014.07.06
白玉雕子冈款高士牌	高4.5cm	109,250	古天一	2014.06.05
白玉观音牌	长8.8cm	13,800	中国嘉德	2014.09.22
白玉鸿福观音牌	高7cm	50,400	北京荣宝	2014.03.23
白玉荆棘丛兰图牌	高11.5cm	97,750	北京博观	2014.11.15
白玉课子牌	长8.4cm	36,800	深圳市拍	2014.06.29
白玉留得春光过四时牌	长8.5cm	172,500	北京博观	2014.07.06
白玉留皮诗文牌	长6cm	287,500	中国嘉德	2014.03.24

2014玉器拍卖成交汇总

(成交价RMB：1万元以上)

拍品名称	物品尺寸	成交价RMB	拍卖公司	拍卖日期
白玉牌（三件）	尺寸不一	13,800	中国嘉德	2014.09.22
白玉牌（五件）	尺寸不一	32,200	中国嘉德	2014.03.24
白玉清慎勤忍牌	长5.5cm	36,800	中国嘉德	2014.03.24
白玉清慎勤忍牌	长5.6cm	32,200	中国嘉德	2014.06.22
白玉清慎勤忍牌	长5.6cm	32,200	中国嘉德	2014.06.22
白玉清慎勤忍诗文牌	长6cm	11,500	中国嘉德	2014.09.22
白玉清慎勤忍诗文牌	长5.5cm	11,500	中国嘉德	2014.09.22
白玉人物牌	长5.2cm	32,200	深圳市拍	2014.01.05
白玉人物诗文牌	长5.5cm	13,800	中国嘉德	2014.09.22
白玉人物文玩牌	长6cm	36,800	深圳市拍	2014.01.05
白玉人物纹牌 斋戒牌各一件	尺寸不一	13,800	中国嘉德	2014.09.22
白玉事事如意牌（一对）	长5.2cm	36,800	中国嘉德	2014.06.22
白玉羲之爱鹅牌	长6.4cm	46,000	深圳市拍	2014.01.05
白玉杨柳观音插牌	长16.8cm	598,000	北京博观	2014.07.06
白玉引凤观音插牌	长14.2cm	402,500	北京博观	2014.07.06
白玉竹节牌	高6.0cm	59,800	北京博观	2014.11.15
碧玉独钓寒江牌	高6.9cm	32,200	宇辰拍卖	2014.11.02
碧玉秋趣牌	高6.7cm	42,550	北京博观	2014.11.15
常世琪 罗汉套牌	尺寸不一	575,000	北京保利	2014.06.04
陈冠军 登高望远 白玉牌		92,000	西泠拍卖	2014.05.03
陈冠军 福寿有禄 白玉对牌		57,500	西泠拍卖	2014.05.03
陈冠军 和田玉籽料静卧听风图牌	高5.9cm	103,500	印千山	2014.07.19
陈冠军 和田玉籽料山水人物故事牌	高6.2cm	448,500	印千山	2014.07.19
陈冠军 和田玉籽料山水人物牌	高4.9cm	115,000	印千山	2014.07.19
陈冠军 和田玉籽料松风雅韵牌	高6.3cm	143,750	北京博观	2014.04.20
陈冠军 湖山逸兴 白玉牌	长6.6cm	207,000	西泠拍卖	2014.12.14
陈冠军 临湖对弈 白玉牌	长6.4cm	195,500	西泠拍卖	2014.12.14
陈冠军 牧归曼歌 白玉牌		161,000	西泠拍卖	2014.05.03
陈冠军 琴鹤相随 白玉对牌		57,500	西泠拍卖	2014.05.03
陈冠军 清修远游 白玉牌	长6.9cm	368,000	西泠拍卖	2014.12.14
陈冠军 晴旷怀远 白玉牌	长5.5cm	40,250	西泠拍卖	2014.12.14
陈冠军 山林鹿呦 白玉牌	长5.7cm	402,500	西泠拍卖	2014.12.14
陈冠军 山中访友 白玉牌		218,500	西泠拍卖	2014.05.03
陈冠军 十牛图 白玉对牌	高11.6cm×2	2,300,000	北京匡时	2014.06.05
陈冠军 松风流水 白玉牌		69,000	西泠拍卖	2014.05.03
陈冠军 天伦悠游 白玉牌		69,000	西泠拍卖	2014.05.03
陈冠军 悟思初心 白玉牌	长6.2cm	195,500	西泠拍卖	2014.12.14
陈冠军 旭日晴岚 白玉牌	长6.7cm	40,250	西泠拍卖	2014.12.14
陈冠军 瑶池赴宴 白玉牌	长5.3cm	126,500	中宝拍卖	2014.07.06
陈冠军 栈桥归心 白玉牌	长6.7cm	230,000	西泠拍卖	2014.12.14
陈冠军 竹云松涛 白玉对牌	长10.5cm×2	2,990,000	西泠拍卖	2014.12.14
陈华 白玉雕观音牌	长6.2cm	483,000	中贸圣佳	2014.07.06
陈华 白玉雕瑞兽牌	长5.5cm	345,000	中贸圣佳	2014.07.06
陈健 利乐众生 白玉牌	长6.2cm	115,000	西泠拍卖	2014.12.14
陈健 翘盼福音 白玉牌		86,250	西泠拍卖	2014.05.03
陈健 释迦牟尼 白玉牌	长5.9cm	276,000	中宝拍卖	2014.07.06
陈健 无上菩提心 白玉牌	长7.9cm	32,200	西泠拍卖	2014.12.14
陈健 游川寄隐 白玉牌	长10.9cm	1,840,000	西泠拍卖	2014.12.14
陈健 竹报平安 白玉牌		36,800	西泠拍卖	2014.05.03
陈健 自性圆融 白玉牌		230,000	西泠拍卖	2014.05.03
陈祖雄 关公 白玉挂牌	长8.7cm	437,000	北京匡时	2014.06.05
程磊 和田玉籽料富贵花开牡丹手牌	高4.2cm	34,500	宇辰拍卖	2014.11.02
程磊 路路连科 白玉牌		92,000	西泠拍卖	2014.05.03
程磊 竹报平安 白玉牌		32,200	西泠拍卖	2014.05.03
程磊 竹报平安 白玉牌	长7.1cm	80,500	西泠拍卖	2014.12.14
崔磊 德圆妙果 白玉牌	长8.6cm	690,000	西泠拍卖	2014.12.14
崔磊 对弈 白玉牌	长7.8cm	253,000	北京匡时	2014.06.05
崔磊 鸣琴而治 白玉牌	长5.9cm	345,000	西泠拍卖	2014.12.14
当代 白玉雕苏工风格龙凤呈祥牌	高7.8cm	59,800	中鸿信	2014.11.23

拍品名称	物品尺寸	成交价RMB	拍卖公司	拍卖日期
当代 陈冠军作白玉籽料雕关公牌	高8.3cm	126,500	中鸿信	2014.11.23
当代 陈冠军作白玉籽料携琴访友子冈款牌	长7cm	86,250	中鸿信	2014.11.23
当代 崔倚卫雕渡海观音玉牌	高9.5cm	13,800	中鸿信	2014.11.23
当代 葛洪制和田玉籽料无事牌	高6.4cm	149,500	中鸿信	2014.11.23
当代 和田碧玉镶白玉平安牌	高7.3cm	24,750	中鸿信	2014.11.23
当代 和田玉籽料白玉雕桃源问津图子冈诗文牌	高5.5cm	28,750	中鸿信	2014.11.23
当代 和田玉籽料白玉雕威虎牌	高8.6cm	17,250	中鸿信	2014.11.23
当代 苏然作 和田玉籽料君子牌	高6.3cm	414,000	中鸿信	2014.11.23
当代 吴金星制和田玉籽料五福有余牌	高8.1cm	138,000	中鸿信	2014.11.23
当代 玉良款白玉“指日高升”牌	高11.3cm	46,000	中鸿信	2014.11.23
范同生 和田玉籽料府上有龙平安牌	长9.86cm	345,000	北京艺融	2014.06.03
范同生 和田玉籽料武财神方牌	长8.4cm	483,000	北京艺融	2014.06.03
范同生 斜阳渔归 南红玉牌		57,500	西泠拍卖	2014.05.03
范同生 渔舟唱晚 南红玉牌		66,700	西泠拍卖	2014.05.03
凤首观音牌	高7.8cm	198,000	浙江六通	2014.10.19
葛洪 白玉雕仿古龙凤对牌	长8.1cm×2	690,000	中贸圣佳	2014.07.06
葛洪 慈悲为怀 白玉牌		101,200	西泠拍卖	2014.05.03
葛洪 慈怀若水 白玉牌		207,000	西泠拍卖	2014.05.03
葛洪 慈心 白玉牌	长5.7cm	172,500	西泠拍卖	2014.12.14
葛洪 大帅 白玉牌	长7cm	172,500	西泠拍卖	2014.12.14
葛洪 飞龙在天 白玉牌	长8.7cm	897,000	北京匡时	2014.06.05
葛洪 和田白玉籽料飞黄腾达牌	长7.2cm	747,500	北京艺融	2014.06.03
葛洪 和田玉籽料龙马精神牌	长9cm	230,000	北京博观	2014.04.20
葛洪 金玉满堂 白玉牌		161,000	西泠拍卖	2014.05.03
古意山水牌	长8.5cm	100,000	南京嘉信	2014.12.05
顾铭 福双至 白玉牌		34,500	西泠拍卖	2014.05.03
顾铭 乐在其中 白玉牌		57,500	西泠拍卖	2014.05.03
顾镇涛 情系江南 青花玉挂牌	直径5.5cm	46,000	北京匡时	2014.06.05
关公牌	长8.4cm	104,000	南京嘉信	2014.12.05
观音玉牌	高6.6cm	34,500	北京保利	2014.10.08
郭万龙 白玉雕长宜子孙牌	高7.4cm	437,000	中国嘉德	2014.11.20
郭文安 降龙伏虎套牌	尺寸不一	575,000	北京保利	2014.06.04
和田白玉八骏图浅浮雕牌	长8.1cm	198,000	华软信诚	2014.01.01
和田白玉吉祥童子牌	高7.2cm	168,000	中晟国际	2014.10.11
和田白玉龙行天下牌	高7.4cm	168,000	中晟国际	2014.10.11
和田白玉梅兰竹菊套牌	长6.1cm×4	110,000	华软信诚	2014.01.01
和田白玉牌子	高9.5cm	109,760	盛世嘉宝	2014.11.02
和田白玉山料饕餮牌	高7.8cm	33,600	中晟国际	2014.10.11
和田白玉籽料五福临门挂牌		126,500	福建东南	2014.05.25
和田白玉籽料五谷丰登牌	高8.1cm	61,600	中晟国际	2014.10.11
和田白玉籽料喜上眉梢牌	高5.8cm	33,600	中晟国际	2014.10.11
和田仿古龙牌挂件	长8.7cm	101,200	北京保利	2014.06.02
和田黄玉螭龙雕牌	长6.9cm	82,800	北京保利	2014.06.02
和田黄玉马到成功方牌	长6.7cm	36,800	北京保利	2014.06.02
和田活心佩玉牌	高6cm	61,600	一得阁	2014.10.20
和田青玉五娃财神牌	高7.5cm	134,400	中晟国际	2014.10.11
和田青玉籽料池趣牌	高7.6cm	82,800	北京博观	2014.11.15
和田青玉籽料听松图牌	长12.2cm	247,250	北京博观	2014.07.06
和田青玉籽料心经牌	长7.5cm	189,750	北京博观	2014.07.06
和田仕女方牌	长7.9cm	105,800	北京保利	2014.06.02
和田玉飞天牌	高6.8cm	28,750	北京博观	2014.11.15
和田玉佛牌	高5.3cm	17,250	北京博观	2014.11.15
和田玉高仕抚琴牌	长5.7cm	126,500	南京经典	2014.08.04
和田玉观音牌	高6.5cm	46,000	北京博观	2014.11.15
和田玉葫芦牌	长7cm	51,750	南京经典	2014.08.04
和田玉江舟高仕牌	长6.6cm	195,500	南京经典	2014.08.04
和田玉蕉叶纹御题诗牌	长4.8cm	51,750	南京经典	2014.08.04

拍品名称	物品尺寸	成交价RMB	拍卖公司	拍卖日期
和田玉龙凤对牌	长6.1cm×2	126,500	北京保利	2014.06.02
和田玉龙凤对牌	尺寸不一	57,500	北京保利	2014.06.02
和田玉名加工兰花挂牌	长6cm	59,800	北京保利	2014.06.02
和田玉牌	长5.2cm	36,800	南京经典	2014.08.04
和田玉青夏挥绿图牌	高6.1cm	34,500	北京博观	2014.11.16
和田玉童子高仕牌	长6cm	34,500	南京经典	2014.08.04
和田玉籽料必定成龙牌	高7.0cm	89,700	北京博观	2014.11.16
和田玉籽料必定辟邪牌	高6.0cm	82,800	北京博观	2014.11.16
和田玉籽料藏佛牌	高5.7cm	59,800	北京博观	2014.11.15
和田玉籽料藏佛牌	高4.9cm	34,500	北京博观	2014.11.15
和田玉籽料策杖访松牌	长5.5cm	149,500	北京博观	2014.07.06
和田玉籽料登科赴举牌	长5.8cm	126,500	北京博观	2014.07.06
和田玉籽料访友图牌	高4.9cm	25,300	北京博观	2014.11.15
和田玉籽料访友图山水牌	长9.2cm	132,250	北京博观	2014.07.06
和田玉籽料枫桥夜泊牌	高5.4cm	51,750	北京博观	2014.11.16
和田玉籽料福禄寿牌	高9.8cm	138,000	北京博观	2014.11.15
和田玉籽料福禄寿牌	高4.8cm	34,500	北京博观	2014.11.16
和田玉籽料高山流水对牌	高8.5cm×2	57,500	北京博观	2014.11.15
和田玉籽料孤舟独钓牌	高4.8cm	46,000	北京博观	2014.11.16
和田玉籽料关公牌	高7.0cm	86,250	北京博观	2014.11.16
和田玉籽料观音牌	高6.6cm	48,300	北京博观	2014.11.16
和田玉籽料观音牌	高5.1cm	48,300	北京博观	2014.11.15
和田玉籽料观音牌	高6.2cm	36,800	北京博观	2014.11.15
和田玉籽料汉凤牌	高6.0cm	101,200	北京博观	2014.11.16
和田玉籽料和和美美牌	高4.4cm	36,800	北京博观	2014.11.15
和田玉籽料荷花牌	高4.2cm	48,300	北京博观	2014.11.16
和田玉籽料荷塘情趣牌	高5.1cm	46,000	北京博观	2014.11.16
和田玉籽料横桥静思牌	高7.4cm	207,000	北京博观	2014.11.16
和田玉籽料花开富贵牌	高5.7cm	34,500	北京博观	2014.11.15
和田玉籽料花开富贵手牌	高4.6cm	46,000	北京博观	2014.11.16
和田玉籽料极目云山牌	高6.5cm	172,500	北京博观	2014.11.16
和田玉籽料锦绣人生牌	高5.7cm	34,500	北京博观	2014.11.15
和田玉籽料九思九容牌	高5.7cm	161,000	北京博观	2014.11.16
和田玉籽料兰香牌	高5.0cm	34,500	北京博观	2014.11.16
和田玉籽料莲花观音牌	高7.7cm	115,000	北京博观	2014.11.16
和田玉籽料莲花观音牌	高5.7cm	51,750	北京博观	2014.11.16
和田玉籽料龙凤对牌	高6.0cm×2	184,000	北京博观	2014.11.16
和田玉籽料龙凤对牌	尺寸不一	40,250	北京博观	2014.11.15
和田玉籽料龙行天下牌	高5.0cm	40,250	北京博观	2014.11.16
和田玉籽料龙牌	高6.3cm	89,700	北京博观	2014.11.15
和田玉籽料梦江南牌	高5.8cm	69,000	北京博观	2014.11.15
和田玉籽料年年有余牌	高4.9cm	40,250	北京博观	2014.11.16
和田玉籽料浓浓秋意牌	高6.1cm	69,000	北京博观	2014.11.16
和田玉籽料辟邪牌	长10.1cm	178,250	北京博观	2014.07.06
和田玉籽料平安无事牌	高5.8cm	63,250	北京博观	2014.11.15
和田玉籽料普度众生牌	高6.0cm	48,300	北京博观	2014.11.15
和田玉籽料青牛引圣牌	长5.0cm	138,000	北京博观	2014.07.06
和田玉籽料倾·心牌	高3.5cm	92,000	北京博观	2014.11.16
和田玉籽料清风傲骨牌	高5.6cm	57,500	北京博观	2014.11.16
和田玉籽料清廉牌	高4.3cm	36,800	北京博观	2014.11.15
和田玉籽料秋水牌	高9.0cm	368,000	北京博观	2014.11.16
和田玉籽料秋意浓浓牌	长6.4cm	184,000	北京博观	2014.07.06
和田玉籽料秋韵潇潇牌	高4.0cm	36,800	北京博观	2014.11.16
和田玉籽料曲水流觞牌	高11.8cm	138,000	北京博观	2014.11.15
和田玉籽料取之道牌	高6.8cm	115,000	北京博观	2014.11.15
和田玉籽料山鬼牌	高7.5cm	20,700	北京博观	2014.11.15
和田玉籽料山水大牌	长9.4cm	241,500	北京博观	2014.07.06
和田玉籽料赏莲图牌子	长9.9cm	195,500	北京博观	2014.07.06
和田玉籽料水云幽牌	高6.3cm	63,250	北京博观	2014.11.15
和田玉籽料岁月静好牌	高8.4cm	402,500	宇辰拍卖	2014.11.02
和田玉籽料踏雪寻梅牌	高6.8cm	207,000	北京博观	2014.11.16
和田玉籽料五子登科牌	高8.1cm	126,500	北京博观	2014.11.16
和田玉籽料武圣牌	高8.8cm	80,500	北京博观	2014.11.15
和田玉籽料仙境插牌	高16.0cm	34,500	北京博观	2014.11.15
和田玉籽料祥龙牌	高5.5cm	78,200	北京博观	2014.11.16
和田玉籽料携琴听语图牌	高5.6cm	92,000	北京博观	2014.11.16
和田玉籽料心经牌	高6.3cm	149,500	北京博观	2014.11.15
和田玉籽料胸有成竹牌	高6.0cm	103,500	北京博观	2014.11.16
和田玉籽料叶落知秋牌	高4.9cm	48,300	北京博观	2014.11.16
和田玉籽料亦情亦世牌	高5.4cm	379,500	北京博观	2014.11.16
和田玉籽料游驹渡水牌	长6.8cm	155,250	北京博观	2014.07.06
和田玉籽料有凤来仪子冈牌	高4.4cm	48,300	北京博观	2014.11.16
和田玉籽料渔樵耕读套牌	尺寸不一	3,450,000	北京博观	2014.07.06
和田玉籽料云山知己图牌	长6.3cm	207,000	北京博观	2014.07.06
和田玉籽料长乐未央牌	高11.5cm	80,500	北京博观	2014.11.15
和田玉籽料蒸蒸日上牌	高7.1cm	43,700	北京博观	2014.11.15
和田玉籽料至·爱牌	高6.1cm	253,000	北京博观	2014.11.16
和田玉籽料紫气东来牌	高5.2cm	103,500	北京博观	2014.11.16
和田玉籽料自在观音牌	高6.1cm	115,000	北京博观	2014.11.16
侯晓峰 白玉雕观音牌	长8.1cm	667,000	中贸圣佳	2014.07.06
侯晓锋 笑口常开 墨玉牌		43,700	西泠拍卖	2014.05.03
画荻教子白玉牌	高9.3cm	45,000	北京九歌	2014.12.17
黄罕勇 报喜 青花玉牌	高6.7cm	126,500	西泠拍卖	2014.12.14
黄罕勇 虎虎生威 白玉牌	高6.3cm	1,150,000	西泠拍卖	2014.12.14
黄罕勇 虎啸风生 白玉牌		63,250	西泠拍卖	2014.05.03
黄罕勇 平步青云 白玉牌		207,000	西泠拍卖	2014.05.03
黄罕勇 王者风范 白玉牌		103,500	西泠拍卖	2014.05.03
黄水晶佛牌	高6.2cm	33,350	北京博观	2014.11.16
黄玉寒江垂钓携琴访友图牌	长8.1cm	11,500	中国嘉德	2014.09.22
黄玉农家乐诗文牌	长6.8cm	13,800	中国嘉德	2014.09.22
黄玉牌（三件）	尺寸不一	11,500	中国嘉德	2014.09.22
黄玉人物诗文牌（两件）	尺寸不一	36,800	中国嘉德	2014.06.22
黄玉人物诗文牌（一对）	长5.5cm	32,200	中国嘉德	2014.03.24
黄玉双螭佩 渔樵诗文牌各一件	尺寸不一	10,350	中国嘉德	2014.09.22
黄玉童子牌	长5.2cm	13,800	中国嘉德	2014.09.22
黄玉渔乐图牌（三件）	尺寸不一	40,250	中国嘉德	2014.06.22
黄玉斋戒龙纹牌	长6.4cm	57,500	深圳市拍	2014.01.05
黄振国和田碧玉雕“盛世长乐”牌	重112g	690,000	北京艺融	2014.12.08
黄振国和田籽玉雕“必定成龙”牌	高5.9cm	34,500	北京艺融	2014.12.08
黄振国和田籽玉雕“独钓寒江”牌	高6.6cm	109,250	北京艺融	2014.12.08
黄振国和田籽玉雕观音牌	高5.5cm	71,300	北京艺融	2014.12.08
加官进禄牌	长5.5cm	126,500	上海金艺	2014.07.04
蒋喜 仿古虎面白玉牌	长4cm	32,200	北京匡时	2014.06.05
蒋喜 仿古龙凤白玉对牌	尺寸不一	109,250	北京匡时	2014.06.05
蒋喜 仿古龙凤白玉对牌	尺寸不一	82,800	北京匡时	2014.06.05
蒋喜 和合龙凤白玉对牌	长2.7cm×2	48,300	北京匡时	2014.06.05
蒋喜 龙德凤品 白玉对牌		115,000	西泠拍卖	2014.05.03
蒋喜 龙飞凤舞 白玉对牌		172,500	西泠拍卖	2014.05.03
蒋喜 龙凤对牌	长6cm	218,500	中宝拍卖	2014.07.06
蒋喜 龙跃凤鸣 白玉对牌		59,000	西泠拍卖	2014.05.03
蒋喜 宁静致远 白玉牌		161,000	西泠拍卖	2014.05.03
蒋喜 平安吉祥 白玉对牌	高7cm×2	218,500	西泠拍卖	2014.12.14
蒋喜　爱的足迹龙凤呈祥对牌	尺寸不一	230,000	荣宝斋（上海）	2014.05.09
近代 白玉“童子洗象”梅花牌	长5cm	1,500	北京保利	2014.10.26
近代 白玉二乔读书牌	长8cm	7,250	北京保利	2014.10.26
近代 白玉人物牌（两件）	尺寸不一	27,500	八益拍卖	2014.10.24
近代 白玉兽面纹牌	长6cm	28,750	北京保利	2014.10.26
李东 老子出关 白玉牌	7.7cm×5.3cm	575,000	西泠拍卖	2014.12.14

2014玉器拍卖成交汇总

(成交价RMB：1万元以上)

拍品名称	物品尺寸	成交价RMB	拍卖公司	拍卖日期
李剑 福到 白玉牌		36,800	西泠拍卖	2014.05.03
李剑 富贵满堂 白玉牌		92,000	西泠拍卖	2014.05.03
李剑 有福气 白玉牌		322,000	西泠拍卖	2014.05.03
李剑 鱼化龙 白玉对牌	尺寸不一	36,800	西泠拍卖	2014.12.14
李宜钧 双清 白玉牌	长7.1cm	195,500	西泠拍卖	2014.12.14
林光 和田玉籽料隐阙经世牌	长7.5cm	195,500	北京博观	2014.04.20
林金波 富贵绵长 白玉牌	长5.2cm	230,000	中宝拍卖	2014.07.06
林金波 荣华富贵 白玉对牌		747,500	西泠拍卖	2014.05.03
林金波 四君子 白玉牌	长6.7cm	132,250	西泠拍卖	2014.12.14
玲珑如琢 白玉牌	长9.2cm	1,380,000	西泠拍卖	2014.12.14
龙牌	宽6cm	207,000	北京保利	2014.10.08
吕德 荷塘情趣 白玉牌	长5.5cm	69,000	北京匡时	2014.06.05
玛瑙巧雕人物牌	长6.2cm	43,700	深圳市拍	2014.01.05
玛瑙三生万物牌	高5.0cm	13,800	北京博观	2014.11.15
孟庆东 白玉雕闺中香玉牌	高7cm	414,000	中国嘉德	2014.11.20
南红玛瑙忆乡牌	高4.7cm	17,250	北京博观	2014.11.15
庞然 芭蕉仕女图 墨玉牌	长11.5cm	230,000	西泠拍卖	2014.12.14
庞然 白玉荷塘清趣牌	长7.3cm	101,200	北京博观	2014.04.20
庞然 池趣 墨碧玉牌		89,700	西泠拍卖	2014.05.03
庞然 丛兰竹石图 白玉牌	长5.8cm	55,200	西泠拍卖	2014.12.14
庞然 行书心经 墨玉牌	长8.2cm	166,750	西泠拍卖	2014.12.14
庞然 濠梁观鱼 墨碧玉牌		155,250	西泠拍卖	2014.05.03
庞然 和田玉籽料留得春光过四时牌	高8.1cm	126,500	宇辰拍卖	2014.11.02
庞然 和田籽料福寿无量牌	长7.7cm	115,000	北京博观	2014.04.20
庞然 金刚萨埵 白玉牌	长9.2cm	920,000	西泠拍卖	2014.12.14
庞然 楷书心经 墨玉牌	长6.6cm	109,250	西泠拍卖	2014.12.14
庞然 青梅竹马 白玉牌		172,500	西泠拍卖	2014.05.03
庞然 桐荫清梦图 墨玉牌	长11.5cm	218,500	西泠拍卖	2014.12.14
庞然 心经 白玉牌		80,500	西泠拍卖	2014.05.03
庞然、王一卜 心经白玉牌		356,500	西泠拍卖	2014.05.03
平安牌	高5.9cm	57,500	北京保利	2014.10.08
平安牌	高5.25cm	43,700	北京保利	2014.10.08
青白玉 青玉牌 佩（五件）	尺寸不一	10,350	中国嘉德	2014.09.22
青白玉牌（十件）	尺寸不一	13,800	中国嘉德	2014.09.22
青白玉生肖牌（五件）	尺寸不一	63,250	中国嘉德	2014.06.22
青白玉十二生肖牌	长5cm	17,250	中国嘉德	2014.09.22
青玉雕爱晚亭图插牌	长11.5cm	134,400	北京荣宝	2014.06.15
青玉永寿恒昌牌	高7.5cm	94,300	北京博观	2014.11.16
青玉籽料钟馗纳福牌	高8.1cm	32,200	北京博观	2014.11.16
裘军毅 龙凤配 白玉对牌	长4.2cm×2	138,000	北京匡时	2014.06.05
瞿利军 白玉雕荷塘月色年年有余牌	长7cm	483,000	中贸圣佳	2014.07.06
瞿利军 风临秋霁 白玉牌		402,500	西泠拍卖	2014.05.03
瞿利军 福寿安康 白玉牌	长6.7cm	368,000	西泠拍卖	2014.12.14
瞿利军 和田玉籽料秋江渔影牌	长7.1cm	189,750	北京博观	2014.04.20
瞿利军 龙腾凤舞 白玉对牌		1,840,000	西泠拍卖	2014.05.03
瞿利军 水榭幽居 白玉牌		57,500	西泠拍卖	2014.05.03
瞿利军 松下行吟 白玉牌		195,500	西泠拍卖	2014.05.03
瞿利军 天宫进禄 白玉牌		172,500	西泠拍卖	2014.05.03
瞿利军 万壑松风 白玉牌		40,250	西泠拍卖	2014.05.03
瞿利军 英雄 白玉牌		575,000	西泠拍卖	2014.05.03
瞿利军 执子之手 白玉对牌		575,000	西泠拍卖	2014.05.03
瞿利军新疆和田白玉雕山水牌	长5.5cm	34,500	北京艺融	2014.12.08
三阳开泰白玉牌	高11.2cm	45,000	北京九歌	2014.12.17
收藏级和田玉静观天下方牌	长7.7cm	34,500	北京保利	2014.06.02
水晶佛牌	高7.3cm	25,300	北京博观	2014.11.16
苏然 佛光普照 白玉牌	长5.8cm	345,000	西泠拍卖	2014.12.14
苏然 海天雄鹰 白玉牌		55,200	西泠拍卖	2014.05.03
苏然 华严三圣 白玉牌		1,150,000	西泠拍卖	2014.05.03
苏然 慧性莲心 白玉牌		172,500	西泠拍卖	2014.05.03
苏然 灵心慧性 白玉牌	长6.8cm	230,000	西泠拍卖	2014.12.14
苏然 龙腾云海 白玉牌		48,300	西泠拍卖	2014.05.03
苏然 三国三事 白玉牌（一组）	长9cm	10,350,000	西泠拍卖	2014.12.14
苏然 双面龙凤镂纹白玉牌	长6.7cm	529,000	北京匡时	2014.06.05
苏然 思无邪 白玉牌	长8.9cm	517,500	西泠拍卖	2014.12.14
苏然 五行 白玉牌		460,000	西泠拍卖	2014.05.03
唐伟琪 和田白玉籽料喜上眉梢牌	长7cm	242,000	华软信诚	2014.01.01
唐伟琪 山水 白玉牌	长5.2cm	115,000	北京匡时	2014.06.05
透雕福禄龙牌	长23cm	40,250	朵云轩	2014.06.29
万德旭 山水子冈牌	长9.8cm	322,000	北京保利	2014.06.04
汪德海 白玉雕春江水暖鸭先知牌	高5.6cm	109,250	中国嘉德	2014.11.20
汪德海 白玉雕佛光普照牌	高5.9cm	207,000	中国嘉德	2014.11.20
汪洋 桃园三结义 白玉牌	长9.2cm	253,000	北京匡时	2014.06.05
吴德升 和田玉籽料舞牌	长8.1cm	316,250	尚品润博	2014.03.30
吴金星 平安无事 白玉牌	7.4cm×4cm	345,000	西泠拍卖	2014.12.14
仵子辉 白玉关公牌	长6.8cm	115,000	深圳市拍	2014.06.29
仵子辉 白玉观音佛对牌	长5.5cm	138,000	深圳市拍	2014.06.29
仵子辉 白玉观音牌	长4.6cm	97,750	深圳市拍	2014.06.29
仵子辉 白玉观音牌	长4.6cm	69,000	深圳市拍	2014.06.29
仵子辉 白玉观音牌	长4.9cm	66,700	深圳市拍	2014.06.29
仵子辉 白玉马到成功牌	长6.4cm	138,000	深圳市拍	2014.06.29
仵子辉 白玉平安无事牌	长7cm	115,000	深圳市拍	2014.06.29
仵子辉 白玉平安无事牌	长6.6cm	89,700	深圳市拍	2014.06.29
仵子辉 白玉平安无事牌	长4.4cm	55,200	深圳市拍	2014.06.29
仵子辉 白玉平安有福牌	长5.5cm	126,500	深圳市拍	2014.06.29
仵子辉 白玉山水牌	长7.6cm	103,500	深圳市拍	2014.06.29
仵子辉 白玉玉露牌	长5.4cm	78,200	深圳市拍	2014.06.29
仵子辉 白玉长寿无事牌	长5.4cm	86,250	深圳市拍	2014.06.29
仙人乘槎牌	长6.1cm	158,700	上海金艺	2014.07.04
现代 白玉雕平安牌（一对）	长5.6cm×2	34,500	中贸圣佳	2014.06.01
现代 和田白玉籽料雕观音牌	长5.5cm	40,250	北京传是	2014.06.05
现代 和田玉雕关公牌	高8.3cm	138,000	印千山	2014.07.19
徐志浩 亭亭玉立 白玉牌		31,050	西泠拍卖	2014.05.03
颜桂明 观音插牌	玉高16cm	1,380,000	北京保利	2014.06.04
羊脂白玉籽料仿古件牌	高4.9cm	33,600	中晟国际	2014.10.11
羊脂白玉籽料福寿牌	高4.2cm	50,400	中晟国际	2014.10.11
羊脂白玉籽料一品青莲牌	高4.1cm	61,600	中晟国际	2014.10.11
杨红展 普渡观音 南红挂牌	长5.2cm	138,000	北京匡时	2014.06.05
杨宏展 和田玉松鹤高士牌	高6.3cm	89,700	宇辰拍卖	2014.11.02
杨宏展 和田玉籽料静法生莲观音牌	高6.4cm	115,000	宇辰拍卖	2014.11.02
杨曦 安居乐业 白玉牌		86,250	西泠拍卖	2014.05.03
杨曦 白玉雕称心如意牌	长5.2cm	437,000	中贸圣佳	2014.07.06
杨曦 白玉雕太极福牌	长6.5cm	782,000	中贸圣佳	2014.07.06
杨曦 才子佳人 白玉对牌	尺寸不一	322,000	西泠拍卖	2014.12.14
杨曦 佛影梵音 白玉牌		80,500	西泠拍卖	2014.05.03
杨曦 官上加官 白玉牌		55,200	西泠拍卖	2014.05.03
杨曦 和田玉籽料一夜封侯牌	长5.8cm	120,750	北京博观	2014.04.20
杨曦 荷间禅意 白玉牌	长6.8cm	322,000	西泠拍卖	2014.12.14
杨曦 慧性莲心 白玉牌	长7.4cm	920,000	西泠拍卖	2014.12.14
杨曦 节节高升 白玉牌		97,750	西泠拍卖	2014.05.03
杨曦 礼佛 白玉牌		195,500	西泠拍卖	2014.05.03
杨曦 灵猴献寿 白玉牌	长7.3cm	126,500	西泠拍卖	2014.12.14
杨曦 龙凤呈祥 白玉对牌		172,500	西泠拍卖	2014.05.03
杨曦 龙腾凤仪 白玉对牌	尺寸不一	253,000	西泠拍卖	2014.12.14
杨曦 平安无事 白玉牌	长6.2cm	172,500	西泠拍卖	2014.12.14
杨曦 双喜临门 白玉牌		437,000	西泠拍卖	2014.05.03
杨曦 桃花溪里桃花梦 白玉牌		575,000	西泠拍卖	2014.05.03
杨曦 一马平川 白玉牌		115,000	西泠拍卖	2014.05.03
杨曦　如意龙牌	长6.8cm	166,750	荣宝斋（上海）	2014.05.09

拍品名称	物品尺寸	成交价RMB	拍卖公司	拍卖日期
姚圣国 白玉雕春夏秋冬对牌	高6.2cm×2	560,000	上海联合	2014.10.11
叶清 貔貅 白玉牌		80,500	西泠拍卖	2014.05.03
易少勇刻白玉竹牌	长6cm	517,500	上海金艺	2014.12.17
殷小金 荷塘清趣 白玉牌	长6.9cm	172,500	西泠拍卖	2014.12.14
殷小金 骄子 黄玉牌	长6.6cm	48,300	西泠拍卖	2014.12.14
殷小金 平安如意 白玉牌		230,000	西泠拍卖	2014.05.03
殷小金 长寿如意 白玉牌	长7.4cm	287,500	西泠拍卖	2014.12.14
殷小金 醉红莲 白玉牌	长6.3cm	218,500	西泠拍卖	2014.12.14
余勇 祝寿牌	高5.6cm	61,600	中晟国际	2014.10.11
玉雕猎骑御题诗牌	高7cm	89,600	北京荣宝	2014.11.30
玉牌（二十八件）	尺寸不一	57,500	中国嘉德	2014.03.24
玉牌（二十件）	尺寸不一	34,500	中国嘉德	2014.06.22
玉牌（七件）	尺寸不一	40,250	中国嘉德	2014.06.22
玉牌佩（二十六件）	尺寸不一	28,750	中国嘉德	2014.09.22
玉牌佩（七件）	尺寸不一	34,500	中国嘉德	2014.06.22
玉牌为明 金属盒镶玉牌	高20.3cm	49,831	邦瀚斯	2014.09.15
云纹金蟾牌	高6.7cm	82,500	浙江六通	2014.10.19
翟倚卫 白玉雕秋声一笛牌	高10.1cm	2,300,000	中国嘉德	2014.11.20
翟倚卫 白玉雕图兰朵牌	高7.6cm	1,725,000	中国嘉德	2014.11.20
翟倚卫 白玉雕雨沥牌	高9.2cm	3,450,000	中国嘉德	2014.11.20
翟倚卫 白玉雕云梦图牌	高8.5cm	2,185,000	中国嘉德	2014.11.20
翟倚卫 光阴诗卷里 黄玉牌		287,500	西泠拍卖	2014.05.03
翟倚卫 和田白玉籽料仕女赏花诗文牌	长6.1cm	396,000	华软信诚	2014.01.01
翟倚卫 赫赫姜嫄 白玉牌	长11.3cm	10,925,000	西泠拍卖	2014.12.14
翟倚卫 春风吹绿野山水牌	长6.4cm	161,000	荣宝斋（上海）	2014.05.09
张静 碧玉双喜牌	高7cm	32,200	宇辰拍卖	2014.11.02
张克山 和田玉籽料山水牌	长5.5cm	105,800	北京博观	2014.04.20
张明泉 白玉留皮巧作花好月圆方牌	长6.1cm	168,000	上海联合	2014.06.29
赵琦 慈航普渡 白玉牌	6cm×3.8cm	126,500	西泠拍卖	2014.12.14
赵琦 义薄云天 白玉牌	7.9cm×4cm	690,000	西泠拍卖	2014.12.14
赵琦、庞然 四大菩萨 白玉套牌	尺寸不一	1,150,000	西泠拍卖	2014.12.14
赵显志翠青料巧雕“春风又绿江南岸”对牌		816,500	北京艺融	2014.12.08
忠荣玉典 白玉雕观音菩萨圆牌	高5.3cm	168,000	上海联合	2014.10.11
忠荣玉典 白玉雕观音菩萨圆牌	高4.8cm	72,800	上海联合	2014.10.11
忠荣玉典 白玉围雕山水图圆牌	长4.5cm	100,800	上海联合	2014.06.29
忠义千秋 白玉牌	长9cm	63,250	北京匡时	2014.06.05
白玉竹牌	长6cm	43,700	荣宝斋（上海）	2014.05.09
佩玩人物件				
金/元 白玉洒金透雕松下人物饰件	长8.3cm	230,000	北京翰海	2014.05.11
元 玉雕刘海戏金蟾挂坠	高5cm	184,000	远方拍卖	2014.06.02
明 白玉东方朔	高5.5cm	80,500	北京保利	2014.08.02
明 白玉飞天童子	长7cm	112,700	北京保利	2014.08.02
明 白玉刘海诗文佩	长7.4cm	51,750	北京翰海	2014.05.11
明 玉雕莲生贵子佩	长6.2cm	46,000	北京诚轩	2014.11.20
明 玉雕童子	长4cm	34,500	北京保利	2014.01.11
明 玉雕翁仲（四件）	尺寸不一	32,200	北京保利	2014.08.02
明或更早 白玉飞天佩	长8.8cm	437,000	北京华辰	2014.04.27
明末/清早期17世纪 黄玉雕卧鹿童子把件	长7.5cm	494,375	香港苏富比	2014.10.08
明中期 白玉“一团和气”佩	直径5.7cm	287,500	中宝拍卖	2014.07.06
清早期 白玉和合二仙佩	高6.8cm	32,200	北京匡时	2014.12.03
清早期 黄玉雕人物诗文佩	高7.8cm	25,300	中鸿信	2014.11.22
清早期 白玉欢天喜地佩	直径5.5cm	40,250	北京保利	2014.08.02
清早期 白玉雕刘海戏金蟾佩	高4.6cm	100,000	浙江世贸	2014.07.27
清乾隆 白玉竹林七贤佩	高8.6cm	287,500	北京翰海	2014.05.11

拍品名称	物品尺寸	成交价RMB	拍卖公司	拍卖日期
清乾隆 白玉仙人乘槎诗文佩	高6cm	80,500	北京翰海	2014.05.11
清乾隆 白玉喜事临门佩	高9.3cm	138,000	北京翰海	2014.05.11
清乾隆 白玉童子祝寿图佩	长7cm	218,500	北京保利	2014.10.26
清乾隆 白玉松下仕女诗文佩	高6.1cm	46,000	北京翰海	2014.05.11
清乾隆 白玉狩猎图佩	高7.3cm	345,000	北京翰海	2014.05.11
清乾隆 白玉人物诗文佩	高4.8cm	575,000	北京翰海	2014.05.11
清乾隆 白玉人物故事诗文佩	高6.8cm	230,000	北京翰海	2014.05.11
清乾隆 白玉人物故事佩	高5.9cm	172,500	北京翰海	2014.05.11
清乾隆 白玉人物泛舟诗文佩	高6.6cm	138,000	北京翰海	2014.05.11
清乾隆 白玉巧雕“刘海戏金蟾”挂件	高5.1cm	187,895	万昌斯	2014.05.25
清乾隆 白玉米芾拜石诗文佩	高6.4cm	92,000	北京翰海	2014.10.26
清乾隆 白玉刘海戏金蟾佩	高5.9cm	78,200	北京翰海	2014.05.11
清乾隆 白玉佛像佩	高7cm	59,800	北京翰海	2014.05.11
清中期 琥珀五子闹弥勒	高5.9cm	103,500	北京翰海	2014.05.11
清中期 白玉祝寿诗文佩	高6.1cm	34,500	北京翰海	2014.10.26
清中期 白玉永葆太平佩	高7.4cm	115,000	北京翰海	2014.10.26
清中期 白玉无双谱佩	高5.8cm	34,500	北京翰海	2014.10.26
清中期 白玉童子献瑞诗文链式佩	高5.6cm	379,500	北京翰海	2014.05.11
清中期 白玉童子佩	高5.5cm	73,416	中国嘉德	2014.04.09
清中期 白玉童子福寿佩	高6.7cm	46,000	北京翰海	2014.05.11
清中期 白玉太白醉酒佩	高6cm	57,500	北京翰海	2014.10.26
清中期 白玉人物诗文佩	高6.3cm	57,500	北京翰海	2014.05.11
清中期 白玉人物诗文佩	高6.5cm	138,000	北京翰海	2014.10.26
清中期 白玉人物诗文佩	高6.2cm	69,000	北京翰海	2014.10.26
清中期 白玉人物福寿佩	高5.8cm	34,500	北京翰海	2014.10.26
清中期 白玉巧雕刘海戏金蟾坠	长5.2cm	57,500	北京诚轩	2014.11.20
清中期 白玉米芾拜石诗文佩	高5.3cm	46,000	北京翰海	2014.10.26
清中期 白玉梅妻鹤子佩	高5.3cm	71,300	北京翰海	2014.10.26
清中期 白玉观音佩	高5.5cm	287,500	北京翰海	2014.10.26
清中期 白玉泛舟诗文佩	高6.6cm	115,000	北京翰海	2014.10.26
清中期 白玉雕灵芝童子坠	长2.6cm	115,000	北京诚轩	2014.05.19
清中期 玛瑙巧雕罗汉佩	高6cm	34,500	北京盈时	2014.12.07
18世纪/19世纪 青白玉童子诗文佩	高5.2cm	130,369	纽约佳士得	2014.03.20
18世纪/19世纪 白玉击鼓童子坠	长4.2cm	291,413	纽约佳士得	2014.03.20
18世纪/19世纪 白玉“榴开百子”佩	高5.3cm	107,363	纽约佳士得	2014.03.20
18世纪/19世纪 白玉“壁星”图佩	长5.2cm	316,000	香港苏富比	2014.04.08
18世纪 黄玉题诗“松下高士”图佩	长6.4cm	316,000	香港苏富比	2014.04.08
18世纪 黄玉高士图佩	长5.8cm	177,750	香港苏富比	2014.04.08
18世纪 白玉童子骑木马把件	长4.6cm	375,250	香港苏富比	2014.04.08
18世纪 白玉雕父子丰收图把件	长3.6cm	217,250	香港苏富比	2014.04.08
18世纪 白玉雕“童子戏鸭”把件	高6.2cm	49,438	香港苏富比	2014.10.08
18世纪 白玉雕“刘海戏金蟾”把件	长5cm	79,100	香港苏富比	2014.10.08
19世纪 白玉童子转心佩	高5.8cm	46,013	纽约佳士得	2014.03.20
19世纪 白玉人物诗文佩	长4.7cm	42,178	纽约佳士得	2014.03.20
19世纪 白玉镂雕和合二仙图佩	直径7.6cm	61,350	纽约佳士得	2014.03.20
19世纪 白玉“和合如意”佩	高6cm	72,853	纽约佳士得	2014.03.20
清 玉雕婴戏坠	长4.5cm	11,500	北京保利	2014.10.26
清 青白玉童子戏狮坠	长5.2cm	13,800	中国嘉德	2014.09.22
清 青白玉童子挂件	高5.5cm	34,500	中国嘉德	2014.05.18
清 青白玉观音佩	长7.5cm	23,000	中国嘉德	2014.09.22
清 青白玉大吉童子坠	长5cm	17,250	中国嘉德	2014.09.22
清 玛瑙童子坠	高6cm	28,750	中国嘉德	2014.09.22
清 玛瑙巧雕执莲童子挂件	高4.5cm	34,500	北京东正	2014.11.20
清 玛瑙巧雕“同偕到老”坠	高5.5cm	109,250	中宝拍卖	2014.07.06
清 黑白玉渔翁得利佩	高5.4cm	50,400	上海国拍	2014.11.30

2014玉器拍卖成交汇总

(成交价RMB：1万元以上)

拍品名称	物品尺寸	成交价RMB	拍卖公司	拍卖日期
清 白玉载来花甲佩	高5.8cm	115,000	北京翰海	2014.04.12
清 白玉游春图诗文佩	高6cm	46,000	北京翰海	2014.05.11
清 白玉婴戏坠	长5.5cm	34,500	北京保利	2014.04.27
清 白玉童子坠	长8cm	11,500	中国嘉德	2014.09.22
清 白玉童子骑马车佩	高6.5cm	32,200	中国嘉德	2014.05.18
清 白玉童子佩	长6cm	32,200	北京保利	2014.04.27
清 白玉童子葫芦坠	长5.5cm	23,000	北京保利	2014.10.26
清 白玉童子挂件	高6cm	55,200	上海敬华	2014.07.01
清 白玉太白醉酒诗文佩	高6cm	138,000	北京翰海	2014.10.26
清 白玉仕女坠	长6cm	48,300	北京保利	2014.10.26
清 白玉仕女欢形坠	长6cm	52,900	北京保利	2014.01.11
清 白玉沁色雕刘海戏蟾纹佩	高5.8cm	80,640	天津文物	2014.11.15
清 白玉普贤菩萨佩	高7.8cm	92,000	北京翰海	2014.10.26
清 白玉平升三级佩	长6cm	46,000	北京翰海	2014.05.10
清 白玉留皮雕岁岁平安童子纹佩	长8.5cm	56,000	天津文物	2014.05.16
清 白玉留皮雕和荷二仙纹佩	长5.6cm	67,200	天津文物	2014.05.16
清 白玉灵芝童子坠	高2.5cm	52,760	中国嘉德	2014.10.07
清 白玉荷叶童子佩	长5.7cm	43,700	中国嘉德	2014.09.22
清 白玉福禄寿佩	长6.5cm	57,500	北京翰海	2014.01.11
清 白玉凤凰童子坠	高5cm	17,250	北京保利	2014.10.26
清 白玉雕童子执如意纹佩	长6.4cm	134,400	天津文物	2014.11.15
清 白玉雕童子戏獾纹佩	高3.7cm	31,360	天津文物	2014.11.15
清 白玉雕刘海戏蟾纹佩	高6.9cm	98,560	天津文物	2014.11.15
清 白玉雕佛手纹佩	长7.5cm	45,920	天津文物	2014.05.16
清 白玉雕多子多福吉庆纹佩	长5.4cm	201,600	天津文物	2014.11.15
清 白玉带皮“佛手”挂件	高5.8cm	118,670	万昌斯	2014.05.25
清 白玉大吉童子坠	长5.2cm	13,800	中国嘉德	2014.09.22
清 白玉雕丰乐太平人物佩	长6.1cm	46,000	西泠拍卖	2014.12.13
清 白玉雕羲之爱鹅佩	长6.7cm	138,000	西泠拍卖	2014.12.13
清 冰糖玛瑙福寿童子挂件	高5cm	56,000	北京荣宝	2014.11.30
清晚期 玛瑙巧雕牧牛图坠	长3.7cm	32,200	北京诚轩	2014.11.20
近代 白玉仕女把件	长10cm	13,800	北京保利	2014.10.26
近代 红珊瑚雕仕女佩	高5cm	32,200	北京翰海	2014.10.25
阿拉善玛瑙观音把件	高5.4cm	34,500	北京博观	2014.11.15
阿拉善玛瑙观音佩	高8.4cm	11,500	北京博观	2014.11.15
阿拉善玛瑙酒吧风情	高6.4cm	13,800	北京博观	2014.11.15
阿拉善玛瑙裸女把件	高10.5cm	17,250	北京博观	2014.11.15
阿拉善玛瑙三世佛	高7.3cm	20,700	北京博观	2014.11.15
白玉财神把件	长10.5cm	11,500	中国嘉德	2014.09.22
白玉雕诸葛孔明运筹帷幄	长3.9cm	483,000	中贸圣佳	2014.07.06
白玉观音立像挂件	高6.5cm	34,500	上海泛华	2014.10.29
白玉观音座像挂件	高5.5cm	34,500	上海泛华	2014.10.29
白玉留皮巧作关公挂件	高4.3cm	31,360	上海联合	2014.10.11
白玉弥勒佛挂件	长6.8cm	36,800	深圳市拍	2014.06.29
白玉弥勒挂件	高5.5cm	43,700	上海泛华	2014.10.29
白玉寿星把件	长11cm	11,500	中国嘉德	2014.09.22
白玉颜如玉把件	高4.7cm	40,250	北京博观	2014.11.16
白玉指日高升摆件	长6.6cm	32,200	深圳市拍	2014.06.29
碧玉绰约多姿把件	长7.3cm	339,250	北京博观	2014.07.06
曹扬 “貂蝉拜月”把件	长7.7cm	437,000	荣宝斋（上海）	2014.05.09
柴艺扬 静心思禅 玛瑙把件		48,300	西泠拍卖	2014.05.03
陈健 仁者不惑 白玉把件		632,500	西泠拍卖	2014.05.03
陈健（汉皇玉苑）和田玉籽料世外老翁把件	高7.55cm	69,000	宇辰拍卖	2014.11.02
陈祖雄 指日高升 白玉挂件	长6.3cm	69,000	北京匡时	2014.06.05
程磊 和田玉籽料知足达摩把件	高7.1cm	115,000	宇辰拍卖	2014.11.02
崔磊 关公挂印 白玉把件	长8cm	517,500	北京匡时	2014.06.05
崔磊 和田玉籽料罗汉	长6.9cm	690,000	尚品润博	2014.08.03
崔磊 节节高升 白玉挂件		48,300	西泠拍卖	2014.05.03
崔磊 魁星点斗	长8.8cm	977,500	北京保利	2014.06.04

拍品名称	物品尺寸	成交价RMB	拍卖公司	拍卖日期
崔磊 刘海戏金蟾 白玉把件		57,500	西泠拍卖	2014.05.03
崔磊 能使鬼推磨 白玉把件		460,000	西泠拍卖	2014.05.03
崔磊 邀明月 白玉把件		92,000	西泠拍卖	2014.05.03
崔磊 钟馗 白玉把件	长8.7cm	1,840,000	北京匡时	2014.06.05
崔磊 钟馗 白玉把件		322,000	西泠拍卖	2014.05.03
崔磊 自得其乐 白玉把件		97,750	西泠拍卖	2014.05.03
代胜坤 三娘教子	长8.4cm	460,000	北京保利	2014.06.04
当代 吴新冠作和田玉巧做济公挂坠	高5.2cm	57,500	中鸿信	2014.11.23
樊军民 白玉雕凹把件	高8.0cm	287,500	中国嘉德	2014.11.20
范柏成 和田玉籽料喜相弥勒把件	高5.8cm	66,700	宇辰拍卖	2014.11.02
范同生 白玉留皮巧作钟馗纳福手把件	高5.8cm	173,600	上海联合	2014.10.11
范同生 禅心挂件	长5.9cm	85,000	上海驰翰	2014.06.26
范同生 大度能容 白玉把件		253,000	西泠拍卖	2014.05.03
范同生 佛 白玉把件	高4.2cm	218,500	北京匡时	2014.06.05
范同生 和田玉籽料带皮观音挂坠	长5.53cm	149,500	北京艺融	2014.06.03
范同生　白玉“辨道”	长4.3cm	46,000	荣宝斋（上海）	2014.05.09
福禄寿 白玉人物把件	长8.5cm	34,500	北京匡时	2014.06.05
葛洪 和田白玉籽料弥勒佛挂件	长4.1cm	195,500	北京艺融	2014.06.03
顾忠华 老子出关挂件	长6.8cm	218,500	北京盘古	2014.06.25
汉代 玉舞人佩	长5.8cm	247,200	台湾世家	2014.04.13
和田白玉籽料财神把件	高9.5cm	313,600	中晟国际	2014.10.11
和田白玉籽料佛挂件	高5.1cm	179,200	中晟国际	2014.10.11
和田白玉籽料刘海戏蟾把件	高2.8cm	33,600	中晟国际	2014.10.11
和田白玉籽料随型观音佩	高9.3cm	291,200	中晟国际	2014.10.11
和田白玉籽料钟馗把件	长1.6cm	44,800	中晟国际	2014.10.11
和田佛拱手把件	长7.1cm	74,750	北京保利	2014.06.02
和田羊脂白玉观音挂件	长5.9cm	51,750	北京保利	2014.06.02
和田玉春宫阑珊把件	长6.0cm	333,500	北京博观	2014.11.16
和田玉佛公挂件	长4.8cm	51,750	北京保利	2014.06.02
和田玉观音挂件	长7.7cm	100,800	盛世嘉宝	2014.11.02
和田玉文殊菩萨挂件		46,000	福建东南	2014.05.25
和田玉仙人乘托挂件	长7.7cm	34,500	北京保利	2014.06.02
和田玉籽料布袋弥勒把件	长7cm	92,000	宇辰拍卖	2014.11.02
和田玉籽料才子佩	长6.8cm	81,650	北京博观	2014.11.15
和田玉籽料财神把件	长7.8cm	161,000	北京博观	2014.11.16
和田玉籽料财神把件	长8.6cm	69,000	北京博观	2014.11.15
和田玉籽料财神挂件	高6.9cm	46,000	宇辰拍卖	2014.11.02
和田玉籽料财神佩	高4.7cm	51,750	北京博观	2014.11.16
和田玉籽料沧海遗珠佩	长3.2cm	40,250	宇辰拍卖	2014.11.02
和田玉籽料禅定观音挂件	高5.1cm	46,000	宇辰拍卖	2014.11.02
和田玉籽料禅心弥勒把件	高5.2cm	57,500	宇辰拍卖	2014.11.02
和田玉籽料禅宗把件	长5.5cm	1,437,500	北京博观	2014.07.06
和田玉籽料大慈弥勒佛把件	长4.9cm	115,000	宇辰拍卖	2014.11.02
和田玉籽料大肚弥勒挂件	高4.6cm	105,800	宇辰拍卖	2014.11.02
和田玉籽料豆蔻把件	高7.4cm	48,300	北京博观	2014.11.15
和田玉籽料泛游图山水佩	高5.8cm	32,200	北京博观	2014.11.15
和田玉籽料佛光把件	高5.4cm	69,000	北京博观	2014.11.15
和田玉籽料福光遍照把件	长5.6cm	78,200	北京博观	2014.11.15
和田玉籽料关公佩	高5.3cm	115,000	北京博观	2014.11.15
和田玉籽料观音挂件	高4.1cm	51,750	宇辰拍卖	2014.11.02
和田玉籽料观音挂件	长7.0cm	25,300	北京博观	2014.11.15
和田玉籽料观音佩	长6.5cm	402,500	北京博观	2014.07.06
和田玉籽料观音佩	长4.9cm	69,000	北京博观	2014.11.16
和田玉籽料观自在菩萨挂件	长5.3cm	34,500	宇辰拍卖	2014.11.02
和田玉籽料行神休素对佩	高5.8cm	20,700	北京博观	2014.11.16
和田玉籽料和合二仙佩	长5.0cm	89,700	北京博观	2014.11.16
和田玉籽料花开见佛挂件	长4.8cm	34,500	宇辰拍卖	2014.11.02
和田玉籽料花开见佛佩	长5.2cm	34,500	宇辰拍卖	2014.11.02

拍品名称	物品尺寸	成交价RMB	拍卖公司	拍卖日期
和田玉籽料花开敬佛佩	长4.8cm	43,700	北京博观	2014.11.15
和田玉籽料江南挂件	高5.9cm	46,000	北京博观	2014.11.16
和田玉籽料乐呵呵把件	长3.9cm	49,450	北京博观	2014.11.16
和田玉籽料莲花观音把件	长10cm	155,250	北京博观	2014.07.06
和田玉籽料刘海戏金蟾把件	长5.5cm	25,300	北京博观	2014.11.15
和田玉籽料刘海戏金蟾挂件	高5.7cm	57,500	北京博观	2014.11.16
和田玉籽料弥勒把件	长6.4cm	105,800	北京博观	2014.07.06
和田玉籽料弥勒挂件	长7.2cm	86,250	北京博观	2014.11.15
和田玉籽料弥勒把件	长6.2cm	69,000	北京博观	2014.11.15
和田玉籽料弥勒佩	长3.7cm	34,500	北京博观	2014.11.15
和田玉籽料弥勒佩	长4.5cm	32,200	北京博观	2014.11.15
和田玉籽料母爱把件	长6.6cm	78,200	北京博观	2014.11.16
和田玉籽料纳福弥勒把件	长5.7cm	40,250	宇辰拍卖	2014.11.02
和田玉籽料清凉观音佩	高4.2cm	57,500	宇辰拍卖	2014.11.02
和田玉籽料如意童子佩	高4.7cm	43,700	北京博观	2014.11.16
和田玉籽料天官赐福把件	长5.0cm	138,000	北京博观	2014.11.16
和田玉籽料天外来福挂件	长4.6cm	40,250	北京博观	2014.11.15
和田玉籽料听经挂件	长7.3cm	92,000	北京博观	2014.11.15
和田玉籽料问道挂件	长5.0cm	34,500	北京博观	2014.11.15
和田玉籽料悟道观音挂件	长4.7cm	36,800	宇辰拍卖	2014.11.02
和田玉籽料喜相弥勒把件	长5.4cm	69,000	宇辰拍卖	2014.11.02
和田玉籽料喜相弥勒把件	长4.3cm	34,500	宇辰拍卖	2014.11.02
和田玉籽料喜相弥勒挂件	长4cm	32,200	宇辰拍卖	2014.11.02
和田玉籽料闲趣佩	长6.5cm	78,200	北京博观	2014.11.16
和田玉籽料心喜弥勒挂件	长2.9cm	40,250	宇辰拍卖	2014.11.02
和田玉籽料愿者上钩挂件	长3.7cm	74,750	北京博观	2014.11.16
和田玉籽料钟馗酣笑侧卧把件	高7.4cm	48,300	宇辰拍卖	2014.11.02
和田玉籽料自在有福挂件	长6.7cm	40,250	北京博观	2014.11.15
红皮籽料财神佩	长7.3cm	537,600	中晟国际	2014.10.11
红水晶观音挂件	长4.6cm	34,500	北京博观	2014.11.15
红水晶弥勒挂件	长6.7cm	34,500	北京博观	2014.11.15
洪新华 财神	长4.6cm	138,000	北京保利	2014.06.04
洪新华 大肚能容 白玉把件		184,000	西泠拍卖	2014.05.03
洪新华 笑口常开 白玉把件	长5.6cm	287,500	西泠拍卖	2014.12.14
侯晓峰 碧玉福报圆满弥勒挂件	长4.5cm	32,200	宇辰拍卖	2014.11.02
侯晓峰 乐逍遥 白玉挂件		253,000	西泠拍卖	2014.05.03
侯晓峰　弥勒佛	长3.4cm	46,000	荣宝斋（上海）	2014.05.09
侯晓锋 欢喜弥勒 南红手串（一组）		31,050	西泠拍卖	2014.05.03
琥珀夜韵悠悠把件	高7.3cm	46,000	北京博观	2014.11.16
黄龙玉乐渔载道佩	高10.3cm	48,300	北京博观	2014.11.16
黄龙玉凭风海阔佩	高10.4cm	43,700	北京博观	2014.11.16
黄水晶观音法相挂件	高5.6cm	32,200	北京博观	2014.11.16
黄水晶千手观音法相挂件	长6.3cm	34,500	北京博观	2014.11.16
黄杨洪 浮生拾慧 白玉挂件		149,500	西泠拍卖	2014.05.03
黄杨洪 绿度母 白玉把件	长7.2cm	1,725,000	西泠拍卖	2014.12.14
黄杨洪 绿度母 白玉挂件		1,265,000	西泠拍卖	2014.05.03
黄玉观音佩	长7.0cm	103,500	北京博观	2014.07.06
黄玉弥勒佛	高4.45cm	23,000	北京保利	2014.10.08
灰白玉莲生贵子把件	宽8.6cm	49,847	纽约佳士得	2014.03.20
蒋宏利 关圣大帝	长7.6cm	253,000	北京保利	2014.06.04
蒋宏利 和田玉籽料钟馗赐福挂件	高4.05cm	63,250	宇辰拍卖	2014.11.02
老子出关 白玉把件	长8.7cm	57,500	北京匡时	2014.06.05
李东 钟馗 南红挂件		46,000	西泠拍卖	2014.05.03
李付勇 白玉留皮巧作关公挂件	长5.2cm	33,600	上海联合	2014.10.11
李剑 禅机在握 白玉把件	长9.4cm	402,500	西泠拍卖	2014.12.14
林国华 欢天喜地 白玉把件	长6cm	966,000	西泠拍卖	2014.12.14
林金波 地藏王 白玉挂件		109,250	西泠拍卖	2014.05.03
林金波 欢喜弥勒 白玉挂件		34,500	西泠拍卖	2014.05.03
刘关张 白玉把件	长8.7cm	57,500	北京匡时	2014.06.05

拍品名称	物品尺寸	成交价RMB	拍卖公司	拍卖日期
刘国皓 财神到 白玉把件	长8.3cm	632,500	西泠拍卖	2014.12.14
卢开飞 钟馗手把件	长5.3cm	460,000	北京盘古	2014.06.25
罗光明 红妆	长5.1cm	33,600	中晟国际	2014.10.11
吕德白玉枣红皮三星堆人面像挂件	长3.4cm	179,200	上海联合	2014.10.11
吕德 财神把件	长3.4cm	38,000	上海驰翰	2014.06.26
吕德 和田玉籽料关公夜读春秋（黄玉）	高7.0cm	149,500	尚品润博	2014.08.03
吕德 和田玉籽料翁仲	长5.2cm	63,250	宇辰拍卖	2014.11.02
吕德 平步青云 白玉挂件	长7.5cm	207,000	北京匡时	2014.06.05
吕德 一团和气 白玉挂件	长4.9cm	109,250	北京匡时	2014.06.05
吕德 招财进宝 白玉挂件	长6.3cm	161,000	北京匡时	2014.06.05
吕德 钟馗纳福 白玉把件	长6.8cm	379,500	北京匡时	2014.06.05
玛瑙观音佛对佩	高2.8cm × 2	13,800	北京博观	2014.11.16
孟庆东 白玉雕国色天香把件	长8.5cm	299,000	中国嘉德	2014.11.20
孟庆东 白玉雕憩把件	长4.5cm	460,000	中国嘉德	2014.11.20
孟庆东 白玉观音吊坠	长5.5cm	74,750	中国嘉德	2014.11.20
墨玉 水晶财神挂件	尺寸不一	32,200	北京博观	2014.11.15
南红玛瑙财神把件	高5.0cm	55,200	北京博观	2014.11.16
南红玛瑙佛挂件	高3.8cm	48,300	北京博观	2014.11.16
南红玛瑙花旦佩	高4.7cm	13,800	北京博观	2014.11.15
南红玛瑙弥勒挂件	长4.3cm	115,000	北京博观	2014.11.16
南红玛瑙闻香佩	高5.5cm	13,800	北京博观	2014.11.15
南红玛瑙渔舟唱晚把件	高4.1cm	20,700	北京博观	2014.11.15
裘军毅 白玉莲心挂件	长5.1cm	75,000	上海驰翰	2014.06.26
瞿利军 紫气东来 白玉把件	长7.2cm	287,500	西泠拍卖	2014.12.14
水晶观音挂件	高4.3cm	11,500	北京博观	2014.11.16
水晶骷髅头把玩件	长5.2cm	13,800	北京博观	2014.11.16
水晶莲花观音	高9.7cm	11,500	北京博观	2014.11.15
孙有庚 观音像	长5.2cm	39,200	中晟国际	2014.10.11
王金忠 财神到 白玉把件		1,380,000	西泠拍卖	2014.05.03
王金忠 笑佛	长6cm	632,500	北京保利	2014.06.04
王凯 和田玉籽料财神到把件	高6cm	57,500	宇辰拍卖	2014.11.02
王凯 和田玉籽料刘海戏金蟾挂件	4cm × 3cm	40,250	宇辰拍卖	2014.11.02
王凯 和田玉籽料送宝弥勒挂件	长3.3cm	34,500	宇辰拍卖	2014.11.02
王平 布袋弥勒	长4.4cm	184,000	北京保利	2014.06.04
王平 钟馗降妖 白玉把件	长8.4cm	575,000	中宝拍卖	2014.07.06
吴德升 春光如意 白玉把件	长6.8cm	3,220,000	西泠拍卖	2014.12.14
吴德升 琼姿灵秀 白玉把件		598,000	西泠拍卖	2014.05.03
吴德昇 和田玉籽料裸女把件	长7.4cm	345,000	北京博观	2014.04.20
吴灶发 和田玉籽料菩提说挂件	高4.9cm	66,700	宇辰拍卖	2014.11.02
仵子辉 白玉佛在心中挂件	长5.8cm	115,000	深圳市拍	2014.06.29
仵子辉 白玉观音	长7.3cm	103,500	深圳市拍	2014.06.29
仵子辉 白玉观音	长5.9cm	97,750	深圳市拍	2014.06.29
仵子辉 白玉观音佩	长6cm	115,000	深圳市拍	2014.06.29
仵子辉 白玉裸女挂件	长8cm	172,500	深圳市拍	2014.06.29
现代 珊瑚108颗佛珠		92,000	北京传是	2014.06.05
萧晨 白玉留皮雕寿星把件	长8.3cm	403,200	上海联合	2014.06.29
徐志浩 白玉雕童趣把件	长9.1cm	179,200	上海联合	2014.10.11
羊脂玉庄周梦蝶把件	长8cm	1,610,000	北京博观	2014.07.06
杨曦 禅 白玉挂件		48,300	西泠拍卖	2014.05.03
杨曦 观音挂件	长4.3cm	35,000	上海驰翰	2014.06.26
杨曦 花开见佛 白玉挂件		86,250	西泠拍卖	2014.05.03
叶海林 弥勒 南红挂件	长5.4cm	207,000	北京匡时	2014.06.05
游高轩 观自在	长6.8cm	230,000	北京保利	2014.06.04
游高轩 悟	长5.8cm	322,000	北京保利	2014.06.04
于雪涛 白玉雕望子成龙把件	长6.5cm	368,000	中国嘉德	2014.11.20
于雪涛 白玉雕祝福把件	长7cm	437,000	中国嘉德	2014.11.20
于雪涛 白玉留皮巧作渔翁得利挂件	长4.7cm	42,550	上海联合	2014.10.11
于雪涛 福呈祥 白玉把件		345,000	西泠拍卖	2014.05.03
于雪涛 福气腾辉 白玉把件		517,500	西泠拍卖	2014.05.03

2014玉器拍卖成交汇总

(成交价RMB：1万元以上)

拍品名称	物品尺寸	成交价RMB	拍卖公司	拍卖日期
余勇 佛	长4cm	44,800	中晟国际	2014.10.11
玉蚕 玉勒串饰	高3cm	105,800	古天一	2014.06.05
玉勒串饰	高4.8cm	172,500	古天一	2014.06.05
袁新根 笑佛	高4.8cm	69,000	北京保利	2014.06.04
翟倚卫 淇奥 白玉把件	长6.3cm	805,000	西泠拍卖	2014.12.14
翟倚卫 蔷薇处处 白玉把件		1,265,000	西泠拍卖	2014.05.03
张合冰 和田玉籽料喜相弥勒	高3.4cm	46,000	宇辰拍卖	2014.11.02
张克山 慈心挂件	长4.8cm	35,000	上海驰翰	2014.06.26
张明泉 麻姑献寿	高6.79cm	402,500	北京保利	2014.06.04
张宁 和田玉籽料暗香佛韵挂件	长6.4cm	43,700	宇辰拍卖	2014.11.02
张永来 和田玉籽料欢喜弥勒把件	长4.5cm	32,200	宇辰拍卖	2014.11.02
赵琦 欢喜弥勒 白玉把件		69,000	西泠拍卖	2014.05.03
赵琦 慧月外照 白玉挂件		161,000	西泠拍卖	2014.05.03
赵琦 童子闹财神 白玉把件		69,000	西泠拍卖	2014.05.03
赵琦 心珠内含 白玉挂件		40,250	西泠拍卖	2014.05.03
紫水晶弥勒挂件	高3.7cm	17,250	北京博观	2014.11.15
紫水晶千手千眼观音	高5.4cm	25,300	北京博观	2014.11.15
邹小林 十一面千手观音法相 水晶挂件		36,800	西泠拍卖	2014.05.03
白玉“佛光普照”挂件	高6.5cm	450,000	北京九歌	2014.12.17
白玉财神挂件	高6.8cm	220,000	北京九歌	2014.12.17
白玉招财进宝	长7.6cm	136,000	南京嘉信	2014.12.05
程磊 慧性兰心 白玉挂件	高5.5cm	74,750	西泠拍卖	2014.12.14
和田玉籽料 达摩	长7.3cm	100,000	南京嘉信	2014.12.05
洪新华 大肚能容 白玉挂件	高4.3cm	92,000	西泠拍卖	2014.12.14
侯晓锋 欢喜弥勒 白玉挂件	高3.8cm	402,500	西泠拍卖	2014.12.14
侯晓锋 喜笑颜开 白玉挂件	高5.2cm	207,000	西泠拍卖	2014.12.14
侯晓锋 笑口常开 挂件（一组）	尺寸不一	161,000	西泠拍卖	2014.12.14
侯晓锋 招福弥勒 白玉挂件	高4.2cm	115,000	西泠拍卖	2014.12.14
林金波 慈怀若水 白玉挂件	高4.1cm	66,700	西泠拍卖	2014.12.14
林金波 引福 白玉挂件	高3cm	46,000	西泠拍卖	2014.12.14
陆爱风 遇贵人 白玉挂件	高5.7cm	253,000	西泠拍卖	2014.12.14
苏然 成吉思汗	高9.8cm	1,150,000	北京保利	2014.12.05
苏然 和田白玉“聚福”	长8.4cm	690,000	北京保利	2014.12.05
王平 慈怀无量 白玉挂件	高6.3cm	460,000	西泠拍卖	2014.12.14
王平 如是观 白玉挂件	高6.6cm	402,500	西泠拍卖	2014.12.14
徐志浩 禅思若华 白玉挂件	高6.4cm	138,000	西泠拍卖	2014.12.14
徐志浩 心莲静放 白玉挂件	高6.1cm	437,000	西泠拍卖	2014.12.14
杨曦 梵莲静开 白玉挂件	高5.4cm	115,000	西泠拍卖	2014.12.14
翟倚卫 含睇宜笑 白玉挂件	高4.8cm	253,000	西泠拍卖	2014.12.14
赵琦 慧性慈心 南红挂件	高6.1cm	51,750	西泠拍卖	2014.12.14
赵琦 净法澄心 白玉挂件	高6.1cm	149,500	西泠拍卖	2014.12.14
钟馗手件	长8.8cm	200,000	南京嘉信	2014.12.05
佩玩动物件				
商至西周 玉动物形佩（四件）	长4.5cm	61,350	纽约苏富比	2014.03.18
西周 绿松石熊	高4cm	45,483	中国嘉德	2014.10.07
战国 青玉龙形佩	长21.3cm	600,990	大唐国际	2014.05.27
战国 玉雕龙形佩	长11.5cm	634,698	保利香港	2014.10.07
战国 玉龙形佩	长12.5cm	230,063	纽约苏富比	2014.03.18
战国 玉龙形佩	长13cm	46,013	纽约苏富比	2014.03.18
汉 白玉螭龙佩	高5cm	89,146	中国嘉德	2014.10.07
宋 白玉雕双雄把件	高4.5cm	86,250	西泠拍卖	2014.05.06
宋 白玉沁色雕瑞兔衔灵芝挂件	高5.5cm	149,500	西泠拍卖	2014.05.06
宋 白玉沁色狗	长7cm	100,062	中国嘉德	2014.10.07
宋 黄玉带沁鱼形佩	高7cm	127,351	中国嘉德	2014.10.07
宋 玉雕马	宽5.6cm	34,873	中国嘉德	2014.04.09
宋 曹锟旧藏白玉龙形佩	高8.2cm	57,500	西泠拍卖	2014.12.13
辽金 春水玉佩		964,800	香港华洋	2014.06.26
辽/金 旧玉大鹏鸟佩	高5.7cm	115,000	北京翰海	2014.10.26
金 白玉镂雕鹅形佩	高5.5cm	51,750	中鸿信	2014.11.22
金 玉雕带沁春水秋山	高5.5cm	109,158	中国嘉德	2014.10.07

拍品名称	物品尺寸	成交价RMB	拍卖公司	拍卖日期
金虎手把	长6.5cm	109,250	荣宝斋（上海）	2014.05.09
金/元 白玉透雕花卉螭龙纹饰件	长6.3cm	82,800	北京翰海	2014.05.11
金/元 旧玉鱼	长8.2cm	34,500	北京翰海	2014.10.26
元 白玉宝鸭挂件	长4.5cm	48,300	八益拍卖	2014.10.24
元 白玉雕鸳鸯佩	高3cm	46,000	西泠拍卖	2014.05.06
元 白玉瑞兽手把件	高14.5cm	172,500	中鸿信	2014.11.22
元 黄玉雕瑞兽挂件	长5.5cm	86,250	西泠拍卖	2014.12.13
明早期 玉卧狗	长5.5cm	149,500	朵云轩	2014.12.19
明 白玉雕一路连科佩	高5.6cm	345,000	西泠拍卖	2014.12.13
明 黄玉子母鹦鹉佩	长6.3cm	46,000	北京保利	2014.12.04
明以前 白玉镂空雕螭龙双凤佩	宽9.2cm	34,500	西泠拍卖	2014.12.13
明以前 曹锟旧藏白玉虎形佩	宽4.2cm	51,750	西泠拍卖	2014.12.13
明以前 玉雕出廓螭龙纹韘形佩	长8.7cm	48,300	西泠拍卖	2014.12.13
明 白玉蝉	高5.5cm	44,800	天津文物	2014.11.15
明 白玉螭龙纹工字佩	高4.5cm	34,500	北京翰海	2014.05.11
明 白玉雕“马上封侯”把件	高5.2cm	98,875	香港苏富比	2014.10.08
明 白玉雕连年有余纹佩	高6.7cm	39,200	天津文物	2014.11.15
明 白玉雕瑞兽把件	长4.8cm	282,500	江苏爱涛	2014.07.06
明 白玉雕四神佩	直径5.9cm	92,000	西泠拍卖	2014.05.06
明 白玉雕卧马把件	长6.8cm	118,650	香港苏富比	2014.10.08
明 白玉海水鱼化龙	高11cm	40,250	北京翰海	2014.04.12
明 白玉镂空雕夔龙纹把件	长7cm	46,000	长风拍卖	2014.01.05
明 白玉鸟形佩	长6cm	20,700	北京保利	2014.10.26
明 白玉麒麟把件	高5.7cm	168,713	纽约佳士得	2014.03.20
明 白玉沁色蝉	高4.6cm	53,760	天津文物	2014.11.15
明 白玉沁色雕独占鳌头纹佩	长9cm	436,800	天津文物	2014.05.16
明 白玉沁色老虎	长8cm	74,750	北京翰海	2014.10.25
明 白玉沁色骆驼暖手	长6cm	1,380,000	北京翰海	2014.10.25
明 白玉沁色辟邪	长7.5cm	345,000	北京翰海	2014.10.25
明 白玉沁色瑞兔	长10cm	69,000	北京翰海	2014.10.25
明 白玉沁色天禄献瑞	长9.5cm	402,500	北京翰海	2014.10.25
明 白玉沁色卧犬	长8cm	20,700	北京翰海	2014.10.25
明 白玉洒金螭龙纹佩、黄玉鸡（二件）	尺寸不一	17,250	北京翰海	2014.10.26
明 白玉双鹅坠	长4.5cm	138,000	北京翰海	2014.05.10
明 白玉双龙耳杯 托（一组）	长18.5cm	34,500	北京保利	2014.08.02
明 白玉双龙佩	长6cm	28,750	北京匡时	2014.09.17
明 白玉透雕春水饰件	长9.5cm	126,500	北京翰海	2014.10.25
明 白玉卧马挂坠	长4.5cm	94,300	北京传是	2014.06.05
明 白玉喜中三元佩	高6.8cm	57,500	北京翰海	2014.05.11
明 白玉象佩	长7cm	40,250	北京保利	2014.10.26
明 白玉长宜子孙螭龙佩	高6.5cm	100,062	中国嘉德	2014.10.07
明 胡人戏狮玉把件	长7cm	161,000	江苏爱涛	2014.07.06
明 黄玉“螭龙”佩	长6.8cm	178,006	万昌斯	2014.05.25
明 黄玉螭龙鸡心佩	长6cm	103,500	北京保利	2014.04.27
明 黄玉螭龙鸡心佩	长6cm	80,500	北京保利	2014.10.26
明 黄玉带沁螭龙鸡心佩	高6cm	236,509	中国嘉德	2014.10.07
明 黄玉刻祥云瑞象把件	长6cm	575,156	纽约佳士得	2014.03.20
明 黄玉龙纹佩	直径6.5cm	23,000	北京保利	2014.10.26
明 黄玉沁色瑞兽	长6cm	195,500	北京翰海	2014.10.25
明 黄玉鹦鹉佩	长6cm	63,250	北京保利	2014.10.26
明 黄玉云龙纹佩	长8cm	172,500	北京盈时	2014.05.31
明 火烧玉太师少师挂件	高6.5cm	34,500	北京翰海	2014.05.10
明 金珀雕花鸟图佩	长8.5cm	48,300	北京诚轩	2014.05.19
明 旧玉虎符	长6cm	57,500	中国嘉德	2014.03.24
明 沁色白玉鸡形佩	长8cm	34,500	北京翰海	2014.05.10
明 青白玉雕羊衔灵芝挂件	长5.5cm	34,500	中贸圣佳	2014.07.06
明 延年益寿包袱虎把件	长6.5cm	69,000	西泠拍卖	2014.05.06
明 玉雕带沁虎符	长4cm	20,012	中国嘉德	2014.10.07
明 玉雕福寿坠	宽5.5cm	13,800	北京保利	2014.10.26

拍品名称	物品尺寸	成交价RMB	拍卖公司	拍卖日期
明 玉雕犀牛望月坠	长5.5cm	34,500	北京保利	2014.01.11
明 玉雕云龙佩	长8cm	18,400	北京保利	2014.10.26
明 籽玉巧雕卧马坠	长5.5cm	63,250	北京诚轩	2014.05.19
明 玉雕卧犬	长4.5cm	57,500	北京保利	2014.12.05
明或更早 白玉凤鸟衔花纹佩	直径6cm	437,000	北京华辰	2014.04.27
明或更早 白玉龙凤佩	长5.5cm	49,968	保利香港	2014.04.07
明或更早 双凤佩	长6.1cm	126,500	江苏爱涛	2014.07.06
明或更早 子辰佩	长4cm	134,400	江苏爱涛	2014.07.06
明末/18世纪 黄玉卧牛麒麟把件	长4cm	99,694	纽约佳士得	2014.03.20
明末/18世纪 灰白玉代代封侯坠	高7cm	65,184	纽约佳士得	2014.03.20
明末/18世纪 灰玉卧熊坠	宽4.5cm	53,681	纽约佳士得	2014.03.20
明晚期 玉雕凤形坠	长6.8cm	276,000	北京诚轩	2014.05.19
明以前 白玉雕蝉形佩	长6.5cm	34,500	西泠拍卖	2014.05.06
明以前 白玉雕龙形佩	长9.5cm	63,250	西泠拍卖	2014.05.06
明以前 白玉双龙佩	高4.5cm	40,250	西泠拍卖	2014.05.06
明以前 白玉咬尾龙佩	高4.5cm	172,500	古天一	2014.06.05
明早期 白玉雕鱼化龙挂件	长6cm	57,500	中贸圣佳	2014.07.06
明早期 琥珀雕玉兔坠	长4.5cm	138,000	北京诚轩	2014.05.19
17世纪 白玉带皮雕瑞兽坠把件	长8cm	99,694	纽约苏富比	2014.03.18
17世纪 黑白玉巧雕螭龙佩	长7.4cm	230,000	八益拍卖	2014.10.24
清早期 玉子辰佩	高7.5cm	34,500	北京翰海	2014.05.11
清早期 旧玉螭龙纹佩	高5.4cm	40,250	北京翰海	2014.05.11
清早期 白玉子辰佩	高6.3cm	46,000	北京翰海	2014.05.11
清早期 白玉四神佩	长5.2cm	66,700	北京翰海	2014.05.11
清早期 白玉灵猴献寿坠	高4.5cm	69,000	北京翰海	2014.05.11
清早期 白玉蝴蝶佩	长7.9cm	55,200	北京翰海	2014.05.11
清早期 白玉洪福齐天坠	高3.9cm	43,700	北京翰海	2014.05.11
清早期 白玉螭龙竹纹佩	高6.7cm	34,500	北京翰海	2014.05.11
清早期 黄玉卧羊	长7cm	264,500	北京保利	2014.12.05
清早期 火烧玉沁色公鸡	长7cm	46,000	北京翰海	2014.10.25
清早期 白玉鱼化龙佩	长12.5cm	32,200	北京保利	2014.08.02
清早期 白玉透雕鹦鹉佩	直径5.6cm	40,250	中鸿信	2014.11.22
清早期 白玉透雕双龙锁形佩	长8.1cm	34,500	中鸿信	2014.11.22
清早期 白玉灵角蝙蝠坠	长5.6cm	46,000	八益拍卖	2014.10.25
清早期 白玉凤鸟佩	长7.5cm	40,250	北京保利	2014.08.02
清早期 白玉蝶形佩	长11cm	71,300	北京保利	2014.08.02
清早期 白玉雕滚马坠	长4.6cm	20,700	北京诚轩	2014.11.20
清乾隆 羊脂白玉松鼠葡萄坠	高4cm	57,500	中鸿信	2014.11.22
清乾隆 南红玛瑙松鹤延年挂件	长6.2cm	138,000	江苏爱涛	2014.07.06
清乾隆 黄玉卧羊把件	高5.7cm	158,000	香港苏富比	2014.04.08
清乾隆 白玉终生兴隆佩	长4.5cm	40,250	北京保利	2014.10.26
清乾隆 白玉玉堂锦绣佩	高5cm	109,250	北京翰海	2014.05.11
清乾隆 白玉螳螂瓜形坠	长6.5cm	43,700	北京保利	2014.04.27
清乾隆 白玉太平有象梅花佩	高5.5cm	690,000	北京翰海	2014.10.25
清乾隆 白玉双鹤挂件	长4cm	36,800	北京保利	2014.01.11
清乾隆 白玉双鹤挂件	长4cm	40,250	北京保利	2014.10.26
清乾隆 白玉兽面纹螭龙钮小盖瓶	高8.2cm	345,000	北京保利	2014.06.04
清乾隆 白玉申猴斧形佩	高8.7cm	1,840,000	北京翰海	2014.10.25
清乾隆 白玉洒金苏武牧羊诗文佩	高7cm	92,000	北京翰海	2014.05.11
清乾隆 白玉洒金寿山福海佩	高5.9cm	59,800	北京翰海	2014.05.11
清乾隆 白玉年年有余佩	长5.2cm	44,800	武汉中信	2014.10.23
清乾隆 白玉年年有余佩	长7cm	28,750	北京保利	2014.10.26
清乾隆 白玉龙纹转心佩	长9cm	575,000	北京保利	2014.10.26
清乾隆 白玉龙纹钟形佩	长6cm	207,000	北京保利	2014.01.11
清乾隆 白玉龙纹钟形佩	长6cm	115,000	北京保利	2014.08.02
清乾隆 白玉龙纹佩（两件）	尺寸不一	55,200	北京保利	2014.10.26
清乾隆 白玉龙纹佩	长5.6cm	40,250	北京保利	2014.06.06
清乾隆 白玉留皮仙鹤祝寿把件	长5.5cm	92,000	中鸿信	2014.11.22
清乾隆 白玉夔龙玉牒	长7.3cm	170,250	中拍国际	2014.06.04
清乾隆 白玉夔凤纹佩	长5.5cm	161,000	北京盈时	2014.05.31
清乾隆 白玉吉庆有余佩	长6.2cm	690,000	中国嘉德	2014.11.20

拍品名称	物品尺寸	成交价RMB	拍卖公司	拍卖日期
清乾隆 白玉福寿佩	高5.8cm	46,000	北京翰海	2014.05.11
清乾隆 白玉福寿把件	宽4.6cm	36,386	中国嘉德	2014.10.07
清乾隆 白玉福禄寿永宝子孙葫芦佩	高9.5cm	345,000	北京翰海	2014.10.26
清乾隆 白玉仿汉鸡心佩	长6.8cm	207,000	北京东正	2014.11.20
清乾隆 白玉独占鳌头佩	高6.5cm	46,000	北京翰海	2014.05.11
清乾隆 白玉雕夔龙纹佩	长5.5cm	74,750	北京诚轩	2014.11.20
清乾隆 白玉雕九子龙纹佩	直径6cm	253,000	华艺国际	2014.05.31
清乾隆 白玉雕花鸟纹佩	长5.4cm	74,750	西泠拍卖	2014.05.06
清乾隆 白玉带皮“欢心守业”挂件	长5.2cm	108,781	万昌斯	2014.05.25
清乾隆 白玉螭龙宜子孙佩	高5.4cm	195,500	北京翰海	2014.05.11
清乾隆 白玉螭龙纹活心佩	高5.7cm	48,300	北京翰海	2014.05.11
清乾隆 白玉螭龙鸡心佩	长6cm	127,351	中国嘉德	2014.10.07
清乾隆 白玉蝉	长5cm	230,000	江苏爱涛	2014.07.06
清乾隆 白玉比翼同心佩	高6cm	149,500	北京翰海	2014.05.11
清乾隆 白玉“世传至宝”螭龙佩	高6.8cm	138,000	中鸿信	2014.11.22
清乾隆 白玉、青玉“终生兴隆”佩	长9cm；长6cm	32,200	北京保利	2014.10.26
清道光 白玉螭龙纹佩	高4.7cm	112,700	北京翰海	2014.05.11
清中期 紫水晶松鼠葡萄坠	高3.7cm	23,000	北京翰海	2014.10.26
清中期 苏作玛瑙雕喜鹊登梅坠	长5.3cm	103,500	古天一	2014.06.05
清中期 白玉雕刘海戏金蟾	高4.6cm	36,800	北京保利	2014.12.05
清中期 白玉猫蝶	长7.8cm	172,500	北京保利	2014.12.05
清中期 白玉巧雕双猫	长5cm	92,000	北京保利	2014.12.05
清中期 白玉双猫	长5cm	184,000	北京保利	2014.12.05
清中期 玉巧雕猫	长5cm	92,000	北京保利	2014.12.05
清中期 黄玉鸮	长5.6cm	138,000	北京东正	2014.11.20
清中期 茶晶狮子	长7.3cm	34,500	北京翰海	2014.05.11
清中期 白玉紫香玉玩双龙佩	高5.7cm	28,750	北京翰海	2014.10.26
清中期 白玉子辰转心佩	高5.7cm	23,000	北京翰海	2014.10.26
清中期 白玉子辰佩	高4.6cm	66,700	北京翰海	2014.05.11
清中期 白玉子辰佩	直径5.4cm	23,000	北京翰海	2014.10.26
清中期 白玉子辰佩	高5.9cm	20,700	北京翰海	2014.10.26
清中期 白玉子辰佩	长7.2cm	20,700	北京翰海	2014.10.26
清中期 白玉子辰环形佩	高4.8cm	17,250	北京翰海	2014.10.26
清中期 白玉玉堂锦绣佩	高6.7cm	15,000	北京翰海	2014.10.26
清中期 白玉一品当朝佩	高6.3cm	23,000	北京翰海	2014.10.26
清中期 白玉羊形环形佩	宽5.5cm	62,100	北京保利	2014.10.26
清中期 白玉喜鹊登梅如意坠	高6.2cm	34,500	北京翰海	2014.05.11
清中期 白玉五蝠佩	长5.7cm	23,000	北京翰海	2014.10.26
清中期 白玉透雕松鼠葡萄坠	高6.7cm	40,250	北京翰海	2014.05.11
清中期 白玉透雕九龙佩	高9.3cm	172,500	北京翰海	2014.10.26
清中期 白玉透雕螭龙纹佩	高7.1cm	34,500	北京翰海	2014.05.11
清中期 白玉松鹤延年诗文佩	高6cm	69,000	北京翰海	2014.05.11
清中期 白玉双凤四季花卉圆佩（二件）	直径7.6cm	115,000	北京翰海	2014.10.26
清中期 白玉寿天百禄佩	高6.4cm	80,500	北京翰海	2014.10.26
清中期 白玉寿天百禄佩	高5.8cm	40,250	北京翰海	2014.10.26
清中期 白玉寿山福海佩	高6.1cm	34,500	北京翰海	2014.05.11
清中期 白玉寿山福海佩	高5.5cm	34,500	北京翰海	2014.10.26
清中期 白玉世传至宝善名延年双龙佩	高7.6cm	34,500	北京翰海	2014.10.26
清中期 白玉洒金透雕一路连科坠	高4.6cm	69,000	北京翰海	2014.05.11
清中期 白玉洒金松鼠葡萄坠	高5cm	63,250	北京翰海	2014.05.11
清中期 白玉洒金松鼠葡萄坠	高7cm	34,500	北京翰海	2014.05.11
清中期 白玉洒金松鼠葡萄坠	长5.9cm	46,000	北京翰海	2014.10.26
清中期 白玉洒金松鼠葡萄坠	高5.5cm	40,250	北京翰海	2014.10.26
清中期 白玉洒金松鼠葡萄坠	高5.2cm	23,000	北京翰海	2014.10.26
清中期 白玉洒金双龙佩	高7cm	57,500	北京翰海	2014.10.26
清中期 白玉洒金牧马图佩	高6cm	57,500	北京翰海	2014.05.11

2014玉器拍卖成交汇总

(成交价RMB：1万元以上)

拍品名称	物品尺寸	成交价RMB	拍卖公司	拍卖日期
清中期 白玉洒金灵芝花鸟坠	长5.8cm	184,000	北京翰海	2014.10.26
清中期 白玉洒金鹤鹿同春诗文佩	高6.3cm	1,495,000	北京翰海	2014.10.26
清中期 白玉洒金福寿坠	高5.3cm	178,250	北京翰海	2014.10.26
清中期 白玉洒金风云际会佩	长4.9cm	11,500	北京翰海	2014.10.26
清中期 白玉洒金螭龙环形佩	高6.2cm	23,000	北京翰海	2014.10.26
清中期 白玉鸟衔桃株坠	长5cm	17,250	中国嘉德	2014.09.22
清中期 白玉年年有余佩	高5.4cm	20,700	北京翰海	2014.10.26
清中期 白玉镂雕螭龙佩	长8.5cm	69,000	中国嘉德	2014.06.22
清中期 白玉龙佩	高5.1cm	32,200	北京翰海	2014.05.11
清中期 白玉龙佩	高7.4cm	23,000	北京翰海	2014.10.26
清中期 白玉龙佩	高5.8cm	23,000	北京翰海	2014.10.26
清中期 白玉龙佩	高6cm	18,400	北京翰海	2014.10.26
清中期 白玉龙佩	高4.6cm	25,300	北京翰海	2014.10.26
清中期 白玉龙佩	高5.7cm	23,000	北京翰海	2014.10.26
清中期 白玉龙凤纹鸡心佩	高7cm	34,500	北京翰海	2014.05.11
清中期 白玉龙凤佩	高6.7cm	25,300	北京翰海	2014.10.26
清中期 白玉龙凤佩	高5.9cm	28,750	北京翰海	2014.10.26
清中期 白玉龙凤环形佩	高6.6cm	20,700	北京翰海	2014.10.26
清中期 白玉莲蓬青蛙坠	长4cm	40,250	北京保利	2014.10.26
清中期 白玉吉庆有余佩	高6.4cm	34,500	北京翰海	2014.05.11
清中期 白玉吉庆有余佩	高5.2cm	46,000	北京翰海	2014.10.26
清中期 白玉福在眼前佩（一对）	长8.5cm	23,000	北京保利	2014.10.26
清中期 白玉福寿双全坠	长5.1cm	46,000	北京翰海	2014.05.11
清中期 白玉福寿双全龙凤佩	长5.7	20,700	中鸿信	2014.11.22
清中期 白玉福寿如意吉庆佩	高7.8cm	34,500	北京翰海	2014.05.11
清中期 白玉福寿佩	高5.7cm	34,500	北京翰海	2014.05.11
清中期 白玉风云际会佩	高5.8cm	34,500	北京翰海	2014.05.11
清中期 白玉风云际会佩	高5.8cm	34,500	北京翰海	2014.10.26
清中期 白玉雕松鼠葡萄坠	长6.1cm	69,000	北京诚轩	2014.11.20
清中期 白玉雕双鱼佩	长5.5cm	161,000	中贸圣佳	2014.07.06
清中期 白玉雕双龙戏球佩	长6.5cm	80,500	中贸圣佳	2014.07.06
清中期 白玉雕海东青挂件	长5cm	92,000	中贸圣佳	2014.07.06
清中期 白玉螭龙纹簪	长9.1cm	57,500	北京翰海	2014.10.26
清中期 白玉八骏图佩	高5.1cm	92,000	北京翰海	2014.10.26
清中期 白玉喜上眉梢挂件	长5.2cm	218,500	安徽艺海	2014.04.30
清中期 白玉葫芦万代金蟾佩	长5.5cm	51,750	北京保利	2014.12.05
清 紫水晶双欢坠	高5.3cm	36,800	北京翰海	2014.10.26
清 玉提油灵兽坠	长6cm	86,250	北京保利	2014.01.11
清 玉镂空雕龙凤挂件	长6cm	40,250	西泠拍卖	2014.05.06
清 玉雕子辰佩	长9.5cm	28,750	北京翰海	2014.11.22
清 玉雕云龙佩	高6cm	13,800	北京翰海	2014.11.22
清 玉雕喜上眉梢佩	长6.5cm	34,500	北京翰海	2014.01.12
清 玉雕松鼠葡萄坠	长6.5cm	287,500	古天一	2014.06.05
清 玉雕双鱼	长7.5cm	11,500	北京翰海	2014.11.22
清 玉雕双欢坠	长4cm	12,650	北京翰海	2014.11.22
清 玉雕瑞兽佩	高6.5cm	26,450	北京翰海	2014.11.22
清 玉雕龙纹饰件	高6.7cm	17,250	北京翰海	2014.11.22
清 玉雕鸡心佩	长7cm	23,000	北京翰海	2014.11.22
清 玉雕福寿齐眉佩	长6cm	36,800	北京翰海	2014.01.12
清 玉雕福寿佩	长6cm	34,500	北京翰海	2014.01.12
清 玉雕凤形佩	宽8cm	55,200	北京保利	2014.04.27
清 玉雕螭龙佩	高4.5cm	13,800	北京翰海	2014.11.22
清 玉雕螭龙佩	高5cm	11,500	北京翰海	2014.11.22
清 青玉龙凤呈祥锁形佩	长8.5cm	28,750	中国嘉德	2014.09.22
清 青玉雕母子瑞兽把件	长6.3cm	38,331	纽约苏富比	2014.09.16
清 青玉螭龙纹长宜子孙佩	长6.7cm	71,300	中国嘉德	2014.09.22
清 青白玉松鼠葡萄坠	长6.3cm	36,800	中国嘉德	2014.09.22
清 青白玉双獾坠	长4.5cm	17,250	中国嘉德	2014.09.22
清 青白玉福寿桃把件	长8cm	69,000	南京经典	2014.01.06
清 青白玉福寿双全佩	长5cm	32,200	北京传是	2014.06.05

拍品名称	物品尺寸	成交价RMB	拍卖公司	拍卖日期
清 青白玉蝶形转心佩	宽5.3cm	34,500	中国嘉德	2014.05.18
清 青白玉螭龙佩	长6.7cm	17,250	中国嘉德	2014.09.22
清 青白玉把件（两件）	较大直径8.3cm	22,999	纽约苏富比	2014.09.16
清 南红玛瑙松鼠葡萄坠	长4.6cm	40,250	中国嘉德	2014.09.22
清 墨玉巧雕年年有余纹佩	长7cm	78,400	天津文物	2014.05.16
清 蜜蜡螭龙纹佩	长5.2cm	32,200	北京匡时	2014.06.03
清 玛瑙云鹤纹坠	长3.5cm	80,500	北京东正	2014.11.20
清 玛瑙巧雕鱼化龙佩	长5.5cm	11,500	北京保利	2014.10.26
清 玛瑙巧雕喜上眉梢佩	高5.4cm	149,500	北京翰海	2014.10.26
清 玛瑙猴子坠	高2.5cm	29,109	中国嘉德	2014.10.07
清 玛瑙雕荷莲蛙鸣	长5.5cm	230,000	北京翰海	2014.10.25
清 灵猿献寿 喜鹊登梅 蜜蜡嵌饰	长8cm	61,600	天津文物	2014.05.16
清 旧玉雕狮子戏球纹佩	高5.7cm	44,800	天津文物	2014.11.15
清 金珀喜鹊石榴挂件	高4.7cm	161,000	江苏爱涛	2014.07.06
清 吉庆有余挂坠	长4.6cm	23,000	北京东正	2014.11.20
清 黄玉一品当朝佩	高5.5cm	82,800	北京翰海	2014.05.11
清 黄玉兽面纹佩	长5.3cm	92,000	北京保利	2014.06.06
清 黄玉雕饕餮纹佩	长4.6cm	158,000	香港苏富比	2014.04.08
清 琥珀雕云龙纹挂坠	高6cm	40,250	西泠拍卖	2014.05.06
清 黑白玉巧作瓜果坠	长4.8cm	172,500	北京翰海	2014.10.26
清 黑白玉昆虫佩	长5.5cm	32,200	北京保利	2014.08.02
清 黑白玉螭龙佩	长5.2cm	20,700	中国嘉德	2014.09.22
清 带皮白玉瓜迭绵绵坠	长5.6cm	61,700	香港淳浩	2014.11.27
清 碧玺巧做瑞兽灵芝坠（一对）	尺寸不一	36,800	中鸿信	2014.11.22
清 白玉子母猪佩	长7.2cm	57,500	中国嘉德	2014.05.18
清 白玉子冈佩	长5.7cm	136,275	保利香港	2014.04.07
清 白玉长宜子孙佩	长13.5cm	75,900	北京保利	2014.04.27
清 白玉云龙佩	直径5.5cm	17,250	中国嘉德	2014.09.22
清 白玉鱼	长8.5cm	57,500	中国嘉德	2014.11.20
清 白玉鹦鹉佩	长5.5cm	34,500	北京保利	2014.08.02
清 白玉英雄坠	长4.5cm	69,000	北京保利	2014.10.26
清 白玉宜子孙钟形佩	长7.1cm	100,800	北京荣宝	2014.03.23
清 白玉一鸣惊人挂件	长6cm	55,200	深圳市拍	2014.01.05
清 白玉一路清廉佩	长5.5cm	90,850	保利香港	2014.04.07
清 白玉象	长4.5cm	34,500	中国嘉德	2014.03.24
清 白玉喜鹊登梅佩	长4.5cm	17,250	中国嘉德	2014.09.22
清 白玉太平有象佩	长7cm	46,000	中国嘉德	2014.11.20
清 白玉岁岁平安佩	长4.1cm	72,680	保利香港	2014.04.07
清 白玉松鼠葡萄坠	长6cm	218,500	古天一	2014.06.05
清 白玉松鼠葡萄挂坠	长5.5cm	78,200	北京保利	2014.04.27
清 白玉松鼠葡萄挂件	高5.3cm	253,000	八益拍卖	2014.10.24
清 白玉双獾坠	长5.6cm	256,956	中国嘉德	2014.04.09
清 白玉生辰鸡兔（两只）	高4.7cm	149,500	远方拍卖	2014.06.02
清 白玉三羊开泰八卦太极佩	直径5.4cm	57,500	中国嘉德	2014.03.24
清 白玉三猴坠	长5.5cm	43,700	北京保利	2014.01.11
清 白玉洒金海东青饰件	长7.8cm	103,500	北京翰海	2014.10.26
清 白玉瑞兽	长8cm	138,000	保利厦门	2014.11.02
清 白玉沁色凤凰佩	长9cm	10,350	中国嘉德	2014.09.22
清 白玉沁色雕子辰纹佩	高5cm	168,000	天津文物	2014.11.15
清 白玉沁色雕福至心灵纹佩	高6.6cm	134,400	天津文物	2014.11.15
清 白玉沁色雕福寿纹佩	高7.5cm	56,000	天津文物	2014.11.15
清 白玉巧雕子辰佩	高4.5cm	78,400	天津文物	2014.11.15
清 白玉盘龙佩	长7cm	101,200	中国嘉德	2014.05.18
清 白玉年年有余佩	高7cm	44,800	武汉中信	2014.10.23
清 白玉猫蝶坠	长5cm	13,800	中国嘉德	2014.09.22
清 白玉马上封侯坠	长6.5cm	36,800	中国嘉德	2014.03.24
清 白玉镂雕双螭坠	长6.3cm	122,700	纽约佳士得	2014.03.20
清 白玉镂雕花鸟佩	直径5cm	32,200	中国嘉德	2014.05.18
清 白玉龙形佩	长6cm	23,000	中国嘉德	2014.09.22
清 白玉龙纹坠	长9cm	69,000	北京保利	2014.01.11

拍品名称	物品尺寸	成交价RMB	拍卖公司	拍卖日期
清 白玉龙纹坠	长6.5cm	10,350	北京保利	2014.10.26
清 白玉龙纹鸡心佩	长8cm	36,800	北京保利	2014.01.11
清 白玉龙纹鸡心佩	长4.5cm	36,800	北京保利	2014.04.27
清 白玉龙纹斧形佩	高7.2cm	28,750	中国嘉德	2014.11.20
清 白玉龙凤子辰佩	宽7cm	48,300	中国嘉德	2014.11.20
清 白玉龙凤呈祥佩	直径5.5cm	115,000	北京翰海	2014.05.10
清 白玉留皮英雄坠	长4.5cm	80,500	北京保利	2014.10.26
清 白玉留皮松鼠葡萄坠	长6cm	25,300	北京保利	2014.10.26
清 白玉留皮松鼠葡萄佩（一件）	长4cm	33,600	上海国拍	2014.05.18
清 白玉留皮盘螭佩	长7cm	46,000	北京保利	2014.06.06
清 白玉留皮鸟形坠	长6cm	172,500	北京保利	2014.04.27
清 白玉留皮蝴蝶佩	宽6cm	137,655	中国嘉德	2014.04.09
清 白玉留皮福寿佩	长7.5cm	34,500	北京保利	2014.10.26
清 白玉留皮福禄坠	长3.8cm	33,600	武汉中信	2014.10.23
清 白玉留皮雕仙鹤衔桃纹佩	长6cm	201,600	天津文物	2014.05.16
清 白玉留皮雕望子成龙纹佩	高7cm	168,000	天津文物	2014.11.15
清 白玉留皮雕松鼠葡萄纹佩	长5.7cm	224,000	天津文物	2014.05.16
清 白玉留皮雕双欢佩	高3.7cm	109,760	天津文物	2014.11.15
清 白玉留皮雕荷塘清趣纹佩	高4.6cm	123,200	天津文物	2014.11.15
清 白玉留皮雕富贵有余纹佩	高5cm	39,200	天津文物	2014.05.16
清 白玉留皮雕福寿双全纹佩	长4.3cm	106,400	天津文物	2014.05.16
清 白玉留皮螭龙鸡心佩	长6.5cm	23,000	北京保利	2014.10.26
清 白玉灵猴献寿、献寿童子（各一件）	尺寸不一	34,479	香港淳浩	2014.11.27
清 白玉夔龙佩	长7.2cm	103,500	北京翰海	2014.04.12
清 白玉金蟾坠	长4.5cm	13,800	中鸿信	2014.11.22
清 白玉瓜蝶坠	长4.2cm	36,800	中国嘉德	2014.05.18
清 白玉福至心灵佩	长4.8cm	20,700	中国嘉德	2014.09.22
清 白玉福寿坠	长6cm	43,700	北京保利	2014.10.26
清 白玉福寿葫芦佩	长6cm	138,000	广州皇玛	2014.01.02
清 白玉福寿挂件	长5cm	82,800	八益拍卖	2014.10.24
清 白玉福禄寿玉佩	直径6cm	23,000	中鸿信	2014.11.22
清 白玉福禄佩	长6cm	28,750	北京保利	2014.10.26
清 白玉风云际会佩	高8cm	34,500	中国嘉德	2014.11.20
清 白玉丰衣足食挂件	长6.5cm	28,750	北京匡时	2014.09.17
清 白玉雕子辰纹佩	长6cm	89,600	天津文物	2014.05.16
清 白玉雕鸳鸯纹佩	长5.7cm	168,000	天津文物	2014.05.16
清 白玉雕渔翁捕鱼挂件	高4.5cm	46,000	西泠拍卖	2014.05.06
清 白玉雕鱼龙变化纹佩	高4.6cm	26,880	天津文物	2014.11.15
清 白玉雕鹦鹉纹佩	长4cm	33,600	天津文物	2014.05.16
清 白玉雕羊衔灵芝把件	长7.6cm	22,999	纽约苏富比	2014.09.16
清 白玉雕香雪佩	直径6cm	32,200	西泠拍卖	2014.05.06
清 白玉雕衔芝天鹅挂件	长6.5cm	40,250	朵云轩	2014.04.21
清 白玉雕喜事连连纹佩	高6cm	87,360	天津文物	2014.11.15
清 白玉雕五福捧寿纹佩	长5.7cm	56,000	天津文物	2014.05.16
清 白玉雕双鹅衔穗纹佩	高4.5cm	76,160	天津文物	2014.11.15
清 白玉雕瑞兽衔芝纹佩	高5cm	44,800	天津文物	2014.11.15
清 白玉雕瑞兽把件	长7.8cm	126,500	中贸圣佳	2014.06.01
清 白玉雕耄耋纹佩	高5.2cm	64,960	天津文物	2014.11.15
清 白玉雕马上封侯纹佩	长5cm	64,960	天津文物	2014.05.16
清 白玉雕马上封侯纹佩	长4.5cm	58,240	天津文物	2014.05.16
清 白玉雕马上封侯纹佩	长5.3cm	39,200	天津文物	2014.05.16
清 白玉雕马上封侯把件	长4.3cm	38,331	纽约苏富比	2014.09.16
清 白玉雕龙形转心佩	高6.7cm	57,500	西泠拍卖	2014.05.06
清 白玉雕龙纹佩	高5cm	308,000	天津文物	2014.11.15
清 白玉雕龙纹活心佩	高7cm	140,000	天津文物	2014.11.15
清 白玉雕龙马精神	长4.5cm	40,250	北京保利	2014.04.27
清 白玉雕灵龟献宝纹佩	长4.5cm	190,400	天津文物	2014.05.16
清 白玉雕金鱼佩	长6cm	40,320	天津文物	2014.05.16
清 白玉雕吉祥如意纹佩	长6cm	56,000	天津文物	2014.05.16

拍品名称	物品尺寸	成交价RMB	拍卖公司	拍卖日期
清 白玉雕蝴蝶玉佩	长6.5cm	80,500	中贸圣佳	2014.07.06
清 白玉雕蝴蝶纹佩	长8.5cm	39,200	天津文物	2014.05.16
清 白玉雕福寿双全纹佩	长7cm	33,600	天津文物	2014.05.16
清 白玉雕福寿佩	长6.5cm	34,500	北京翰海	2014.04.13
清 白玉雕螭龙佩	长5cm	101,200	苏州东方	2014.10.30
清 白玉雕“喜上眉梢”把件	长8cm	115,000	远方拍卖	2014.06.02
清 白玉丹凤朝阳辟邪佩饰	长5.3cm	57,500	北京匡时	2014.09.17
清 白玉带沁“天鹿”挂件	长4.9cm	118,670	万昌斯	2014.05.25
清 白玉带沁“封侯”“福禄寿”挂件	长4.8cm	138,449	万昌斯	2014.05.25
清 白玉带皮雕荷塘清趣挂饰	长48cm	138,000	北京华辰	2014.05.17
清 白玉带皮螭龙佩	高7cm	161,000	北京匡时	2014.09.17
清 白玉螭龙佩	长6.4cm	43,700	中国嘉德	2014.09.22
清 白玉螭龙佩	长5cm	11,500	中国嘉德	2014.09.22
清 白玉螭龙活环佩	长5.5cm	36,800	中国嘉德	2014.09.22
清 白玉蟾	长4.5cm	23,000	中国嘉德	2014.09.22
清 白玉草虫梅花坠（两件）	尺寸不一	69,000	北京保利	2014.01.11
清 白玉辈辈猴	4cm×3.2cm	35,840	武汉中信	2014.10.23
清 白玉辈辈封侯佩	长8.5cm	34,500	北京保利	2014.04.27
清 白玉八卦十二生肖佩	直径5cm	46,000	北京保利	2014.10.26
清 白玉“一鸣惊人”	长6.5cm	109,250	北京保利	2014.08.02
清 白玉 瓜蝶绵绵挂件	长4.5cm	26,450	北京匡时	2014.09.17
清 白玉 福在眼前挂件	直径4.8cm	51,750	北京匡时	2014.09.17
清 白玉三羊开泰把件	高5cm	34,500	北京盈时	2014.12.07
清 白玉螭龙转心佩	长5.6cm	126,500	华艺国际	2014.12.09
清 白玉雕生肖三合佩	高6cm	517,500	西泠拍卖	2014.12.13
清 白玉雕双骏挂件	高2.2cm	40,250	西泠拍卖	2014.12.13
清 白玉雕松鼠葡萄纹佩	长6cm	48,300	西泠拍卖	2014.12.13
清 代代封侯和田玉包金挂件	高7.5cm	42,000	北京九歌	2014.12.17
清 玛瑙巧作双狮戏珠挂件	高1.5cm	48,300	西泠拍卖	2014.12.13
清 蜜蜡“二甲传芦”挂件及蜜蜡佛珠		115,000	北京盈时	2014.12.07
清 玉雕欢天喜地挂件	高2cm	46,000	西泠拍卖	2014.12.13
清 玉雕四灵佩	高4.8cm	53,250	西泠拍卖	2014.12.13
清 玉巧雕“松鼠葡萄”挂件	高4.5cm	34,500	北京盈时	2014.12.07
清17世纪 白玉雕“福禄寿”把件	高8cm	197,750	香港苏富比	2014.10.08
18世纪 白玉“松鼠葡萄”挂件	高5.1cm	158,227	万昌斯	2014.05.25
18世纪 白玉带皮“松鼠金瓜”	高5cm	168,116	万昌斯	2014.05.25
18世纪 白玉带皮“松鼠金瓜”挂件	高5cm	197,784	万昌斯	2014.05.25
18世纪 白玉带皮“松鼠葡萄”挂件	高5.5cm	168,116	万昌斯	2014.05.25
18世纪 白玉带皮“松鼠葡萄”挂件	高4.8cm	168,116	万昌斯	2014.05.25
18世纪 白玉带皮“松鼠葡萄”挂件	高4.2cm	128,560	万昌斯	2014.05.25
18世纪 白玉雕“三阳开泰”把件	长6.1cm	118,650	香港苏富比	2014.10.08
18世纪 白玉雕卧马把件	高6.6cm	59,325	香港苏富比	2014.10.08
18世纪 白玉交锁龙纹佩	高5.5cm	80,616	伦敦苏富比	2014.11.05
18世纪 白玉夔凰纹佩	长8.2cm	183,990	纽约苏富比	2014.09.16
18世纪 白玉镂雕“子孙万代”图佩	高4.6cm	59,250	香港苏富比	2014.04.08
18世纪 白玉镂雕龙凤纹把件	长16.2cm	61,330	纽约苏富比	2014.09.16
18世纪 白玉松鼠葡萄纹坠	长5.3cm	84,356	纽约佳士得	2014.03.20
18世纪 三色巧雕白玉“神牛麒麟”挂件	高4.1cm	148,338	万昌斯	2014.05.25
18世纪/19世纪 白玉螭龙衔芝坠	长5.5cm	130,369	纽约佳士得	2014.03.20
18世纪/19世纪 白玉雕螭龙纹璧形佩	长5.3cm	38,331	纽约苏富比	2014.09.16
18世纪/19世纪 白玉雕瓜蝶纹把件	高5.7cm	30,675	纽约苏富比	2014.03.18

2014玉器拍卖成交汇总

(成交价RMB：1万元以上)

拍品名称	物品尺寸	成交价RMB	拍卖公司	拍卖日期
18世纪/19世纪 白玉雕双欢耄耋纹佩（两件）	较长4.5cm	38,331	纽约苏富比	2014.09.16
18世纪/19世纪 白玉雕松树葡萄把件	长5.4cm	130,326	纽约苏富比	2014.09.16
18世纪/19世纪 白玉凤鸣在竹纹佩	高6.3cm	42,176	伦敦苏富比	2014.05.14
18世纪/19世纪 白玉浮雕龙凤戏珠佩	长6cm	46,013	纽约佳士得	2014.03.20
18世纪/19世纪 白玉镂雕螭龙纹韘佩	高6.9cm	593,250	香港苏富比	2014.10.08
18世纪/19世纪 白玉双鸭衔莲把件	宽3.5cm	76,688	纽约佳士得	2014.03.20
18世纪/19世纪 白玉松鼠葡萄纹坠	高5.4cm	99,694	纽约佳士得	2014.03.20
18世纪/19世纪 白玉松鼠葡萄纹坠	高5cm	46,013	纽约佳士得	2014.03.20
18世纪/19世纪 白玉松鼠葡萄坠	高6.4cm	53,681	纽约佳士得	2014.03.20
18世纪/19世纪 青白玉“寿山福海”佩	高6.2cm	65,184	纽约佳士得	2014.03.20
18世纪/19世纪 青白玉福寿齐眉把件	宽5.7cm	84,356	纽约佳士得	2014.03.20
18世纪/19世纪 青白玉葫芦纹“福寿”佩	高5cm	92,025	纽约佳士得	2014.03.20
19世纪 白玉带皮巧雕连年有余把件	长5.4cm	30,675	纽约苏富比	2014.03.18
19世纪 白玉福寿双全佩	高6.3cm	72,853	纽约佳士得	2014.03.20
19世纪 青白玉雕卧鸭	长5cm	38,331	纽约苏富比	2014.09.16
18世纪 黄玉螭龙纹佩	长6.2cm	1,120,380	佳士得	2014.11.26
18世纪 白玉灵猴献寿佩	长4.5cm	34,500	北京匡时	2014.06.04
18世纪/19世纪 白玉镂雕螭龙佩	直径5.7cm	245,320	邦瀚斯	2014.09.15
19世纪 青玉雕螭龙纹佩	高5.2cm	98,850	伦敦邦瀚斯	2014.05.15
民国 白玉留皮桑蚕佩	长5.7cm	97,750	中国嘉德	2014.03.24
民国 白玉镂雕龙纹佩（一对）	高4.5cm×2	17,250	中鸿信	2014.11.22
白玉S龙佩·绿松石球	宽9.0cm	407,950	日本伊斯特	2014.05.31
白玉芭蕉飞燕佩	长7.4cm	59,800	北京博观	2014.11.15
白玉蝉纹佩	长4.7cm	43,700	北京翰海	2014.11.22
白玉螭龙佩	直径5.7cm	10,350	中国嘉德	2014.09.22
白玉雕连年有余挂坠	长7cm	115,000	北京华辰	2014.05.17
白玉雕龙马精神挂件	高8cm	134,400	北京荣宝	2014.03.23
白玉雕母子鹅挂件	高6cm	84,000	北京荣宝	2014.03.23
白玉雕母子情深手把件	长8.5cm	168,000	盛世嘉宝	2014.11.02
白玉雕貔貅把件	长6cm	112,000	盛世嘉宝	2014.11.02
白玉雕天马行空手把件	长6.5cm	201,600	盛世嘉宝	2014.11.02
白玉雕有样把件	长8.3cm	230,000	中国嘉德	2014.11.20
白玉仿古俏雕龙纹把件	长8.5cm	287,500	中贸圣佳	2014.07.06
白玉连生贵子坠、透雕鹦鹉佩（各一件）	尺寸不一	32,665	香港淳浩	2014.11.27
白玉留皮连中三甲把件	长9.1cm	13,800	中鸿信	2014.11.23
白玉留皮瑞兽把件	高5cm	17,250	中鸿信	2014.11.23
白玉扭转乾坤把件	长8.0cm	40,250	北京博观	2014.11.15
白玉俏雕雅趣	长9.3cm	575,000	中贸圣佳	2014.07.06
白玉沁色“双鸟”佩	高2.5cm	161,000	北京匡时	2014.06.03
白玉人生如意挂件	长7cm	32,200	深圳市拍	2014.01.05
白玉瑞兽（一对）	尺寸不一	230,000	北京博观	2014.11.15
白玉瑞兽灵芝把件	高8.6cm	45,000	北京九歌	2014.12.17
白玉瑞兽佩	长7.2cm	36,800	深圳市拍	2014.06.29
白玉双欢把件	长6.5cm	280,000	北京九歌	2014.12.17
白玉双鹿把件	长6.3cm	115,000	北京匡时	2014.06.04
白玉鱼戏把件	长7.8cm	69,000	深圳市拍	2014.06.29
白玉鸳鸯鸟	宽5.7cm	134,400	成都金沙	2014.11.16

拍品名称	物品尺寸	成交价RMB	拍卖公司	拍卖日期
白玉长宜子孙佩	长15.7cm	20,700	中国嘉德	2014.09.22
碧玉飞黄腾达佩	高4.5cm	20,700	北京博观	2014.11.15
碧玉瑞兽把件	长9.3cm	115,000	北京博观	2014.07.06
碧玉双娇把件	长6.0cm	25,300	北京博观	2014.11.15
碧玉握权把件	长8.8cm	120,750	北京博观	2014.07.06
碧玉喜事连连把件	高4.8cm	17,250	北京博观	2014.11.16
碧玉一鸣惊人挂件	长8.3cm	34,500	北京博观	2014.11.15
碧玉知足佩	高5.7cm	23,000	北京博观	2014.11.15
曹国斌 贺寿	长9.5cm	2,300,000	北京保利	2014.06.04
陈冠军 龙凤合鸣 白玉挂件	直径5.2cm	69,000	北京匡时	2014.06.05
陈健 桃喜 白玉把件	长7.3cm	126,500	北京匡时	2014.06.05
陈健（汉皇玉苑）碧玉玉猪龙挂件	长5.05cm	34,500	宇辰拍卖	2014.11.02
陈强 和谐 白玉把件	长10.5cm	207,000	北京匡时	2014.06.05
崔磊 节节高升 白玉把件		115,000	西泠拍卖	2014.05.03
崔磊 省丹守一白玉把件	长5.3cm	207,000	西泠拍卖	2014.12.14
崔磊 渔翁得利 白玉挂件		46,000	西泠拍卖	2014.05.03
当代 白玉雕貔貅把件	长7.9cm	26,450	中鸿信	2014.11.23
当代 白玉巧雕雄鹰把件	高7cm	13,800	中鸿信	2014.11.23
当代 白玉俏皮“府上有龙”把件	长7.7cm	33,350	中鸿信	2014.11.23
当代 白玉俏皮巧雕灵芝挂件	高5cm	18,400	中鸿信	2014.11.23
当代 陈建雕籽玉兽面纹手镯腰佩（一套）	尺寸不一	69,000	中鸿信	2014.11.23
当代 和田玉俏皮雕“洋洋得意”把件	长6cm	31,050	中鸿信	2014.11.23
当代 和田玉俏皮巧雕“金榜题名”佩	高6.1cm	13,800	中鸿信	2014.11.23
当代 刘国皓雕白玉英雄独立把件	高8.5cm	20,700	中鸿信	2014.11.23
当代 南红玛瑙巧雕吉祥天缘坠	长4.5cm	36,800	中鸿信	2014.11.23
当代 南红玛瑙巧雕金猿献寿坠	高5.5cm	23,000	中鸿信	2014.11.23
当代 叶遂群作南红福在眼前坠	长4.6cm	32,200	中鸿信	2014.11.23
樊军民 白玉雕观寿把件	长4.8cm	138,000	中国嘉德	2014.11.20
范同生 伏虎尊者 白玉把件		253,000	西泠拍卖	2014.05.03
范同生 和田玉籽带皮貔貅把件	长9.85cm	138,000	北京艺融	2014.06.03
范同生 和田玉籽料带皮五子登科玉佩	长7.5cm	103,500	北京艺融	2014.06.03
范同生 和田玉籽料凤凰涅盘手把件	长6.5cm	207,000	北京艺融	2014.06.03
范同生 和田玉籽料全家福玉佩	长5.4cm	97,750	北京艺融	2014.06.03
冯钤 春堂水暖 南红把件	长7.2cm	92,000	西泠拍卖	2014.12.14
凤鸟玉挂件	重量15g	607,530	中国艺海	2014.11.15
葛洪 必定成龙挂件	长5.2cm	75,000	上海驰翰	2014.06.26
葛洪 蝶恋花 白玉挂件	高4.7cm	230,000	西泠拍卖	2014.12.14
葛洪 和田玉籽料龙翔凤翕挂件	长4cm	115,000	宇辰拍卖	2014.11.02
葛洪 虎虎生威 白玉把件		322,000	西泠拍卖	2014.05.03
葛洪 虎啸震天 白玉把件	长8.3cm	184,000	西泠拍卖	2014.12.14
葛洪 威 白玉把件	长7.2cm	287,500	西泠拍卖	2014.12.14
葛洪 喜相逢 白玉挂件	高3cm	69,000	西泠拍卖	2014.12.14
葛洪 玄武 白玉把件		1,840,000	西泠拍卖	2014.05.03
葛洪 延年益寿 白玉把件		437,000	西泠拍卖	2014.05.03
顾镇涛 相亲相爱 白玉把件（一对）		92,000	北京匡时	2014.06.05
顾镇涛 一鸣惊人 籽料把件	长4.3cm	207,000	北京匡时	2014.06.05
顾中华 龙腾四海 白玉把件	长5.7cm	207,000	北京匡时	2014.06.05
顾中华 天地英雄 白玉把件	长7.6cm	920,000	北京匡时	2014.06.05
郭万龙 白玉雕双欢把件	长5.5cm	402,500	中国嘉德	2014.11.20
郭万龙 比翼双飞	长6.1cm	322,000	北京保利	2014.06.04
和田白玉封侯拜相手把件	长5cm	117,600	盛世嘉宝	2014.11.02
和田白玉府上有龙挂件	高8.5cm	165,000	北京中孚	2014.05.25
和田白玉金玉满堂手把件	长9cm	201,600	盛世嘉宝	2014.11.02
和田白玉巧雕安居乐业佩	长8.3cm	336,000	中晟国际	2014.10.11

拍品名称	物品尺寸	成交价RMB	拍卖公司	拍卖日期
和田白玉青花籽料兔形佩	长4.2cm	67,200	中晟国际	2014.10.11
和田白玉仙鹤手把件	长8.2cm	33,600	中晟国际	2014.10.11
和田白玉籽料大吉大利把件	长8.2cm	33,600	中晟国际	2014.10.11
和田白玉籽料鹅如意把件	长5.5cm	56,000	中晟国际	2014.10.11
和田白玉籽料福牛把件	长6cm	78,400	中晟国际	2014.10.11
和田白玉籽料金鱼把件	长6.6cm	78,400	中晟国际	2014.10.11
和田白玉籽料连年有余把件	长5.7cm	33,600	中晟国际	2014.10.11
和田白玉籽料连年有余挂件	长5cm	179,200	盛世嘉宝	2014.11.02
和田白玉籽料领头羊挂件	长5.5cm	33,600	中晟国际	2014.10.11
和田白玉籽料龙凤佩	长9.6cm	56,000	中晟国际	2014.10.11
和田白玉籽料貔貅把件	长5.3cm	112,000	中晟国际	2014.10.11
和田白玉籽料貔貅把件	长7.0cm	78,400	中晟国际	2014.10.11
和田白玉籽料旺财把件	长7cm	168,000	中晟国际	2014.10.11
和田白玉籽料喜上眉梢把件	长7.5cm	56,000	中晟国际	2014.10.11
和田白玉籽料鹰挂件	长5.5cm	56,000	中晟国际	2014.10.11
和田白玉籽料鱼化龙把件	长5.3cm	56,000	中晟国际	2014.10.11
和田黄玉雕龙挂件	长6.1cm	46,000	北京保利	2014.06.02
和田金玉满堂挂件	长5.2cm	57,500	北京保利	2014.06.02
和田年年有余挂件	长5.3cm	82,800	北京保利	2014.06.02
和田貔貅手把件	长8.3cm	97,750	北京保利	2014.06.02
和田貔貅手把件	长8cm	74,750	北京保利	2014.06.02
和田洒金皮我如意挂件	长4.3cm	46,000	北京保利	2014.06.02
和田羊脂白玉天然三色平安竹节挂件	长5.5cm	57,500	北京保利	2014.06.02
和田玉蝉挂件	长5.6cm	40,250	北京博观	2014.11.15
和田玉带皮吉祥如意挂件	长4.4cm	34,500	北京保利	2014.06.02
和田玉带子上朝瑞兽把件	长7.6cm	40,250	宇辰拍卖	2014.11.02
和田玉封侯拜相把件	长4.7cm	57,500	北京博观	2014.11.15
和田玉龙行天下手把件	长9cm	51,750	北京保利	2014.06.02
和田玉貔貅把件	长8.5cm	134,400	未来四方	2014.05.23
和田玉貔貅手把件	长9.4cm	97,750	北京保利	2014.06.02
和田玉巧雕步步高升雕件	长4.9cm	36,800	北京保利	2014.06.02
和田玉洒金皮风云际合手把件	长7.7cm	105,800	北京保利	2014.06.02
和田玉三色雕双鱼把件	高7.8cm	120,000	北京九歌	2014.12.17
和田玉双牛佩	长6.7cm	34,500	北京博观	2014.11.15
和田玉喜事连连佩	长6.2cm	36,800	北京博观	2014.11.15
和田玉仙鹤挂件	长5.8cm	51,750	北京保利	2014.06.02
和田玉籽料“金玉满堂”把件	长6.8cm	101,200	北京保利	2014.04.29
和田玉籽料安居乐业佩	长6.4cm	74,750	北京博观	2014.11.16
和田玉籽料辈辈猴把件	长4.7cm	63,250	北京博观	2014.11.15
和田玉籽料必定成龙把件	长4.8cm	34,500	宇辰拍卖	2014.11.02
和田玉籽料必定成龙挂件	长4.7cm	36,800	北京博观	2014.11.16
和田玉籽料蝉挂件	长5.3cm	43,700	北京博观	2014.11.15
和田玉籽料大圣把件	长5.8cm	55,200	北京博观	2014.11.15
和田玉籽料鹅如意佩	长4.0cm	32,200	北京博观	2014.11.16
和田玉籽料封侯拜相挂件	长4.4cm	34,500	北京博观	2014.11.15
和田玉籽料凤佩	长8.3cm	78,200	北京博观	2014.11.16
和田玉籽料凤佩	长8.0cm	57,500	北京博观	2014.11.15
和田玉籽料凤佩	长3.4cm	40,250	北京博观	2014.11.15
和田玉籽料凤舞把件	长5.8cm	132,250	北京博观	2014.07.06
和田玉籽料凤舞九天佩	长5.4cm	55,200	北京博观	2014.11.15
和田玉籽料福寿把件	长5.0cm	46,000	北京博观	2014.11.15
和田玉籽料福寿把件	长5.0cm	40,250	北京博观	2014.11.15
和田玉籽料福寿如意把件	长8.6cm	59,800	北京博观	2014.11.15
和田玉籽料福相挂件	长3.8cm	36,800	北京博观	2014.11.15
和田玉籽料富贵连连	长3.8cm	32,200	北京博观	2014.11.15
和田玉籽料富贵有余把件	长5.8cm	57,500	宇辰拍卖	2014.11.02
和田玉籽料富贵有余佩	长5.2cm	82,800	北京博观	2014.11.16
和田玉籽料观禅把件	长7.2cm	65,550	北京博观	2014.11.15
和田玉籽料官上加官把件	长8cm	51,750	宇辰拍卖	2014.11.02
和田玉籽料冠上加冠佩	长5.2cm	46,000	北京博观	2014.11.15

拍品名称	物品尺寸	成交价RMB	拍卖公司	拍卖日期
和田玉籽料归巢挂件	长5.6cm	74,750	北京博观	2014.11.16
和田玉籽料龟鹤延年把件	长5.5cm	2,012,500	北京博观	2014.07.06
和田玉籽料汉八刀蝉形佩	长4.8cm	48,300	北京博观	2014.11.16
和田玉籽料和和美美把件	长7.3cm	59,800	北京博观	2014.11.15
和田玉籽料和和美美挂件	长4.6cm	41,400	北京博观	2014.11.16
和田玉籽料和美挂件	长5.4cm	40,250	宇辰拍卖	2014.11.02
和田玉籽料鹤望把件	高13.3cm	4,025,000	北京博观	2014.07.06
和田玉籽料鸿运当头把件	长5.3cm	218,500	北京博观	2014.11.16
和田玉籽料鸿运当头把件	长7.3cm	74,750	北京博观	2014.11.15
和田玉籽料虎虎生威把件	长5.0cm	57,500	北京博观	2014.11.15
和田玉籽料虎威挂件	长3.8cm	32,800	北京博观	2014.11.15
和田玉籽料吉祥如意佩	长5.2cm	184,000	北京博观	2014.11.16
和田玉籽料金玉满堂佩	高5.4cm	25,300	北京博观	2014.11.15
和田玉籽料老鼠爱大米把件	长6.7cm	23,000	北京博观	2014.11.16
和田玉籽料连中三甲佩	长4.5cm	55,200	北京博观	2014.11.15
和田玉籽料灵猴献寿把件	长4.2cm	46,000	北京博观	2014.11.16
和田玉籽料灵瑞佑护	长5.3cm	105,800	北京博观	2014.07.06
和田玉籽料龙把件	长6.8cm	80,500	北京博观	2014.11.16
和田玉籽料龙龟把件	长4.2cm	101,200	北京博观	2014.07.06
和田玉籽料龙行天下把件	长10.1cm	101,200	北京博观	2014.11.16
和田玉籽料龙马精神佩	长7.1cm	92,000	北京博观	2014.11.15
和田玉籽料龙佩	长4.3cm	43,700	北京博观	2014.11.15
和田玉籽料龙首把件	长5.9cm	143,750	宇辰拍卖	2014.11.02
和田玉籽料龙纹佩	长4.3cm	55,200	宇辰拍卖	2014.11.02
和田玉籽料路路连科把件	长8.6cm	172,500	宇辰拍卖	2014.11.02
和田玉籽料马上封侯把件	长7.8cm	32,200	北京博观	2014.11.15
和田玉籽料马上平安把件	长5.2cm	48,300	宇辰拍卖	2014.11.02
和田玉籽料马上有福挂件	长4.7cm	28,750	北京博观	2014.11.15
和田玉籽料茂运当头把件	长6.8cm	28,750	北京博观	2014.11.15
和田玉籽料耄耋富贵把件	长6cm	32,200	宇辰拍卖	2014.11.02
和田玉籽料牧牛图把件	长7.7cm	80,500	北京博观	2014.11.15
和田玉籽料纳财有余把件	长8.2cm	264,500	宇辰拍卖	2014.11.02
和田玉籽料青牛引圣佩	长6.2cm	59,800	北京博观	2014.11.16
和田玉籽料瑞兽把件	长6.2cm	184,000	宇辰拍卖	2014.11.02
和田玉籽料瑞兽把件	长5.9cm	101,200	北京博观	2014.11.16
和田玉籽料瑞兽把件	长6.1cm	92,000	宇辰拍卖	2014.11.02
和田玉籽料瑞兽把件	长6.0cm	57,500	北京博观	2014.11.15
和田玉籽料瑞兽把件	长6.8cm	51,750	宇辰拍卖	2014.11.02
和田玉籽料瑞兽把件	长6.4cm	46,000	宇辰拍卖	2014.11.02
和田玉籽料瑞兽把件	长4.6cm	43,700	宇辰拍卖	2014.11.02
和田玉籽料瑞兽把件	长5.7cm	40,250	宇辰拍卖	2014.11.02
和田玉籽料瑞兽把件	长5.3cm	32,200	北京博观	2014.11.15
和田玉籽料瑞兽把件	长4.2cm	28,750	北京博观	2014.11.15
和田玉籽料瑞兽把件	长4.3cm	28,750	北京博观	2014.11.15
和田玉籽料瑞兽挂件	长3.1cm	34,500	宇辰拍卖	2014.11.02
和田玉籽料瑞兽佩	长9.6cm	172,500	北京博观	2014.11.15
和田玉籽料瑞兽佩	长3.7cm	36,800	北京博观	2014.11.16
和田玉籽料神行天下把件	长7.0cm	138,000	北京博观	2014.11.16
和田玉籽料盛世兴隆佩	长4.9cm	132,250	北京博观	2014.07.06
和田玉籽料守业把件	长4.1cm	34,500	北京博观	2014.11.15
和田玉籽料守业佩	高6.6cm	27,600	北京博观	2014.11.15
和田玉籽料双福齐至佩	长3.4cm	34,500	北京博观	2014.11.15
和田玉籽料双喜临门把件	长6.7cm	34,500	北京博观	2014.11.15
和田玉籽料双喜佩	长5.5cm	82,800	北京博观	2014.11.16
和田玉籽料太平有象把件	长5.8cm	143,750	宇辰拍卖	2014.11.02
和田玉籽料天龙地虎把件	长5.3cm	977,500	北京博观	2014.07.06
和田玉籽料天马行空把件	长6.4cm	105,800	北京博观	2014.07.06
和田玉籽料望子成龙把件	长5.4cm	34,500	宇辰拍卖	2014.11.02
和田玉籽料我如意佩	长6.1cm	97,750	北京博观	2014.11.16
和田玉籽料我如意佩	长3.4cm	70,150	北京博观	2014.11.15
和田玉籽料喜上眉梢把件	长7.1cm	74,750	北京博观	2014.11.16

2014玉器拍卖成交汇总

(成交价RMB：1万元以上)

拍品名称	物品尺寸	成交价RMB	拍卖公司	拍卖日期
和田玉籽料喜相逢把件	长5.2cm	281,750	北京博观	2014.07.06
和田玉籽料祥龙佩	长4.5cm	46,000	北京博观	2014.11.16
和田玉籽料一路连科把件	长5.2cm	132,250	北京博观	2014.11.15
和田玉籽料一路连科挂件	高4.8cm	27,600	北京博观	2014.11.15
和田玉籽料一路连科佩	长4.5cm	59,800	北京博观	2014.11.16
和田玉籽料一路连科佩	长4.6cm	40,250	北京博观	2014.11.16
和田玉籽料一路如意佩	长7.2cm	101,200	北京博观	2014.07.06
和田玉籽料一鸣惊人把件	长6.6cm	138,000	北京博观	2014.11.16
和田玉籽料一鸣惊人把件	长6.4cm	51,750	宇辰拍卖	2014.11.02
和田玉籽料一鸣惊人把件	长6.3cm	32,200	北京博观	2014.11.16
和田玉籽料一鸣惊人挂件	长4.4cm	126,500	北京博观	2014.11.16
和田玉籽料一世英武佩	长4.6cm	50,600	北京博观	2014.11.16
和田玉籽料跃龙门佩	长7.2cm	43,700	北京博观	2014.11.16
和田玉籽料招财进宝把件	长5.8cm	43,700	北京博观	2014.11.16
和田玉籽料自由自在把件	长6.5cm	80,500	北京博观	2014.11.16
和田玉籽料自由自在把件	长5.1cm	103,500	北京博观	2014.07.06
红皮白玉雕貔貅挂件	长4.3cm	61,600	上海联合	2014.10.11
黄罕勇 步稳行远 白玉把件		517,500	西泠拍卖	2014.05.03
黄罕勇 鹤鹿同春 白玉把件	长10.8cm	1,725,000	西泠拍卖	2014.12.14
黄罕勇 吉祥如意 白玉把件	长6.9cm	517,500	西泠拍卖	2014.12.14
黄罕勇 金运瑞兽 白玉把件		552,000	西泠拍卖	2014.05.03
黄罕勇 貔貅 白玉把件		195,500	西泠拍卖	2014.05.03
黄罕勇 瑞龙	长5.1cm	207,000	北京保利	2014.06.04
黄罕勇 瑞兽 白玉把件	长8cm	345,000	中宝拍卖	2014.07.06
黄罕勇 狮舞常乐 白玉挂件	高3.9cm	345,000	西泠拍卖	2014.12.14
黄罕勇 旺财金蟾 白玉把件		74,750	西泠拍卖	2014.05.03
黄皮籽料龙凤呈祥挂件	长4.7cm	242,000	华软信诚	2014.01.01
黄杨红 玄武手把件	长5.25cm	414,000	北京盘古	2014.06.25
黄杨洪 代代封侯 南红挂件	高3.2cm	34,500	西泠拍卖	2014.12.14
黄杨洪 蝶恋花 白玉挂件	高3.3cm	74,750	西泠拍卖	2014.12.14
黄杨洪 多子多福 白玉把件		483,000	西泠拍卖	2014.05.03
黄杨洪 多子多福 白玉把件	长3cm	172,500	北京匡时	2014.06.05
黄杨洪 金玉满堂 白玉挂件	高5.8cm	184,000	西泠拍卖	2014.12.14
黄杨洪 事事如意 南红把件		32,200	西泠拍卖	2014.05.03
黄杨洪 一鸣惊人 南红挂件		63,250	西泠拍卖	2014.05.03
黄玉必定成龙佩	长5.4cm	32,200	北京博观	2014.11.16
黄玉蝉形佩	高5.1cm	23,000	北京博观	2014.11.15
黄玉凤佩	长4.2cm	32,200	北京博观	2014.11.16
黄玉府上有龙佩	高4.9cm	25,300	北京博观	2014.11.16
黄玉金玉满堂把件	长7.0cm	25,300	北京博观	2014.11.15
黄玉喜鹊登梅佩	直径5.5cm	17,250	中国嘉德	2014.09.22
黄玉猪龙坠（一对）	尺寸不一	57,500	中国嘉德	2014.06.22
灰青玉熊把件	长6.7cm	115,031	纽约佳士得	2014.03.20
江涛 白玉留皮巧作"辈辈侯"挂件	长5.1cm	201,600	上海联合	2014.06.29
蒋宏利 和田玉籽料蝶恋花挂件	长3.8cm	36,800	宇辰拍卖	2014.11.02
蒋宏利 驾驭 白玉把件		92,000	西泠拍卖	2014.05.03
蒋喜 带子上朝 白玉把件	长7.7cm	897,000	北京匡时	2014.06.05
蒋喜 灵猴献瑞 白玉挂件		55,200	西泠拍卖	2014.05.03
蒋喜 弯弯顺挂件	长4.3cm	65,000	上海驰翰	2014.06.26
近代 白玉松鼠 白玉福寿双全挂件（两件）	高4.5cm	43,700	八益拍卖	2014.10.24
近代 珊瑚双欢坠	长5cm	13,800	北京翰海	2014.11.22
孔雀玉佩	长4.5cm	36,800	北京翰海	2014.04.12
昆虫琥珀裸石挂件	长6cm	105,000	富佳斋	2014.07.20
李东 籽料岁岁平安挂件	长5cm	64,960	中晟国际	2014.10.11
李付勇 白玉雕一路连科挂件	长5.9cm	31,360	上海联合	2014.10.11
李海涛 和田玉籽料瑞兽把件	长7.2cm	115,000	宇辰拍卖	2014.11.02
李海涛 和田玉籽料瑞兽把件	长4.2cm	69,000	宇辰拍卖	2014.11.02
李剑 财运亨通 白玉把件	长4.7cm	149,500	西泠拍卖	2014.12.14
李剑 飞黄腾达 白玉挂件	高6.6cm	138,000	西泠拍卖	2014.12.14
李剑 福寿安康 白玉把件	长5cm	138,000	西泠拍卖	2014.12.14

拍品名称	物品尺寸	成交价RMB	拍卖公司	拍卖日期
李剑 官上加官 白玉挂件	高5.3cm	172,500	西泠拍卖	2014.12.14
李剑 卯兔迎财 白玉把件		195,500	西泠拍卖	2014.05.03
李俊杰 和田玉籽料富贵有余	长7.2cm	149,500	尚品润博	2014.08.03
李康 凤舞 白玉挂件	长3.6cm	55,200	北京匡时	2014.06.05
李康 龙凤呈祥 白玉挂件	长5.7cm	241,500	北京匡时	2014.06.05
李康 天马挂件	长5.8cm	115,000	上海驰翰	2014.06.26
李康 玉猪龙 白玉挂件	长4cm	80,500	北京匡时	2014.06.05
林光 天授灵佑 白玉挂件	长6.6cm	92,000	西泠拍卖	2014.12.14
林金波 大帅 白玉挂件		36,800	西泠拍卖	2014.05.03
刘海 和田玉籽料飞黄腾达挂件	长5.6cm	32,200	宇辰拍卖	2014.11.02
龙凤纹梯形佩	高7cm	230,000	中国嘉德	2014.11.20
龙形纹饰件	长7.1cm	246,400	成都金沙	2014.11.16
卢开飞 白玉留皮巧作鹦鹉枇杷纹挂件	长5.6cm	112,000	上海联合	2014.06.29
卢开飞 喜事连连挂件	长4.4cm	74,750	北京盘古	2014.06.25
卢开飞 鸳鸯戏水挂件	高15cm	103,500	北京盘古	2014.06.25
陆爱风 白玉凤佩	长7cm	506,000	中国嘉德	2014.11.20
陆爱风 白玉小貔貅	长4cm	322,000	中国嘉德	2014.11.20
陆爱风 白玉鱼挂件	长5cm	207,000	中国嘉德	2014.11.20
陆爱风 古兽白玉把件	长8.8cm	3,162,500	北京匡时	2014.06.05
陆爱风 黄玉鱼挂件	长7.1cm	172,500	中国嘉德	2014.11.20
陆爱风 神武瑞兽 白玉把件	长5.5cm	402,500	西泠拍卖	2014.12.14
罗光明 红松常在	长4cm	35,840	中晟国际	2014.10.11
罗光明 一路清莲	长5cm	32,480	中晟国际	2014.10.11
吕德 白玉留皮龙马精神挂件	长6.5cm	89,600	上海联合	2014.10.11
吕德 金蟾把件	长4.8cm	55,000	上海驰翰	2014.06.26
满黄皮籽料蝶恋花挂件	长6.3cm	132,000	华软信诚	2014.01.01
耄耋富贵 白玉把件	长6.8cm	57,500	北京匡时	2014.06.05
墨玉瑞兽把件	长6.8cm	28,750	北京博观	2014.11.15
穆宇静 龙龟挂件	长4cm	38,000	上海驰翰	2014.06.26
南红玛瑙鲍鱼把件	长6.3cm	28,750	北京博观	2014.11.16
南红玛瑙草原风情把件	长4.9cm	11,500	北京博观	2014.11.15
南红玛瑙螭龙把件	长5.6cm	51,750	宇辰拍卖	2014.11.02
南红玛瑙蝶恋花把件	高3.7cm	17,250	北京博观	2014.11.15
南红玛瑙龙吐水把件	长5.8cm	80,500	宇辰拍卖	2014.11.02
倪伟滨 一路连科 白玉把件	长6.9cm	230,000	中宝拍卖	2014.07.06
彭正和 鸡	长4.6cm	103,500	北京保利	2014.06.04
彭正和 连年有余	长4.7cm	63,250	北京保利	2014.06.04
钱建锋 和田玉籽料玉龙首把件	长5.6cm	195,500	宇辰拍卖	2014.11.02
青白玉太平有象挂佩（一对）	高43cm	32,200	中国嘉德	2014.03.24
青花鱼熊兼得把件	高7.2cm	20,700	北京博观	2014.11.15
青玉瑞兽把件	高5cm	268,406	纽约佳士得	2014.03.20
裘军毅 金蟾 白玉把件	长3.7cm	276,000	北京匡时	2014.06.05
瞿利军 丹凤有禄 白玉把件	高7cm	345,000	中宝拍卖	2014.07.06
瞿利军 福寿齐眉 白玉把件	长6.1cm	402,500	西泠拍卖	2014.12.14
瞿利军 一夜封侯 白玉把件	长5.2cm	253,000	西泠拍卖	2014.12.14
瞿利军和田白玉籽料留友巧雕灵猴献寿手把件	重137g	161,000	北京艺融	2014.12.08
沈水富 嬉球狮	长5.2cm	184,000	北京保利	2014.06.04
宋至明 褐斑黄玉卧羊把件	长7cm	933,380	香港苏富比	2014.10.08
苏然 威镇八方 白玉把件	长8.9cm	402,500	西泠拍卖	2014.12.14
苏然 英雄 青花玉把件	长7.7cm	34,500	北京匡时	2014.06.05
孙有庚　必定成龙	长5cm	34,500	荣宝斋（上海）	2014.05.09
糖白玉财源滚滚把件	长5.4cm	59,800	北京博观	2014.11.15
糖白玉蝉挂件	长5.8cm	28,750	北京博观	2014.11.15
糖白玉鸿运当头	高8.4cm	17,250	北京博观	2014.11.15
糖白玉金玉满堂	高4.6cm	17,250	北京博观	2014.11.15
糖白玉龙佩	高7.5cm	11,500	北京博观	2014.11.15
晚明/19世纪 白玉动物把件（四件）	长7cm	107,363	纽约佳士得	2014.03.20

拍品名称	物品尺寸	成交价RMB	拍卖公司	拍卖日期
万德旭 双鱼	长5.5cm	138,000	北京保利	2014.06.04
万伟 金玉满堂	长4.9cm	69,000	北京保利	2014.06.04
王金忠 金玉满堂挂件	长4.3cm	253,000	北京盘古	2014.06.25
王金忠 连年有余 白玉挂件		57,500	西泠拍卖	2014.05.03
王凯 和田玉籽料荷塘月色把件	长4.4cm	51,750	宇辰拍卖	2014.11.02
王凯 和田玉籽料扭转乾坤把件	长7.1cm	94,300	宇辰拍卖	2014.11.02
王凯 和田玉籽料天鹅游弋挂件	长3cm	34,500	宇辰拍卖	2014.11.02
王凯 和田玉籽料一路连科把件	长6.5cm	40,250	宇辰拍卖	2014.11.02
王平 清正廉明 白玉把件	长4.4cm	172,500	北京匡时	2014.06.05
吴德升 金莲 青花挂件	高5.5cm	230,000	西泠拍卖	2014.12.14
吴金星 必定成材 黄玉把件	长7.3cm	667,000	北京匡时	2014.06.05
吴金星 福寿双全 白玉把件	长6.3cm	402,500	西泠拍卖	2014.12.14
吴金星 和田玉籽料白玉凤佩	长5.4cm	51,750	宇辰拍卖	2014.11.02
吴金星 和田玉籽料雕鹭鸶鸟挂件	高6.8cm	138,000	印千山	2014.07.19
吴金星 和田玉籽料雕瑞兽挂件	长7cm	345,000	印千山	2014.07.19
吴金星 鸿运瑞兽 白玉挂件		172,500	西泠拍卖	2014.05.03
吴金星 吉祥如意 黄玉把件	长6.6cm	1,610,000	北京匡时	2014.06.05
吴金星 金福瑞兽 白玉把件	长4.7cm	207,000	西泠拍卖	2014.12.14
吴金星 马到成功 白玉挂件		322,000	西泠拍卖	2014.05.03
吴金星 耄耋 白玉把件	长5cm	115,000	西泠拍卖	2014.12.14
吴金星 瑞兽报福 白玉把件		483,000	西泠拍卖	2014.05.03
吴金星 瑞兽手把件	长4.2cm	253,000	北京盘古	2014.06.25
吴金星 旺财 白玉把件	长7.5cm	402,500	西泠拍卖	2014.12.14
吴金星 云起龙襄 白玉把件	长6.4cm	402,500	西泠拍卖	2014.12.14
吴金星 追风逐日 白玉把件	长7.3cm	805,000	西泠拍卖	2014.12.14
吴灶发 池娇	长8.6cm	1,380,000	北京保利	2014.06.04
吴灶发 鸿运当头 白玉把件		138,000	西泠拍卖	2014.05.03
吴灶发 金色荷塘 白玉把件	长5.3cm	575,000	北京匡时	2014.06.05
吴灶发 双鹅	长3.9cm	126,500	北京保利	2014.06.04
仵子辉 白玉财神挂件	长7cm	101,200	深圳市拍	2014.06.29
仵子辉 白玉鹅	长4.3cm	172,500	深圳市拍	2014.06.29
仵子辉 白玉福寿双全挂件	长5.8cm	115,000	深圳市拍	2014.06.29
仵子辉 白玉富寿如意	长5.1cm	172,500	深圳市拍	2014.06.29
仵子辉 白玉虎	长7.4cm	74,750	深圳市拍	2014.06.29
仵子辉 白玉连年有余挂件	长4.3cm	86,250	深圳市拍	2014.06.29
仵子辉 白玉鸟语花香挂件	长7.7cm	80,500	深圳市拍	2014.06.29
仵子辉 白玉犬	长8.8cm	86,250	深圳市拍	2014.06.29
仵子辉 白玉喜事成双挂件	长5.7cm	115,000	深圳市拍	2014.06.29
仵子辉 白玉喜事连连挂件	长5.8cm	230,000	深圳市拍	2014.06.29
仵子辉 白玉喜事连连挂件	长5.4cm	103,500	深圳市拍	2014.06.29
喜临门	长5.7cm	269,500	浙江六通	2014.10.19
夏立仁 白玉雕瑞兽把件	长9.2cm	109,760	上海联合	2014.10.11
夏立仁 和田玉籽料金玉满堂把件	长5.6cm	34,500	宇辰拍卖	2014.11.02
现代 和田籽料巧雕富贵缠身把件	长7cm	92,000	北京传是	2014.06.05
熊明星 双猪	长7.8cm	345,000	北京保利	2014.06.04
徐凯　瑞兽	长4.4cm	80,500	荣宝斋（上海）	2014.05.09
徐志浩 吹箫引凤 白玉摆件	高10cm	690,000	中宝拍卖	2014.07.06
徐志浩 福双至 白玉挂件	高5.4cm	402,500	西泠拍卖	2014.12.14
徐志浩 灵猴献寿 白玉把件		149,500	西泠拍卖	2014.05.03
许永刚 和田玉籽料瑞兽挂件	长5.4cm	51,750	宇辰拍卖	2014.11.02
许永刚 貔貅挂件	长3.8cm	42,000	上海驰翰	2014.06.26
颜桂明 马上封侯 白玉把件		43,700	西泠拍卖	2014.05.03
羊脂白玉籽料马到成功挂件	长5cm	134,400	中晟国际	2014.10.11
羊脂籽料金蝉挂件	长3.5cm	39,200	中晟国际	2014.10.11
杨曦 必定成龙 白玉挂件	高4.6cm	46,000	西泠拍卖	2014.12.14
杨曦 和田玉籽料多子多福挂件	长3.6cm	57,500	宇辰拍卖	2014.11.02
杨曦 和田玉籽料荷塘雅趣把件	长5cm	115,000	宇辰拍卖	2014.11.02
杨曦 和田玉籽料龙凤呈祥挂件	长5.7cm	92,000	宇辰拍卖	2014.11.02
杨曦 三足金蟾 白玉把件		97,750	西泠拍卖	2014.05.03
姚海罗 和田玉籽料龙马精神把件	长7.2cm	161,000	尚品润博	2014.08.03
叶清 和田玉籽料富甲天下佩	长4cm	92,000	宇辰拍卖	2014.11.02
叶清 我有福 白玉把件	高5.8cm	414,000	北京匡时	2014.06.05
叶清南红两小无猜挂件	长5.8cm	48,300	北京艺融	2014.12.08
殷小金 年年有余 白玉挂件	高5.4cm	59,800	西泠拍卖	2014.12.14
殷小金 有余 白玉把件		172,500	西泠拍卖	2014.05.03
于泾 和田玉籽料旺财挂件	长3.4cm	69,000	宇辰拍卖	2014.11.02
于雪涛 和田玉籽料如意有余	长7.0cm	920,000	尚品润博	2014.08.03
于雪涛 莲年有渔	长6.3cm	517,500	北京保利	2014.06.04
余勇 金玉满堂	长3.8cm	59.360	中晟国际	2014.10.11
玉蝉	长10cm	320,000	荣盛国际	2014.07.26
玉佩（两件）	尺寸不一	360,000	荣盛国际	2014.07.26
翟倚卫 乐路	长6.6cm	1,380,000	北京保利	2014.06.04
翟倚卫 吐红	长4.4cm	368,000	北京保利	2014.06.04
翟倚卫 莺歌蝶舞 白玉佩	长5cm	172,500	中宝拍卖	2014.07.06
张合冰 和田玉籽料守护挂件	长7cm	32,200	宇辰拍卖	2014.11.02
张明泉 有凤来仪	长8.6cm	897,000	北京保利	2014.06.04
张迎尧 十二生肖	尺寸不一	437,000	北京保利	2014.06.04
赵琦 龙飞凤舞 白玉挂件（一对）	尺寸不一	86,250	西泠拍卖	2014.12.14
赵琦 一路如意 白玉挂件		63,250	西泠拍卖	2014.05.03
赵显志 安居乐业 白玉把件	长8.5cm	1,150,000	北京匡时	2014.06.05
赵显志 封侯拜相 白玉把件		161,000	西泠拍卖	2014.05.03
赵显志 福相 白玉把件	4.3cm×4.7cm	483,000	西泠拍卖	2014.12.14
赵显志 和田玉籽料英武	长4.5cm	149,500	尚品润博	2014.08.03
赵显志 太平有象 白玉把件		552,000	西泠拍卖	2014.05.03
和田玉“金蟾”	长4cm	304,000	南京嘉信	2014.12.05
和田玉“马上有福”	长6.8cm	384,000	南京嘉信	2014.12.05
和田玉吊坠—“金玉满堂”		31,360	北京荣宝	2014.11.30
赵显志和田籽玉俏色“岁岁平安”坠	长4.2cm	115,000	北京艺融	2014.12.08
佩玩植物件				
明 白玉凌霄花佩	高7.5cm	82,800	北京翰海	2014.10.25
明 透雕花形玉佩	直径5.4cm	33,600	成都金沙	2014.11.16
明 玉雕灵芝佩	高7cm	69,000	西泠拍卖	2014.12.13
清早期 白玉洒金蔬果草虫坠	高5.7cm	287.500	北京翰海	2014.05.11
清乾隆 白玉瓜瓞绵绵坠	长6cm	40,250	北京保利	2014.04.27
清乾隆 白玉花果喜庆佩	高7.7cm	92,000	北京翰海	2014.05.11
清乾隆 白玉连甲挂件	长6cm	109.250	北京保利	2014.01.11
清乾隆 白玉山水诗文佩	高5.5cm	310.500	北京翰海	2014.05.11
清乾隆 白玉蔬果坠	长6cm	97,750	北京翰海	2014.05.11
清乾隆 白玉喜报三元佩	高6.2cm	322,000	北京翰海	2014.10.26
清乾隆 白玉雕石榴纹喜字佩	高5.2cm	207,000	西泠拍卖	2014.12.13
清早期 白玉红沁瓜果	长6.5cm	34,500	北京翰海	2014.04.12
清早期 白玉留皮一本万利把件	长7cm	28,750	中鸿信	2014.11.22
清中期 白玉瓜瓞绵绵坠	长4cm	97,750	北京保利	2014.04.27
清中期 白玉花卉如意佩	长8cm	57,500	北京保利	2014.04.27
清中期 白玉花卉诗文佩	高5.6cm	115,000	北京翰海	2014.10.26
清中期 白玉花开富贵佩（二件）	高5.6cm	69,000	北京翰海	2014.10.26
清中期 白玉莲花挂件	长3.5cm	34,500	北京东正	2014.11.20
清中期 白玉留金皮福禄万代挂坠	长4.8cm	172,500	中国嘉德	2014.11.20
清中期 白玉留皮荷花坠	长4.5cm	80,500	北京保利	2014.04.27
清中期 白玉榴开百子佩	高5.5cm	28,750	北京翰海	2014.10.26
清中期 白玉梅花佩	高5.4cm	43,700	北京翰海	2014.10.26
清中期 白玉梅花诗文佩	高5.7cm	57,500	北京翰海	2014.10.26
清中期 白玉洒金福禄万代坠	高6cm	172,500	北京翰海	2014.10.26
清中期 白玉洒金福山寿海佩	高6.1cm	43,700	北京翰海	2014.10.26
清中期 白玉岁寒三友佩	高7cm	71,300	北京翰海	2014.10.26
清中期 白玉长宜子孙佩	高6.3cm	46,000	北京翰海	2014.05.11
清中期 白玉诸事如意佩	高7.1cm	57,500	北京翰海	2014.05.11
清中期 青白玉灵芝纹挂坠	长3.5cm	59,800	北京保利	2014.04.27

2014玉器拍卖成交汇总

(成交价RMB：1万元以上)

拍品名称	物品尺寸	成交价RMB	拍卖公司	拍卖日期
清中期 事事如意双寿白玉把件	宽6.3cm	172,500	中国嘉德	2014.11.20
清中期 白玉带沁荔枝坠	长5.5cm	34,500	北京保利	2014.12.05
清 白玉大吉葫芦坠	长4.2cm	11,500	中国嘉德	2014.09.22
清 白玉带皮莲蓬坠	长5.8cm	34,500	中国嘉德	2014.05.18
清 白玉带皮竹笋把件	高7cm	25,300	北京翰海	2014.11.22
清 白玉雕大吉葫芦纹佩	长7cm	67,200	天津文物	2014.05.16
清 白玉雕福寿佩	高5.8cm	172,500	西泠拍卖	2014.05.06
清 白玉雕葫芦万代把件	高7.5cm	36,800	西泠拍卖	2014.05.06
清 白玉雕莲藕纹佩	长7.6cm	67,200	天津文物	2014.05.16
清 白玉雕菱角纹佩	高5cm	64,960	天津文物	2014.11.15
清 白玉雕榴开百子纹佩	高5cm	156,800	天津文物	2014.11.15
清 白玉雕事事如意纹佩	高5.6cm	35,840	天津文物	2014.11.15
清 白玉雕竹纹如意诗文佩	长6cm	34,500	北京保利	2014.08.02
清 白玉瓜迭绵绵坠	长6.6cm	38,109	香港淳浩	2014.11.27
清 白玉瓜形坠	长6cm	20,700	北京保利	2014.10.26
清 白玉葫芦挂坠	长6.2cm	32,200	北京翰海	2014.04.12
清 白玉花卉佩	直径7.8cm	32,200	中国嘉德	2014.03.24
清 白玉荔枝坠	长6cm	23,000	中国嘉德	2014.09.22
清 白玉莲蓬挂件	长5.2cm	36,800	深圳市拍	2014.01.05
清 白玉莲蓬形坠	长4.2cm	29,035	香港淳浩	2014.11.27
清 白玉灵芝佩	长6.1cm	17,250	中国嘉德	2014.09.22
清 白玉灵芝诗文佩（一对）	长5.5cm	34,500	北京保利	2014.01.11
清 白玉留皮雕大吉葫芦纹佩	高7cm	22,400	天津文物	2014.11.15
清 白玉留皮雕葫芦万代纹佩	长6.5cm	103,500	西泠拍卖	2014.05.06
清 白玉留皮雕葫芦万代纹佩	高5.8cm	224,000	天津文物	2014.11.15
清 白玉留皮雕双菱纹佩	长5.7cm	145,600	天津文物	2014.05.16
清 白玉留皮葫芦万代坠	长6.7cm	51,750	中国嘉德	2014.06.22
清 白玉镂空雕把件	长4.5cm	51,750	中贸圣佳	2014.07.06
清 白玉牡丹佩	高7cm	56,000	武汉中信	2014.10.23
清 白玉藕形坠	长5cm	43,700	北京保利	2014.04.27
清 白玉沁色雕岁寒三友纹佩	长6cm	168,000	天津文物	2014.05.16
清 白玉三多坠	长4.4cm	10,350	中国嘉德	2014.09.22
清 白玉双桃挂件	长6.5cm	86,250	八益拍卖	2014.10.24
清 白玉松竹梅坠	长5.5cm	48,300	北京保利	2014.01.11
清 白玉透雕莲花纹转心佩	高6.7cm	40,250	中鸿信	2014.11.22
清 白玉圆雕福禄万代	高7.5cm	184,000	翰风国际	2014.04.30
清 白玉“葫芦万代”带皮挂件	高4.5cm	74,750	北京盈时	2014.12.07
清 白玉大吉葫芦佩	高6.3cm	92,000	朵云轩	2014.12.19
清 黄玉松竹梅佩	长7cm	253,000	北京保利	2014.04.27
清 黄玉松竹梅佩	长7cm	97,750	北京保利	2014.10.26
清 黄玉增华吉庆佩	高3.9cm	28,750	北京翰海	2014.10.26
清 黄玉竹纹佩	长7cm	115,000	北京保利	2014.04.27
清 黄玉竹纹佩	长7cm	126,500	北京保利	2014.10.26
清 凌霄花玉佩	长7cm	36,800	八益拍卖	2014.10.24
清 南红玛瑙雕荔枝挂件	长3.8cm	103,500	西泠拍卖	2014.05.06
清 青白玉扁豆佩	长7.5cm	13,800	中国嘉德	2014.09.22
清 青白玉双菇把件	长6cm	76,688	纽约佳士得	2014.03.20
清 青白玉太平葫芦转心佩	长8.5cm	92,000	中国嘉德	2014.09.22
清 玉雕多福多子佩	长7.5cm	36,800	北京翰海	2014.01.12
清 玉雕葫芦	高6.5cm	32,200	北京翰海	2014.11.22
清 南红玛瑙雕荔枝挂件	长3.5cm	69,000	西泠拍卖	2014.12.13
清 玉雕花卉纹转心佩	高5.5cm	149,500	西泠拍卖	2014.12.13
18世纪 白玉带皮“瓜瓞绵绵”挂件	高5.1cm	158,227	万昌斯	2014.05.25
18世纪 白玉带皮“子孙万代”挂件	高4.1cm	128,560	万昌斯	2014.05.25
18世纪 白玉灵芝坠	长5.5cm	84,356	纽约佳士得	2014.03.20
18世纪/19世纪 白玉瓜瓞绵绵诗文佩	高4.5cm	122,700	纽约佳士得	2014.03.20
18世纪/19世纪 白玉瓜形坠（三件）	高5.2cm	53,681	纽约佳士得	2014.03.20

拍品名称	物品尺寸	成交价RMB	拍卖公司	拍卖日期
18世纪/19世纪 白玉蘑菇灵芝坠	长5.1cm	36,810	纽约佳士得	2014.03.20
18世纪/19世纪 白玉牡丹纹“福”字佩	高6cm	92,025	纽约佳士得	2014.03.20
19世纪 白玉“三多如意”佩	高5.4cm	38,344	纽约佳士得	2014.03.20
19世纪 玛瑙巧雕葫芦坠	长5.7cm	42,178	纽约佳士得	2014.03.20
白玉百财把件	长7.0cm	40,250	北京博观	2014.11.15
白玉雕瓜瓞绵绵	长8.7cm	207,000	中贸圣佳	2014.07.06
白玉君交好运把件	长5.9cm	51,750	北京博观	2014.11.16
碧玉青梅竹马挂件	高8.3cm	25,300	北京博观	2014.11.16
当代 白玉莲花把件	高8.5cm	184,000	中鸿信	2014.11.23
当代 刘国皓雕荸荠把件	长5.5cm	17,250	中鸿信	2014.11.23
葛洪 莲心	长4.9cm	155,000	上海驰翰	2014.06.26
和田玉福瓜手把件	长9cm	74,750	北京保利	2014.06.02
和田玉竹节把件	长7.4cm	280,000	南京嘉信	2014.12.05
和田玉籽料荷花佩	长4.8cm	36,800	北京博观	2014.11.16
和田玉籽料花开富贵把件	长5.7cm	40,250	北京博观	2014.11.16
和田玉籽料花香佩	长5.6cm	51,750	北京博观	2014.11.16
和田玉籽料金玉满堂把件	长7.7cm	86,250	北京博观	2014.11.15
和田玉籽料金玉满堂把件	长3.6cm	57,500	北京博观	2014.11.16
和田玉籽料枯木逢春挂件	长3.5cm	55,200	北京博观	2014.11.16
和田玉籽料连连有喜把件	长3.8cm	51,750	北京博观	2014.11.16
和田玉籽料莲趣挂件	长5.1cm	40,250	宇辰拍卖	2014.11.02
和田玉籽料清廉佩	长5.1cm	46,000	北京博观	2014.11.16
和田玉籽料清廉佩	高5.6cm	20,700	北京博观	2014.11.15
和田玉籽料岁寒三友把件	长5.5cm	241,500	北京博观	2014.07.06
和田玉籽料一品清廉佩	长4.7cm	115,000	北京博观	2014.07.06
和田玉籽料幽谷百合挂件	长3cm	57,500	宇辰拍卖	2014.11.02
和田籽料羊脂玉事事如意挂件	长3.2cm	46,000	宇辰拍卖	2014.11.02
黄杨洪 大玉米	长5.1cm	138,000	北京保利	2014.06.04
黄杨洪 红红火火 南红挂件		36,800	西泠拍卖	2014.05.03
黄玉百财对佩	高4.5cm	25,300	北京博观	2014.11.15
黄玉大吉葫芦佩	长5.5cm	11,500	中国嘉德	2014.09.22
黄玉君子之交佩	长6.1cm	36,800	北京博观	2014.11.15
黄玉辣椒挂件	长5.4cm	51,750	北京博观	2014.11.15
蒋喜 事事如意 白玉把件	长4.7cm	74,750	西泠拍卖	2014.12.14
近代 白玉瓜形坠	长7.5cm	10,350	北京保利	2014.10.26
李付勇 白玉留皮巧雕玉米挂件	长8cm	84,000	上海联合	2014.10.11
卢开飞 和田玉籽料荷塘春色佩	长4.4cm	66,700	宇辰拍卖	2014.11.02
瞿利军 寿比南山 白玉把件		402,500	西泠拍卖	2014.05.03
瞿利军 祝福 白玉挂件		120,750	西泠拍卖	2014.05.03
唐伟琪 和田白玉籽料兰花佩	长5.7cm	330,000	华软信诚	2014.01.01
徐志浩 荷香清远 白玉挂件		32,200	西泠拍卖	2014.05.03
杨曦 和韵 白玉挂件	高4.3cm	138,000	中宝拍卖	2014.07.06
叶清 和田玉籽料喜事连连把件	长5.8cm	138,000	尚品润博	2014.08.03
殷小金 骄子 白玉挂件		143,750	西泠拍卖	2014.05.03
张克山 莲心把件	长5.6cm	95,000	上海驰翰	2014.06.26
和田玉“节节高”	长8.5cm	544,000	南京嘉信	2014.12.05
林光 荷风逐露 白玉挂件	高6cm	149,500	西泠拍卖	2014.12.14
瞿利军 花开富贵 白玉挂件	高4.5cm	138,000	西泠拍卖	2014.12.14
杨曦 银杏·纷飞 白玉挂件	高4.1cm	149,500	西泠拍卖	2014.12.14
杨曦 银杏·流舞	直径5.1cm	402,500	西泠拍卖	2014.12.14
杨曦 银杏·沐风 白玉挂件	高4.2cm	322,000	西泠拍卖	2014.12.14
杨曦 银杏·倾心 白玉挂件	高4.4cm	207,000	西泠拍卖	2014.12.14
殷小金 清莲湛露 白玉挂件	高6.3cm	138,000	西泠拍卖	2014.12.14
其他佩玩件				
商/周 玉星形器	直径4.5cm	30,675	纽约苏富比	2014.03.18
西周 玉镯形器	直径5.6cm	42,178	纽约苏富比	2014.03.18
战国 勾连纹玉律	长4cm	136,448	中国嘉德	2014.10.07
汉 玉鸟形杖首	长7cm	153,375	纽约苏富比	2014.03.18
汉 玉组佩（七件）	尺寸不一	3,460,800	台湾世家	2014.04.13
宋 白玉带沁韘	宽4cm	90,965	中国嘉德	2014.10.07

拍品名称	物品尺寸	成交价RMB	拍卖公司	拍卖日期
宋 白玉沁色雕勾云纹佩	高7cm	95,200	天津文物	2014.11.15
宋 青玉“仙人”“龟鹤”纹嵌饰	长9.9cm	415,346	万昌斯	2014.05.25
宋/元 白玉仕读龟吐祥云鹤纹嵌饰	高6.6cm	70,004	保利香港	2014.10.07
辽 玉雕海东青瓦子	长8.5cm	34,500	北京翰海	2014.08.24
金/元 玉透雕鱼莲饰件	长8cm	23,000	北京翰海	2014.10.26
元 青白玉镂雕“路路连科”帽顶	高4.5cm	79,100	香港苏富比	2014.10.08
明以前 白玉雕司南佩及绳纹环（一组两件）	尺寸不一	32,200	西泠拍卖	2014.12.13
明 白玉发冠	长6cm	46,000	北京保利	2014.04.27
明 白玉发冠	长5.9cm	112,000	天津文物	2014.11.15
明 白玉噶拉哈	长3.5cm	143,750	北京保利	2014.08.02
明 白玉留皮发箍	宽3.5cm	43,700	北京保利	2014.04.27
明 白玉龙凤纹饰件	直径8cm	184,000	北京翰海	2014.10.26
明 白玉洒金梵纹穿带盒	高8cm	138,000	北京翰海	2014.10.26
明 白玉透雕龙纹铊尾	长9.8cm	77,125	香港淳浩	2014.11.27
明 白玉透雕绶带鸟饰件	长5.5cm	36,800	北京翰海	2014.10.25
明 和田白玉发箍	高4.7cm	165,000	中信拍卖	2014.07.14
明 黄玉饕餮纹帽冠	高5.5cm	161,000	北京翰海	2014.05.10
明 旧玉多宝串（四件）		59,800	北京翰海	2014.10.26
明 玛瑙燕凤饰件	长5.5cm	43,700	华艺国际	2014.09.28
明 青白玉鸠首	长13cm	74,750	北京翰海	2014.10.25
明 青玉雕卷梁冠	长5.3cm	61,330	纽约苏富比	2014.09.16
明 青玉仿古饰（两件）	长12cm	107,363	纽约佳士得	2014.03.20
明 玉雕龙纹瓦子	直径8cm	34,500	北京翰海	2014.11.22
明 玉兽面纹嵌饰（两件）	直径3.5cm	23,000	北京保利	2014.10.26
明 玉雕螭龙纹香囊	高5.5cm	69,000	西泠拍卖	2014.12.13
明17世纪 白玉鸟形杖首	长9.6cm	88,875	香港苏富比	2014.04.08
明或更早 玉花片（一套）	尺寸不一	287,500	江苏爱涛	2014.07.06
明/清 各式玉器（一组五件）	尺寸不一	55,200	西泠拍卖	2014.05.06
清早期 白玉云龙饰件	高5cm	74,750	北京翰海	2014.05.11
清乾隆 白玉雕天保九如佩	长5.5cm	92,000	西泠拍卖	2014.12.13
清乾隆 白玉波罗密多心经佩	高7.1cm	460,000	北京翰海	2014.10.25
清乾隆 白玉雕双龙戏珠鞭柄	长12.6cm	230,000	中国嘉德	2014.05.18
清乾隆 白玉贯耳寿字纹香囊	高7cm	368,000	北京翰海	2014.05.10
清乾隆 白玉菊花纹嵌饰	直径4.7cm	40,250	中鸿信	2014.11.22
清乾隆 黄玉斋戒佩	高5.4cm	483,000	北京翰海	2014.10.26
清乾隆 玛瑙巧雕“天保九如”坠	长4.7cm	161,000	中国嘉德	2014.03.24
清乾隆 玉山水诗文佩	高4.9cm	126,500	北京翰海	2014.05.11
清早期 白玉枝山款诗文帽正	长5cm	59,800	北京东正	2014.11.20
清中期 白玉雕喜字纹葫芦形佩	长9cm	103,500	中贸圣佳	2014.07.06
清中期 白玉宫殿诗文佩	高6cm	1,265,000	北京翰海	2014.10.26
清中期 白玉镂空佩（二件）	尺寸不一	58,240	武汉中信	2014.10.23
清中期 白玉平安佩	高8.4cm	28,750	北京翰海	2014.10.26
清中期 白玉如心如意佩	长7.5cm	109,158	中国嘉德	2014.10.07
清中期 白玉洒金梅花蝴蝶纹饰件	长9.8cm	105,800	北京翰海	2014.10.26
清中期 白玉四方交结佩	5cm×5cm	76,160	武汉中信	2014.10.23
清中期 白玉香囊	长7.7cm	48,300	八益拍卖	2014.10.25
清中期 蜜蜡雕宝相花花片	长7.2cm	55,200	北京保利	2014.08.02
清中期 青白玉欢天喜地锁形佩	长8.8cm	40,250	中国嘉德	2014.09.22
清中期 青白玉玉堂富贵锁形佩	长6.8cm	20,700	中国嘉德	2014.09.22
清 白玉镂雕海棠灵芝纹香囊	长4.8cm	92,000	西泠拍卖	2014.12.13
清 白玉“得利”“斋戒”坠	长7.5cm	57,500	北京保利	2014.08.02
清 白玉八宝法轮佩	直径5.6cm	32,200	中国嘉德	2014.03.24
清 白玉雕福寿如意纹佩	高5.6cm	53,760	天津文物	2014.11.15
清 白玉雕花鸟香囊	长5.5 cm	71,300	北京翰海	2014.01.11
清 白玉雕吉庆有余纹磬	尺寸不一	89,600	天津文物	2014.05.16
清 白玉雕御题诗长宜子孙佩	高7.5cm	86,250	西泠拍卖	2014.05.06
清 白玉法轮佩	直径6.1cm	97,750	八益拍卖	2014.10.24
清 白玉环形坠	长13cm	10,350	北京保利	2014.10.26
清 白玉交结四方	直径5cm	32,200	北京保利	2014.08.02

拍品名称	物品尺寸	成交价RMB	拍卖公司	拍卖日期
清 白玉金刚杵	长5.5cm	40,250	中国嘉德	2014.06.22
清 白玉金刚杵	长17.5cm	161,000	中国嘉德	2014.05.18
清 白玉留皮烟嘴	长6cm	34,500	北京保利	2014.04.27
清 白玉龙勾柄放大镜	长23cm	46,000	北京保利	2014.08.02
清 白玉镂雕“代代长寿”纹嵌饰	长8.5cm	34,500	保利厦门	2014.11.02
清 白玉梅花瓦子（紫檀屏）	7cm×6cm	44,800	武汉中信	2014.10.23
清 白玉琴棋书画把件	高7.3cm	126,500	八益拍卖	2014.10.24
清 白玉如心如意佩	长7.8cm	239,440	罗芙奥	2014.05.25
清 白玉双螭龙花卉纹提携（二件）	长8.5cm	126,500	北京翰海	2014.05.10
清 白玉四方交结佩	长5.6cm	20,700	中国嘉德	2014.09.22
清 白玉题诗诗筒佩	高10.5cm	237,500	上海敬华	2014.07.01
清 白玉长宜子孙纹佩	长4.8cm	34,720	天津文物	2014.05.16
清 白玉雕斧形佩	高10.4cm	149,500	西泠拍卖	2014.12.13
清 玉雕“九如”佩（一组九件）	尺寸不一	391,000	北京保利	2014.12.05
清 各式帽顶（一组十五件）	高7cm	57,500	中国嘉德	2014.05.18
清 各式玉件（八件一组）	尺寸不一	36,800	北京保利	2014.01.11
清 黄玉得心应手佩	长5.5cm	40,250	北京保利	2014.04.27
清 黄玉琴形佩	长8cm	13,800	中国嘉德	2014.09.22
清 灰青玉镂雕金刚橛式饰件	长10cm	145,706	纽约佳士得	2014.03.20
清 青白玉兽面纹斧形佩	长6.5cm	23,000	中国嘉德	2014.09.22
清 玉雕古兰经桃形坠	长4.5cm	25,300	北京东正	2014.11.20
清 玉雕琴形坠	长6.5cm	36,800	北京保利	2014.01.11
清 玉雕天干佩	高5cm	23,000	北京翰海	2014.11.22
18世纪 白玉带皮御制诗“松下高士”图卵石佩	高5.7cm	885,920	香港苏富比	2014.10.08
18世纪 白玉雕佛手把件	高 9.3cm	42,164	纽约苏富比	2014.09.16
18世纪 青玉龙纹饰片	长76.2cm	257,075	香港苏富比	2014.10.08
18世纪/19世纪 白玉螭龙纹环形饰	长4.7cm	72,490	伦敦苏富比	2014.05.14
18世纪/19世纪 白玉螭龙纹觽	长6.7cm	30,675	纽约苏富比	2014.03.18
18世纪/19世纪 白玉雕交结四方佩	宽5.1cm	49,847	纽约佳士得	2014.03.20
18世纪/19世纪 白玉子辰环形饰	直径6cm	115,031	纽约佳士得	2014.03.20
19世纪 白玉仿古钺形佩	长8cm	34,509	纽约佳士得	2014.03.20
19世纪 白玉佩（四件）	长6.4cm	138,038	纽约佳士得	2014.03.20
19世纪 青白玉雕“淡月初吸松影斜”佩	长7.6cm	114,994	纽约苏富比	2014.09.16
民国 白玉大吉平安佩（一对）	长6cm	43,700	北京保利	2014.08.02
阿拉善玛瑙道法自然	8.3cm×4.3cm	32,200	北京博观	2014.11.15
白玉把件	长11cm	11,500	中国嘉德	2014.09.22
白玉把件（两件）	尺寸不一	13,800	中国嘉德	2014.09.22
白玉螭龙纹磬	高32.3cm	13,800	中国嘉德	2014.09.22
白玉雕山子手玩件	长8.1cm	218,500	中贸圣佳	2014.07.06
白玉雕神兽香囊佩	长5.5cm	84,000	北京荣宝	2014.03.23
白玉雕诗文佩	高6.5cm	34,500	西泠拍卖	2014.05.06
白玉平安无事佩	长7.7cm	36,800	深圳市拍	2014.06.29
白玉透雕龙纹香囊	高5.8cm	35,650	深圳市拍	2014.01.05
碧玺挂件 琥珀挂件各一件	尺寸不一	86,250	八益拍卖	2014.10.24
陈冠军　瑞兆	长3.5cm	69,000	荣宝斋（上海）	2014.05.09
程磊 和田玉籽料谷纹挂件	长4.2cm	78,200	宇辰拍卖	2014.11.02
崔磊 和田玉籽料守护把件	长7.5cm	189,750	北京博观	2014.04.20
当代 白玉诗文如意把件	高6.5cm	57,500	中鸿信	2014.11.23
当代 吴金星制和田玉籽料钟灵毓秀佩	高4cm	10,350	中鸿信	2014.11.23
各式帽顶（一组）	尺寸不一	89,600	一得阁	2014.10.20
古玉（一盒十七件）	尺寸不一	172,500	上海嘉泰	2014.06.19
和田白玉平安无事挂件	长7cm	100,800	盛世嘉宝	2014.11.02
和田黄玉挂件	长5.4cm	46,000	北京保利	2014.06.02

拍品名称	物品尺寸	成交价RMB	拍卖公司	拍卖日期
和田青玉籽料鸠仗首	长11.9cm	94,300	北京博观	2014.11.15
和田玉金刚杵	长13.5cm	48,300	南京经典	2014.08.04
和田玉兰草御题诗原皮挂件	长4.8cm	103,500	南京经典	2014.08.04
和田玉炉鼎把件	长5.5cm	95,200	中晟国际	2014.10.11
和田玉籽料博古佩	高4.2cm	28,750	北京博观	2014.11.16
和田玉籽料财源滚滚挂件	长5.5cm	82,800	北京博观	2014.11.16
和田玉籽料乐在其中把件	长7.8cm	115,000	北京博观	2014.11.16
和田玉籽料琴韵挂件	长5.6cm	32,200	宇辰拍卖	2014.11.02
和田玉籽料倾世天润佩	高4.2cm	28,750	北京博观	2014.11.16
和田玉籽料如意佩	高7.9cm	109,250	北京博观	2014.07.06
和田玉籽料山水圆佩	长5.3cm	40,250	北京博观	2014.11.16
和田玉籽料一花一世界佩	高6.0cm	82,800	北京博观	2014.11.15
和田玉籽料幽居山林佩	高5.0cm	86,250	北京博观	2014.11.16
和田玉籽料执名守正佩	高7.6cm	166,750	北京博观	2014.11.16
和田玉籽料祝福把件	长7.48cm	101,200	北京博观	2014.07.06
红皮籽料挂饰		112,000	中晟国际	2014.10.11
红珊瑚珠配钻石戒指		112,006	保利香港	2014.10.06
黄罕勇 福到 白玉挂件		40,250	西泠拍卖	2014.05.03
黄龙玉日暮染霞佩	高8.8cm	57,500	北京博观	2014.11.16
近代 玉髓首饰（三件一套）	尺寸不一	17,250	北京保利	2014.10.26
李东 剑胆琴心 白玉挂件		40,250	西泠拍卖	2014.05.03
李剑 和田玉籽料顺风顺水佩	高5.2cm	36,800	宇辰拍卖	2014.11.02
李剑 和田玉籽料游于艺佩	高5.6cm	40,250	宇辰拍卖	2014.11.02
林国华 和田玉籽料佛手把件	长5.7cm	51,750	宇辰拍卖	2014.11.02
刘忠荣 山水 青玉挂件（一对）	尺寸不一	55,200	北京匡时	2014.06.05
裸如意	长6cm	172,500	八益拍卖	2014.10.24
玛瑙巧做佩（四件）		10,350	北京翰海	2014.11.22
蜜蜡挂坠	约重12.6g	36,800	北京保利	2014.02.05
南红塔链		67,200	中晟国际	2014.10.11
庞然 和田玉籽料“心经”佩	高9.7cm	126,500	宇辰拍卖	2014.11.02
青白玉“杨柳荫浓夏日迟”佩	高5.3cm	76,688	纽约佳士得	2014.03.20
青白玉仿古钺形佩	长9.3cm	57,516	纽约佳士得	2014.03.20
青白玉镂雕四艺坠	高6.7cm	46,013	纽约佳士得	2014.03.20
珊瑚法器（一对）	长4.2cm	147,200	北京保利	2014.06.05
珊瑚法器（一对）	长4.1cm	147,200	北京保利	2014.06.05
珊瑚配钻石‘章鱼’胸针		28,001	保利香港	2014.10.06
珊瑚钻石戒指及耳环镶K金（3）		36,570	香港拍得高	2014.09.06
苏然 和田玉籽料上善若水挂件	长6.3cm	40,250	宇辰拍卖	2014.11.02
天然AKA红珊瑚戒指	主石长2.073cm	57,500	保利厦门	2014.11.02
童子抱鸟白玉饰件	长5.4cm	89,600	成都金沙	2014.11.16
文玩（八件）	尺寸不一	11,500	中国嘉德	2014.09.22
吴金星 和田玉籽料清莲佩	高2.8cm	40,250	宇辰拍卖	2014.11.02
现代 白玉镂雕措金嵌珊瑚香囊	径5.5cm	86,250	北京传是	2014.06.05
现代 和田玉籽料相思扣	高5.5cm	609,500	印千山	2014.07.19
羊脂籽料吉祥如意坠	长4cm	50,400	中晟国际	2014.10.11
玉环 长玉勒串饰	长5cm	172,500	古天一	2014.06.05
翟倚卫 云蹄留柳	长11.4cm	2,645,000	北京保利	2014.06.04
瞿利军 满载而归 白玉把件	高 5.7cm	230,000	西泠拍卖	2014.12.14
籽料原石把件	长13.5cm	123,200	中晟国际	2014.10.11
林光 香远益清 白玉挂件	高4.7cm	32,200	西泠拍卖	2014.12.14
瞿利军 代代有福 白玉挂件	高4.1cm	46,000	西泠拍卖	2014.12.14
玉雕佛手挂件	长6.5cm	39,200	北京荣宝	2014.11.30
刘国皓 萧竹凝翠 白玉首饰套装	尺寸不一	1,150,000	西泠拍卖	2014.12.14
三、陈设和生活用品				
玉屏				
明 白玉雕龙纹插屏	高8.4cm	95,200	天津文物	2014.11.15
清乾隆 白玉留皮松鹿插屏	高40cm	230,000	北京保利	2014.10.26
清乾隆 白玉山水福禄寿插屏	高23.6cm	1,207,500	北京翰海	2014.10.25
清乾隆 白玉山水人物插屏	高29cm	529,000	北京保利	2014.10.26
清乾隆 白玉御制诗“罗汉”插屏	长24.3cm	494,460	万昌斯	2014.05.25
清中期 白玉山水人物插屏	高21.1cm	241,500	北京翰海	2014.10.26

拍品名称	物品尺寸	成交价RMB	拍卖公司	拍卖日期
清中期 白玉仙果纹小插屏	长8.1cm	55,200	北京东正	2014.11.20
清中期 白玉福寿仙人插屏（一对）	高37cm	1,150,000	北京保利	2014.12.05
清 白玉赤壁夜游图插屏	高29cm	920,000	中国嘉德	2014.11.20
清 白玉雕庆寿万年纹插屏	长5cm	145,600	天津文物	2014.05.16
清 白玉沁色雕山水人物纹插屏	长18.5cm	89,600	天津文物	2014.05.16
清 白玉饮马图砚屏	高19cm	230,000	中鸿信	2014.11.22
清 璧玉阴刻耕织图插屏	长35.2cm	78,200	中国嘉德	2014.05.19
清 青金石题诗芝鹿纹长方插屏	长23cm	224,060	伦敦苏富比	2014.05.14
清 太平有象插屏（一对）	高38.5cm×2	1,265,000	江苏爱涛	2014.07.06
清 玉雕山水人物御题诗插屏	长8.7cm	69,000	中贸圣佳	2014.06.01
18世纪/19世纪 白玉山水插屏	直径24cm	3,629,400	佳士得	2014.11.26
和田玉籽料喜上眉梢插牌	高11.4cm	69,000	北京博观	2014.11.15
现代 碧玉嵌白玉诗文插屏	高54cm	34,500	中贸圣佳	2014.06.01
玉如意				
清乾隆 白玉福寿余庆如意	长37.8cm	1,782,500	北京保利	2014.06.04
清乾隆 白玉福在眼前寿桃小如意	长20.5cm	920,000	北京保利	2014.06.04
清乾隆 白玉吉庆有馀如意	长34.5cm	920,000	北京保利	2014.02.05
清乾隆 白玉九如福寿如意	长45.2cm	828,000	北京保利	2014.06.04
清乾隆 白玉嵌彩宝如意	长37cm	2,960,600	江苏爱涛	2014.07.06
清乾隆 白玉三镶三多如意	长35cm	25,300	北京保利	2014.10.26
清乾隆 白玉三镶三多纹如意	长53cm	172,500	北京保利	2014.10.26
清乾隆 白玉仙人贺寿双蝠如意（一对）	长43cm	10,350,000	北京保利	2014.06.04
清乾隆 白玉雕福寿双全如意	长42cm	5,175,000	华艺国际	2014.12.09
清乾隆 白玉御题诗如意	长33cm	3,795,000	北京保利	2014.12.03
清乾隆 白玉沁色八吉祥如意	长45cm	920,000	北京保利	2014.12.03
清乾隆 青白玉云龙戏珠如意	长43cm	747,500	北京保利	2014.12.03
清乾隆 碧玉鹭莲福寿如意	长47cm	6,785,000	北京翰海	2014.05.11
清乾隆 红木镶白玉三多纹如意	长52cm	517,500	华艺国际	2014.05.31
清乾隆 玉雕太平有象八吉祥纹如意	长34.3cm	690,000	北京诚轩	2014.11.20
清乾隆 紫檀嵌白玉雕八吉祥纹如意	长47cm	402,500	中鸿信	2014.11.22
清嘉庆 白玉御题诗文吉庆有余如意	长37.5cm	23,000,000	北京翰海	2014.05.11
清中期 白玉灵芝花卉如意	长36cm	69,000	北京保利	2014.08.02
清中期 碧玉嵌白玉太平有象如意	长51cm	34,500	中国嘉德	2014.11.20
清中期 黄玉群仙贺寿如意	长31cm	2,875,000	中国嘉德	2014.11.20
清中期 青白玉福寿有余如意	长39.5cm	690,000	中国嘉德	2014.11.20
清中期 青白玉岁岁平安如意	长41cm	253,000	北京保利	2014.10.26
清中期 青白玉花卉纹如意	长40cm	437,000	北京保利	2014.12.05
清中期 铜鎏金嵌白玉瓦子如意	长59cm	575,000	北京东正	2014.11.20
清中期 玉雕花鸟如意	长4.5cm	109,250	北京保利	2014.10.26
清 白玉雕福寿纹如意	18.2cm	112,000	天津文物	2014.11.15
清 白玉雕福寿纹三镶如意	长49cm	448,000	天津文物	2014.11.15
清 白玉雕人物故事纹两镶如意	长50cm	347,200	天津文物	2014.05.16
清 白玉雕人物故事纹三镶如意	长59cm	392,000	天津文物	2014.05.16
清 白玉雕山水人物纹三镶如意	长54cm	996,800	天津文物	2014.05.16
清 白玉雕事事如意纹如意	长30cm	33,600	天津文物	2014.11.15
清 白玉福寿凤纹如意	长37cm	598,000	翰风国际	2014.04.30
清 白玉福寿如意	长36.8cm	103,500	北京匡时	2014.09.17
清 白玉吉祥如意摆件	长5.5cm	101,250	中鸿信	2014.11.22
清 白玉沁色雕八宝纹如意	长41cm	392,000	天津文物	2014.11.15
清 白玉如意	长21.5cm	43,700	中国嘉德	2014.03.24
清 白玉五蝠捧寿如意	长25.5cm	20,700	北京保利	2014.10.26
清 白玉香山九老如意	高55cm	460,000	翰风国际	2014.04.30
清 白玉雕花卉纹如意摆件	长51.5cm	345,000	西泠拍卖	2014.12.13
清 碧玉雕灵芝如意摆件	长29cm	115,000	西泠拍卖	2014.05.06
清 和田玉吉祥如意	长38cm	178,250	南京经典	2014.04.27
清 黄玉八宝纹如意	长40cm	2,829,000	北京保利	2014.04.27

拍品名称	物品尺寸	成交价RMB	拍卖公司	拍卖日期
清 青白玉安居乐业图如意	长39cm	71,300	中国嘉德	2014.06.22
清 青白玉雕长治久安如意	长47cm	805,000	北京传是	2014.06.05
清 青白玉吉祥如意	长38cm	184,000	南京经典	2014.01.06
清 青玉福寿绵长如意	长40.5cm	517,500	中国嘉德	2014.11.20
清 青玉如意	长35cm	69,000	北京翰海	2014.10.25
清 玉雕花蝶吉庆有余如意	长36.3cm	138,000	北京翰海	2014.10.26
18世纪/19世纪 白玉“八仙万寿”如意	长39.1cm	1,927,600	香港苏富比	2014.04.08
18世纪/19世纪 青白玉岁岁平安纹如意	长40cm	2,763,277	伦敦苏富比	2014.11.05
19世纪 白玉万寿如意	长37.5cm	1,643,200	香港苏富比	2014.04.08
19世纪 白玉万寿如意	长42.4cm	474,000	香港苏富比	2014.04.08
19世纪 灰青玉八吉祥团寿纹如意	长43.5cm	383,438	纽约佳士得	2014.03.20
19世纪 青玉雕八吉祥团寿纹如意	长38.1cm	268,319	纽约苏富比	2014.09.16
民国 白玉如意摆件	长9cm	42,560	武汉中信	2014.10.23
白玉“如意”令牌		398,462	天成国际	2014.06.08
白玉事事如意摆件	长27cm	165,000	北京中孚	2014.05.25
白玉寿字如意	长26cm	13,800	中国嘉德	2014.09.22
白玉五蝠捧寿图如意	长24.8cm	11,500	中国嘉德	2014.09.22
白玉镶玛瑙寿字如意	长33.5cm	13,800	中国嘉德	2014.09.22
碧玉雕龙纹如意	长37cm	207,000	南京经典	2014.08.04
碧玉灵芝如意	长31.5cm	11,500	中国嘉德	2014.09.22
碧玉神仙人物纹如意	长51cm	36,800	中国嘉德	2014.09.22
董永梅 福寿如意	长5.1cm	78,400	中晟国际	2014.10.11
和田白玉雕花卉如意	长43cm	134,400	北京荣海嘉	2014.01.19
和田碧玉如意摆件	长29cm	36,800	北京保利	2014.06.02
和田玉籽料如意	长19cm	92,000	北京博观	2014.11.16
琥珀雕刻摆件/如意纳财	长19.70cm	105,000	富佳斋	2014.07.20
镂雕玉如意	长25cm	520,740	中国艺海	2014.11.15
木三镶镂雕玉如意	长52cm	199,388	纽约佳士得	2014.03.20
青白玉嵌百宝如意	长35cm	40,250	中国嘉德	2014.03.24
玉嵌百宝灵芝如意	长33cm	20,700	中国嘉德	2014.09.22
玉佛手				
明 白玉佛手	高7.2cm	57,500	北京翰海	2014.05.11
清早期 白玉佛手	高9cm	36,800	北京翰海	2014.05.11
清乾隆 白玉雕佛手	高13.5cm	943,000	中贸圣佳	2014.07.06
清 黄玉佛手	长10cm	143,750	北京保利	2014.08.02
清 琥珀佛手摆件	长7.5cm	40,250	北京匡时	2014.06.04
清 白玉雕佛手摆件	高10.7cm	40,250	西泠拍卖	2014.05.06
清 白玉佛手	长5.5cm	40,250	北京保利	2014.10.26
清 白玉佛手	长6cm	32,200	北京保利	2014.10.26
清 白玉佛手	长6.3cm	36,294	香港淳浩	2014.11.27
清 青白玉佛手	长9cm	50,031	中国嘉德	2014.10.07
清中期 白玉佛手	高7.2cm	23,000	北京翰海	2014.10.26
清 白玉佛手	长5.5cm	25,300	北京保利	2014.10.26
玉山子				
金/元 玉山摆件	高18cm	4,663,200	佳士得	2014.05.28
金/元 白玉洒金秋山山子	高15cm	287,500	北京翰海	2014.10.26
元代 白玉仿灵璧石山子	长15cm	690,000	中宝拍卖	2014.07.06
明 火燎玉太狮少狮山子	长24cm	916,560	罗芙奥	2014.05.25
明 火烧玉仿太湖山子	高23cm	172,500	江苏爱涛	2014.07.06
明末/18世纪 青白玉镂雕寿老图山子	高20.5cm	575,156	纽约佳士得	2014.03.20
明末/18世纪 青白玉松下高士山子	高17cm	383,438	纽约佳士得	2014.03.20
清早期 白玉洒金松下人物山子	长14.2cm	517,500	北京翰海	2014.05.11
清早期 白玉带皮太平有象山子	宽11cm	20,700	北京保利	2014.10.26
清乾隆“臣墉”款青金石雕松下听琴诗文山子	长15cm	287,500	苏州东方	2014.05.30
清乾隆“老子出关”玉山子	高9.3cm	103,500	中宝拍卖	2014.07.06
清乾隆 白玉“松阁高士”图山子	高13.7cm	395,500	香港苏富比	2014.10.08

拍品名称	物品尺寸	成交价RMB	拍卖公司	拍卖日期
清乾隆 白玉雕梅花灵仙祝寿纹山子	高15.7cm	1,840,000	北京东正	2014.11.20
清乾隆 白玉雕松山归樵图山子	长9.3cm	149,500	北京东正	2014.05.18
清乾隆 白玉雕松山童乐纹山子	高20cm	2,990,000	北京东正	2014.05.18
清乾隆 白玉留皮雕山水人物纹山子	高11cm	172,500	北京东正	2014.05.18
清乾隆 白玉留皮高士人物山子	高17.5cm	92,000	北京保利	2014.08.02
清乾隆 白玉寿星小山子	宽12.5cm	172,500	北京保利	2014.06.06
清乾隆 白玉松下高士小山子	宽8cm	36,800	北京保利	2014.01.11
清乾隆 白玉饮水思源山子	高10.5cm	57,500	北京保利	2014.01.11
清乾隆 白玉饮水思源山子	高10.5cm	86,250	北京保利	2014.10.26
清乾隆 白玉御题诗罗汉山子	高26.5cm	8,050,000	北京翰海	2014.10.25
清乾隆 玉雕松鹿山子	长12.8cm	897,000	华艺国际	2014.05.31
清乾隆 白玉仙人捧寿山子	长16.5cm	2,990,000	北京保利	2014.12.03
清中期 白玉洒金芭蕉人物山子	长14.5cm	230,000	北京翰海	2014.05.11
清中期 白玉十骏图山子	高13cm	598,000	中国嘉德	2014.05.19
清中期 白玉溪山行旅图山子	高15cm	287,500	北京翰海	2014.10.26
清中期 火烧玉八骏图山子	长20cm	402,500	北京翰海	2014.05.10
清中期 青白玉和合二仙山子	高18cm	230,000	北京保利	2014.01.11
清中期 青白玉携琴访友图山子	长18cm	287,500	北京翰海	2014.05.10
清 白玉雕御题诗梅花山子摆件	带座高8.5cm	109,250	西泠拍卖	2014.05.06
清 白玉高士山子	高20cm	920,000	北京保利	2014.01.11
清 白玉高士山子	长21cm	34,500	中国嘉德	2014.03.24
清 白玉高士山子	高20cm	230,000	北京保利	2014.10.26
清 白玉留皮雕人物故事纹山子	长8.8cm	56,000	天津文物	2014.05.16
清 白玉留皮雕人物纹山子	高10.5cm	42,560	天津文物	2014.11.15
清 白玉留皮雕山水人物纹山子	高11cm	173,600	天津文物	2014.11.15
清 白玉罗汉山子	高13cm	23,000	北京保利	2014.10.26
清 白玉山子连座	高20cm	440,496	香港今是	2014.05.04
清 白玉文石小山子	高10.5cm	23,000	北京保利	2014.10.26
清 白玉雕山水人物纹山子	长14cm	168,000	北京荣宝	2014.11.30
清 白玉雕松下高仕纹山子	长14.6cm	106,400	北京荣宝	2014.11.30
清 白玉雕松下人物山子摆件	带座高15.8cm	253,000	西泠拍卖	2014.12.13
清 白玉松林高士山子	长24.5cm	1,350,000	北京九歌	2014.12.17
清 白玉籽料人物山子	高9.5cm	145,000	北京九歌	2014.12.17
清 黑白玉巧雕渔家乐山子摆件	长21cm	632,500	北京保利	2014.01.11
清 黑白玉巧雕渔家乐山子摆件	长21cm	172,500	北京保利	2014.10.26
清 琥珀山子	高19.5cm	71,300	八益拍卖	2014.10.24
清 绿松石山子	高60cm	172,500	印千山	2014.07.19
清 绿松石山子（两件）	高30.5cm	40,250	中国嘉德	2014.03.24
清 绿松石山子摆件	高70cm	172,500	印千山	2014.07.19
清 蜜蜡随形山子摆件	带座高27cm	46,000	西泠拍卖	2014.05.06
清 青金石诗文山子	高37cm	36,800	北京保利	2014.01.11
清 张熊款青金石嵌宝石山子	高15.5cm	74,670	保利香港	2014.10.07
18世纪 青白玉带皮花果纹山子	长12.1cm	421,644	纽约苏富比	2014.09.16
18世纪/19世纪 青白玉雕五老山子	长15.3cm	122,660	纽约苏富比	2014.09.16
17世纪/18世纪 青白玉雕罗汉修行图山子	高15.2cm	199,388	纽约苏富比	2014.03.18
18世纪 青玉雕山水人物图山子	高17cm	158,160	伦敦邦瀚斯	2014.05.15
18世纪/19世纪 琥珀雕山水人物图山子	高9.2cm	105,440	伦敦邦瀚斯	2014.05.15
20世纪中期 观音普度大玉山	高54cm	1,380,000	中鸿信	2014.11.23
20世纪中期 和田玉籽料“朝圣图”大玉山	宽84cm	2,760,000	中鸿信	2014.11.23
民国 白玉罗汉山子	高16.5cm	46,000	北京保利	2014.10.26
民国 白玉人物山子摆件	高10cm	11,500	北京保利	2014.10.26
民国 琥珀松鹰山子	高18.2cm	13,800	中国嘉德	2014.09.22
民国 绿松石瑞兽小山子	高9.2cm	13,800	中国嘉德	2014.09.22
白玉归牧图山子	高10.8cm	11,500	中国嘉德	2014.09.22
白玉楼阁人物山子	高19cm	29,035	香港普艺	2014.11.29

2014玉器拍卖成交汇总

(成交价RMB：1万元以上)

拍品名称	物品尺寸	成交价RMB	拍卖公司	拍卖日期
白玉山水人物御题诗文山子	高20cm	51,750	中国嘉德	2014.06.22
白玉籽料山子摆件	长25cm	149,500	东拍国际	2014.07.31
陈孝贤 黄龙玉观景图山子	长30cm	299,000	北京博观	2014.04.20
当代 白玉雕楼阁人物山子	高26.6cm	101,200	中鸿信	2014.11.23
独山玉访友图山子	长18cm	20,700	北京博观	2014.11.15
顾铭 举杯邀明月 白玉山子		322,000	西泠拍卖	2014.05.03
顾永骏 天音 白玉山子摆件	高22.5cm	7,820,000	北京匡时	2014.06.05
和田白玉金皮山子摆件	长30cm	287,500	东拍国际	2014.07.31
和田白玉山子	高13.5cm	43,700	福建东南	2014.10.26
和田碧玉山子摆件	高16.5cm	51,750	南京经典	2014.08.04
和田青花籽料观瀑图山子	长12.7cm	143,750	北京博观	2014.07.06
和田玉莲花山子摆件	高22.5cm	55,200	南京经典	2014.04.27
和田玉青花籽料高山流水山子	长22.8cm	138,000	北京博观	2014.04.20
和田玉人物故事山子	长22.5cm	660,000	华软信诚	2014.01.01
和田玉松柏之寿山子	高31cm	184,000	宇辰拍卖	2014.11.02
和田玉携琴访友图山子	高50cm	632,500	北京匡时	2014.09.17
和田玉籽料归思图山子	长18cm	132,250	北京博观	2014.07.06
和田玉籽料秋思山子	长21.0cm	126,500	北京博观	2014.11.16
和田玉籽料望远山子	长7.6cm	109,250	北京博观	2014.07.06
和田玉籽料月夜山子	长14.5cm	74,750	北京博观	2014.11.15
黑白玉雕松下樵夫山子	宽22.9cm	245,320	邦瀚斯	2014.09.15
近代 白玉松鹿诗文山子	宽19cm	34,500	北京保利	2014.10.26
绿松石山子	高100cm	172,500	北京翰海	2014.05.09
绿松石山子	长34cm	11,500	中国嘉德	2014.09.22
绿松石携琴访友诗文山子	高30.5cm	32,200	中国嘉德	2014.06.22
玛瑙石山子	高40cm	36,800	北京翰海	2014.10.25
南红玛瑙松荫高士图山子	长8.0cm	103,500	北京博观	2014.07.06
青白玉罗汉御题诗文山子	高16.7cm	40,250	中国嘉德	2014.09.22
青白玉松鹤延年御制诗文山子	高17cm	11,500	中国嘉德	2014.09.22
青白玉松鹿延年御题诗文山子	长19.5cm	34,500	中国嘉德	2014.09.22
青白玉完璧归赵摆件	长33.4cm	78,400	中晟国际	2014.10.11
青白玉携琴访友御题诗文山子	长28cm	55,200	中国嘉德	2014.06.22
青白玉夜游赤壁御题诗文山子	长18cm	34,500	中国嘉德	2014.06.22
青白玉夜游赤壁御题诗文山子	长18cm	23,000	中国嘉德	2014.09.22
青白玉夜游赤壁御题诗文山子	长13.7cm	20,700	中国嘉德	2014.09.22
青金石山子	高80cm	92,000	北京翰海	2014.05.09
青金石阴刻填金御制诗文山子	高55cm	36,800	中国嘉德	2014.09.22
青玉高士山子	高16.4cm	25,300	中国嘉德	2014.09.22
衢州黄玉山水清音摆件	高17cm	39,200	中晟国际	2014.10.11
汪德海 白玉雕麻姑献寿山子	高40cm	437,000	中国嘉德	2014.11.20
现代 绿松石雕人物诗文山子	长23.5cm	34,500	中贸圣佳	2014.06.01
玉雕山水御题诗山子	长20cm	89,600	一得阁	2014.10.20
顾铭 千岩锁翠 碧玉山子	长40cm	437,000	西泠拍卖	2014.12.14
侯庆军 翠峰行舟 独山玉山子	长19.4cm	46,000	西泠拍卖	2014.12.14
人物摆件				
西汉 褐玉人像	高7.4cm	84,356	纽约苏富比	2014.03.18
宋 玉雕飞天	宽7cm	72,772	中国嘉德	2014.10.07
宋/或更晚 童子戏莲	长6cm	502,500	佳士得	2014.05.28
宋/明时期 黄玉骆驼摆件	长6.4cm	452,250	佳士得	2014.05.28
辽 白玉沁色雕飞天	高4.2cm	67,200	天津文物	2014.05.16
辽 白玉嵌宝观音	高20.5cm	880,000	北京九歌	2014.12.17
金/元 白玉和合二仙	高5.7cm	112,700	北京翰海	2014.05.11
金/元 白玉翁仲	高9.2cm	230,000	北京翰海	2014.10.26
金/元 和田玉自在观音	高15.5cm	632,500	远方拍卖	2014.06.02
元 青白玉胡人戏狮	高7.2cm	57,500	北京翰海	2014.04.12
明 白玉持荷童子	高7.5cm	48,300	北京保利	2014.01.11
明 白玉持荷童子	高7.5cm	25,300	北京保利	2014.10.26
明 白玉胡人戏狮	宽9cm	34,500	北京保利	2014.01.11
明 白玉胡人戏狮	高6.5cm	32,200	北京保利	2014.10.26
明 白玉留皮荷花童子摆件	高5.5cm	22,500	中鸿信	2014.11.22
明 白玉留皮童子牧牛	长7.5cm	28,750	北京保利	2014.10.26
明 白玉罗汉立像	高10.5cm	28,750	北京保利	2014.10.26
明 白玉仕女人物（一套七件）	尺寸不一	322,000	雍和嘉诚	2014.05.31
明 白玉寿星童子摆件	高9cm	34,500	北京保利	2014.10.26
明 白玉踏雪寻梅摆件	宽10cm	97,750	北京保利	2014.10.26
明 白玉童子“太平有象”	高7.8cm	197,500	香港苏富比	2014.04.08
明 白玉祝寿童子	高7cm	13,800	北京保利	2014.10.26
明 旧玉人物	高5cm	59,800	北京翰海	2014.10.26
明 南红玛瑙雕渔家乐	长6.8cm	207,000	北京翰海	2014.10.25
明 青白玉佛附玉杵	佛高16.3cm	862,500	北京保利	2014.12.05
明 青白玉观音立像	高16.5cm	65,184	纽约佳士得	2014.03.20
明 青玉雕真武大帝	高14cm	43,700	北京保利	2014.01.11
明 玉雕骆驼	长5.5cm	115,000	北京保利	2014.01.11
明或更早 白玉执莲童子	长7cm	246,400	武汉中信	2014.10.23
明早期 玉雕天干地支人物摆件	长9cm	43,700	八益拍卖	2014.10.24
清早期 白玉雕自在罗汉坐像	高9.8cm	126,500	江苏爱涛	2014.07.06
清早期 白玉灵猴献寿	高12.1cm	63,250	北京翰海	2014.05.11
清早期 白玉雕福禄寿寿星摆件	高15cm	483,000	中贸圣佳	2014.07.06
清早期 红珊瑚雕送子观音像	高21.3cm	126,500	苏州东方	2014.10.30
清早期 青白玉罗汉	高12cm	78,005	中国嘉德	2014.04.09
清乾隆 白玉持莲童子	长8cm	40,250	北京保利	2014.10.26
清乾隆 白玉人物诗文书卷式摆件	高7.2cm	69,000	北京翰海	2014.10.26
清乾隆 白玉童子“太平有象”	高15.3cm	3,065,200	香港苏富比	2014.04.08
清乾隆 白玉童子牧牛摆件	高11.2cm	722,264	伦敦苏富比	2014.05.14
清乾隆 白玉童子戏欢	宽4.5cm	299,000	北京保利	2014.06.04
清乾隆 白玉“渔翁得利”摆件	高8cm	322,000	北京盈时	2014.12.07
清乾隆 绿松石雕童子献寿摆件	高4.3cm	41,400	中鸿信	2014.11.22
清乾隆 南红玛瑙巧雕东方朔	高11.6cm	115,000	上海道明	2014.03.27
清乾隆 青白玉雕高士坐像	高8cm	115,000	北京诚轩	2014.05.19
清乾隆 珊瑚整雕吹箫引凤摆件	高19.5cm	483,000	北京匡时	2014.06.03
清乾隆 水晶碧玉坐骑普贤文殊供像	高30cm	586,500	上海嘉泰	2014.06.19
清乾隆 玉雕胡人驯鹰立像	高14.5cm	287,500	北京诚轩	2014.11.20
清乾隆 御制白玉和合二仙	宽8.5cm	4,370,000	北京保利	2014.06.04
清中期 白玉雕童子洗象摆件	长8.5cm	195,500	北京保利	2014.06.06
清中期 白玉观音像	高23cm	161,000	中鸿信	2014.11.22
清中期 白玉和合二仙		575,000	北京翰海	2014.05.10
清中期 白玉胡人摆件	高10cm	74,750	北京保利	2014.01.11
清中期 白玉胡人摆件	高10cm	57,500	北京保利	2014.10.26
清中期 白玉刘海戏金蝉摆件	高8.1cm	138,000	八益拍卖	2014.10.25
清中期 白玉留皮蕉叶纹俏色雕童子	长9.5cm	287,500	中贸圣佳	2014.07.06
清中期 白玉俏色刘海戏金蟾摆件	高11.5cm	32,200	中鸿信	2014.11.22
清中期 白玉人物瓦子	宽12cm	46,000	北京保利	2014.08.02
清中期 白玉三贵人	高4.3cm	552,000	北京翰海	2014.10.26
清中期 白玉童子洗象摆件	长7.5cm	55,200	中鸿信	2014.11.22
清中期 白玉童子戏鹅	高5cm	34,500	北京翰海	2014.10.26
清中期 白玉仙人乘槎摆件	长18cm	345,000	北京东正	2014.11.20
清中期 白玉鱼篓童子	高5.1cm	32,200	八益拍卖	2014.10.25
清中期 白玉雕童子瑞兽摆件	高6.6cm	43,700	西泠拍卖	2014.12.13
清中期 绿松石刘海戏金蟾摆件	长10cm	44,800	武汉中信	2014.10.23
清中期 青白玉雕寿星像	高18cm	101,200	中鸿信	2014.11.22
清中期 珊瑚雕东方朔偷桃	高16.5cm	86,250	中国嘉德	2014.05.19
清中期 糖玉巧雕童子牧牛	长3.5cm	379,500	古天一	2014.06.05
清中期 童子（三件）	尺寸不一	11,500	北京保利	2014.10.26
清 白玉带皮刘海戏金蟾	长4cm	40,250	北京保利	2014.06.06
清 白玉雕持荷仕女	高15cm	112,000	天津文物	2014.11.15
清 白玉雕和合二仙摆件	高6cm	161,000	东拍国际	2014.07.31
清 白玉雕刘海戏金蟾	高7cm	36,800	北京传是	2014.06.05
清 白玉雕麻姑献寿	高7.4cm	126,500	江苏爱涛	2014.07.06
清 白玉雕如意观音	高18.5cm	437,000	南京经典	2014.01.06
清 白玉雕释迦牟尼坐像	高7cm	126,500	中国嘉德	2014.05.19

拍品名称	物品尺寸	成交价RMB	拍卖公司	拍卖日期
清 白玉雕送子观音坐像	高10.8cm	34,500	北京传是	2014.06.05
清 白玉雕童子拜寿摆件	高11.8cm	138,000	北京翰海	2014.01.11
清 白玉雕童子观音	高9.8cm	172,500	北京翰海	2014.01.11
清 白玉雕童子击鼓摆件	高5.2cm	46,000	北京翰海	2014.01.11
清 白玉雕童子戏弥勒	高8.8cm	138,000	北京翰海	2014.01.11
清 白玉雕童子献寿摆件	长18.5cm	345,000	北京翰海	2014.01.11
清 白玉雕渔家乐摆件	长9cm	302,400	天津文物	2014.11.15
清 白玉独占鳌头	长6.5cm	92,000	北京保利	2014.04.27
清 白玉佛摆件	高5cm	126,500	上海敬华	2014.07.01
清 白玉高士	高9cm	34,500	北京保利	2014.10.26
清 白玉高士摆件	长7cm	11,500	北京保利	2014.10.26
清 白玉观音	高15cm	34,500	北京保利	2014.04.27
清 白玉观音	高14cm	36,800	北京保利	2014.10.26
清 白玉和合二仙	高5cm	23,000	北京保利	2014.10.26
清 白玉荷花童子暖手	长6cm	149,500	北京保利	2014.10.26
清 白玉吉庆童子	高5cm	57,500	北京翰海	2014.04.12
清 白玉迦罗神	长6cm	46,000	北京保利	2014.10.26
清 白玉刘海戏金蟾	高6.5cm	63,250	上海敬华	2014.07.01
清 白玉刘海戏金蟾	长5cm	34,500	北京保利	2014.10.26
清 白玉刘海戏金蟾	长12cm	13,800	北京保利	2014.10.26
清 白玉罗汉	高8.5cm	82,800	北京翰海	2014.01.11
清 白玉罗汉	高10cm	57,500	北京翰海	2014.01.11
清 白玉罗汉	高10cm	69,000	北京保利	2014.10.26
清 白玉罗汉	高11cm	69,000	北京保利	2014.10.26
清 白玉麻姑献寿摆件	高19cm	115,000	北京保利	2014.10.26
清 白玉牧牛童子	长6cm	34,500	北京保利	2014.10.26
清 白玉人物摆件	高12cm	74,750	八益拍卖	2014.10.24
清 白玉人物摆件	长13cm	13,800	中国嘉德	2014.09.22
清 白玉洒金罗汉摆件	长11.5cm	172,500	北京翰海	2014.10.26
清 白玉仕女	长8cm	63,250	北京保利	2014.10.26
清 白玉双孩戏猫摆件	高5cm	184,000	安徽艺海	2014.04.30
清 白玉双联童子	长8cm	253,000	北京翰海	2014.10.25
清 白玉童子	长4cm	46,000	北京翰海	2014.01.11
清 白玉童子	高5cm	32,200	北京保利	2014.04.27
清 白玉童子	长5.5cm	17,250	北京保利	2014.10.26
清 白玉童子、人物、盘（三件一组）	尺寸不一	23,000	北京保利	2014.10.26
清 白玉童子牧牛	高5cm	144,980	伦敦苏富比	2014.05.14
清 白玉童子牧牛	长10cm	28,750	北京保利	2014.10.26
清 白玉童子卧牛	长10cm	207,000	中国嘉德	2014.11.20
清 白玉童子洗象	长12cm	34,500	北京保利	2014.10.26
清 白玉童子洗象摆件	高4cm	48,300	中国嘉德	2014.11.20
清 白玉童子洗象摆件	长8.5cm	46,000	北京匡时	2014.09.17
清 白玉舞女摆件	高8cm	94,300	北京翰海	2014.01.11
清 白玉嬉戏人物	高5.5cm	45,483	中国嘉德	2014.10.07
清 和田碧玉雕穆桂英摆件（一对）	高24.2cm×2	672,000	未来四方	2014.07.29
清 和田玉童子拜观音	高8cm	80,500	南京经典	2014.08.04
清 红珊瑚雕持灯仕女摆件	高25.2cm	299,000	苏州东方	2014.10.30
清 红珊瑚雕弥勒送子摆件	高16.5cm	51,750	中鸿信	2014.11.22
清 红珊瑚仕女提篮摆件	高19.5cm	115,000	中国嘉德	2014.11.20
清 红珊瑚提篮观音	高19.4cm	97,750	华艺国际	2014.09.28
清 黄玉雕童子	高4.5cm	11,500	北京翰海	2014.11.22
清 青白玉雕观音像	高23.5cm	115,000	中鸿信	2014.11.22
清 青白玉雕罗汉尊者立像	高13.8cm	149,500	北京保利	2014.06.06
清 青白玉释迦像	高24.5cm	34,500	中国嘉德	2014.06.22
清 青白玉童子牧牛摆件	长6.8cm	13,800	中国嘉德	2014.09.22
清 青金石雕童子牧牛摆件	高18cm	74,750	北京传是	2014.06.05
清 青玉雕释迦牟尼	高13cm	184,000	北京翰海	2014.01.11
清 青玉释迦牟尼	高17.4cm	287,500	北京翰海	2014.10.26
清 珊瑚雕持卷观音	高20.5cm	13,800	北京匡时	2014.09.17
清 珊瑚雕观音	高18.8cm	69,000	北京翰海	2014.10.26
清 珊瑚雕和合二仙摆件	高7cm	34,500	北京传是	2014.06.05
清 珊瑚雕荷叶观音	高16cm	253,000	翰风国际	2014.04.30
清 珊瑚雕刻观音	高19cm	138,000	广州皇玛	2014.01.02
清 珊瑚雕罗汉立像	高11.7cm	218,500	北京匡时	2014.06.03
清 珊瑚婴戏摆件	高8.5cm	13,800	北京匡时	2014.09.17
清 玉雕八臂观音	高15cm	299,000	北京翰海	2014.01.11
清 玉雕罗汉坐像	高16cm	253,000	北京翰海	2014.01.11
清 玉雕麻姑献寿摆件	高22.5cm	103,500	北京翰海	2014.01.11
清 玉雕仙子人物摆件	高11.5cm	103,500	南京经典	2014.01.06
清 玉巧雕达摩渡海摆件	高12cm	103,500	北京保利	2014.10.26
清 白玉雕仕女摆件	长10cm	92,000	西泠拍卖	2014.12.13
清 白玉雕仕女立像	高12cm	494,500	西泠拍卖	2014.12.13
清 红珊瑚雕送子观音像	带座高24.5cm	126,500	西泠拍卖	2014.12.13
清 珊瑚雕仕女立像	高15cm	33,600	北京荣宝	2014.11.30
清 珊瑚人物摆件	高15.5cm	140,000	北京九歌	2014.12.17
清17世纪/18世纪 白玉雕“张骞乘槎”	高8cm	148,125	香港苏富比	2014.04.08
17世纪/18世纪 白玉童子摆件	高5cm	68,996	邦瀚斯	2014.09.15
18世纪 白玉雕童子戏鸟	长8.5cm	553,560	伦敦邦瀚斯	2014.05.15
18世纪 红珊瑚火神站像	高30.5cm	149,500	北京传是	2014.06.05
18世纪 青玉带皮雕卧骆驼	宽14.4cm	886,750	伦敦邦瀚斯	2014.05.15
18世纪 青玉雕持瓶仕女像	高21.2cm	125,210	伦敦邦瀚斯	2014.05.15
18世纪 青玉雕胡人戏狮	宽12.6	250,420	伦敦邦瀚斯	2014.05.15
18世纪 青玉雕童子三羊	宽8.3cm	197,700	伦敦邦瀚斯	2014.05.15
18世纪/19世纪 白玉雕寿老	高10.6cm	131,800	伦敦邦瀚斯	2014.05.15
18世纪/19世纪 青玉雕佛像	高13.5cm	5,087,480	伦敦邦瀚斯	2014.05.15
18世纪 褐青玉“状元及第”摆件	宽7.5cm	62,013	伦敦苏富比	2014.11.05
18世纪 青白玉童子戏狮摆件	高13.6cm	316,320	伦敦苏富比	2014.05.14
18世纪/19世纪 白玉童子戏鹅	高4.2cm	131,800	伦敦苏富比	2014.05.14
19世纪 青玉雕童子（四件）	尺寸不一	55,356	伦敦邦瀚斯	2014.05.15
19世纪 青白玉雕鳌鱼观音立像	高25.5cm	651,631	纽约苏富比	2014.09.16
19世纪初 白玉童子	高5.2cm	37,208	伦敦苏富比	2014.11.05
19世纪初 青玉雕渔夫童子	宽14cm	2,240,600	伦敦邦瀚斯	2014.05.15
20世纪 青白玉雕观音善财立像	高23.1cm	84,356	纽约苏富比	2014.03.18
20世纪 珊瑚雕布袋和尚摆件	高12.5cm	172,500	北京保利	2014.06.06
20世纪 珊瑚雕像（两件）	高19cm	153,375	纽约苏富比	2014.03.18
清末 白玉钟馗立像	高35cm	132,821	日本伊斯特	2014.05.31
清晚 青白玉罗汉坐像	高8.8cm	51,350	纽约苏富比	2014.03.18
清晚期 白玉释迦牟尼	高12cm	63,250	长风拍卖	2014.01.05
清晚期/民国 珊瑚雕人物像（三件）	高14.2cm×3	65,900	伦敦邦瀚斯	2014.05.15
民国 白玉佛像	通高13.5cm	60,099	大唐国际	2014.05.27
民国 白玉伏虎罗汉	长18cm	46,000	北京保利	2014.08.02
民国 白玉观音像	高26.2cm	103,500	中国嘉德	2014.06.22
民国 白玉如意罗汉	高8.5cm	46,000	太平洋	2014.09.19
民国 白玉童子戏鹅摆件	高9.7cm	115,000	北京传是	2014.06.05
民国 白玉仙人立像	高14cm	51,750	北京保利	2014.06.06
民国 红珊瑚雕观音像	高20cm	195,500	华艺国际	2014.04.13
民国 红珊瑚人物摆件	高11.5cm	13,800	中鸿信	2014.11.22
民国 孔雀石穆桂英摆件	高18cm	23,000	北京保利	2014.10.26
民国 珊瑚雕花鸟仕女立像	高17cm	80,500	北京保利	2014.12.05
阿拉善玛瑙美杜莎的惩罚	高6.1cm	55,200	北京博观	2014.11.15
阿拉善玛瑙青衣摆件	高9.9cm	20,700	北京博观	2014.11.15
阿拉善玛瑙太白醉酒摆件	长9.0cm	34,500	北京博观	2014.11.15
阿拉善玛瑙长寿佛摆件	高14.9cm	20,700	北京博观	2014.11.15
巴西玛瑙八仙过海	高50cm	399,000	富佳斋	2014.07.20
50年代 白玉仙女散花摆件	高14.5cm	57,500	朵云轩	2014.12.19
白玉“观音”摆件		332,052	天成国际	2014.06.08
白玉雕“麻姑献寿”	高15.5cm	40,250	远方拍卖	2014.09.21
白玉雕观音造像	带座高16.7cm	46,000	西泠拍卖	2014.12.13

2014玉器拍卖成交汇总

(成交价RMB：1万元以上)

拍品名称	物品尺寸	成交价RMB	拍卖公司	拍卖日期
白玉雕观音坐像	高7.5cm	67,200	北京荣宝	2014.06.15
白玉雕骑象寿老	高15cm	263,600	伦敦邦瀚斯	2014.05.15
白玉雕俏色顿悟	高9cm	230,000	中贸圣佳	2014.07.06
白玉雕释迦牟尼坐像	高13cm	134,400	北京荣宝	2014.06.15
白玉雕童子骑象	长11.3cm	395,400	伦敦邦瀚斯	2014.05.15
白玉观音像	高19cm	23,000	中国嘉德	2014.09.22
白玉合家欢摆件	高10.0cm	190,400	未来四方	2014.05.23
白玉护法小像	高4.2cm	10,350	中国嘉德	2014.09.22
白玉天司礼鉴玉人	高9cm	1,562,220	中国艺海	2014.11.15
白玉童子拜观音摆件	长11.5cm	184,000	北京翰海	2014.11.22
白玉童子牧牛摆件	长9cm	11,500	中国嘉德	2014.09.22
白玉童子洗象摆件	长8.2cm	17,250	中国嘉德	2014.09.22
白玉无量寿佛小像	高10.8cm	11,500	中国嘉德	2014.09.22
白玉悟道	高4.5cm	23,000	北京保利	2014.10.08
白玉籽料福禄寿摆件	高13cm	672,000	北京荣宝	2014.11.30
碧玉“寂・忘筌”	宽21.5cm	161,000	西泠拍卖	2014.12.14
碧玉一苇渡江摆件	高13cm	69,000	北京博观	2014.11.16
冰糖玉欢喜佛摆件	高20cm	35,840	中晟国际	2014.10.11
陈世英 少女	高40cm	379,488	日本伊斯特	2014.06.01
陈世英 水晶弥勒像	高16cm	189,744	日本伊斯特	2014.06.01
崔磊 高乐图 白玉摆件		3,565,000	西泠拍卖	2014.05.03
崔磊　降魔护道	高8cm	552,000	荣宝斋（上海）	2014.05.09
当代 白玉采莲图摆件	高21.5cm	13,800	中鸿信	2014.11.23
当代 白玉雕持莲观音像	高17.6cm	149,500	中鸿信	2014.11.23
独山玉金鱼戏童子摆件	高11.4cm	25,300	北京博观	2014.11.16
俄碧玉“寂・溯声”	宽9cm	55,200	西泠拍卖	2014.12.14
俄碧玉“清趣・露”	宽6.5cm	92,000	西泠拍卖	2014.12.14
俄碧玉“自在・梵”	高6.5cm	322,000	西泠拍卖	2014.12.14
俄碧玉寂・苍莽	宽8.5cm	43,700	西泠拍卖	2014.12.14
俄料白玉“涅盘・不灭”	宽11cm	172,500	西泠拍卖	2014.12.14
范同生新疆和田白玉籽料侧面观音	高5.6cm	46,000	北京艺融	2014.12.08
非洲玛瑙莲梦如诗摆件	长5.4cm	46,000	北京博观	2014.11.16
戈壁玛瑙飘逸仙人	高19cm	88,000	浙江六通	2014.10.19
葛洪 莲香梵音 白玉摆件		805,000	西泠拍卖	2014.05.03
顾铭 人面桃花相映红 白玉摆件	高8.3cm	460,000	西泠拍卖	2014.12.14
顾铭 太白醉酒 碧玉摆件	高8.3cm	57,500	西泠拍卖	2014.12.14
和田白玉“涅盘・彼岸”	长33.5cm	253,000	西泠拍卖	2014.12.14
和田白玉“涅盘・无相之二”	高15cm	241,500	西泠拍卖	2014.12.14
和田白玉“涅盘・无相之一”	高14.7cm	230,000	西泠拍卖	2014.12.14
和田白玉达摩	高19cm	207,000	深圳市拍	2014.01.05
和田白玉雕松下高士摆件	高25cm	132,000	北京中孚	2014.05.25
和田白玉观音摆件	高19cm	824,505	中国艺海	2014.11.15
和田白玉原雕观音摆件	高9.2cm	739,200	中晟国际	2014.10.11
和田白玉籽料观音摆件配18K金镶红宝石底座	高6.5cm	220,000	华软信诚	2014.01.01
和田白玉籽料荷合二仙摆件	高8cm	134,400	中晟国际	2014.10.11
和田白玉籽料刘海戏蟾摆件	高7.1cm	168,000	中晟国际	2014.10.11
和田白玉籽料青玉籽料 极乐世界・识心	佛高11cm；兽宽17.5cm	73,600,000	西泠拍卖	2014.12.14
和田黄玉四美图	尺寸不一	3,450,000	北京保利	2014.10.08
和田黄玉往事如烟	宽9.7cm	3,220,000	北京保利	2014.10.08
和田青白玉雕挂件	重量122g	364,518	中国艺海	2014.11.15
和田玉凤凰人物摆件	长8.5cm	40,250	南京经典	2014.08.04
和田玉指日高升摆件	高19cm	101,200	北京博观	2014.11.16
和田玉指日高升摆件	高8.1cm	57,500	北京博观	2014.11.16
和田玉籽料观音摆件	高18cm	132,250	宇辰拍卖	2014.11.02
和田玉籽料清颜绽放摆件	高12.9cm	287,500	宇辰拍卖	2014.11.02
和田玉籽料守护摆件	高11.0cm	115,000	北京博观	2014.11.15
红珊瑚观音雕件	高27cm	207,000	上海嘉泰	2014.06.18

拍品名称	物品尺寸	成交价RMB	拍卖公司	拍卖日期
洪新华 白玉笑口常开	高13.5cm	1,380,000	北京保利	2014.06.04
侯理博 发晶自在观音摆件	高11.3cm	63,250	宇辰拍卖	2014.11.02
琥珀雕刻把件/达摩	高5.3cm	147,000	富佳斋	2014.07.20
琥珀雕刻摆件/达摩悟道	高8.6cm	168,000	富佳斋	2014.07.20
琥珀雕刻摆件/降龙罗汉	高7.5cm	126,000	富佳斋	2014.07.20
琥珀雕刻摆件/释迦牟尼佛	高9cm	168,000	富佳斋	2014.07.20
琥珀雕刻摆件/送子观音	高19.9cm	451,500	富佳斋	2014.07.20
琥珀雕刻挂件/钟馗纳福	高8.2cm	105,000	富佳斋	2014.07.20
黄玉观音摆件	高22.5cm	132,250	北京博观	2014.11.15
黄玉悟道	高4.4cm	23,000	北京保利	2014.10.08
吉祥 白玉一路连升	高4.8cm	56,000	中晟国际	2014.10.11
吉祥 和田玉籽料和合二仙	高4cm	39,200	中晟国际	2014.10.11
吉祥 和田玉籽料红皮财神	高4.3cm	50,400	中晟国际	2014.10.11
蒋小芳 海派玉雕名家 羞花	高11cm	166,750	荣宝斋（上海）	2014.05.09
近代 白玉雕观音立像	高13.5cm	92,000	北京翰海	2014.01.11
近代 白玉雕骑兽观音	高9cm	74,750	北京翰海	2014.01.11
近代 白玉雕三宝佛摆件	高38cm	322,000	北京保利	2014.08.02
近代 白玉佛	高20cm	40,250	北京保利	2014.01.11
近代 白玉刘海戏金蟾	高19cm	28,750	北京保利	2014.10.26
近代 珊瑚仕女摆件	高22cm	34,500	北京保利	2014.08.02
李付勇 白玉雕昭君抚琴摆件	高11.7cm	504,000	上海联合	2014.06.29
刘忠荣 悠憩 白玉摆件		184,000	西泠拍卖	2014.05.03
罗光明 南红玛瑙秋忆	高6.8cm	105,800	北京博观	2014.04.20
罗光明 夜月归人	高5.2cm	62,720	中晟国际	2014.10.11
吕德 白玉雕童子戏佛摆件	高10cm	1,008,000	上海联合	2014.10.11
玛瑙静观其变摆件	长24.5cm	13,800	北京博观	2014.11.16
玛瑙酋长摆件	高19cm	25,300	北京博观	2014.11.16
玛瑙万佛朝宗摆件	高17cm	23,000	北京博观	2014.11.15
玛瑙坐禅摆件	高8.6cm	34,500	北京博观	2014.11.15
孟庆东 和田白玉籽料观音	高16.5cm	2,016,000	中晟国际	2014.10.11
青花籽料“寂・垂丝千尺”	高21.5cm	1,150,000	西泠拍卖	2014.12.14
青花籽料“寂・高瞻”	高15cm	517,500	西泠拍卖	2014.12.14
青花籽料“寂・光阴”	高18cm	402,500	西泠拍卖	2014.12.14
青花籽料“寂・浩渺”	宽16.5cm	287,500	西泠拍卖	2014.12.14
青花籽料“寂・烟醉”	高13.5cm	230,000	西泠拍卖	2014.12.14
青花籽料“寂・长风”	宽14.5cm	195,500	西泠拍卖	2014.12.14
青花籽料“自在・迦叶”	宽11.5cm	552,000	西泠拍卖	2014.12.14
青金石绿度母像	高17.5cm	13,800	中国嘉德	2014.09.22
青玉“涅盘・荣”	高28cm	920,000	西泠拍卖	2014.12.14
青玉“无常・焰”	高28cm	1,092,500	西泠拍卖	2014.12.14
青玉跪人摆件	高45cm	2,430,120	中国艺海	2014.11.15
青玉沙尼摆件	高4.7cm	11,500	北京博观	2014.11.15
青玉一苇渡江摆件		218,500	北京博观	2014.07.06
邱启敬 涅槃・莲花	高10.5cm	207,000	北京保利	2014.06.05
邱启敬 涅槃・修心	高11.4cm	207,000	北京保利	2014.06.05
珊瑚雕天女散花	高21cm	192,100	辽宁建投	2014.06.08
珊瑚雕无量寿佛坐像	高17cm	230,000	浙江世贸	2014.04.13
珊瑚观音像	高17.2cm	11,500	中国嘉德	2014.09.22
珊瑚童子	高9.5cm	30,000	上海驰翰	2014.08.24
尚石工作室 白玉雕达摩禅悟	高8.9cm	747,500	中贸圣佳	2014.07.06
神人面具	长22cm	1,909,380	中国艺海	2014.11.15
水晶白度母摆件	高21cm	78,200	北京博观	2014.11.15
水晶地藏摆件	高12.7cm	34,500	北京博观	2014.11.16
水晶关公摆件	高15.8cm	23,000	北京博观	2014.11.16
水晶黄财神	高13.7cm	57,500	北京博观	2014.11.15
水晶降魔杵	高18.3cm	48,300	北京博观	2014.11.15
水晶千手观音摆件	高25cm	235,750	北京博观	2014.11.16
水晶童子观音摆件	高46cm	1,150,000	北京博观	2014.07.06
水晶长寿佛	高12.8cm	51,750	北京博观	2014.11.15
苏然 罗汉 白玉摆件	高14.8cm	1,150,000	北京匡时	2014.06.05

拍品名称	物品尺寸	成交价RMB	拍卖公司	拍卖日期
苏然 庄生梦蝶 白玉摆件	高14.8cm	322,000	北京匡时	2014.06.05
孙有庚 和田白玉籽料扶莲观音	高17.5cm	268,800	中晟国际	2014.10.11
孙有庚 和田玉籽料红皮大肚佛	高7.8cm	38,080	中晟国际	2014.10.11
台山玉人间仙境摆件	高13cm	57,500	北京博观	2014.11.15
天然MOMO红珊瑚仕女摆件		322,000	北京保利	2014.06.06
天然MOMO珊瑚佛公摆件 约127.16克		36,800	北京保利	2014.12.04
汪德海 小乔观书	高17.6cm	4,370,000	北京保利	2014.06.04
王平 荷间拾慧 白玉摆件	高10.4cm	3,795,000	西泠拍卖	2014.12.14
王胜 和田黄玉九天飞流	长47cm	13,800,000	北京保利	2014.12.03
乌拉圭玛瑙佛道双修	高42cm	147,000	富佳斋	2014.07.20
吴德升 春韵	高7.3cm	17,920,000	中晟国际	2014.10.11
吴德升 共舞	高11.6cm	7,820,000	北京保利	2014.06.04
吴德升 和田玉籽料双娇摆件	长14cm	2,070,000	北京艺融	2014.06.03
吴德升 妙趣横生	高17.2cm	13,800,000	北京保利	2014.06.04
吴德升 双娇 白玉摆件	26cm×10cm×6.9cm	40,250,000	西泠拍卖	2014.12.14
夏立仁 白玉雕济公摆件	高12.5cm	268,800	上海联合	2014.06.29
仙游石人物摆件	高20cm	17,250	中国嘉德	2014.11.22
现代 和田玉籽料持莲观音	高21cm	316,250	印千山	2014.07.19
现代 和田玉籽料裸女	高7cm	437,000	印千山	2014.07.19
新疆和田白玉 观音	高5.4cm	34,500	北京保利	2014.10.08
新疆和田白玉弥勒佛	高3.2cm	34,500	北京保利	2014.10.08
新疆和田黄玉达摩	高18cm	2,300,000	北京保利	2014.10.08
新疆和田黄玉弥勒佛	高4.6cm	57,500	北京保利	2014.10.08
新疆和田黄玉弥勒佛	高4.4cm	34,500	北京保利	2014.10.08
新疆和田黄玉悟道	高4cm	34,500	北京保利	2014.10.08
新疆和田黄玉小和尚	高5.6cm	92,000	北京保利	2014.10.08
新疆和田黄玉小和尚	尺寸不一	69,000	北京保利	2014.10.08
新疆和田青花玉 关公	高5.6cm	34,500	北京保利	2014.10.08
徐志浩 含香凝露 白玉摆件	高9.4cm	828,000	西泠拍卖	2014.12.14
杨曦 "银杏·舞夜"青花摆件	高11.2cm	1,725,000	西泠拍卖	2014.12.14
杨小荣 南红玛瑙荷叶仕女	高10cm	105,800	北京博观	2014.04.20
杨中伟 白玉雕五美摆件	高4.8cm	100,800	上海联合	2014.06.29
于雪涛 喜气袭人 白玉摆件		23,000,000	西泠拍卖	2014.05.03
玉雕多臂观音	高15cm	67,200	一得阁	2014.10.20
玉跪人	通高7.7cm	304,000	荣盛国际	2014.07.26
玉如意童子	高7cm	329,802	中国艺海	2014.11.15
玉髓观音摆件	高16.5cm	47,040	中晟国际	2014.10.11
张合冰 和田玉籽料持莲观音摆件	高7.9cm	115,000	北京博观	2014.04.20
张克钊 让梦启航 独山玉摆件	高21cm	92,000	西泠拍卖	2014.12.14
张克钊 逐乐 独山玉摆件	高16cm	57,500	西泠拍卖	2014.12.14
赵琦 云影梵音 白玉摆件	高13.9cm	862,500	西泠拍卖	2014.12.14
邹小林 佛光梵影 水晶摆件	高13.1cm	63,250	西泠拍卖	2014.12.14
动物摆件				
西周 玉雕虎	宽5cm	47,302	中国嘉德	2014.10.07
宋玉雕螭龙摆件	长4cm	161,000	北京匡时	2014.06.04
宋/明时期 黄玉狗摆件	长6.7cm	552,750	佳士得	2014.05.28
元 白玉鹿	长5cm	40,250	北京保利	2014.10.26
元 白玉秋山	长7cm	25,300	北京保利	2014.10.26
元 白玉喜鹊	长7.5cm	86,250	北京保利	2014.01.11
元 白玉喜鹊	长7.5cm	28,750	北京保利	2014.10.26
元 青玉狗	长7cm	13,800	北京保利	2014.10.26
元 玉雕鳜鱼	长6.5cm	23,000	北京保利	2014.10.26
元 玉雕卧兽	长6cm	63,250	北京保利	2014.01.11
元 玉雕卧兽	长6cm	25,300	北京保利	2014.10.26
元 玉凤	长5.5cm	48,300	北京保利	2014.01.11
元 玉凤	长5.5cm	23,000	北京保利	2014.10.26
元/明 灰白玉跪马摆件	长9cm	57,516	纽约佳士得	2014.03.20
金/元 白玉卧猪	长13.5cm	1,897,500	北京翰海	2014.10.26
金/元 旧玉水车	高7.8cm	552,000	北京翰海	2014.10.26
明 白玉雕"太狮少狮"摆件	长16.5cm	598,000	远方拍卖	2014.06.02

拍品名称	物品尺寸	成交价RMB	拍卖公司	拍卖日期
明 白玉雕马上翻身	长5.5cm	69,000	北京翰海	2014.10.25
明 白玉雕母子瑞兽	高4cm	138,000	长风拍卖	2014.01.05
明 白玉雕沁色獬豸	长11cm	1,955,000	北京翰海	2014.10.25
明 白玉伽罗洛神鸟	长3.3cm	322,000	北京保利	2014.04.27
明 白玉龟	长4.3cm	23,000	北京翰海	2014.10.26
明 白玉鳜鱼、花鸟瓦子（两件）	长9.5cm；长8cm	63,250	北京保利	2014.10.26
明 白玉猴	高3.3cm	291,088	中国嘉德	2014.10.07
明 白玉欢	长7cm	40,250	北京保利	2014.10.26
明 白玉留皮虎	长6.6cm	80,500	中国嘉德	2014.11.20
明 白玉留皮象	长5cm	51,750	北京保利	2014.10.26
明 白玉六齿象	宽5cm	92,000	北京保利	2014.10.26
明 白玉鹿衔灵芝	长4cm	36,800	北京保利	2014.10.26
明 白玉鹿衔灵芝	长6.5cm	28,750	北京保利	2014.10.26
明 白玉马踏海水摆件	长10cm	124,850	中拍国际	2014.06.04
明 白玉猫	长6.5cm	48,300	北京保利	2014.10.26
明 白玉辟邪	长6cm	36,800	北京保利	2014.10.26
明 白玉沁色带子上朝瑞兽	长9cm	483,000	北京翰海	2014.10.25
明 白玉沁色龙马	长3cm	276,000	北京翰海	2014.05.10
明 白玉沁色瑞兽	长7.5cm	80,500	北京翰海	2014.10.25
明 白玉沁色瑞兽	长9cm	69,000	北京翰海	2014.10.25
明 白玉瑞兽	高5.1cm	143,750	北京翰海	2014.05.11
明 白玉瑞兽	长2.4cm	36,800	北京翰海	2014.05.11
明 白玉瑞兽	高2.3cm	34,500	北京翰海	2014.05.11
明 白玉瑞兽	长4.5cm	287,500	北京保利	2014.10.26
明 白玉瑞兽	长9cm	74,750	北京保利	2014.10.26
明 白玉瑞兽	长8.5cm	57,500	北京翰海	2014.10.26
明 白玉瑞兽	长4cm	36,800	北京保利	2014.10.26
明 白玉瑞兽	长6cm	25,300	北京保利	2014.10.26
明 白玉瑞兽	长7cm	20,700	北京保利	2014.10.26
明 白玉瑞兽	长6cm	13,800	北京保利	2014.10.26
明 白玉瑞兽	长7.5cm	10,350	北京保利	2014.10.26
明 白玉洒金骆驼	长5.6cm	57,500	北京翰海	2014.05.11
明 白玉洒金麒麟送子	长9.5cm	115,000	北京翰海	2014.10.26
明 白玉洒金双兔	长4.4cm	92,000	北京翰海	2014.05.11
明 白玉三羊开泰摆件	长12cm	11,500	北京保利	2014.10.26
明 白玉双鸡	长7.5cm	17,250	中国嘉德	2014.11.20
明 白玉双马	长6.5cm	34,500	北京保利	2014.01.11
明 白玉太狮少狮	长9cm	471,500	北京翰海	2014.10.25
明 白玉天禄献瑞	长10cm	69,000	北京翰海	2014.10.25
明 白玉兔	长4cm	97,750	北京保利	2014.04.27
明 白玉兔	长5.2cm	23,000	北京翰海	2014.10.26
明 白玉卧虎 玉雕兽面纹座	长7cm	138,000	北京保利	2014.01.11
明 白玉卧马	长6.7cm	86,250	北京翰海	2014.05.11
明 白玉卧马	长6.5cm	48,300	北京保利	2014.10.26
明 白玉卧马	长10cm	34,500	北京保利	2014.10.26
明 白玉卧马	长6.5cm	25,300	中国嘉德	2014.11.20
明 白玉卧牛	长10.5cm	36,800	北京保利	2014.10.26
明 白玉卧犬	长6.5cm	92,000	北京保利	2014.10.26
明 白玉卧犬（两件）	长5cm	13,800	北京保利	2014.10.26
明 白玉羊（两件）	长5cm×2	40,250	北京保利	2014.01.11
明 白玉一羊启泰	长7cm	943,000	北京翰海	2014.10.26
明 褐黑玉衔莲鸳鸯	长5.5cm	39,540	伦敦苏富比	2014.05.14
明 黄玉骆驼	长10.9cm	287,500	北京翰海	2014.10.26
明 黄玉马	长5cm	51,750	北京保利	2014.08.02
明 黄玉辟邪	长3cm	43,700	北京保利	2014.10.26
明 黄玉辟邪	高3.3cm	17,250	北京翰海	2014.10.26
明 黄玉瑞兽	长5cm	287,500	北京保利	2014.08.02
明 黄玉三脚蟾	长5cm	46,000	北京保利	2014.08.02
明 黄玉双马	长4.5cm	109,250	北京保利	2014.10.26
明 黄玉卧马	长7cm	345,000	北京保利	2014.04.27

2014玉器拍卖成交汇总

(成交价RMB：1万元以上)

拍品名称	物品尺寸	成交价RMB	拍卖公司	拍卖日期
明 黄玉卧马	长8cm	690,000	北京翰海	2014.10.26
明 黄玉卧马	长7cm	230,000	北京保利	2014.10.26
明 黄玉卧犬	长6.5cm	34,500	北京保利	2014.10.26
明 黄玉卧羊	长5cm	57,500	北京保利	2014.10.26
明 黄玉羊	长4.5cm	184,000	北京保利	2014.04.27
明 黄玉羊	长4.5cm	218,500	北京保利	2014.10.26
明 灰玉带皮雕瑞兽	宽5.8cm	42,176	伦敦邦瀚斯	2014.05.15
明 旧玉虎	长7cm	172,500	北京翰海	2014.10.26
明 旧玉瑞兽	高5.5cm	17,250	北京翰海	2014.10.26
明 旧玉兽	高4.3cm	95,200	天津文物	2014.11.15
明 旧玉兽	长5.4cm	67,200	天津文物	2014.11.15
明 旧玉兽	长6.3cm	23,000	北京翰海	2014.10.26
明 旧玉鼠	长6.3cm	23,000	北京翰海	2014.10.26
明 旧玉卧牛	长17cm	92,000	北京翰海	2014.05.11
明 旧玉小瑞兽	长4.5cm	34,500	中国嘉德	2014.05.18
明 灵芝鹿	长4cm	32,200	北京保利	2014.08.02
明 绿玉带皮雕双峰驼	宽12cm	237,240	伦敦邦瀚斯	2014.05.15
明 玛瑙马	长8cm	39,200	天津文物	2014.05.16
明 青白玉瑞兽	宽6.4cm	172,834	中国嘉德	2014.10.07
明 青白玉太狮少狮摆件	宽11cm	100,947	中国嘉德	2014.04.09
明 青白玉卧羊	长6.5cm	34,500	北京保利	2014.01.11
明 青玉雕"仙鹤祝寿"摆件	长10cm	241,500	远方拍卖	2014.06.02
明 玉雕大吉	长4.5cm	28,750	北京保利	2014.10.26
明 玉雕狗	长5cm	207,000	北京保利	2014.08.02
明 玉雕吼	长6cm	28,750	北京保利	2014.10.26
明 玉雕猫	长3.5cm	43,700	北京保利	2014.10.26
明 玉雕辟邪	长5.5cm	25,300	北京保利	2014.10.26
明 玉雕辟邪	长8cm	11,500	北京保利	2014.10.26
明 玉雕瑞兽	长11cm	322,000	江苏爱涛	2014.07.06
明 玉雕瑞兽	长5cm	63,250	北京保利	2014.04.27
明 玉雕瑞兽	长5cm	63,250	北京保利	2014.04.27
明 玉雕瑞兽	长5cm	57,500	北京保利	2014.04.27
明 玉雕瑞兽	长6.7cm	57,500	中国嘉德	2014.06.22
明 玉雕瑞兽	高3.5cm	34,500	北京保利	2014.08.02
明 玉雕瑞兽	长7.5cm	63,250	北京保利	2014.10.26
明 玉雕瑞兽	长5.5cm	36,800	北京保利	2014.10.26
明 玉雕瑞兽	长6cm	32,200	北京保利	2014.10.26
明 玉雕瑞兽	长5cm	28,750	北京保利	2014.10.26
明 玉雕瑞兽	长5.5cm	17,250	北京保利	2014.10.26
明 玉雕瑞兽摆件	长8.5cm	51,336	保利香港	2014.10.07
明 玉雕狮	长7cm	17,250	北京保利	2014.10.26
明 玉雕双欢	长6cm	43,700	北京保利	2014.10.26
明 玉雕双兽（两件）	尺寸不一	17,250	北京保利	2014.10.26
明 玉雕卧虎	长8cm	36,800	北京保利	2014.01.11
明 玉雕卧马	长5cm	43,700	北京保利	2014.04.27
明 玉雕卧马	长7.5cm	23,000	北京保利	2014.10.26
明 玉雕卧马	长6.5cm	17,250	北京保利	2014.10.26
明 玉雕卧羊	长5.5cm	82,800	北京保利	2014.01.11
明 玉雕卧羊	长7cm	32,200	北京保利	2014.10.26
明 玉雕卧羊	长5cm	23,000	北京保利	2014.10.26
明 玉雕羊	长5cm	109,250	北京保利	2014.08.02
明 玉雕云纹瑞兽	长5cm	69,000	北京保利	2014.10.26
明 玉鹅摆件	长6.5cm	11,500	北京匡时	2014.09.17
明 玉沁色兽	长6cm	115,000	北京保利	2014.04.27
明 玉犀牛望月摆件	长8cm	207,000	北京保利	2014.04.27
明~清 玉象佩 玉马 玉麒麟（一组三件）	尺寸不一	264,500	北京匡时	2014.06.03
明和清 白玉雕件（六件）	长12.2cm	168,658	邦瀚斯	2014.09.15
明或更早 黄玉子母狗	长8.9cm	642,798	万昌斯	2014.05.25
明或更早 金累丝玉马（一对）	高8.6cm	1,248,500	中拍国际	2014.06.04
明或更早 辟邪	长4cm	1,356,000	江苏爱涛	2014.07.06
明或更早 玉虎	长6.5cm	184,000	江苏爱涛	2014.07.06
明以前 黄玉雕神龙摆件	高5.2cm	345,000	西泠拍卖	2014.12.13
明或明以前 白玉兔	长2.8cm	24,640	武汉中信	2014.10.23
明或明以前 玉龙龟	长3.2cm	31,360	武汉中信	2014.10.23
明或明以前 玉兽	长4.2cm	11,200	武汉中信	2014.10.23
明 白玉雕太狮少狮摆件	高6cm	437,000	西泠拍卖	2014.12.13
明 白玉雕太狮少狮摆件	长6.2cm	51,750	西泠拍卖	2014.12.13
明 白玉雕玉鱼摆件	长13cm	345,000	西泠拍卖	2014.12.13
明 白玉沁色卧牛摆件	长8cm	230,000	北京保利	2014.12.04
明 南红玛瑙雕狮子摆件	长5cm	46,000	西泠拍卖	2014.12.13
明末/18世纪 鸡骨白玉马上封侯摆件	长8.9cm	57,516	纽约佳士得	2014.03.20
明末/18世纪 玛瑙狮戏绣球摆件	宽10cm	36,810	纽约佳士得	2014.03.20
明末/18世纪 青白玉鹤衔寿桃摆件	长11.5cm	322,088	纽约佳士得	2014.03.20
明末/18世纪 青玉灵猴献寿摆件	宽10.2cm	536,813	纽约佳士得	2014.03.20
明末/清早期 青玉褐沁欢乐万寿摆件	长10cm	804,000	佳士得	2014.05.28
明末清早期 黄玉牛	宽5.5cm	136,448	中国嘉德	2014.10.07
明以前 绿松石雕鹰	宽3cm	55,200	西泠拍卖	2014.05.06
明早 旧玉雕莲藕双雁雕件	长9cm	391,000	安徽艺海	2014.04.30
明早期 白玉天禄兽摆件	高5cm	34,500	八益拍卖	2014.10.25
清早期 南红太狮少狮摆件	长8.9cm	207,000	北京匡时	2014.12.03
清早期 白玉蟾	长4cm	110,124	中国嘉德	2014.04.09
清早期 白玉雕卧马	高4.2cm	32,668	保利香港	2014.10.07
清早期白玉留皮"三羊开泰"摆件	长6.5cm	172,500	北京东正	2014.11.20
清早期 白玉马上封侯	长7.5cm	140,007	保利香港	2014.10.07
清早期 白玉卧狗	长6cm	51,750	北京诚轩	2014.05.19
清早期 白玉羊衔灵芝	长6cm	36,800	北京保利	2014.08.02
清早期 黄玉双鹿摆件	长11cm	92,000	北京保利	2014.10.26
清早期 青白玉瑞兽	宽6cm	463,922	中国嘉德	2014.10.07
清早期 青白玉卧马	长34.5cm	1,380,000	北京保利	2014.12.05
清早期 玉鸟（一组两件）	尺寸不一	103,500	北京匡时	2014.06.03
清早期 白玉金翅鸟	高4.6cm	43,700	北京翰海	2014.05.11
清乾隆 白玉卧羊	长13cm	4,600,000	北京保利	2014.12.05
清乾隆 白玉宝鸭摆件	长9cm	66,700	北京保利	2014.08.02
清乾隆 白玉宝鸭摆件	长11cm	92,000	北京保利	2014.10.26
清乾隆 白玉雕"年年有余"摆件	长16cm	747,500	远方拍卖	2014.06.02
清乾隆 白玉雕三羊开泰摆件	高14.8cm	460,000	中国嘉德	2014.05.18
清乾隆 白玉雕太狮少狮	高9.6cm	1,321,600	天津文物	2014.11.15
清乾隆 白玉雕卧马摆件	长5cm	126,500	北京东正	2014.05.18
清乾隆 白玉凤採瑞果摆件	宽10.5cm	1,150,000	中国嘉德	2014.11.20
清乾隆 白玉留皮鹤衔寿桃摆件	宽11cm	63,250	北京保利	2014.10.26
清乾隆 白玉鹿衔灵芝	长4cm	51,750	北京翰海	2014.05.11
清乾隆 白玉猫摆件	高11cm	3,795,000	八益拍卖	2014.10.24
清乾隆 白玉瑞兽	长5.5cm	86,250	北京保利	2014.10.26
清乾隆 白玉瑞兽摆件	长13cm	862,500	北京保利	2014.10.26
清乾隆 白玉瑞兽摆件	长15cm	1,955,000	八益拍卖	2014.10.24
清乾隆 白玉洒金兔	长5.5cm	69,000	北京翰海	2014.05.11
清乾隆 白玉洒金卧马	长8.5cm	172,500	北京翰海	2014.05.11
清乾隆 白玉三阳开泰摆件	长10cm	345,000	北京保利	2014.10.26
清乾隆 白玉鼠	高5.3cm	94,300	北京翰海	2014.05.11
清乾隆 白玉双欢	长4.5cm	55,200	北京翰海	2014.05.11
清乾隆 白玉双犬	长4.2cm	103,500	北京翰海	2014.05.11
清乾隆 白玉天禄	高8cm	667,000	翰风国际	2014.04.30
清乾隆 白玉卧犬	长3.1cm	74,750	北京翰海	2014.05.11
清乾隆 碧玉嵌红宝石鹦鹉（一对）	高18.5cm×2	230,000	北京匡时	2014.06.03
清乾隆 和田玉海水龙纹摆件	长16.8cm	184,000	南京经典	2014.08.04
清乾隆 黑白玉"灵猴献寿"摆件	长13cm	448,500	远方拍卖	2014.06.02
清乾隆 黄玉富贵金蟾	长4cm	149,500	长风拍卖	2014.01.05

拍品名称	物品尺寸	成交价RMB	拍卖公司	拍卖日期
清乾隆 黄玉瑞兽	长8.6cm	1,127,000	江苏爱涛	2014.07.06
清乾隆 金丝发晶"英雄斗志"摆件	长13cm	517,500	远方拍卖	2014.06.02
清乾隆 玛瑙雕瑞兽	长12.5cm	805,000	中贸圣佳	2014.06.01
清乾隆 青白玉雕宝鸭穿莲摆件	长11.5cm	690,000	上海泓盛	2014.06.26
清乾隆 青白玉双福	长7.6cm	80,500	北京翰海	2014.05.11
清乾隆 青白玉鸳鸯摆件	长11.5cm	86,250	北京保利	2014.10.26
清乾隆 青玉瑞兽	长12.5cm	1,150,000	八益拍卖	2014.10.24
清乾隆 玉雕福禄摆件	高8cm	43,700	北京保利	2014.08.02
清乾隆 玉雕太平有象	长10cm	437,000	北京保利	2014.10.26
清中期 白玉"满庭欢喜"摆件	长8.6cm	632,500	北京东正	2014.11.20
清中期 白玉鹌鹑摆件（一对）	高5cm×2	690,000	北京匡时	2014.06.03
清中期 白玉雕金玉满堂	长4.5cm	437,000	古天一	2014.06.05
清中期 白玉雕金玉满堂	长5.5cm	149,500	古天一	2014.06.05
清中期 白玉雕牛生麒麟摆件	长7cm	34,500	北京保利	2014.10.26
清中期 白玉雕卧马	长9.5cm	138,000	中贸圣佳	2014.07.06
清中期 白玉雕衔灵芝双鹿	高17cm	368,000	北京翰海	2014.05.10
清中期 白玉独占鳌头	长4.8cm	207,000	北京翰海	2014.10.26
清中期 白玉鹅衔灵芝	高18.6cm	862,500	北京翰海	2014.10.26
清中期 白玉公鸡	长4.5cm	92,000	北京东正	2014.11.20
清中期 白玉鹤衔灵芝摆件	长12.8cm	287,500	北京东正	2014.11.20
清中期 白玉鸡	高4.7cm	25,300	北京翰海	2014.10.26
清中期 白玉鸡	长5cm	17,250	北京翰海	2014.10.26
清中期 白玉留皮金玉满堂	长7.3cm	138,000	上海道明	2014.03.27
清中期 白玉巧雕榴开百子	长5cm	667,000	古天一	2014.06.05
清中期 白玉瑞兽	高5.2cm	57,500	北京翰海	2014.10.26
清中期 白玉三羊开泰	长5cm	230,000	北京翰海	2014.10.26
清中期 白玉三羊开泰摆件	宽3.5cm	63,250	北京保利	2014.08.02
清中期 白玉双骏	长7.5cm	437,000	北京翰海	2014.10.26
清中期 白玉双狮摆件	长9.5cm	57,500	北京传是	2014.06.05
清中期 白玉双羊	长4.8cm	166,750	上海道明	2014.03.27
清中期 白玉松鹤延年摆件	高8.3cm	46,000	北京翰海	2014.10.26
清中期 白玉卧马	长6.6cm	25,300	北京翰海	2014.10.26
清中期 白玉卧马	长5cm	23,000	北京翰海	2014.10.26
清中期 白玉卧马	长6.7cm	17,250	北京翰海	2014.10.26
清中期 白玉衔莲宝鸭	长6.2cm	33,600	武汉中信	2014.10.23
清中期 白玉羊	长5.5cm	69,000	北京翰海	2014.10.26
清中期 白玉圆雕放马摆件	长5.5cm	51,750	北京保利	2014.06.06
清中期 碧玉西洋犬	长9.3cm	506,000	北京保利	2014.12.05
清中期 玉雕甪端	高30cm	253,000	北京保利	2014.12.03
清中期 黑白玉巧雕瑞兽	长7cm	17,250	北京保利	2014.10.26
清中期 黑白玉巧作年年有余	长5.8cm	69,000	北京翰海	2014.05.11
清中期 黑白玉巧作太狮少狮	长6.2cm	46,000	北京翰海	2014.05.11
清中期 黑白玉三羊开泰	长9.8cm	23,000	北京翰海	2014.10.26
清中期 旧玉卧犬	长5.8cm	34,500	北京翰海	2014.10.26
清中期 玛瑙雕鹿形摆件	高18cm	32,200	北京东正	2014.11.20
清中期 青白玉宝鸭穿莲	宽6cm	27,290	中国嘉德	2014.10.07
清中期 青白玉雕卧狗	长5.7cm	34,500	北京诚轩	2014.05.19
清中期 青白玉马（一对）	宽25.5cm	575,000	北京保利	2014.04.27
清中期 青白玉马（一对）	宽25.5cm	218,500	北京保利	2014.10.26
清中期 水晶雕回首卧马摆件	长8.5cm	172,500	北京中汉	2014.05.17
清中期 苏作黑白玉巧雕海马玉书	长4cm	1,150,000	古天一	2014.06.05
清 白玉安居乐业摆件	长8cm	34,500	中国嘉德	2014.03.24
清 白玉蟾	长6.5cm	100,800	天津文物	2014.11.15
清 白玉蟾	长5.2cm	13,800	中国嘉德	2014.09.22
清 白玉代代封侯	长7cm	52,900	北京保利	2014.10.26
清 白玉带沁"夔龙"纹"宝鸭穿莲"	长11.1cm	118,670	万昌斯	2014.05.25
清 白玉雕动物（三件）	最长7cm	68,996	纽约苏富比	2014.09.16
清 白玉雕封猴献寿摆件	长6.2cm	46,000	北京翰海	2014.01.11
清 白玉雕福禄寿摆件	长16.8cm	253,000	北京翰海	2014.01.11

拍品名称	物品尺寸	成交价RMB	拍卖公司	拍卖日期
清 白玉雕福禄寿喜瑞兽	高7.1cm	195,500	东拍国际	2014.07.31
清 白玉雕福寿纹摆件	长7.4cm	89,600	天津文物	2014.11.15
清 白玉雕鹿衔灵芝摆件	高4cm	55,200	西泠拍卖	2014.05.06
清 白玉雕骆驼摆件	长10.3cm	48,300	西泠拍卖	2014.05.06
清 白玉雕麒麟送子摆件	高7.5cm	172,500	东拍国际	2014.07.31
清 白玉雕麒麟驮书摆件	长13cm	290,720	保利香港	2014.04.07
清 白玉雕鸳鸯戏水摆件	长9cm	287,500	西泠拍卖	2014.05.06
清 白玉雕太平有象	长8.6cm	207,000	东拍国际	2014.07.31
清 白玉鹅	长3.5cm	20,700	北京保利	2014.10.26
清 白玉鹅衔灵芝	长7cm	28,750	北京保利	2014.10.26
清 白玉翻身马摆件	长8cm	25,300	北京保利	2014.10.26
清 白玉凤凰牡丹摆件	高11cm	23,000	中国嘉德	2014.09.22
清 白玉福寿摆件	长9cm	51,750	深圳市拍	2014.01.05
清 白玉狗	长9.3cm	23,000	中国嘉德	2014.11.20
清 白玉金蟾	长4cm	66,700	北京翰海	2014.05.10
清 白玉金蟾	长5cm	20,700	北京保利	2014.10.26
清 白玉金蟾摆件	宽8cm	218,500	北京保利	2014.10.26
清 白玉留皮雕瑞兽	长5.5cm	89,600	天津文物	2014.05.16
清 白玉鹿乳奉母	高8.6cm	34,500	北京翰海	2014.10.26
清 白玉马	长11cm	1,552,500	翰风国际	2014.04.30
清 白玉马上封侯	长5cm	91,840	武汉中信	2014.10.23
清 白玉马上封侯	长6cm	28,750	北京保利	2014.10.26
清 白玉马上封侯	长5cm	28,750	北京保利	2014.10.26
清 白玉马上封侯摆件	高4cm	126,500	八益拍卖	2014.10.24
清 白玉猫蝶	长4cm	97,750	北京保利	2014.08.02
清 白玉猫蝶	长4.5cm	40,250	北京保利	2014.10.26
清 白玉猫蝶	长5cm	17,250	中国嘉德	2014.11.20
清 白玉母子鹿摆件	长4.3cm	40,250	中国嘉德	2014.11.20
清 白玉牧童骑牛摆件	高8.5cm	136,200	中拍国际	2014.06.04
清 白玉牛生麒麟摆件	长15cm	46,000	北京保利	2014.10.26
清 白玉辟邪	长5.5cm	32,200	北京保利	2014.10.26
清 白玉麒麟送子	高4.6cm	34,500	北京保利	2014.06.06
清 白玉嵌碧玺狮子（一对）	长4.5cm	115,000	北京保利	2014.01.11
清 白玉巧雕代代封侯小摆件	高3.8cm	110,740	江苏爱涛	2014.07.06
清 白玉巧雕双猴摆件	长7.5cm	103,500	北京保利	2014.01.11
清 白玉俏皮马上翻身摆件	长6.7cm	51,750	中鸿信	2014.11.22
清 白玉犬	长7cm	23,000	北京保利	2014.10.26
清 白玉瑞兽	长9cm	51,750	中国嘉德	2014.06.22
清 白玉瑞兽衔枝	长4.8cm	287,500	北京翰海	2014.10.26
清 白玉兽衔灵芝摆件	长7cm	218,500	古天一	2014.06.05
清 白玉绶带鸟摆件	长7cm	57,500	北京保利	2014.10.26
清 白玉双鹤衔桃摆件	长9.5cm	124,300	江苏爱涛	2014.07.06
清 白玉双欢摆件	宽5cm	48,300	中国嘉德	2014.11.20
清 白玉双藕	长6cm	28,750	北京保利	2014.10.26
清 白玉双鸭	宽8cm	36,800	北京保利	2014.10.26
清 白玉松鼠葡萄	长5.5cm	11,500	北京保利	2014.10.26
清 白玉兔	长7cm	224,000	武汉中信	2014.10.23
清 白玉卧鹿	长7cm	25,300	北京保利	2014.10.26
清 白玉卧马	长4cm	28,750	北京保利	2014.10.26
清 白玉卧马摆件	长7cm	25,300	中国嘉德	2014.11.20
清 白玉犀牛望月	长7.5cm	92,000	北京翰海	2014.10.26
清 白玉鸭	长4cm	17,250	北京保利	2014.10.26
清 白玉一鹿吉祥挂件	长4cm	63,250	北京保利	2014.08.02
清 白玉鱼	长7.5cm	50,400	天津文物	2014.05.16
清 白玉鱼	长8.7cm	11,500	中国嘉德	2014.09.22
清 白玉鸳鸯	长10.3cm	46,000	中国嘉德	2014.06.22
清 白玉鸳鸯	长4.5cm	36,800	北京保利	2014.10.26
清 白玉鸳鸯摆件	宽10cm	57,500	北京保利	2014.01.11
清 白玉圆雕鱼形摆件	长9.5cm	115,000	上海泓盛	2014.06.26
清 碧玉福禄万代摆件	长21cm	63,250	北京传是	2014.06.05
清 碧玉卧牛	长25cm	94,300	北京保利	2014.04.27

2014玉器拍卖成交汇总

(成交价RMB：1万元以上)

拍品名称	物品尺寸	成交价RMB	拍卖公司	拍卖日期
清 粉晶卧牛	长23cm	57,500	北京保利	2014.10.26
清 各式玉件（八件一组）	尺寸不一	32,200	北京保利	2014.10.26
清 和田玉雕卧熊摆件	长6cm	31,050	南京经典	2014.01.06
清 黑白玉巧雕双欢	长5.5cm	11,500	北京保利	2014.10.26
清 黑白玉巧做五福三多摆件	长13cm	25,300	中鸿信	2014.11.22
清 黑白玉太狮少狮摆件	长7cm	23,000	北京翰海	2014.11.22
清 黑青玉瑞兽摆件	长9cm	37,208	伦敦苏富比	2014.11.05
清 琥珀摆件（三件）	长6.4cm	30,665	邦瀚斯	2014.09.15
清 琥珀雕凤鸟摆件	高16.5cm	115,000	北京匡时	2014.06.04
清 黄玉留皮瑞兽	长5cm	46,000	北京保利	2014.10.26
清 黄玉沁色兽	长7.5cm	106,400	天津文物	2014.11.15
清 火烧玉马上封侯	长11cm	74,750	北京翰海	2014.05.10
清 旧玉卧马	长11.5cm	138,000	北京翰海	2014.08.24
清 旧玉卧马	长5cm	13,800	中国嘉德	2014.11.20
清 玛瑙巧雕双鱼	长6cm	13,800	北京保利	2014.10.26
清 玛瑙瑞兽	高4.5cm	34,500	北京翰海	2014.04.12
清 青白玉带皮雕海水龙纹摆件	长16.2cm	195,500	上海泓盛	2014.06.26
清 青白玉雕双鹿衔灵芝摆件	宽16cm	299,000	中国嘉德	2014.05.18
清 青白玉雕象摆件	宽7cm	48,300	中国嘉德	2014.05.18
清 青白玉鹅摆件	宽8cm	66,700	中国嘉德	2014.05.18
清 青白玉富贵有余摆件	长10.5cm	103,500	北京保利	2014.01.11
清 青白玉金蟾五蝠摆件	长10cm	172,500	中国嘉德	2014.09.22
清 青白玉母子卧马摆件	长17cm	115,000	中宝拍卖	2014.07.06
清 青白玉沁色宝鸭穿莲摆件	长13cm	20,700	中国嘉德	2014.09.22
清 青白玉三羊开泰	长8.3cm	36,800	南京经典	2014.01.06
清 青白玉兽件	长5.8cm	34,500	山东恒昌	2014.11.16
清 青金石细犬（二件）	高26cm	80,500	北京翰海	2014.05.10
清 青玉带皮雕卧鹿	宽8.2cm	39,540	伦敦邦瀚斯	2014.05.15
清 青玉瑞兽	长20.5cm	57,500	中国嘉德	2014.03.24
清 青玉瑞兽摆件	长11.5cm	245,400	纽约佳士得	2014.03.20
清 青玉卧牛	长19cm	53,681	纽约佳士得	2014.03.20
清 珊瑚全家福摆件	高28.4cm	287,500	翰风国际	2014.04.30
清 水晶卧牛	长16cm	230,000	北京翰海	2014.10.26
清 鱼化龙摆件	长12.5cm	32,200	北京保利	2014.08.02
清 玉雕海东青	长9.5cm	34,500	北京翰海	2014.01.12
清 玉雕簧 兽面（两件）	尺寸不一	32,200	北京保利	2014.08.02
清 玉雕老鼠	长6cm	34,500	北京保利	2014.01.11
清 玉雕马	长5.5cm	23,000	北京翰海	2014.11.22
清 玉雕瑞兽（两件）	尺寸不一	20,700	北京保利	2014.10.26
清 玉雕三羊开泰摆件	长5.5cm	34,500	北京保利	2014.01.11
清 玉雕三羊开泰摆件	长5.5cm	32,200	北京保利	2014.10.26
清 玉雕卧马摆件	长10.5cm	51,750	中国嘉德	2014.05.18
清 玉雕象	长19cm	34,500	北京保利	2014.10.26
清 玉瑞兽	长9.2cm	115,000	北京翰海	2014.10.26
清 白玉雕灵猴献寿摆件	高7.8cm	34,500	西泠拍卖	2014.12.13
清 白玉雕瑞兔抱年摆件	高11.7cm	138,000	西泠拍卖	2014.12.13
清 白玉雕双狮戏球摆件	长6.2cm	46,000	西泠拍卖	2014.12.13
清 红珊瑚雕螭龙摆件	带座高2.7cm	57,500	西泠拍卖	2014.12.13
17世纪 褐斑青白玉坐兽	长8.8cm	197,500	香港苏富比	2014.04.08
17世纪 黄玉雕双鸳鸯	长5.8cm	112,030	伦敦邦瀚斯	2014.05.15
17世纪 灰玉带皮雕卧麒麟	宽7.1cm	342,680	伦敦邦瀚斯	2014.05.15
17世纪 青玉带皮雕鹰熊	宽8cm	177,930	伦敦邦瀚斯	2014.05.15
17世纪/18世纪 白玉带皮雕麒麟	宽9.3cm	1,924,280	伦敦邦瀚斯	2014.05.15
17世纪/18世纪 白玉带皮雕天马	宽8.8cm	72,490	伦敦邦瀚斯	2014.05.15
18世纪 白玉卧马	高11cm	996,960	佳士得	2014.05.28
18世纪 青白玉鹦鹉摆件	宽17cm	727,720	中国嘉德	2014.10.07
18世纪 青玉雕鲤鱼	长29.7cm	85,670	伦敦邦瀚斯	2014.05.15
18世纪 青玉雕三羊	宽18cm	395,400	伦敦邦瀚斯	2014.05.15
19世纪 白玉雕衔灵芝卧鹿	长5.7cm	79,080	伦敦邦瀚斯	2014.05.15
19世纪/20世纪 白玉骏马摆件	长9.5cm	45,998	邦瀚斯	2014.09.15
18世纪 白玉“和谐”摆件	长8.4cm	148,338	万昌斯	2014.05.25

拍品名称	物品尺寸	成交价RMB	拍卖公司	拍卖日期
18世纪 白玉“太平有象”摆件	长16.5cm	592,500	香港苏富比	2014.04.08
18世纪 白玉带皮瑞兽	长4.7cm	168,116	万昌斯	2014.05.25
18世纪 白玉雕卧犬	长12.3cm	766,875	纽约苏富比	2014.03.18
18世纪 白玉卧羊	长7.9cm	592,500	香港苏富比	2014.04.08
18世纪 白玉卧羊	长8.3cm	592,500	香港苏富比	2014.04.08
18世纪 黑白玉熊	长4.5cm	65,900	伦敦苏富比	2014.05.14
18世纪 玛瑙卧猫	长13cm	186,038	伦敦苏富比	2014.11.05
18世纪 青白玉辟邪	长8.3cm	79,080	伦敦苏富比	2014.05.14
18世纪 珊瑚镂雕云龙摆件	长20.3cm	593,250	香港苏富比	2014.10.08
18世纪/19世纪 白玉松鼠葡萄纹摆件	长8cm	52,720	伦敦苏富比	2014.05.14
18世纪/19世纪 青白玉太狮少狮	长7cm	105,440	伦敦苏富比	2014.05.14
19世纪 青白玉鸳鸯摆件	长14cm	49,610	伦敦苏富比	2014.11.05
清晚期 白玉雕“富贵有余”摆件	长25cm	1,453,600	香港苏富比	2014.04.07
清晚期 白玉雕太师少师摆件	长11.5cm	138,000	中贸圣佳	2014.07.06
清晚期 青金石瑞兽	8cm×7cm	16,500	武汉中信	2014.10.23
民国 白玉岁岁平安摆件	长23cm	11,500	中国嘉德	2014.09.22
民国 青白玉骆驼（两件）	尺寸不一	20,700	中国嘉德	2014.09.22
阿拉善玛瑙源禅摆件	长10.4cm	13,800	北京博观	2014.11.15
白玉“耄耋富贵”摆件		170,770	天成国际	2014.06.08
白玉“守业”摆件		151,795	天成国际	2014.06.08
白玉雕瑞兽平安摆件	高11.5cm	134,400	北京荣宝	2014.03.23
白玉雕卧马摆件	长8cm	78,400	北京荣宝	2014.03.23
白玉猴子偷桃摆件	高9.5cm	23,000	中国嘉德	2014.09.22
白玉雕双马摆件	长11.5cm	69,000	西泠拍卖	2014.12.13
白玉辟邪兽	长7.0cm	59,800	北京博观	2014.11.16
碧玉牛	长24.3cm	51,750	中国嘉德	2014.03.24
碧玉牛	长31cm	25,300	中国嘉德	2014.09.22
俄碧玉“新文玩·虚竹”	宽25.2cm	126,500	西泠拍卖	2014.12.14
崔磊 官上加官 白玉摆件	长10.8cm	977,500	西泠拍卖	2014.12.14
当代 白玉雕貔貅摆件	长17.2cm	34,500	中鸿信	2014.11.23
当代 碧玉雕福禄寿摆件	长21.8cm	75,900	中鸿信	2014.11.23
董永梅 喜事连连	长3.3cm	42,560	中晟国际	2014.10.11
独山玉镇行摆件	长19.0cm	20,700	北京博观	2014.11.15
范同生 和田玉籽料带皮巧雕蟾宫折桂摆件	高16cm	1,495,000	北京艺融	2014.06.03
冯铃 自有高见 碧玉罐		155,250	西泠拍卖	2014.05.03
顾永俊 “太平有象”摆件	长9cm	379,500	荣宝斋（上海）	2014.05.09
和田白玉龙行天下摆件	高11.5cm	198,000	北京中孚	2014.05.25
和田白玉籽粒鹅如意摆件	高6cm	201,600	中晟国际	2014.10.11
和田白玉籽料鳄龟摆件	长8.1cm	112,000	中晟国际	2014.10.11
和田白玉籽料凤梳	长11.2cm	672,000	中晟国际	2014.10.11
和田白玉籽料海精灵摆件	长7.2cm	134,400	中晟国际	2014.10.11
和田白玉籽料金龟摆件	长8.5cm	39,200	中晟国际	2014.10.11
和田白玉籽料巧雕麒麟送子摆件	长11.4cm	176,000	华软信诚	2014.01.01
和田玉精雕三阳开泰摆件	长6.8cm	59,800	北京保利	2014.06.02
和田玉祥龙摆件	高13.7cm	120,750	宇辰拍卖	2014.11.02
和田玉籽料富贵缠身	长6.6cm	172,500	尚品润博	2014.08.03
和田玉籽料贺寿摆件	高9.4cm	92,000	北京博观	2014.11.15
和田玉籽料瑞兽摆件	长9.8cm	241,500	北京博观	2014.07.06
和田籽料金蟾	长6cm	39,100	荣宝斋（上海）	2014.05.09
琥珀雕刻把件/霸下	长6.1cm	178,500	富佳斋	2014.07.20
琥珀雕刻把件/独占鳌头	长7.4cm	126,000	富佳斋	2014.07.20
黄玉大鸭形摆件	高4.5cm	433,950	中国艺海	2014.11.15
黄玉喜上枝头摆件	长20cm	57,500	北京博观	2014.11.15
黄玉小玉鸭形摆件	长5cm	390,555	中国艺海	2014.11.15
黄玉鹦鹉	高3cm	448,500	北京匡时	2014.06.03
吉祥 府上有龙	长5.4cm	33,600	中晟国际	2014.10.11
吉祥 旺财	长6.8cm	44,800	中晟国际	2014.10.11

拍品名称	物品尺寸	成交价RMB	拍卖公司	拍卖日期
近代 白玉福寿双全摆件	高7.5cm	36,800	八益拍卖	2014.10.24
近代 白玉蜻蜓莲蓬摆件	长6cm	36,800	八益拍卖	2014.10.24
近代 碧玉花鸟大摆件	高39.5cm	34,500	北京保利	2014.01.11
近代 黄玉麒麟	长14cm	126,500	北京保利	2014.08.02
李东 黄皮籽料神马	长9.2cm	537,600	中晟国际	2014.10.11
龙马精神	长34cm	126,000	富佳斋	2014.07.20
罗光明 发财猪	长4.3cm	31,360	中晟国际	2014.10.11
罗光明 龙凤呈祥	长5.9cm	91,840	中晟国际	2014.10.11
罗光明 龙马精神	长5.3cm	80,640	中晟国际	2014.10.11
罗光明 貔貅	长4.8cm	47,040	中晟国际	2014.10.11
吕德 白玉雕凤穿牡丹摆件	长7.6cm	504,000	上海联合	2014.06.29
穆宇静 丹凤朝阳 白玉摆件	长23.4cm	414,000	北京匡时	2014.06.05
南红玛瑙独占鳌头摆件	长11.1cm	1,840,000	上海金艺	2014.12.17
青白玉三羊开泰摆件	长12cm	17,250	中国嘉德	2014.09.22
青金石“傲视群雄”马摆件		189,744	天成国际	2014.06.08
青玉雕太平有象摆件	高15cm	201,600	未来四方	2014.05.23
邱启敬 马·八刀	长10cm	126,500	北京保利	2014.06.05
邱启敬 马·汉风	长12.8cm	115,000	北京保利	2014.06.05
邱启敬 马·思	长6cm	97,750	北京保利	2014.06.05
邱启敬 马·探	长7.4cm	97,750	北京保利	2014.06.05
邱启敬 马·望	长7cm	92,000	北京保利	2014.06.05
邱启敬 马·遥	长29.2cm	184,000	北京保利	2014.06.05
裘军毅 望子成龙	长4.6cm	50,000	上海驰翰	2014.06.26
沈学神 瑞兽	长6.4cm	115,000	北京卓德	2014.06.20
唐伟琪 一叶封侯	长7.5cm	32,200	荣宝斋（上海）	2014.05.09
天然琥珀“三羊开泰”摆件 约377.64克		48,300	北京保利	2014.12.04
王金忠 醉舞双清荷 白玉摆件	长11.4cm	1,840,000	西泠拍卖	2014.12.14
吴金星 和田玉太平有象摆件	长9cm	1,380,000	河南日信	2014.06.01
新疆和田白玉龙马精神	高6.55cm	40,250	北京保利	2014.10.08
新疆和田黄玉貔貅	宽2.4cm	115,000	北京保利	2014.10.08
颜桂明 “和谐”摆件	长7.5cm	230,000	荣宝斋（上海）	2014.05.09
余勇 碧玉籽料飞黄腾达	长6.2cm	36,800	宇辰拍卖	2014.11.02
玉狗摆件	长5cm	32,200	北京匡时	2014.09.17
张克山 报喜 白玉摆件	长11.6cm	1,610,000	北京匡时	2014.06.05
赵琦 清和朗润 白玉摆件		126,500	西泠拍卖	2014.05.03
赵显志 三吼 玉摆件（一组）	尺寸不一	667,000	西泠拍卖	2014.12.14
其他摆件				
明 白玉春水瓦子	长9cm	20,700	北京保利	2014.10.26
明 玉雕灵芝摆件	宽7.8cm	34,873	中国嘉德	2014.04.09
明 玉雕寿桃双鹤瓦子	长11cm	28,750	北京保利	2014.10.26
清早期 白玉花卉草虫摆件	长7cm	43,700	北京保利	2014.08.02
清早期 白玉留皮灵芝	长5cm	48,300	北京保利	2014.08.02
清乾隆 白玉带皮“喜事连连”	长7.1cm	692,244	万昌斯	2014.05.25
清乾隆 白玉雕“一品清廉”摆件	长7.5cm	103,500	远方拍卖	2014.06.02
清乾隆 白玉雕福寿双桃	宽6.7cm	395,400	伦敦邦瀚斯	2014.05.15
清乾隆 白玉雕瓜瓞绵绵摆件	高7cm	529,000	北京匡时	2014.06.03
清乾隆 白玉雕金刚杵	长9.8cm	368,000	翰风国际	2014.04.30
清乾隆 白玉雕渔家乐船形摆件	长17.5cm	3,105,000	北京东正	2014.05.18
清乾隆 碧玉描金龙纹“南吕”编磬	长53.5cm	4,765,560	佳士得	2014.11.26
清中期 白玉雕俏色蘑菇	长6.7cm	115,000	古天一	2014.06.05
清中期 白玉瓜蝶连绵	高6cm	34,500	北京翰海	2014.05.11
清中期 白玉蘑菇	长4.7cm	92,000	北京翰海	2014.10.26
清中期 白玉藕	宽6cm	11,500	北京保利	2014.10.26
清中期 白玉嵌宝盆景（一对）	高32cm	69,000	北京保利	2014.10.26
清中期 白玉洒金莲蓬摆件	长7.3cm	690,000	北京翰海	2014.10.26
清中期 白玉渔家乐摆件	长15cm	69,000	北京翰海	2014.05.11
清中期 火烧玉如意乾坤袋	高10cm	51,750	北京翰海	2014.05.10

拍品名称	物品尺寸	成交价RMB	拍卖公司	拍卖日期
清中期 南红玛瑙巧雕寿桃摆件	长10cm	115,000	北京匡时	2014.06.04
清中期 青白玉双寿石榴摆件	宽11cm	55,200	北京保利	2014.10.26
清中期 玉雕月球车	长19cm	115,000	北京保利	2014.01.11
清中期 白玉雕佛手摆件	带座高17cm	517,500	西泠拍卖	2014.12.13
清 白玉扁豆	长7cm	13,800	北京保利	2014.10.26
清 白玉船	长24cm	345,000	北京匡时	2014.09.17
清 白玉船摆件	长14cm	207,000	中国嘉德	2014.11.20
清 白玉雕江舟渔乐图船形摆件	长15cm	747,500	保利厦门	2014.11.02
清 白玉雕三多纹摆件	长21.5cm	459,200	天津文物	2014.05.16
清 白玉雕祝寿摆件	高11cm	207,000	南京经典	2014.01.06
清 白玉福山寿海摆件	长5.5cm	34,500	北京保利	2014.06.06
清 白玉福寿多子摆件	高7.5cm	195,500	雍和嘉诚	2014.05.31
清 白玉鸿福齐天摆件	长11cm	92,000	北京翰海	2014.11.22
清 白玉灵芝	长4cm	28,750	北京保利	2014.10.26
清 白玉留皮荔枝	长5cm	34,500	北京保利	2014.10.26
清 白玉藕片	长5.5cm	13,800	北京保利	2014.10.26
清 白玉沁色核桃	长4cm	67,200	天津文物	2014.11.15
清 白玉人物船	9cm×3.5cm	67,200	武汉中信	2014.10.23
清 白玉渔家乐摆件	长19cm	17,250	中国嘉德	2014.09.22
清 碧玉兰花盆景	长17cm	92,000	北京保利	2014.06.06
清 和田玉福寿桃	高8cm	66,700	南京经典	2014.04.27
清 玛瑙巧雕花生	宽5cm	46,000	中国嘉德	2014.11.20
清 青白玉一夜成名摆件	长15.5cm	126,500	八益拍卖	2014.10.24
清 珊瑚雕寿山福海摆件	高20cm	747,500	江苏爱涛	2014.07.06
清 玉雕荷叶摆件	长18cm	57,500	北京翰海	2014.08.24
清 玉雕花鸟、蘑菇、觥（三件一组）	尺寸不一	20,700	北京保利	2014.10.26
清 玉雕菊花、猫纹瓦子（两件）	尺寸不一	13,800	北京保利	2014.10.26
19世纪 青白玉仿古纹摆件	长展开18cm	84,329	纽约苏富比	2014.09.16
19世纪 青玉带皮雕双石榴	宽7.6cm	39,540	伦敦邦瀚斯	2014.05.15
19世纪 青玉雕桃	宽13.8cm	65,900	伦敦邦瀚斯	2014.05.15
民国 白玉留皮船	长13cm	32,200	中国嘉德	2014.03.24
民国 绿松石	长47cm	207,000	中鸿信	2014.11.23
民国 玛瑙桃形摆件	高10cm	57,500	北京翰海	2014.11.22
阿拉善玛瑙蝶恋花摆件	高8.2cm	25,300	北京博观	2014.11.15
白玉兽面纹钟	高40.5cm	89,700	中国嘉德	2014.03.24
白玉原石摆件	长16cm	80,500	中国嘉德	2014.03.24
碧玉白菜摆件	长8.2cm	43,700	北京博观	2014.11.15
陈世英 太空梦	高21cm	113,846	日本伊斯特	2014.06.01
俄碧玉“寂·渌波”	宽10cm	86,250	西泠拍卖	2014.12.14
俄碧玉寂·移舟	宽10.5cm	63,250	西泠拍卖	2014.12.14
顾铭 净土 碧玉摆件		69,000	西泠拍卖	2014.05.03
合之悦	长39cm	126,000	富佳斋	2014.07.20
和田白玉原石	重量90g	781,110	中国艺海	2014.11.15
和田玉籽料“雪芹望月”原石	高6.5cm	172,500	宇辰拍卖	2014.11.02
和田玉籽料四大园林之沧浪亭	长4.4cm	25,300	北京博观	2014.11.15
和田玉籽料四大园林之留园	高4.5cm	28,750	北京博观	2014.11.15
和田玉籽料四大园林之狮子林	长6.5cm	18,400	北京博观	2014.11.15
和田玉籽料四大园林之拙政园	长5.5cm	17,250	北京博观	2014.11.15
和田玉籽料心道摆件	高7.3cm	23,000	北京博观	2014.11.15
和田玉籽料原石	长11.0cm	920,000	尚品润博	2014.08.03
和田玉籽料原石	高47cm	655,500	太和国际	2014.06.22
和田玉籽料原石	重2991g	220,000	北京中孚	2014.05.25
和田原石	长44cm	440,000	北京中孚	2014.05.25
和田原石	长39cm	330,000	北京中孚	2014.05.25
和田原石	长7.8cm	168,000	中晟国际	2014.10.11
和田原石	长10.2cm	95,200	中晟国际	2014.10.11
和田原石	长6.2cm	95,200	中晟国际	2014.10.11
和田籽料摆件	长15.3cm	161,000	华艺国际	2014.05.31
和田籽玉随形摆件	长6.2cm	112,000	上海联合	2014.10.11

2014玉器拍卖成交汇总

(成交价RMB：1万元以上)

拍品名称	物品尺寸	成交价RMB	拍卖公司	拍卖日期
黑白玉巧雕渔家乐摆件	长18cm	11,500	中国嘉德	2014.09.22
花件雕形和田玉摆件	重量1.5kg	3,298,020	中国艺海	2014.11.15
黄罕勇 月舞凝芳 白玉摆件		253,000	西泠拍卖	2014.05.03
黄玉百财摆件	长22cm	103,500	北京博观	2014.07.06
罗光明 书中自有颜如玉	长4.3cm	59,360	中晟国际	2014.10.11
吕德 白玉雕江山多娇摆件	长9.4cm	392,000	上海联合	2014.06.29
绿松石林莽松涛	高29cm	97,750	北京保利	2014.12.03
玛瑙荷塘情趣摆件	长12.5cm	11,500	北京博观	2014.11.15
玛瑙节节高	长18cm	30,800	浙江六通	2014.10.19
玛瑙乐在其中摆件	高17cm	25,300	北京博观	2014.11.16
青白玉莲瓣座	高15.5cm	17,250	中国嘉德	2014.09.22
青白玉钟	高34cm	28,750	中国嘉德	2014.09.22
青花籽料“寂·香思”	宽12.5cm	218,500	西泠拍卖	2014.12.14
青玉籽料“遥·骏”	高21cm	253,000	西泠拍卖	2014.12.14
青玉籽料“遥·逸”	高16.8cm	322,000	西泠拍卖	2014.12.14
邱启敬 沧海一粟 青花摆件		51,750	西泠拍卖	2014.05.03
邱启敬 禅思如月华 青花摆件		149,500	西泠拍卖	2014.05.03
邱启敬 禅意·隐者	高7.3cm	184,000	北京保利	2014.06.05
邱启敬 寒江雪 青花摆件		57,500	西泠拍卖	2014.05.03
邱启敬 寒枝·奇	长20.8cm	138,000	北京保利	2014.06.05
邱启敬 寒枝·赏	长20.8cm	149,500	北京保利	2014.06.05
邱启敬 寒枝·艳	长27cm	138,000	北京保利	2014.06.05
邱启敬 寒枝·孟	长10.9cm	138,000	北京保利	2014.06.05
邱启敬 寂 青花摆件		230,000	西泠拍卖	2014.05.03
邱启敬 空·暮秋	高8cm	184,000	北京保利	2014.06.05
邱启敬 青绿·笔山	长13cm	80,500	北京保利	2014.06.05
邱启敬 无常·水	长30cm	552,000	北京保利	2014.06.05
邱启敬 虚竹·劲节	长13.6cm	46,000	北京保利	2014.06.05
邱启敬 虚竹·蚁趣	长16.4cm	138,000	北京保利	2014.06.05
邱启敬 虚竹·中空	长12.5cm	63,250	北京保利	2014.06.05
邱启敬 虚竹·自持	长14.1cm	46,000	北京保利	2014.06.05
邱启敬 意在深潭 青花摆件		149,500	西泠拍卖	2014.05.03
邱启敬 竹韵芊华 碧玉摆件		138,000	西泠拍卖	2014.05.03
瞿惠中 佛手 白玉摆件	长12.1cm	126,500	西泠拍卖	2014.12.14
瞿利军 荷塘清趣 碧玉摆件		74,750	西泠拍卖	2014.05.03
水晶雷峰塔今昔	长14cm	30,800	浙江六通	2014.10.19
台山玉秀山丽水图摆件	长15.4cm	25,300	北京博观	2014.11.15
新疆和田黄玉 度	宽25cm	8,050,000	北京保利	2014.10.08
玉器（七件）	尺寸不一	13,800	中国嘉德	2014.09.22
玉小件（三件）	尺寸不一	13,800	中国嘉德	2014.09.22
张焕庆 黄瓜	长13cm	460,000	北京保利	2014.06.04
自儒堂 桃花雕绣鞋小摆件	高5.1cm	112,000	上海联合	2014.03.29
玉瓶				
明 白玉双龙钮盖瓶	高17.5cm	92,000	北京保利	2014.10.26
明 黄玉仿古兽面纹盖瓶	高16.9cm	693,450	澳门中信	2014.06.08
明 黄玉饕餮纹小瓶	高6cm	146,832	中国嘉德	2014.04.09
明 旧玉螭龙纹铺耳衔环瓶	高12.6cm	517,500	北京翰海	2014.10.26
清早期 白玉素面扁瓶	高11.5cm	138,000	北京保利	2014.04.27
清康熙/雍正 黄玉悟空戏狮盖瓶	高11.6cm	692,125	香港苏富比	2014.10.08
清乾隆 白玉“年年有余”盖瓶	高15.5cm	187,895	万昌斯	2014.05.25
清乾隆 白玉螭龙贯耳瓶	高13.5cm	195,500	八益拍卖	2014.10.24
清乾隆 白玉雕兽面蕉叶纹双耳瓶	高24.5cm	1,495,000	中贸圣佳	2014.07.06
清乾隆 白玉雕兽面纹螭龙双耳瓶	高21.6cm	345,000	北京东正	2014.05.18
清乾隆 白玉雕兽面纹鸠耳活环瓶	高28.5cm	4,025,000	北京东正	2014.05.18
清乾隆 白玉雕饕餮纹双耳瓶	高27.5cm	1,725,000	北京东正	2014.11.20
清乾隆 白玉雕云蝠纹“大吉”葫芦瓶	高18cm	1,610,000	北京东正	2014.11.20
清乾隆 白玉夔龙蕉叶纹穿带瓶	高7cm	805,000	中宝拍卖	2014.07.06
清乾隆 白玉菱形龙纹盖瓶	高15cm	253,000	北京保利	2014.04.27
清乾隆 白玉菱形龙纹盖瓶	高15cm	149,500	北京保利	2014.10.26
清乾隆 白玉龙凤纹双耳衔环盖瓶	高31.5cm	2,070,000	北京翰海	2014.10.26

拍品名称	物品尺寸	成交价RMB	拍卖公司	拍卖日期
清乾隆 白玉龙纹盖瓶	高18cm	92,000	北京保利	2014.10.26
清乾隆 白玉梅花双耳瓶	高11.7cm	172,500	北京翰海	2014.10.26
清乾隆 白玉兽面纹兽耳衔环盖瓶	高10.1cm	920,000	北京翰海	2014.05.11
清乾隆 白玉双凤纹链瓶	带座高24cm	667,000	北京翰海	2014.05.10
清乾隆 白玉双龙耳盖瓶	高19cm	43,700	北京保利	2014.10.26
清乾隆 白玉双龙拱寿如意耳八棱盖瓶	高26.4cm	5,788,800	罗芙奥	2014.05.25
清乾隆 白玉双兽耳海棠式瓶	高11.5cm	161,000	北京保利	2014.04.27
清乾隆 白玉英雄瓶	高10cm	345,000	北京保利	2014.04.27
清乾隆 白玉英雄双联瓶	高21cm	920,000	北京保利	2014.04.27
清乾隆 白玉英雄双联瓶	高21cm	126,500	北京保利	2014.10.26
清乾隆 白玉英雄双联瓶	高10cm	92,000	北京保利	2014.10.26
清乾隆 碧玉大吉瓶	高22cm	36,800	北京保利	2014.10.26
清乾隆 螭龙纹菱形水晶瓶（一对）	高21.5cm×2	161,000	翰风国际	2014.04.30
清乾隆 仿古玉瓶	高33cm	2,347,680	佳士得	2014.05.28
清乾隆 痕都斯坦白玉双耳活环玉瓶	高16cm	218,500	保利厦门	2014.11.02
清乾隆 琥珀料雕缠枝莲纹玉壶春瓶	高25cm	79,337	保利香港	2014.10.07
清乾隆 琥珀双耳瓶	高21.5cm	322,000	北京匡时	2014.06.04
清乾隆 黄玉云蝠纹螭龙钮盖瓶	高13cm	1,455,440	香港苏富比	2014.10.08
清乾隆 玛瑙瓶摆件	高20cm	603,000	佳士得	2014.05.28
清乾隆 青白玉螭龙瓶（一对）	高29cm	6,555,000	八益拍卖	2014.10.24
清乾隆 青白玉刻夔龙纹双环耳瓶	高17.1cm	402,500	北京盈时	2014.05.31
清乾隆 青白玉巧雕花卉瓶	高10.5cm	55,200	北京保利	2014.04.27
清乾隆 青玉雕龙纹双耳扁瓶	高17cm	105,440	伦敦邦瀚斯	2014.05.15
清乾隆 水晶雕兽面纹双耳瓶	高33.5cm	805,000	北京东正	2014.11.20
清乾隆 血珀雕喜上眉梢如意耳盖瓶	高14.5cm	862,500	北京翰海	2014.05.10
清乾隆 玉雕龙纹包袱瓶	高14cm	667,440	台湾世家	2014.04.13
清乾隆 御制白玉英雄双联盖瓶	高10cm	9,200,000	北京翰海	2014.05.10
清乾隆/嘉庆 红玉髓雕梅花纹瓶	高10.8cm	131,800	伦敦邦瀚斯	2014.05.15
清乾隆 白玉雕山水纹双凤耳狮钮盖瓶	高22cm	575,000	北京匡时	2014.12.03
清乾隆 白玉雕饕餮纹活环链瓶	高29.8cm（带座）	632,500	北京匡时	2014.12.03
清乾隆 白玉盘龙兽面凤钮盖瓶	高29cm	1,840,000	北京保利	2014.12.03
清乾隆 碧玉雕宝相花双耳瓶	带座高51.5cm	2,185,000	西泠拍卖	2014.12.13
清乾隆 碧玉英雄双联瓶	高16cm	287,500	北京盈时	2014.12.07
清中期 黄玉雕西蕃莲活环耳盖瓶	高23.5cm	575,000	北京保利	2014.12.03
清中期 南红玛瑙饕餮纹小瓶	高4cm	23,000	北京东正	2014.11.20
清中期 白玉雕“凤戏牡丹”盖瓶	高20.5cm	253,000	远方拍卖	2014.06.02
清中期 白玉雕喜上梅梢盖瓶	高26cm	299,000	北京保利	2014.10.26
清中期 白玉雕英雄博古瓶	长18cm	517,500	中贸圣佳	2014.07.06
清中期 白玉荷叶莲枝纹瓶	高13cm	310,500	北京翰海	2014.05.10
清中期 白玉灵芝如意兽耳衔环瓶	高6.3cm	46,000	北京翰海	2014.05.11
清中期 白玉龙凤六方瓶	高18.3cm	1,380,000	北京保利	2014.06.04
清中期 白玉龙凤纹瓶	高16cm	46,000	北京翰海	2014.05.11
清中期 白玉梅花盖瓶	高14cm	138,000	中鸿信	2014.11.22
清中期 白玉如意耳包袱瓶	高30cm	230,000	北京保利	2014.10.26
清中期 白玉兽面纹瑞兽钮双环耳盖瓶	高19cm	2,300,000	北京保利	2014.06.04
清中期 白玉双耳兽钮盖瓶	高13.5cm	69,000	北京保利	2014.10.26
清中期 白玉岁岁平安双龙耳瓶	高21cm	172,500	北京保利	2014.08.02
清中期 白玉喜鹊登梅盖瓶	高17.5cm	460,000	北京翰海	2014.05.10
清中期 白玉竹报平安双耳瓶	高34cm	126,500	北京保利	2014.10.26
清中期 琥珀雕双耳瓶	高10.6cm	287,500	古天一	2014.06.05
清中期 青白玉雕兽面纹双联瓶	高11.3cm	86,250	北京诚轩	2014.11.20
清中期 青白玉雕鸳鸯龙耳盖瓶	高24cm	138,000	中鸿信	2014.11.22
清中期 青白玉兽钮花鸟盖瓶	高33cm	230,000	北京保利	2014.08.02
清中期 青白玉双龙戏珠瓶	高23cm	667,000	北京翰海	2014.05.10

拍品名称	物品尺寸	成交价RMB	拍卖公司	拍卖日期
清中期 水晶饕餮纹狮钮双耳衔环瓶	高26.4cm	184,000	北京东正	2014.11.20
清中期 玉雕双耳瓶摆件	高24cm	207,000	东拍国际	2014.07.31
清道光 黄玉雕饕餮纹瓶	高15.5cm	345,000	中宝拍卖	2014.07.06
清光绪 白玉雕兽面纹双凤耳瓶	高25.5cm	2,300,000	中国嘉德	2014.05.18
清 白玉螭龙凤钮链瓶	高19cm	92,000	中鸿信	2014.11.22
清 白玉螭龙纹菱形盖瓶	高11.9cm	46,000	北京翰海	2014.05.11
清 白玉螭龙纹瓶	高13.8cm	57,500	中国嘉德	2014.06.22
清 白玉雕花卉纹盖瓶	高23.5cm	138,000	北京保利	2014.06.06
清 白玉雕龙纹象耳盖瓶	高23cm	253,000	浙江世贸	2014.07.27
清 白玉雕年年有余纹瓶	高15.5cm	224,000	天津文物	2014.11.15
清 白玉雕兽面纹双耳瓶	长7cm	67,200	天津文物	2014.05.16
清 白玉雕双耳活环瓶	高22.8cm	517,500	中贸圣佳	2014.07.06
清 白玉雕双龙瓶	高14.5cm	253,000	广州皇玛	2014.04.27
清 白玉雕四海升平纹瓶	高27cm	1,960,000	天津文物	2014.05.16
清 白玉雕饕餮纹兽耳衔环纹瓶	高12cm	67,200	天津文物	2014.05.16
清 白玉雕望子成龙纹瓶	高10cm	100,800	天津文物	2014.05.16
清 白玉雕仙鹤缠枝纹瓶	高20cm	713,000	中贸圣佳	2014.07.06
清 白玉仿古兽面纹活环耳瓶	高18.4cm	375,725	香港苏富比	2014.10.08
清 白玉风云际会狮耳衔环瓶	高10.5cm	82,800	中国嘉德	2014.09.22
清 白玉盖瓶	高20cm	69,000	北京保利	2014.10.26
清 白玉花鸟纹盖瓶	高25.5cm	624,250	中拍国际	2014.06.04
清 白玉留皮雕兽面纹瓶	高19.5cm	548,800	天津文物	2014.05.16
清 白玉龙凤盖瓶	高12cm	51,750	北京保利	2014.06.06
清 白玉龙凤瓶	高24cm	287,500	八益拍卖	2014.10.24
清 白玉龙凤诗文瓶	高14.3cm	218,500	翰风国际	2014.04.30
清 白玉龙凤诗文瓶	高14cm	40,250	中国嘉德	2014.09.22
清 白玉龙纹双耳小瓶	高6.5cm	82,800	北京保利	2014.08.02
清 白玉盘龙盖双耳瓶	高24cm	460,000	八益拍卖	2014.10.24
清 白玉俏皮兽面纹铺耳盖瓶	高12.8cm	66,700	中鸿信	2014.11.22
清 白玉兽面纹双联瓶	高18cm	74,750	北京保利	2014.01.11
清 白玉兽面纹双联瓶	高18cm	57,500	北京保利	2014.10.26
清 白玉双龙盖瓶	高13cm	20,700	北京保利	2014.10.26
清 白玉双兽耳瓶	高12.5cm	25,300	北京保利	2014.10.26
清 白玉松鹤延年梅瓶	高22.5cm	92,460	大唐国际	2014.05.27
清 白玉童子太平有象盖瓶	高9.1cm	172,500	北京翰海	2014.10.26
清 白玉透雕福禄绵绵瓶	高13.5cm	310,500	上海嘉泰	2014.06.18
清 白玉五蝠捧寿盖瓶	高22.5cm	299,000	北京保利	2014.01.11
清 白玉五蝠捧寿盖瓶	高22.5cm	97,750	北京保利	2014.10.26
清 白玉喜鹊登梅瓶	高12cm	36,800	北京保利	2014.08.02
清 白玉小包袱瓶	高8.8cm	34,500	中国嘉德	2014.09.22
清 白玛瑙、瓶、盒（三件）	尺寸不一	161,000	北京保利	2014.06.05
清 白玉雕梅妻鹤子瓶	高16.4cm	287,500	西泠拍卖	2014.05.06
清 白玉宝相花双环耳扁瓶	高18.5cm	517,500	北京保利	2014.12.05
清 白玉雕九螭龙纹瓶	高19cm	172,500	西泠拍卖	2014.12.13
清 白玉雕双联瓶	高11.3cm	287,500	西泠拍卖	2014.12.13
清 白玉兽面活环盖瓶	高24cm	138,000	北京保利	2014.12.05
清 茶晶雕双龙捧珠活环瓶	高30cm	161,000	西泠拍卖	2014.12.13
清 琥珀雕孔雀牡丹瓶	通高16cm	172,500	西泠拍卖	2014.12.13
清 玛瑙雕素瓶	高23cm	43,700	西泠拍卖	2014.12.13
清 水晶仿古环耳盖瓶	高21cm	115,000	北京保利	2014.12.05
清 碧玉雕饕餮纹瓶	带座高13.5cm	34,500	西泠拍卖	2014.05.06
清 碧玉龙凤纹瓶	高30.8cm	136,200	中拍国际	2014.06.04
清 和田玉雕鸳鸯象耳环瓶	高22.8cm	161,000	南京经典	2014.04.27
清 红珊瑚花瓶摆件	高9.5cm	61,600	武汉中信	2014.10.23
清 黄玉人物瓶	高21.5cm	345,000	中国嘉德	2014.05.18
清 黄玉兽面纹如意耳活环瓶（一对）	高13cm	2,645,000	保利厦门	2014.11.01
清 绿松石螭龙纹盖瓶	长15cm	74,750	北京翰海	2014.10.25
清 绿松石兽面双耳瓶（一对）	高10cm	11,500	北京保利	2014.10.26
清 绿松石喜上眉梢瓶	高13cm	46,000	北京翰海	2014.10.25

拍品名称	物品尺寸	成交价RMB	拍卖公司	拍卖日期
清 南红玛瑙荷花蝴蝶瓶	高17cm	759,000	江苏爱涛	2014.07.06
清 青白玉螭龙盖瓶	高14.5cm	299,000	八益拍卖	2014.10.24
清 青白玉螭龙纹螭耳瓶	高28.2cm	46,000	中国嘉德	2014.09.22
清 青白玉雕兽面纹双螭龙耳瓶	高19.3cm	46,000	北京匡时	2014.06.04
清 青白玉和合二仙扁瓶	高16cm	172,500	北京保利	2014.10.26
清 青白玉花卉游环盖瓶（一对）	高20.3cm	207,000	中鸿信	2014.11.22
清 青白玉花口瓶	高14.3cm	69,000	中国嘉德	2014.11.20
清 青白玉镂雕芦雁纹双耳游环盖瓶	高33cm	632,500	中鸿信	2014.11.22
清 青白玉童子拜观音瓶	高13.5cm	57,500	中国嘉德	2014.09.22
清 青玉缠枝莲纹瓶	高25cm	210,120	台湾世家	2014.04.13
清 青玉链瓶	高25cm	69,000	北京翰海	2014.01.11
清 青玉席纹瓶	高4.5cm	34,500	北京保利	2014.08.02
清 水晶宝鸭穿莲灵芝活环耳盖瓶	高16.5cm	50,170	罗芙奥	2014.05.25
清 水晶雕葫芦万代纹瓶	高12.7cm	56,000	天津文物	2014.05.16
清 水晶花鸟纹盖瓶	高18.5cm	40,250	北京匡时	2014.06.04
清 水晶花鸟纹瓶	高19cm	32,200	北京匡时	2014.06.04
清 水晶双龙瓶	高24cm	103,500	朵云轩	2014.06.29
清 水晶象耳瓶	高31cm	17,250	中鸿信	2014.11.22
清 玉夔龙纹凤耳衔环兽钮盖瓶	高19.8cm	161,000	北京翰海	2014.10.26
18世纪 白玉雕饕餮纹双龙耳瓶	高13.8cm	237,000	香港苏富比	2014.04.08
18世纪 璧玉雕如意花纹吊瓶	长15.2cm	76,663	纽约苏富比	2014.09.16
18世纪 褐斑黄玉“童子”盖瓶	高10.5cm	1,832,800	香港苏富比	2014.04.08
18世纪 青玉雕石榴形轿瓶	长21cm	122,660	纽约苏富比	2014.09.16
18世纪/19世纪 白玉镂雕螭龙灵芝链盖瓶	高10cm	137,993	纽约苏富比	2014.09.16
18世纪/19世纪 青白玉挂瓶	高17.2cm	21,466	纽约苏富比	2014.09.16
18世纪/19世纪 水晶雕双象耳盖瓶	高19.7cm	42,164	纽约苏富比	2014.09.16
19世纪 白玉雕螭龙莲花纹提梁盖瓶	高17.8cm	137,993	纽约苏富比	2014.09.16
19世纪 白玉仿古兽面活环瑞鸟耳瓶	高17cm	641,875	香港苏富比	2014.04.08
19世纪 青玉雕饕餮纹狮耳活环盖瓶	高34.3cm	84,329	纽约苏富比	2014.09.16
19世纪 珊瑚浮雕仙人盖瓶	高20.2cm	184,050	纽约苏富比	2014.03.18
19世纪 珊瑚镂雕桃鸟纹盖瓶	高22.2cm	76,663	纽约苏富比	2014.09.16
19世纪初 白玉双螭耳瓶	高14.6cm	671,500	香港苏富比	2014.04.08
19世纪晚期 青白玉雕绶带鸟梅纹盖瓶	高34.8cm	61,330	纽约苏富比	2014.09.16
17世纪/18世纪 青白玉雕灵芝瓶	高10.1cm	76,688	纽约苏富比	2014.03.18
18世纪 白玉饕餮纹小瓶	高11.2cm	109,250	保利厦门	2014.11.02
18世纪 红玉髓雕梅花灵芝纹双联瓶	宽17.2cm	158,160	伦敦邦瀚斯	2014.05.15
18世纪 青玉雕莲花纹葫芦瓶连圆盖盒	高12.6	50,084	伦敦邦瀚斯	2014.05.15
18世纪 青玉雕饕餮纹瑞兽耳活环提梁瓶	高14cm	98,850	伦敦邦瀚斯	2014.05.15
18世纪 青玉雕饕餮纹狮钮凤耳盖瓶	高15.8cm	72,490	伦敦邦瀚斯	2014.05.15
19世纪 白玉雕花鸟纹螭龙耳活环盖瓶	高19.7cm	210,880	伦敦邦瀚斯	2014.05.15
19世纪/20世纪 灰白玉雕花鸟纹链盖瓶	高32.4cm	137,993	纽约苏富比	2014.09.16
19世纪晚期/20世纪早期 粉晶鹿鹤同春纹盖瓶	瓶高47cm	19,166	纽约苏富比	2014.09.16
19世纪晚期/20世纪早期 水晶雕凤形盖瓶及瑞兽摆件	较高17.7cm	42,164	纽约苏富比	2014.09.16
19世纪晚期/20世纪早期 水晶雕饕餮蝴蝶纹盖瓶	高19.9cm	19,932	纽约苏富比	2014.09.16

2014玉器拍卖成交汇总

(成交价RMB：1万元以上)

拍品名称	物品尺寸	成交价RMB	拍卖公司	拍卖日期
19世纪晚期/20世纪早期 水晶仿古盖瓶（两件）	高24.7cm	42,178	纽约苏富比	2014.03.18
20世纪 白玉雕花卉纹六角盖瓶	高15.8cm	22,999	纽约苏富比	2014.09.16
20世纪 青白玉雕饕餮夔凤纹吊瓶	高18.5cm	184,050	纽约苏富比	2014.03.18
20世纪 青白玉雕饕餮纹盖瓶	高29.8cm	322,088	纽约苏富比	2014.03.18
20世纪 青玉雕仿古饕餮龙纹联盖瓶	高33.7cm	84,329	纽约苏富比	2014.09.16
20世纪 青玉雕饕餮螭龙纹吊瓶	高36.2cm	107,328	纽约苏富比	2014.09.16
20世纪 水晶雕螭龙纹吊盖瓶	高46.6cm	26,832	纽约苏富比	2014.09.16
20世纪 水晶雕龙凤纹盖瓶	高28.8cm	30,665	纽约苏富比	2014.09.16
清晚 碧玉大花瓶	高33.5cm	299,000	江苏爱涛	2014.07.06
清晚 青玉雕饕餮纹盖瓶	高19cm	115,031	纽约苏富比	2014.03.18
清晚期 大玉瓶摆件	高21.5cm	161,000	安徽艺海	2014.04.30
清晚期 青白玉螭龙纹双象耳盖瓶	高18cm	109,250	中国嘉德	2014.05.18
清晚期 青白玉兽面纹象耳衔环瓶	高25.9cm	63,250	中国嘉德	2014.03.24
清晚期 青玉雕兽面纹环耳盖瓶	高25cm	92,000	北京保利	2014.04.27
民国 白玉雕仿周铜鼎炼盖壶瓶	高26cm	174,363	中信国际	2014.04.19
民国 白玉雕龙纹盖瓶	高28cm	100,947	中信国际	2014.04.19
民国 白玉兽面纹小方瓶	高10cm	13,800	中国嘉德	2014.09.22
民国 红珊瑚雕草虫花卉瓶	高18cm	425,500	北京保利	2014.10.26
民国 绿松石仿古瓶	尺寸不一	13,800	北京保利	2014.10.26
白玉缠枝莲纹链瓶	高52.8cm	66,700	中国嘉德	2014.06.22
白玉缠枝莲纹链瓶	高54.5cm	40,250	中国嘉德	2014.03.24
白玉缠枝莲纹链瓶	高53cm	20,700	中国嘉德	2014.09.22
白玉缠枝莲纹链瓶	高40.5cm	20,700	中国嘉德	2014.09.22
白玉缠枝莲纹瓶（一对）	高27.2cm	32,200	中国嘉德	2014.03.24
白玉螭龙纹瓶	高20.5cm	17,250	中国嘉德	2014.09.22
白玉雕螭龙纹双耳活环方盖瓶	高14.5cm	72,829	纽约苏富比	2014.09.16
白玉雕双龙瓶	高14cm	89,600	北京荣宝	2014.03.23
白玉镂雕龙凤纹瓶	高11cm	34,500	太平洋	2014.09.19
白玉山水人物纹瓶	高28.8cm	32,200	中国嘉德	2014.03.24
白玉兽面纹双耳瓶	高12.5cm	17,250	中国嘉德	2014.09.22
白玉西番莲链子瓶	高35cm	51,750	太平洋	2014.03.21
白玉英雄瓶	高24.5cm	110,952	大唐国际	2014.05.27
白玉云蝠开光吉祥凤耳瓶	高39.5cm	66,700	中国嘉德	2014.06.22
碧玉缠枝莲叶如意纹对瓶	高7.8cm×2	161,000	北京博观	2014.11.16
碧玉清风傲骨瓶	搞13cm	149,500	北京博观	2014.11.15
碧玉双兽衔环耳瓶	高6.1cm	59,800	北京博观	2014.11.16
陈世英 附钻石 红宝石装饰 水晶香水瓶	高12.5cm	189,744	日本伊斯特	2014.06.01
翠玉痕都斯坦式花鸟纹双耳盖瓶	高23.5cm	199,388	纽约佳士得	2014.03.20
当代 白玉雕宝相花纹吊链瓶		103,500	中鸿信	2014.11.22
当代 白玉莲花双耳活环吊链瓶	高45.8cm	64,400	中鸿信	2014.11.22
董永梅 黄玉 碧玉 青玉 白玉四季平安套瓶	高8.2cm	149,500	宇辰拍卖	2014.11.02
董永梅 链条瓶	高17.6cm	112,000	中晟国际	2014.10.11
范栋强 凤凰 白玉瓶	高22.3cm	667,000	北京匡时	2014.06.05
范栋强 兽面纹镂空碧玉梅瓶（一对）	高20.7cm×2	782,000	北京匡时	2014.06.05
高毅进 聆音 花卉耳碧玉瓶	高16.3cm	103,500	西泠拍卖	2014.12.14
杭航 白玉链条瓶	长13.5cm	379,500	北京匡时	2014.06.05
和田碧玉福寿纹瓶	高30cm	201,600	盛世嘉宝	2014.11.02
和田玉夔龙纹兽耳玉瓶	高20.8cm	828,000	南京经典	2014.08.04
和田玉清风竹影梅瓶	高8.2cm	36,800	北京博观	2014.11.15
和田玉兽耳大瓶	高33cm	66,700	北京博观	2014.11.15
黄玉 碧玉 青玉 白玉四季平安套瓶	高8.2cm	143,750	北京博观	2014.07.06
近代 白玉凤纹盖瓶	长25cm	92,000	北京保利	2014.10.26
近代 白玉痕都斯坦式盖瓶	高16cm	34,500	北京保利	2014.01.11
近代 白玉花卉双耳瓶	高23cm	59,800	北京保利	2014.08.02
近代 白玉西番莲盖瓶	高20cm	46,000	北京保利	2014.10.26

拍品名称	物品尺寸	成交价RMB	拍卖公司	拍卖日期
近代 白玉西番莲瓶	高17cm	13,800	北京保利	2014.10.26
近代 黄玉凤纹瓶	高12cm	78,200	北京保利	2014.01.11
近代 青白玉花卉双环耳盖瓶	高20cm	17,250	北京保利	2014.10.26
青白玉缠枝花卉纹六方瓶	高31cm	36,800	中国嘉德	2014.03.24
青白玉缠枝莲福寿字小瓶（一对）	高14.7cm	20,700	中国嘉德	2014.09.22
青白玉缠枝莲纹瓶	高17.9cm	34,500	中国嘉德	2014.03.24
青白玉缠枝莲纹瓶	高25.5cm	34,500	中国嘉德	2014.06.22
青白玉缠枝莲纹瓶	高23.7cm	32,200	中国嘉德	2014.09.22
青白玉团寿字三足瓶	高21cm	32,200	中国嘉德	2014.03.24
青白玉小瓶（三件）	尺寸不一	46,000	中国嘉德	2014.03.24
青海玉白玉链条瓶	加链子长19.5cm	575,000	北京保利	2014.10.08
青金石八宝纹抱月瓶	高41.5cm	34,500	中国嘉德	2014.03.24
青玉转心盖瓶	高18.5cm	25,300	北京博观	2014.11.15
瞿利军新疆和田白玉雕卷香草纹薄胎瓶	高29cm	230,000	北京艺融	2014.12.08
瞿利军新疆和田白玉雕寿字回纹瓶	高19cm	149,500	北京艺融	2014.12.08
水晶雕灵芝耳活环盖瓶	高17.8cm	38,331	纽约苏富比	2014.09.16
宋鸣放 光迎晓月 白玉瓶	高16.4cm	690,000	西泠拍卖	2014.12.14
溪玉阁玉雕刻工作室 此君高节白玉瓶	高9.7cm	40,250	西泠拍卖	2014.12.14
现代 和田玉雕宝相花纹吊链瓶	高43cm	138,000	印千山	2014.07.19
现代 和田玉雕宝相花纹双耳瓶	高30.5cm	103,500	印千山	2014.07.19
俞艇 花开富贵 薄胎白玉瓶	高25.2cm	7,590,000	北京匡时	2014.06.05
俞艇 梅花薄胎瓶	高21cm	8,280,000	北京保利	2014.06.04
玉瓶	高3.3cm	69,000	北京保利	2014.10.08
玉瓶	高3.6cm	57,500	北京保利	2014.10.08
张春明 和田白玉“岁寒三友”如意耳瓶	高36cm	5,520,000	北京艺融	2014.06.03
玉尊				
明 青玉出戟兽耳尊	高21cm	109,250	上海嘉泰	2014.06.19
明 双螭龙耳玉尊	高5cm	57,500	南京经典	2014.08.04
清 碧玉天鸡尊	高16cm	115,000	北京翰海	2014.05.10
清乾隆 白玉三鸠尊	高9.1cm	218,500	北京翰海	2014.10.26
清乾隆 碧玉雕三凤纹尊	宽12.7cm	659,000	伦敦邦瀚斯	2014.05.15
清乾隆 青白玉天鸡尊	高18.4cm	294,528	帝图艺术	2014.06.22
清乾隆 白玉雕仿青铜瑞兽尊	高18.5cm	1,380,000	北京匡时	2014.12.03
清中期 青白玉雕天鸡尊	高13.4cm	184,000	北京诚轩	2014.05.19
顾镇涛 薄胎仿古墨玉尊	高10cm	109,250	北京匡时	2014.06.05
和田玉鸡头樽	高14.2cm	322,000	南京经典	2014.08.04
玉觥				
明 白玉螭龙云纹觥	高10cm	63,250	北京保利	2014.08.02
明 黄玉雕仿古螭龙柄觥	高13.2cm	437,000	北京保利	2014.12.04
明 灰青玉雕螭龙如意云纹觥	高10.2cm	92,025	纽约佳士得	2014.03.20
明末 褐皮青白玉仿古云纹螭耳觥	高17.5cm	197,700	伦敦苏富比	2014.05.14
清乾隆 白玉雕仿古觥	高17.1cm	317,975	保利香港	2014.04.07
清乾隆 黄玉仿古“卧龙”盖觥	高10.6cm	1,550,360	香港苏富比	2014.10.08
清乾隆 火烧玉雕仿古龙柄凤首觥	高21cm	172,500	北京东正	2014.05.18
清乾隆 青白玉烤皮兽面纹觥	高16cm	172,500	北京保利	2014.10.26
清乾隆 青白玉御题诗觥	长16.5cm	184,000	北京保利	2014.10.26
清中期 黄玉雕螭虎纹觥	高11cm	115,000	北京保利	2014.06.06
清 白玉仿古龙尾觥	高14.9cm	336,000	江苏爱涛	2014.07.06
清 白玉凤凰觥	高11.1cm	66,700	中国嘉德	2014.09.22
清 白玉觥	长11cm	13,800	北京保利	2014.10.26
清 碧玉龙纹觥	宽23cm	172,500	北京保利	2014.01.11
清 黄玉兽面螭龙觥	高12.3cm	471,500	北京保利	2014.12.05
18世纪 青白玉透雕凤鸟觥	高12.8cm	613,500	纽约佳士得	2014.03.20
18世纪初 白玉凤凰觥	高16.6cm	1,930,040	香港苏富比	2014.10.08
玉觚				
明 旧玉兽面纹象耳花觚	高20.9cm	552,000	北京翰海	2014.05.11

拍品名称	物品尺寸	成交价RMB	拍卖公司	拍卖日期
明 青白玉雕兽面纹花觚	高8.3cm	176,960	天津文物	2014.05.16
明 青白玉留皮雕兽面纹花觚	高17cm	56,000	天津文物	2014.05.16
明末清早期 黄玉饕餮纹花觚	高13cm	747,500	古天一	2014.06.05
清早期 白玉和合二仙六棱花觚	高15.5cm	172,500	北京翰海	2014.05.11
清乾隆 黄玉双环耳花觚（一对）	高28.5cm	1,495,000	八益拍卖	2014.10.24
清乾隆 青玉雕饕餮纹出戟觚	高15.6cm	46,130	伦敦邦瀚斯	2014.05.15
清晚期 黄玉雕兽面纹花觚	高12cm	92,000	中国嘉德	2014.05.18
清中期 白玉兽面象耳衔环花觚	高15.2cm	782,000	北京翰海	2014.10.26
清 白玉雕莲瓣纹花觚	高27cm	437,000	西泠拍卖	2014.12.13
清 白玉龙凤花觚	高13cm	36,800	北京保利	2014.10.26
清 白玉兽面纹花觚	高20cm	69,000	中国嘉德	2014.05.18
清 白玉兽面纹花觚	高12.7cm	86,250	北京翰海	2014.10.26
清 白玉双环耳花觚	高15.5cm	184,000	八益拍卖	2014.10.24
清 青白玉兽面纹出戟花觚	高20.3cm	322,000	中国嘉德	2014.05.18
清 青金石饕餮纹出戟花觚	高15.5cm	55,200	八益拍卖	2014.10.24
清17世纪/18世纪 黄玉仿古兽面纹六方觚	高18.8cm	5,537,000	香港苏富比	2014.10.08
19世纪 碧玉雕饕餮纹觚	高21.9cm	99,694	纽约苏富比	2014.03.18
19世纪 水晶灵芝纹花觚	高21.7cm	68,214	伦敦苏富比	2014.11.05
玉鼎				
清乾隆 白玉仿古双兽耳饕餮纹方鼎	高14cm	920,000	西泠拍卖	2014.12.13
19世纪碧玉雕饕餮纹冲耳四足方鼎	高19.7cm	144,980	伦敦邦瀚斯	2014.05.15
19世纪 褐青玉兽面纹三足盖鼎	高14cm	52,720	伦敦苏富比	2014.05.14
刘月川 碧玉三足鼎	高8.1c	55,200	宇辰拍卖	2014.11.02
玉壶				
元/明 青玉雕仿古纹双兽耳壶	高13.5cm	184,520	伦敦邦瀚斯	2014.05.15
元/明 青玉雕兽面乳钉纹兽耳出戟壶	高16.4cm	52,720	伦敦邦瀚斯	2014.05.15
明 白玉一路连科链式壶	高18.5cm	1,725,000	北京翰海	2014.10.26
明 玉素面执壶	长18cm	161,000	北京华辰	2014.04.27
17世纪 青灰玉雕莲花螭龙纹带盖执壶	高19.7cm	168,713	纽约苏富比	2014.03.18
17世纪 玉仿古夔龙纹执壶	长11.5cm	65,900	伦敦苏富比	2014.05.14
清乾隆 白玉缠枝莲壶		402,500	中鸿信	2014.11.22
清乾隆 白玉雕螭龙纹双龙柄壶	长10cm	632,500	北京东正	2014.06.07
清乾隆 白玉雕蕉叶纹四方壶	高9.5cm	483,000	远方拍卖	2014.06.02
清乾隆 白玉仿古宝鸭提梁壶摆件	宽17cm	862,500	北京保利	2014.10.26
清乾隆 白玉龙纹活环双耳壶	高24cm	4,600,000	中国嘉德	2014.11.20
清乾隆 白玉松竹梅执壶	高15cm	2,300,000	北京保利	2014.06.04
清乾隆 白玉凤首壶	高16cm	1,955,000	华艺国际	2014.12.09
清乾隆 白玉镶宝石茶壶	带座高13.5cm	115,000	西泠拍卖	2014.12.13
清乾隆 白玉兽面纹提梁卣	高25cm	2,875,000	北京保利	2014.12.03
清乾隆 碧玉刻龙纹僧帽壶	高21cm	454,250	保利香港	2014.04.07
清乾隆 痕都斯坦式玉壶	长13cm	569,250	南京经典	2014.01.06
清乾隆 青白玉莲蓬执壶	高18cm	690,000	远方拍卖	2014.06.02
清乾隆 青白玉鸭形壶	高21cm	2,530,000	八益拍卖	2014.10.24
清中期 白玉雕鹤寿延年纹凤柄壶	长15.1cm	1,035,000	北京东正	2014.05.18
清 白玉雕茶壶茶杯（一组）	尺寸不一	57,500	西泠拍卖	2014.12.13
清 白玉龙凤纹壶	高18.7cm	287,500	北京翰海	2014.10.26
清 黄玉仿古饕餮纹盖壶	高12.7cm	52,091	伦敦苏富比	2014.11.05
清 青玉雕梅花灵芝纹执壶	高8.7cm	153,325	纽约苏富比	2014.09.16
清 珊瑚带子上朝小壶	高8.6cm	57,500	中贸圣佳	2014.07.06
18世纪 褐斑黄玉仿古"卷叶纹"衔环铺兽首小扁壶	高9.2cm	1,643,200	香港苏富比	2014.04.08
18世纪/19世纪 青白玉兽面纹盖壶	高21.2cm	62,013	伦敦苏富比	2014.11.05
19世纪 青玉雕痕都斯坦式菊纹花叶柄盖壶	长17cm	296,250	香港苏富比	2014.04.08
白玉缠枝莲纹壶	长16.8cm	17,250	中国嘉德	2014.09.22

拍品名称	物品尺寸	成交价RMB	拍卖公司	拍卖日期
白玉缠枝莲纹壶 杯（一套五件）	壶长15.4cm	17,250	中国嘉德	2014.09.22
白玉螭龙执柄壶	高14cm	143,750	北京博观	2014.07.06
白玉竹节链壶	高10.4cm	57,500	北京博观	2014.11.15
董永梅 福寿壶	高6.8cm	50,400	中晟国际	2014.10.11
范栋强 镂空白玉壶	长14cm	241,500	北京匡时	2014.06.05
高毅进 福寿 白玉壶		92,000	西泠拍卖	2014.05.03
高毅进 幽香 白玉把玩壶		57,500	西泠拍卖	2014.05.03
高毅进 祝福 白玉壶		115,000	西泠拍卖	2014.05.03
和田白玉仙猴献寿带链提梁壶	高10cm	168,000	盛世嘉宝	2014.11.02
和田玉壶	高8.4cm	32,200	北京博观	2014.11.15
和田玉籽料把把壶	高8.7cm	105,800	北京博观	2014.11.15
近代 白玉龙纹壶	宽11cm	31,050	北京保利	2014.01.11
青白玉贯耳壶	高16cm	824,505	中国艺海	2014.11.15
青玉壶	长17cm	115,000	深圳市拍	2014.06.29
青玉瓦当壶	高13.5cm	138,000	北京博观	2014.11.16
青玉石瓢壶	长10.8cm	126,500	北京博观	2014.11.16
宋鸣放 漫影 青花玉壶		92,000	西泠拍卖	2014.05.03
宋鸣放 凝晖 青花玉壶		92,000	西泠拍卖	2014.05.03
宋鸣放 青玉茶壶（三件套）	尺寸不一	345,000	北京保利	2014.06.04
宋鸣放 水中月 白玉壶		460,000	西泠拍卖	2014.05.03
魏玉忠 白玉壶	长15.5cm	345,000	深圳市拍	2014.06.29
现代 和田玉籽料宝相花纹壶	长13.5cm	276,000	印千山	2014.07.19
现代 蜜腊松枝壶	重301g	207,000	北京盘古	2014.06.25
俞艇 薄胎白玉蕉叶壶	长11.8cm	1,552,500	北京匡时	2014.06.05
俞艇 青玉薄胎壶	长16.4cm	862,500	北京保利	2014.06.04
高毅进 福寿 白玉壶	宽10cm	69,000	西泠拍卖	2014.12.14
高毅进 福寿双全 白玉提梁壶	宽8.9cm	48,300	西泠拍卖	2014.12.14
高毅进 祝福 墨玉壶	高9cm	97,750	西泠拍卖	2014.12.14
瞿惠中 太白壶（一组）	壶高1[illegible].6cm	9,200,000	西泠拍卖	2014.12.14
朱玉峰 虚涵守中 白玉瓦当壶	长12.6cm	402,500	西泠拍卖	2014.12.14
玉罐				
19世纪 青玉雕饕餮龙纹香罐	高11.1cm	53,664	纽约苏富比	2014.09.16
冯钤 持之以恒 香炉罐		74,750	西泠拍卖	2014.05.03
碧玉罐	高8.8cm	59,800	北京博观	2014.11.15
朱玉峰 碧玉茶叶素罐	高7.6cm	51,750	宇辰拍卖	2014.11.02
玉匜				
明或更早 白玉带沁"饕餮"纹匜	长13.1cm	642,798	万昌斯	2014.05.25
18世纪 青白玉匜	长10.7cm	62,013	伦敦苏富比	2014.11.05
清乾隆 白玉螭柄"夔龙"纹匜	长11.5cm	890,028	万昌斯	2014.05.25
17世纪/18世纪 青白玉螭龙柄匜	长15cm	80,616	伦敦苏富比	2014.11.05
18世纪 白玉雕螭龙纹匜	长15.8cm	52,720	伦敦邦瀚斯	2014.05.15
和田墨玉匜	长13.2cm	34,500	北京博观	2014.11.16
殷建国 凤首活环 白玉匜		2,300,000	西泠拍卖	2014.05.03
殷建国 龙踞啸天 青玉匜		103,500	西泠拍卖	2014.05.03
玉炉(香熏)				
明 白玉雕饕餮纹簋式炉	带盖座高13.5cm	103,500	西泠拍卖	2014.05.06
明 白玉沁色香炉	高15cm	420,000	江苏爱涛	2014.07.06
明 青玉雕双龙耳三足炉	高17cm	324,800	天津文物	2014.05.16
明 青白玉花卉香熏	宽2[illegible]cm	172,500	北京保利	2014.01.11
明 青白玉花卉香薰	宽2[illegible]cm	149,500	北京保利	2014.10.26
明晚期 黄玉雕簋式炉	高6cm	1,150,000	古天一	2014.06.05
清早期 火烧玉雕双龙纹炉	长15cm	126,500	北京东正	2014.05.18
清乾隆 白玉雕龙钮双耳炉	高13cm	1,725,000	中贸圣佳	2014.06.01
清乾隆 白玉龙耳狮钮三足炉	高22.5cm	3,220,000	北京翰海	2014.10.25
清乾隆 白玉饕餮纹出戟朝冠耳三足盖炉	宽22.3cm	5,750,000	中国嘉德	2014.11.20
清乾隆 碧玉雕饕餮纹瑞鸟活环耳三足盖炉	宽20.5cm	296,625	香港苏富比	2014.10.08
清乾隆 青白玉活环英雄耳龙钮盖炉	宽17cm	248,050	伦敦苏富比	2014.11.05

2014玉器拍卖成交汇总

(成交价RMB：1万元以上)

拍品名称	物品尺寸	成交价RMB	拍卖公司	拍卖日期
清乾隆 青白玉兽面纹方鼎式炉	高17cm	1,437,500	中国嘉德	2014.11.20
清乾隆 青白玉兽面纹炉	宽17cm	207,000	北京保利	2014.01.11
清乾隆 青白玉兽面纹炉	宽17cm	149,500	北京保利	2014.10.26
清乾隆 青白玉兽面纹双耳炉	宽20cm	63,250	北京保利	2014.10.26
清乾隆/嘉庆 青玉雕饕餮纹出戟冠耳炉	宽18.7cm	85,670	伦敦邦瀚斯	2014.05.15
清乾隆 白玉平定四方香薰	宽13cm	966,000	北京保利	2014.10.26
清乾隆 碧玉饕餮纹双活环耳熏炉	高14.5cm	246,875	香港苏富比	2014.04.08
清嘉庆 青玉雕饕餮纹龙耳簋式盖炉	宽15.5cm	171,340	伦敦邦瀚斯	2014.05.15
清中期 白玉兽面纹盖炉	宽15cm	253,000	北京保利	2014.04.27
清中期 白玉兽面纹盖炉	宽15cm	230,000	北京保利	2014.10.26
清中期 黄玉雕双龙耳炉	宽17.7cm	466,690	保利香港	2014.10.07
清中期 青白玉兽面纹三足炉	高18cm	172,500	北京华辰	2014.05.17
清中期 水晶花卉云蝠纹炉、瓶、盒（三件）	尺寸不一	172,500	北京翰海	2014.05.11
清中期 白玉仿痕都斯坦式香熏	宽15.5cm	287,500	北京保利	2014.06.06
清中期 白玉龙凤双耳衔环香薰	高14cm	1,380,000	北京翰海	2014.10.26
清中期 白玉龙纹太极香熏	宽10cm	74,750	北京保利	2014.01.11
清中期 青白玉透雕八宝花卉香熏	直径15cm	69,000	北京保利	2014.01.11
清中期 碧玉兽面盖炉	宽13.2cm	103,500	北京保利	2014.12.05
清 白玉双龙耳熏炉	高7cm	172,500	北京翰海	2014.10.25
清 白玉透雕牡丹纹薰炉	高11cm	1,840,000	江苏爱涛	2014.07.06
清 碧玉雕兽面纹活环香熏	宽30cm	172,500	北京保利	2014.12.05
清 青白玉雕凤凰香薰	高9.2cm	280,014	保利香港	2014.10.07
清 青白玉痕都斯坦缠枝莲纹香熏	高10cm	86,250	西泠拍卖	2014.05.06
清 青金石狮钮香熏	高24cm	207,000	北京保利	2014.01.11
清 青金石狮钮香薰	高24cm	28,750	北京保利	2014.10.26
清 白玉朝天耳炉	长13.3cm	34,500	中国嘉德	2014.09.22
清 白玉螭龙纹三足筒式小炉	高4.5cm	46,000	北京翰海	2014.05.11
清 白玉螭龙小琴炉	直径5cm	51,750	北京翰海	2014.10.25
清 白玉雕双耳四足炉	直径9cm	84,000	天津文物	2014.11.15
清 白玉雕弦纹兽耳活环香炉	高17.3cm	647,220	澳门中信	2014.06.08
清 白玉鼎式炉	高9cm	34,500	北京保利	2014.06.06
清 白玉镂雕小炉	直径6cm	32,200	中国嘉德	2014.06.22
清 白玉狮钮炉	高19cm	287,500	北京保利	2014.06.06
清 白玉兽耳三足炉	直径16.5cm	86,250	中鸿信	2014.11.22
清 白玉兽面缠枝莲龙钮纹香炉	高8.8cm	218,500	翰风国际	2014.04.30
清 白玉兽面纹小炉	高8cm	82,800	中国嘉德	2014.11.20
清 白玉兽面香炉	宽19cm	161,000	北京保利	2014.01.11
清 白玉双耳炉	长13cm	46,000	中鸿信	2014.11.22
清 白玉双花卉耳狮衔花卉香炉	宽12.5cm	1,322,500	北京保利	2014.01.11
清 白玉饕餮纹三足炉	高5cm	86,250	上海敬华	2014.07.01
清 白玉香炉	高15cm	839,500	江苏爱涛	2014.07.06
清 白玉香炉	长10cm	253,000	江苏爱涛	2014.07.06
清 白玉雕螭龙纹方炉	长10.2cm	103,500	西泠拍卖	2014.12.13
清 白玉雕行有恒堂款环耳香炉、红木嵌白玉雕龙纹墨床（一组两件）	尺寸不一	57,500	西泠拍卖	2014.12.13
清 白玉雕四足香炉	高12.5cm	138,000	西泠拍卖	2014.12.13
清 火烧玉螭龙纹三足盖炉	高17cm	103,500	北京保利	2014.12.05
清 碧玉龙耳簋炉	高29cm	184,000	河南日信	2014.06.01
清 仿琥珀料龙纹炉	宽18cm	51,750	北京保利	2014.01.11
清 黄玉小鼎式炉	高8cm	10,350	中国嘉德	2014.09.22
清 青金石饕餮纹龙钮炉	高26cm	126,500	北京翰海	2014.05.10
清 青玉兽面纹鱼耳衔环炉	长15cm	46,000	中国嘉德	2014.09.22
清 狮钮水晶炉	高9cm	43,700	北京翰海	2014.04.12
清 水晶象耳香炉	高9cm	22,400	武汉中信	2014.10.23
清 玉雕花卉双耳炉	宽14cm	63,250	北京保利	2014.08.02
18世纪 白玉福寿双全活环耳三足盖炉	宽18cm	3,061,320	佳士得	2014.11.26
18世纪 青白玉镂雕牡丹耳炉	长17.8cm	72,829	纽约苏富比	2014.09.16
18世纪 青白玉镂雕牡丹花卉纹盖炉	长19.1cm	613,500	纽约苏富比	2014.03.18
18世纪 青玉雕狮耳活环盖炉	长19.7cm	321,983	纽约苏富比	2014.09.16
18世纪/19世纪 白玉雕如意龙纹双龙耳活环盖炉	直径14.5cm	199,388	纽约佳士得	2014.03.20
18世纪/19世纪 青白玉雕饕餮纹三足盖炉	直径16.5cm	306,650	纽约苏富比	2014.09.16
19世纪 碧玉八卦莲花纹盖炉	直径11.1cm	114,994	纽约苏富比	2014.09.16
19世纪 痕都斯坦式青白玉番莲纹三足盖炉	直径14.6cm	3,345,360	佳士得	2014.11.26
19世纪 灰青玉雕饕餮纹瑞兽耳活环三足盖炉	高14.3cm	57,497	纽约苏富比	2014.09.16
19世纪 青白玉龙凤纹三足活环盖炉	宽13.5cm	130,369	纽约佳士得	2014.03.20
18世纪/19世纪 青玉雕饕餮纹出戟四足方盖炉	高15cm	197,700	伦敦邦瀚斯	2014.05.15
20世纪 水晶镂雕塔式盖香炉	高27.8cm	49,847	纽约苏富比	2014.03.18
清晚期 痕都斯坦式莲花炉	阔16.4cm	42,164	纽约苏富比	2014.09.16
清晚期 青玉雕三足冲天耳香炉	高11.4cm	61,330	纽约苏富比	2014.09.16
白玉缠枝莲纹朝冠耳炉	长20.5cm	80,500	中国嘉德	2014.06.22
白玉螭龙纹小狮耳炉	长11cm	13,800	中国嘉德	2014.09.22
白玉出戟双龙耳活环簋式炉	高11.4cm	48,300	太平洋	2014.03.21
白玉雕龙纹兽耳炉	长13cm	109,760	盛世嘉宝	2014.11.02
白玉海棠香炉	长14.3cm	419,750	北京博观	2014.07.06
白玉环耳炉	长14.2cm	36,800	中国嘉德	2014.06.22
白玉龙耳三足炉	高17.5cm	36,800	中国嘉德	2014.03.24
白玉曲耳炉	长19cm	34,500	中国嘉德	2014.09.22
白玉兽面纹鼎式炉	长18cm	40,250	中国嘉德	2014.09.22
白玉双螭龙耳三足炉	直径9cm	34,500	太平洋	2014.06.25
白玉双龙耳镂活环香炉		332,052	天成国际	2014.06.08
白玉双龙活环耳三足盖炉	宽20.6cm	2,303,880	佳士得	2014.11.26
白玉双兽耳香炉	宽10cm	103,500	北京博观	2014.11.16
白玉小炉（两件）	尺寸不一	13,800	中国嘉德	2014.09.22
白玉缠枝莲纹活环香薰炉	25cm × 16cm	74,750	北京艺融	2014.12.08
碧玉缠枝莲纹钵式炉	直径11.2cm	13,800	中国嘉德	2014.09.22
碧玉炉 瓶 盒三式	高22cm	36,800	中国嘉德	2014.03.24
碧玉三足炉	直径5.5cm	34,500	北京博观	2014.11.16
碧玉三足兽面耳香熏	直径5.7cm	63,250	北京博观	2014.11.16
碧玉香炉	高5.4cm	25,300	北京博观	2014.11.16
当代 和田玉籽料螭龙耳琴炉	直径5.2cm	13,800	中鸿信	2014.11.23
冯钤 一鸣惊人 碧玉香炉		51,750	西泠拍卖	2014.05.03
高毅进 青玉天官耳炉		414,000	西泠拍卖	2014.05.03
和田玉菊瓣活环双耳炉	直径9.6cm	48,300	北京博观	2014.11.15
和田玉菊瓣纹双耳熏	高9.7cm	59,800	北京博观	2014.11.15
和田玉小香炉	直径4cm	40,250	南京经典	2014.08.04
和田玉籽料香炉	直径5.5cm	34,500	宇辰拍卖	2014.11.02
黄玉兽面纹炉	长17cm	25,300	中国嘉德	2014.09.22
近代 白玉龙纹炉	高14cm	51,750	北京保利	2014.01.11
近代 白玉兽面纹炉	宽19cm	32,200	北京保利	2014.01.11
近代 白玉双耳炉	宽13cm	20,700	北京保利	2014.10.26
马洪伟 斑斓 青玉桥耳炉	宽9.8cm	36,800	西泠拍卖	2014.12.14
马洪伟 和田玉籽料兽面双耳炉	宽6cm	86,250	宇辰拍卖	2014.11.02
马洪伟 旷古 青玉象耳炉	宽10.3cm	36,800	西泠拍卖	2014.12.14
马洪伟 漫溯 青海青玉铺首耳簋式炉	宽8.4cm	40,250	西泠拍卖	2014.12.14
马洪伟 摩苍 青玉鬲炉	直径8cm	32,200	西泠拍卖	2014.12.14
马洪伟 凝萃 青玉钵盂炉	宽9.7cm	46,000	西泠拍卖	2014.12.14
马洪伟 闲云带瑞 青玉铺首耳活环盖炉		43,700	西泠拍卖	2014.05.03
民国 白玉兽耳衔环狮钮炉	高12cm	34,500	中国嘉德	2014.06.22

拍品名称	物品尺寸	成交价RMB	拍卖公司	拍卖日期
青白玉缠枝莲寿字朝冠耳炉	高12.9cm	28,750	中国嘉德	2014.09.22
青白玉缠枝莲纹花卉耳衔环炉	高11.5cm	40,250	中国嘉德	2014.09.22
青白玉缠枝莲纹环耳炉	长21cm	25,300	中国嘉德	2014.09.22
青白玉缠枝莲纹炉	长14cm	34,500	中国嘉德	2014.09.22
青白玉缠枝莲纹兽耳衔环炉	高20.5cm	34,500	中国嘉德	2014.03.24
青白玉狮耳炉 螭龙耳杯各一件	尺寸不一	17,250	中国嘉德	2014.09.22
青白玉筒式炉	高19.5cm	32,200	中国嘉德	2014.06.22
青玉朝冠耳炉	长15.6cm	32,200	中国嘉德	2014.03.24
青玉方槽炉	直径8.8cm	40,250	北京博观	2014.11.15
青玉观音耳炉	长18.5cm	28,750	中国嘉德	2014.09.22
青玉甪端式炉	高15.5cm	61,350	纽约佳士得	2014.03.20
青玉兽耳炉 缠枝莲纹花卉环耳炉各一件	长11cm；长10cm	32,200	中国嘉德	2014.09.22
青玉双耳炉	高6.9cm	11,500	北京博观	2014.11.15
瞿利军新疆和田白玉雕卷草纹香炉	宽17cm	97,750	北京艺融	2014.12.08
现代 白玉雕缠枝莲纹炉	高18cm	34,500	中贸圣佳	2014.06.01
现代 白玉雕鼎式炉	高20cm	48,300	中贸圣佳	2014.06.01
杨光 翠染云烟 碧玉将军炉		51,750	西泠拍卖	2014.05.03
杨光 大帅鸣歌 碧玉香炉		55,200	西泠拍卖	2014.05.03
杨光 福双至 碧玉提梁炉	高5.4cm	92,000	西泠拍卖	2014.12.14
杨光 三羊开泰 青玉炉		402,500	西泠拍卖	2014.05.03
杨光 香火传承 碧玉炉	炉高5.6cm	55,200	西泠拍卖	2014.12.14
殷建国 青玉双狮耳鼓式炉		48,300	西泠拍卖	2014.05.03
殷建国 一言九鼎 碧玉鼎炉（一组）		805,000	西泠拍卖	2014.05.03
俞艇 云影怡心 白玉琴炉		97,750	西泠拍卖	2014.05.03
张春明 和田白玉籽料如意耳香炉	长16cm	2,070,000	北京艺融	2014.06.03
朱玉峰 弦音袅袅 碧玉琴炉		34,500	西泠拍卖	2014.05.03
子冈诗文花草玉香炉 银盖	宽7.5cm	75,898	日本伊斯特	2014.05.31
玉盒				
明 白玉凤纹镂雕果盒	直径22cm	149,500	南京经典	2014.01.06
明 白玉兽面纹盒	直径5.6cm	37,335	保利香港	2014.10.07
明 银镶玉透雕云龙纹首饰盒	长16.7cm	287,500	北京翰海	2014.10.26
明 紫水晶雕螭龙纹印盒	长7.5cm	34,500	西泠拍卖	2014.12.13
清乾隆 白玉雕兽面纹盒	口径11.5cm	287,500	西泠拍卖	2014.12.13
清乾隆 白玉御题诗四骏盖盒	高5.2cm	483,000	北京保利	2014.12.05
清乾隆 白玉鹌鹑盖盒	长9.5cm	138,000	长风拍卖	2014.01.05
清乾隆 白玉大利盖盒	长8.5cm	48,300	北京保利	2014.10.26
清乾隆 白玉带皮雕葫芦式盖盒	长5.6cm	329,500	伦敦邦瀚斯	2014.05.15
清乾隆 白玉瓜瓞绵绵盖盒	长10.7cm	230,000	北京保利	2014.06.04
清乾隆 白玉荷塘鸳鸯盖盒	长9cm	345,000	北京保利	2014.04.27
清乾隆 白玉嵌宝八宝纹盖盒	直径12.5cm	773,203	中国嘉德	2014.10.07
清乾隆 白玉琴式盒	长14.7cm	138,000	北京翰海	2014.10.26
清乾隆 白玉三羊开泰盖盒	直径8.5cm	97,750	北京保利	2014.10.26
清乾隆 青白玉天禄盖盒（一对）	长5.9cm	980,840	香港苏富比	2014.10.08
清乾隆/嘉庆 青玉镂雕菊花纹盖盒	直径10.7cm	42,176	伦敦邦瀚斯	2014.05.15
清中期 白玉福禄万代盒	长12.7cm	172,500	北京翰海	2014.10.26
清中期 白玉瓜瓞绵绵盒	长7cm	782,000	中贸圣佳	2014.07.06
清中期 白玉龙凤纹节盒	高8.1cm	20,700	北京翰海	2014.10.26
清中期 白玉叶形盖盒	长10cm	46,000	北京保利	2014.10.26
清中期 白玉云龙纹长方盒	长6.7cm	34,500	北京翰海	2014.10.26
清中期 痕都斯坦式白玉嵌宝石并蒂桃盖盒	高4.5cm	56,003	保利香港	2014.10.07
清中期 玛瑙香盒	口径7.5cm	45,170	宝港国际	2014.11.27
清中期 青金石兽面纹盖盒	直径11.3cm	41,400	北京匡时	2014.06.03
清 白玉鹌鹑盖盒（两件）	长7.5cm	149,500	北京保利	2014.10.26
清 白玉螭龙纹盖盒	长9cm	20,700	北京保利	2014.10.26
清 白玉雕鹌鹑纹盒	长10cm	448,000	天津文物	2014.05.16

拍品名称	物品尺寸	成交价RMB	拍卖公司	拍卖日期
清 白玉雕琴式盒	长13cm	97,750	北京翰海	2014.01.11
清 白玉雕童子柿子形盖盒	长6.7cm	46,000	中鸿信	2014.11.22
清 白玉蝠寿盖盒	长6.5cm	101,200	北京保利	2014.08.02
清 白玉痕都斯坦盖盒	宽8cm	80,500	北京保利	2014.08.02
清 白玉痕都斯坦花卉盖盒	长13cm	368,000	北京翰海	2014.10.25
清 白玉花卉香盒	高7.3cm	34,500	北京翰海	2014.10.26
清 白玉菊瓣纹香盒	直径6.2cm	747,500	江苏爱涛	2014.07.06
清 白玉镂雕云纹盒	长10.1cm	112,000	天津文物	2014.11.15
清 白玉梅花盖盒	直径9cm	115,000	北京保利	2014.08.02
清 白玉梅花盖盒	宽13cm	10,350	北京保利	2014.10.26
清 白玉如意纹香盒	直径8cm	575,000	翰风国际	2014.04.30
清 白玉婴戏盖盒	长7.5cm	34,500	太平洋	2014.06.25
清 白玉渔藻纹镂空小盖盒	直径5cm	40,250	北京保利	2014.04.27
清 白玉云龙纹盖盒	长12.5cm	57,500	北京保利	2014.10.26
清 白玉雕山水亭台印泥盒	长6.4cm	57,500	西泠拍卖	2014.12.13
清 白玉籽料贝型香盒	长8.5cm	72,000	北京九歌	2014.12.17
清 花玛瑙小香盒	直径3.4cm	57,500	北京保利	2014.12.04
清 玛瑙雕大吉盖盒	长8.5cm	40,250	西泠拍卖	2014.12.13
清 玛瑙雕俏色福寿纹桃形香盒	长11cm	59,000	西泠拍卖	2014.12.13
清 碧玉镂雕牡丹纹盖盒	直径13.2cm	112,006	保利香港	2014.10.07
清 碧玉喜上眉梢盖盒	长18cm	11,200	武汉中信	2014.10.23
清 缠枝龙纹锦地倭角玉盒	长7.7cm	437,000	翰风国际	2014.04.30
清 和田白玉雕福禄万代盖盒	长13.5cm	115,000	北京艺融	2014.06.03
清 黄玉梅花年年有余福字花口盒	直径5.5cm	46,000	北京翰海	2014.05.11
清 旧玉八卦纹盖盒、桃纹盒（各一件）	直径6cm	23,000	中国嘉德	2014.11.20
清 乾隆 白玉雕刻花粉盒	口径10cm	1,806,810	宝港国际	2014.11.27
清 青玉雕云福长方盒	长20cm	207,000	北京翰海	2014.01.11
18世纪/19世纪 白玉鹌鹑盒（一对）	长7cm	148,313	香港苏富比	2014.10.08
19世纪 白玉镂雕五子登科图香盒	直径5.5cm	61,350	纽约佳士得	2014.03.20
19世纪 痕都斯坦式青白玉错金丝嵌宝石瓜形盖盒	长8.1cm	79,080	伦敦苏富比	2014.05.14
19世纪 青白玉雕饕餮题诗纹盖盒	长5.3cm	34,356	纽约苏富比	2014.03.18
19世纪 青白玉镂雕龙纹牌及人物图盖盒	较长8.6cm	61,330	纽约苏富比	2014.09.16
17世纪/18世纪 银盒镶青白玉镂雕螭龙纹佩盖盒	长9.5cm	76,688	纽约苏富比	2014.03.18
18世纪 痕都斯坦式青玉雕海棠式盖盒	宽8.5cm	50,084	伦敦邦瀚斯	2014.05.15
18世纪 青白玉海棠式龙钮盖盒	长17.8cm	245,440	帝图艺术	2014.06.22
18世纪/19世纪 白玉雕螭龙纹盒	长6.7cm	68,996	邦瀚斯	2014.09.15
18世纪/19世纪 痕都斯坦青白玉花卉纹十二棱盖盒	长15.5cm	289,960	伦敦苏富比	2014.05.14
18世纪/19世纪 青玉雕石榴式盖盒（一对）	长9cm×2	32,950	伦敦邦瀚斯	2014.05.15
19世纪 痕都斯坦青白玉错金丝嵌宝石花卉纹海棠式盖盒	长7.2cm	65,900	伦敦苏富比	2014.05.14
民国 绿松石饕餮纹方形印盒	宽7.5cm	63,250	朵云轩	2014.12.19
白玉雕松下高士图印盒	长7.5cm	43,700	西泠拍卖	2014.05.06
白玉琴形盒	长14cm	20,700	中国嘉德	2014.09.22
白玉五蝠捧寿图贴盒	长10.6cm	32,200	中国嘉德	2014.03.24
当代 白玉雕山水回文铸盖盒（一对）	口径5.5cm	858,235	宝港国际	2014.11.27
青白玉雕鹌鹑式盖盒（一对）	长114cm	46,000	北京中汉	2014.11.21
青玉雕圆盖盒（一对）	直径7cm	30,665	纽约苏富比	2014.09.16
瞿利军 万寿无疆 白玉香盒		74,750	西泠拍卖	2014.05.03
玉奁				
清乾隆 白玉痕都斯坦式香莲纹花耳盖奁	直径12.5cm	692,125	香港苏富比	2014.10.08
清乾隆 白玉莲瓣纹菊花式盖奁	直径10.8cm	3,828,440	香港苏富比	2014.10.08

2014玉器拍卖成交汇总

(成交价RMB：1万元以上)

拍品名称	物品尺寸	成交价RMB	拍卖公司	拍卖日期
18世纪 白玉瓜棱式双活环福寿耳奁	长16.2cm	2,496,400	香港苏富比	2014.04.08
清中期 黄玉浅刻松荫高士图盖奁	直径7.3cm	414,000	北京诚轩	2014.05.19
玉簋				
明 青白玉方座簋	宽18cm	460,000	北京保利	2014.04.27
明 青白玉方座簋	宽18cm	264,500	北京保利	2014.10.26
清乾隆 青玉饕餮纹簋	长16cm	322,000	远方拍卖	2014.06.02
玉盘				
明 青玉雕龙纹长方托盘	长17.8cm	52,720	伦敦邦瀚斯	2014.05.15
明晚期 青玉雕龙纹托盘及青玉雕双耳杯	宽18cm	92,260	伦敦邦瀚斯	2014.05.15
清乾隆 白玉花瓣盘（一对）	直径11.5cm	82,800	北京保利	2014.04.27
清乾隆 白玉梅花纹盘（一对）	直径14.7cm	230,000	中国嘉德	2014.09.22
清乾隆 白玉香橼盘（一对）	直径10.7cm×2	2,185,000	北京匡时	2014.06.04
清乾隆 碧玉雕菊瓣纹盘	直径15.5cm	149,500	北京传是	2014.06.05
清中期 碧玉葵口莲花纹盘	直径22.1cm	138,000	上海道明	2014.03.27
清 碧玉荷叶莲瓣盘	直径22cm	1,150,000	北京保利	2014.06.06
清 青白玉乳丁荣华富贵盘	直径17.2cm	1,380,000	中国嘉德	2014.11.20
18世纪 白玉雕“寿迭年年”图盘	直径13.8cm	118,500	香港苏富比	2014.04.08
和田玉菊瓣纹盘（一对）	单支直径14cm	80,500	南京经典	2014.08.04
民国 黄玉花蝶纹盘	直径11.3cm	55,200	中国嘉德	2014.11.20
玉碗				
明 玛瑙五曲刻	直径9cm	115,000	南京经典	2014.01.06
明 玛瑙五曲刻	直径9cm	115,000	南京经典	2014.04.27
清雍正 玛瑙素碗	直径10.7cm	838,460	香港苏富比	2014.10.08
清乾隆 玉碗一对	直径14cm	69,000	北京保利	2014.10.26
清乾隆 青玉雕牡丹耳碗	宽23cm	250,420	伦敦邦瀚斯	2014.05.15
清乾隆 青白玉雕八吉祥莲花纹碗	直径11.7cm	345,094	纽约苏富比	2014.03.18
清乾隆 痕都斯坦式白玉雕莨苕纹碗	直径15.8cm	3,408,960	佳士得	2014.05.28
清乾隆 痕都斯坦式白玉错金嵌宝盖碗	直径15cm	4,140,000	保利厦门	2014.11.01
清乾隆 碧玉碗一对	直径19.5cm	43,700	北京保利	2014.10.26
清乾隆 碧玉碗	直径17.3cm	122,700	纽约佳士得	2014.03.20
清乾隆 碧玉描金松树纹大碗（一对）	直径25cm×2	161,000	北京匡时	2014.06.04
清乾隆 白玉碗	直径13.6cm	310,500	翰风国际	2014.04.30
清乾隆 白玉梅花碗	直径12.5cm	115,000	北京保利	2014.01.11
清乾隆 白玉刻乾隆御题诗碗	直径13.3cm	4,485,000	北京保利	2014.06.04
清乾隆 白玉光素碗	直径16.6cm	543,125	香港苏富比	2014.04.08
清乾隆 白玉 碧玉盖（一组三件）	尺寸不一	184,000	北京保利	2014.01.11
清乾隆 青白玉刻三清御题诗茶碗	直径10.7cm	690,000	北京保利	2014.12.03
清嘉庆 白玉撇口碗	直径16.6cm	415,275	香港苏富比	2014.10.08
清嘉庆 白玉描金百寿碗	口径11.9cm	317,800	中拍国际	2014.06.04
清中期 白玉碗	直径13.6cm	402,500	北京翰海	2014.10.26
清中期 碧玉碗（一对）	直径15.5cm×2	327,700	江苏爱涛	2014.07.06
19世纪 痕都斯坦式菊瓣纹碗	直径18.7cm	122,700	纽约佳士得	2014.03.20
19世纪 碧玉雕碗 连盘（一对）	碗直径19.6cm	45,998	纽约苏富比	2014.09.16
18世纪 青白玉盖碗一对	直径10.9cm×2	237,300	香港苏富比	2014.10.08
18世纪 痕都斯坦式白玉串枝花卉纹碗（一对）	直径15.5cm	790,000	香港苏富比	2014.04.08
18世纪 白玉碗（一对）	直径14cm	4,834,424	伦敦苏富比	2014.05.14
18世纪 白玉碗	直径17.2cm	739,189	伦敦苏富比	2014.11.05
清 玉雕大碗	直径21.3cm	92,000	西泠拍卖	2014.05.06
清 青玉雕莲纹碗	口径14.9cm	33,350	深圳市拍	2014.01.05
清 青白玉雕缠枝花卉碗	直径10cm	112,700	北京翰海	2014.01.11
清 黄玉碗（一对）	直径18cm	18,400	北京保利	2014.10.26
清 白玉云雷纹盖碗	直径10cm	126,500	北京翰海	2014.10.25
清 白玉碗	直径11cm	115,000	翰风国际	2014.04.30
清 白玉透雕仕女婴戏碗	直径11cm	43,700	北京保利	2014.08.02

拍品名称	物品尺寸	成交价RMB	拍卖公司	拍卖日期
清 白玉盖碗	直径15.6cm	69,000	北京保利	2014.06.06
清 玛瑙碗（一对）	直径12cm×2	74,750	北京艺融	2014.12.08
白玉缠枝莲开光福禄寿碗（一对）	直径13.8cm	36,800	中国嘉德	2014.03.24
碧玉缠枝莲开光吉祥如意小碗（一对）	直径9.5cm	13,800	中国嘉德	2014.09.22
当代 白玉吉祥如意碗	直径16cm	63,250	中鸿信	2014.11.23
董永梅 丰衣足食对碗	直径11.2cm	336,000	中晟国际	2014.10.11
黄玉雕明式碗	直径11.1cm	536,638	纽约苏富比	2014.09.16
民国 碧玉吉祥如意大碗	直径29.5cm	126,500	中鸿信	2014.11.22
青玉饕餮纹盖碗（一对）	直径8.0cm×2	86,250	北京博观	2014.11.15
瞿利军 溯古凝芳 白玉对碗	直径15.2cm×2	207,000	西泠拍卖	2014.12.14
玉杯				
元/明 玉雕留皮松下人物纹杯	宽13.5cm	575,000	北京保利	2014.12.05
明 白玉双螭乳钉纹把杯连座	宽11cm	36,800	北京保利	2014.12.04
明 旧玉英雄闹海承露杯	高6.2cm	230,000	北京保利	2014.12.04
明 玉雕螭龙兽面纹角形杯	高18cm	299,000	西泠拍卖	2014.12.13
明 八角人物玉杯	耳距10.5cm	368,000	北京翰海	2014.04.12
明 白玉雕乳钉纹双耳杯	长12.3cm	56,000	天津文物	2014.05.16
明 白玉雕双龙耳杯	直径11cm	44,800	天津文物	2014.11.15
明 白玉沁色雕双螭耳杯	长13cm	67,200	天津文物	2014.05.16
明 白玉乳钉纹双龙耳杯	长11.2cm	126,500	北京翰海	2014.05.11
明 白玉山水纹双螭龙耳杯	长12cm	115,000	中宝拍卖	2014.07.06
明 白玉太白醉酒云龙纹杯	长9.7cm	230,000	北京翰海	2014.10.26
明 白玉童子杯	长10cm	80,500	北京翰海	2014.10.26
明 灰玉雕螭龙耳杯	宽13.3cm	263,600	伦敦邦瀚斯	2014.05.15
明 夔龙纹耳杯	长13.5cm	172,500	北京盘古	2014.06.25
明 玛瑙巧雕灵芝如意耳杯	宽9.8cm	218,500	北京保利	2014.06.05
明 沁色白玉螭龙耳杯	长12cm	402,500	北京翰海	2014.05.10
明 青白玉双龙耳杯	长14cm	103,500	北京翰海	2014.05.10
明 青白玉双龙耳杯	宽11cm	40,250	北京保利	2014.06.06
明 青白玉双龙耳杯	宽13cm	109,158	中国嘉德	2014.10.07
明 青玉弦纹螭龙耳杯	长13.5cm	80,500	北京翰海	2014.10.26
明 玉雕双龙杯	宽9cm	40,250	北京保利	2014.10.26
明 玉雕双龙耳诗文杯	宽12.5cm	86,250	北京保利	2014.10.26
16世纪 青玉镂雕螭龙柄杯	长15cm	42,176	伦敦邦瀚斯	2014.05.15
16世纪/17世纪 灰褐玉雕兽面纹角形杯	高11.4cm	46,130	伦敦邦瀚斯	2014.05.15
17世纪 青玉雕螭龙耳杯	宽14.8cm	42,176	伦敦邦瀚斯	2014.05.15
明17世纪 白玉双螭龙耳杯	长13.5cm	217,250	香港苏富比	2014.04.08
晚明17世纪 青玉螭龙纹龙鋬杯	宽15.3cm	57,516	纽约佳士得	2014.03.20
清早期 白玉透雕梅花杯	长11.3cm	126,500	北京翰海	2014.05.11
清康熙 玛瑙洋洋得意杯	直径9.6cm	692,125	香港苏富比	2014.10.08
清乾隆 碧玉雕双鹿耳杯	长13cm	287,500	北京保利	2014.12.03
清乾隆 水晶钵式小杯	直径4.5cm	43,700	北京保利	2014.12.05
清乾隆 白玉仿古耳杯	直径10.1cm	543,813	香港苏富比	2014.10.08
清乾隆 白玉痕都斯坦花卉双耳杯	宽21.5cm	345,000	北京保利	2014.01.11
清乾隆 白玉瑞鹿图灵芝耳杯	直径13.6cm	980,840	香港苏富比	2014.10.08
清乾隆 白玉双螭龙耳杯	直径14.5cm	791,000	香港苏富比	2014.10.08
清乾隆 白玉御题“三清茶诗”茶钟	直径10.7cm	2,871,960	佳士得	2014.11.26
清乾隆 玉雕兽面纹杯	直径5.9cm	48,300	北京诚轩	2014.11.20
清乾隆/嘉庆 青白玉雕婴戏杯	长12.7cm	1,503,075	纽约苏富比	2014.03.18
清早期 白玉苍龙教子杯	宽14cm	318,378	中国嘉德	2014.10.07
清早期 青玉螭耳杯	宽15cm	63,676	中国嘉德	2014.10.07
清中期 白玉杯（二件）	直径6.6cm	345,000	北京翰海	2014.10.26
清中期 白玉雕“一路连科”杯	高13cm	71,300	长风拍卖	2014.01.05
清中期 白玉笸箩纹杯	直径6.4cm	138,000	北京翰海	2014.10.26
清中期 水晶杯	长8cm	34,500	北京保利	2014.06.06
清 白玉杯（一对）	直径4.5cm	17,250	北京保利	2014.10.26
清 白玉刻御题诗杯	直径6.8cm	115,000	苏州东方	2014.10.30

拍品名称	物品尺寸	成交价RMB	拍卖公司	拍卖日期
清 白玉留皮雕荷塘情趣纹杯	长11.5cm	246,400	天津文物	2014.05.16
清 白玉龙形杯	高11cm	86,250	八益拍卖	2014.10.24
清 白玉双联杯	宽11cm	74,750	北京保利	2014.08.02
清 冰糖玛瑙花口杯	高8cm	57,500	北京翰海	2014.05.10
清 冰糖玛瑙巧雕福禄寿纹小杯	高6.5cm	46,000	苏州东方	2014.10.30
清 玛瑙鹿首杯	长11.5cm	92,000	南京经典	2014.01.06
清 玉雕双龙杯	长11cm	92,000	北京翰海	2014.01.11
18世纪 白玉杯	高4.9cm	130,369	纽约苏富比	2014.03.18
18世纪 琥珀雕“张骞乘槎”杯	长12.1cm	837,400	香港苏富比	2014.04.08
18世纪/19世纪 白玉痕都斯坦式花叶形单耳杯	直径16.6cm	692,125	香港苏富比	2014.10.08
19世纪 白玉仿古夔龙纹龙耳八方杯	直径12.4cm	80,616	伦敦苏富比	2014.11.05
17世纪/18世纪 16世纪/17世纪 17世纪 绿玉雕螭龙纹兽耳杯 灰玉雕乳钉纹兽耳杯 灰青玉雕梅花式洗	尺寸不一	59,310	伦敦邦瀚斯	2014.05.15
17世纪/18世纪 青白玉菊瓣双耳杯	长12.7cm	65,900	伦敦苏富比	2014.05.14
17世纪/18世纪 青玉带皮雕螭龙梅花纹杯	高12cm	36,904	伦敦邦瀚斯	2014.05.15
17世纪/18世纪 青玉雕仿古龙耳乳丁纹杯	长12.7cm	42,178	纽约苏富比	2014.03.18
18世纪 白玉雕鸟纹凤形杯	高10.2cm	118,620	伦敦邦瀚斯	2014.05.15
18世纪 青玉雕梅花纹桃式杯	宽9cm	32,950	伦敦邦瀚斯	2014.05.15
19世纪 痕都斯坦青白玉瓜瓣杯	长11.4cm	276,780	伦敦苏富比	2014.05.14
白玉縠纹深腹杯	高8cm	1,909,380	中国艺海	2014.11.15
白玉龙凤杯	高12cm	3,471,600	中国艺海	2014.11.15
和田玉仿古玉杯	高6.3cm	138,000	南京经典	2014.08.04
青白玉龙形杯	高21.5cm	40,250	上海泛华	2014.10.29
殷建国、陈如冬、陆宜南 草虫生趣茶杯（一组）		287,500	西泠拍卖	2014.05.03
俞艇 碧玉雕花撇口杯	直径5.7cm	115,000	中国嘉德	2014.11.20
俞艇 连体花纹杯	长5.5cm	115,000	北京保利	2014.06.04
俞艇 如意杯	长5.3cm	138,000	北京保利	2014.06.04
俞艇 四灵 碧玉杯		115,000	西泠拍卖	2014.05.03
俞艇 四灵 碧玉茶杯（一对）	高8.6cm	207,000	西泠拍卖	2014.12.14
玉杯（一套六件）	高5cm	27,290	香港普艺	2014.10.11
冯钤 一鸣惊人 白玉茶杯	高8.2cm	109,250	西泠拍卖	2014.12.14
玉缸				
碧玉云龙纹大缸	直径98cm	69,000	中国嘉德	2014.09.22
玉盆				
清 嵌百宝水仙花盆	高31cm	40,250	北京保利	2014.10.26
清 百宝花盆（一对）	高37cm	25,300	北京保利	2014.10.26
花插 香插				
元/明 白玉雕玉兰瑞兔花插	高10.5cm	402,500	西泠拍卖	2014.12.13
明 白玉沁色太平有象香插	长7cm	86,250	北京翰海	2014.10.25
明 黄玉芭蕉湖石花插	高17cm	1,150,000	古天一	2014.06.05
明 玉雕兰花花插	高14cm	34,500	北京保利	2014.01.11
17世纪 白玉带皮雕福寿芝寿花插	高14cm	317,975	保利香港	2014.04.07
清早期 青白玉灵芝花插	高11cm	172,500	北京保利	2014.01.11
清早期 白玉花鸟花插	高13cm	57,500	北京保利	2014.10.26
清乾隆 白玉雕荷叶型花插	高12.3cm	805,000	北京匡时	2014.12.03
清乾隆 青白玉龙纹花插	高24cm	460,000	北京保利	2014.01.11
清乾隆 青白玉龙纹花插	高24cm	230,000	北京保利	2014.10.26
清乾隆 南红玛瑙灵芝花插	高10.3cm	126,500	北京匡时	2014.06.04
清乾隆 南红玛瑙花插	高6.6cm	113,712	台湾世家	2014.04.13
清乾隆 南红玛瑙雕灵芝花插	高9.8cm	115,000	翰风国际	2014.04.30
清乾隆 玛瑙巧雕吉祥如意纹花插	高14cm	1,265,000	北京东正	2014.05.18
清乾隆 玛瑙巧雕福寿纹花插	长17.5cm	690,000	北京东正	2014.11.20
清乾隆 黄玉雕摩羯鱼花插	高14.9cm	1,927,600	香港苏富比	2014.04.08
清乾隆 白玉雕兽面纹双筒形花插	高18.5cm	5,214,008	伦敦邦瀚斯	2014.05.15
清道光 水晶雕高士纹竹节形花插	高8.7cm	79,080	伦敦苏富比	2014.05.14

拍品名称	物品尺寸	成交价RMB	拍卖公司	拍卖日期
清中期 墨玉巧雕灵猴蟠桃花插	长18cm	333,500	北京翰海	2014.10.25
清中期 黄玉竹节灵芝花插	高10cm	195,500	北京翰海	2014.05.10
清中期 粉晶花插	高16.8cm	92,000	中国嘉德	2014.11.22
清中期 白玉洒金灵芝竹纹花插	高10.1cm	34,500	北京翰海	2014.05.11
18世纪/19世纪 玛瑙雕岁寒三友图花插	高10.9cm	368,100	纽约佳士得	2014.03.20
18世纪/19世纪 褐斑白玉猴子松树桩花插	高12cm	848,792	伦敦苏富比	2014.05.14
18世纪 水晶岁寒三友纹桩形花插	高11.5cm	55,356	伦敦苏富比	2014.05.14
18世纪 白玉富贵凤凰纹花插	长12.7cm	186,038	伦敦苏富比	2014.11.05
18世纪 白玉雕龙“兰花”花插	高19.7cm	296,676	万昌斯	2014.05.25
清 鱼化龙碧玉花插	高17.5cm	203,400	江苏爱涛	2014.07.06
清 珊瑚竹节花插	高9cm	43,700	北京保利	2014.10.26
清 青白玉鱼化龙花插	高39cm	57,500	北京保利	2014.10.26
清 玛瑙巧雕灵芝纹花插	高8.5cm	44,800	天津文物	2014.05.16
清 玛瑙花插	高5cm	126,500	江苏爱涛	2014.07.06
清 黄玉龙纹花插	高14cm	184,000	中国嘉德	2014.11.20
清 白玉竹节形花插	高18cm	28,750	北京保利	2014.10.26
清 白玉竹节高升花插	长10cm	112,700	江苏爱涛	2014.07.06
清 白玉鱼化龙花插	高13cm	17,250	北京保利	2014.10.26
清 白玉瑞兽双耳花插	高14.1cm	80,500	北京翰海	2014.05.11
清 白玉龙纹花插	宽21cm	345,000	北京保利	2014.04.27
清 白玉兰花花插	高7.2cm	17,250	北京保利	2014.10.26
清 白玉雕松竹梅花插	高11.5cm	322,000	北京翰海	2014.01.11
清 白玉雕双螭花插	高8.5cm	126,500	北京翰海	2014.01.11
清 白玉雕瑞兽驮瓶纹花插	高16.5cm	280,000	天津文物	2014.05.16
清 白玉雕龙纹花插	高19.6cm	364,000	天津文物	2014.11.15
清 白玉雕凤凰竹节花插	高11.6cm	71,300	中国嘉德	2014.05.18
碧玉白玉香火连连三用香插	高6.5cm	71,300	北京博观	2014.11.16
碧玉卷舒开合香插	高13.4cm	34,500	北京博观	2014.11.16
和田玉籽料和谐花插	高13cm	89,700	北京博观	2014.11.15
明 青玉琮式香插	高7.5cm	23,000	北京翰海	2014.10.25
明 玉巧雕螭龙纹香插	高15cm	40,250	北京保利	2014.01.11
白玉莲花香插	高6.1cm	26,450	北京博观	2014.11.15
清 黄玉开光花卉香插	高11cm	264,500	北京翰海	2014.05.11
碧玉香插	高5.6cm	23,000	北京博观	2014.11.16
青玉年年有余香插	高9.5cm	13,800	北京博观	2014.11.15
杨曦 鸣蛙 白玉香插		40,250	西泠拍卖	2014.05.03
瞿利军 傲雪添香 白玉香插	高11.1cm	299,000	西泠拍卖	2014.12.14
杨光 岁月静好 碧玉香插	高5.5cm	74,750	西泠拍卖	2014.12.14
玉香筒				
清早期 白玉镂雕“二乔并读”图香筒	高13.5cm	517,500	远方拍卖	2014.06.02
清乾隆 玉雕山水人物香筒（一对）	高25cm	1,265,000	北京保利	2014.10.26
清中期 白玉锦地纹香筒	高19.5cm	253,000	北京翰海	2014.05.10
清中期 玉雕西山高隐图香筒（一对）	高25.5cm	1,265,000	古天一	2014.06.05
清 白玉雕龙纹香筒	高6.8cm	257,600	天津文物	2014.11.15
清 白玉镂雕香筒（一对）	高23.5cm	554,760	大唐国际	2014.05.27
清 碧玉 白玉梅花诗文小香筒	高7.5cm	36,800	中国嘉德	2014.09.22
清 和田碧玉山水人物香筒	高23cm	57,500	南京经典	2014.08.04
清 青白玉香筒（一对）	高28cm	103,500	中国嘉德	2014.11.20
20世纪 玉镂雕人物山水图香筒	高24.1cm	207,056	纽约苏富比	2014.03.18
白玉嵌碧玉人物纹香筒（一对）	高24.6cm	34,500	太平洋	2014.03.21
碧玉高士图香筒（一对）	高26.5cm	32,200	中国嘉德	2014.06.22
和田玉香筒	高8.3cm	57,500	北京博观	2014.11.15
民国 白玉平安香筒	高30.6cm	207,000	中鸿信	2014.11.22
玉雕山水人物香筒（一对）	高24.5cm	134,400	一得阁	2014.10.20
玉镜				
清 白玉镜	长26.5cm	126,500	北京匡时	2014.06.04

2014玉器拍卖成交汇总

(成交价RMB：1万元以上)

拍品名称	物品尺寸	成交价RMB	拍卖公司	拍卖日期
清 白玉雕太平有象纹手镜	长26cm	123,200	天津文物	2014.11.15
清 白玉绞丝纹环嵌银镜	直径6cm	40,250	北京匡时	2014.06.04
清 白玉龙首带钩柄银镶百宝白玉福寿纹瓦子手镜	长25.5cm	48,300	中国嘉德	2014.09.22
19世纪/20世纪 银框镶白玉手持镜	长20.5cm	32,198	邦瀚斯	2014.09.15
青铜泌刻刻花纹玉镜	直径11.5cm	607,530	中国艺海	2014.11.15
银镶白玉龙纹把镜	长23.2cm	122,700	纽约佳士得	2014.03.20
青白玉雕螭龙纹柄放大镜	长41cm	130,326	纽约苏富比	2014.09.16
玉盏				
宋 玛瑙花口茶盏连托（一套）	尺寸不一	45,170	宝港国际	2014.11.27
其他生活用品				
18世纪 白玉渣斗	高8.2cm	1,961,760	佳士得	2014.05.28
明 白玉瓜蝶渣斗	直径8.5cm	23,000	北京保利	2014.10.26
清乾隆 白玉雕“耕织图”宫灯（一对）	高13cm	1,150,000	北京东正	2014.05.18
清乾隆 白玉光素渣斗	直径8cm	1,740,200	香港苏富比	2014.10.08
清乾隆 青白玉烛台（一对）	高23cm	345,000	中宝拍卖	2014.07.06
清 黄水晶雕梅花茶具（一组）	尺寸不一	46,000	西泠拍卖	2014.05.06
18世纪/19世纪 碧玉鸟形烛台（一对）	高25.5cm	61,350	纽约佳士得	2014.03.20
玉雕凤鸟形油灯	高24.5cm	1,041,480	中国艺海	2014.11.15
四、文房用品				
笔杆				
清中期 珊瑚诗文笔	长19cm	172,500	北京保利	2014.01.11
清乾隆 御制白玉龙纹笔（两支）	长26.5cm；长17.3cm	690,000	远方拍卖	2014.06.02
清 白玉笔、卧犬笔架（两件）	长18cm；长5cm	69,000	北京保利	2014.04.27
民国 白玉雕松下高士图毛笔	长22cm	69,000	西泠拍卖	2014.05.06
和田玉人物笔杆	长20cm	57,500	南京经典	2014.08.04
笔筒				
清乾隆 碧玉山水人物图笔筒	直径17cm	1,193,010	中国嘉德	2014.04.09
清乾隆 松石绿地诗文笔筒	高8.2cm	126,500	八益拍卖	2014.10.24
清乾隆 松下居士仙游图碧玉笔筒	高23cm	5,175,000	北京盈时	2014.05.31
清中期 白玉雕松鹤笔筒	高14.5cm	721,188	澳门中信	2014.06.08
清中期 白玉梅花笔筒	高8.5cm	69,000	北京保利	2014.04.27
清中期 白玉梅花笔筒	高8.5cm	36,800	北京保利	2014.10.26
清中期 碧玉十六应真诗文笔筒	直径17cm	172,500	中鸿信	2014.11.22
清中期 黑白玉俏雕喜上眉梢笔筒	高13cm	172,500	中贸圣佳	2014.07.06
清中期 南红玛瑙雕松鹤诗文笔筒	高17.5cm	276,000	西泠拍卖	2014.05.06
清 白玉“福禄寿”笔筒	高9.9cm	276,898	万昌斯	2014.05.25
清 白玉苍松形笔筒	高12cm	195,500	北京翰海	2014.05.10
清 白玉雕山水人物笔筒	高19.5cm	126,500	河南日信	2014.06.01
清 白玉刻花山水纹笔筒	高7.5cm	172,500	南京经典	2014.01.06
清 白玉留皮雕岁寒三友纹笔筒	高12.6cm	1,657,600	天津文物	2014.11.15
清 白玉梅花随形笔筒	高19.7cm	32,200	中国嘉德	2014.03.24
清 白玉人物故事笔筒	高13cm	172,500	北京保利	2014.08.02
清 碧玉笔筒	高14.5cm	1,073,040	佳士得	2014.11.26
清 和田玉刻花山水笔筒	高7.5cm	172,500	南京经典	2014.04.27
清 和阗白玉雕山水纹笔筒	直径22cm	325,220	中信国际	2014.03.30
清 火烧玉梅花纹福禄寿笔筒	高12cm	86,250	北京翰海	2014.05.10
清 青白玉梅树桩式笔筒	高20.5cm	1,944,795	纽约佳士得	2014.03.20
19世纪 青玉带皮雕梅花纹笔筒	宽9.2cm	461,300	伦敦邦瀚斯	2014.05.15
20世纪 青白玉雕松树灵芝纹笔筒	高14.4cm	268,406	纽约苏富比	2014.03.18
白玉灞桥风雪笔筒	高12.4cm	1,150,000	北京博观	2014.07.06
白玉放鹤图笔筒	高17.7cm	40,250	中国嘉德	2014.03.24
白玉花卉诗文小笔筒	高9cm	17,250	中国嘉德	2014.09.22
白玉山水人物纹小笔筒	高8.8cm	11,500	中国嘉德	2014.09.22
白玉松下高士图小笔筒	高9.3cm	10,350	中国嘉德	2014.09.22
碧玉高士图笔筒	高18.5cm	25,300	中国嘉德	2014.09.22
碧玉吉庆有余笔筒	高12.5cm	143,750	北京博观	2014.11.16

拍品名称	物品尺寸	成交价RMB	拍卖公司	拍卖日期
碧玉山水人物纹笔筒	高18.6cm	34,500	中国嘉德	2014.06.22
碧玉阴刻填金诗文笔筒	高16.7cm	13,800	中国嘉德	2014.09.22
和田山料制方形笔筒	高11.5cm	55,200	福建东南	2014.10.26
民国 碧玉人物故事笔筒	高17.5cm	34,500	太平洋	2014.03.21
殷建国、陈如冬、陆宜南 松林山斋碧玉笔筒		287,500	西泠拍卖	2014.05.03
玉笔筒	高14cm	781,110	中国艺海	2014.11.15
玉雕喜鹊登梅图笔筒	高15.2cm	13,800	中国嘉德	2014.09.22
笔架（笔搁）				
金 青白玉笔架山	宽10.2cm	56,003	保利香港	2014.10.07
明 白玉九如笔架	长11cm	134,400	武汉中信	2014.10.23
明 白玉巧雕喜鹊笔架	长17cm	138,000	江苏爱涛	2014.07.06
明 玉螭龙纹四孔笔插	直径8.7cm	149,500	北京翰海	2014.10.26
明 玉雕双鹿笔架	长16.5cm	69,216	台湾世家	2014.04.13
明 玉龙纹笔架	长13cm	34,500	北京翰海	2014.11.22
明 玉镂雕笔山	长16.8cm	197,500	香港苏富比	2014.04.07
清早期 白玉仿石笔架	长10cm	172,500	江苏爱涛	2014.07.06
清乾隆 白玉雕骆驼笔架	长7.5cm	276,000	远方拍卖	2014.06.02
清乾隆 白玉山水人物笔筒	高8.8cm	552,000	北京保利	2014.12.03
清乾隆 碧玉竹溪六逸笔筒	高16cm	2,300,000	北京保利	2014.12.03
清中期 白玉双螭龙笔架	长15cm	46,000	中国嘉德	2014.11.20
清中期 白玉携琴访友松鹤延年山形笔架	长14.5cm	218,500	北京翰海	2014.10.26
清中期 茶晶海水鱼纹山形笔架	长14.7cm	46,000	北京翰海	2014.05.11
清中期 碧玉雕云龙笔筒	高14.5cm	920,000	北京保利	2014.12.05
清 南红玛瑙雕松树笔筒	高7.8cm	69,000	西泠拍卖	2014.12.13
清 白玉笔、卧犬笔架（两件）	长18cm；长5cm	32,200	北京保利	2014.10.26
清 白玉雕双鹅衔枝纹笔架	长9.4cm	288,960	天津文物	2014.11.15
清 白玉灵芝笔架	宽10.5cm	115,000	中国嘉德	2014.05.18
清 白玉灵芝仙鹤笔架	长12cm	57,500	北京保利	2014.04.27
清 白玉龙纹笔架	长16cm	25,300	北京保利	2014.10.26
清 白玉松鼠葡萄笔架	长5.5cm	86,250	北京保利	2014.01.11
清 白玉松鼠葡萄笔架	长6cm	46,000	北京翰海	2014.04.12
清 白玉文房笔架	长6.8cm	25,300	北京翰海	2014.10.26
清 白玉五峰笔架	宽9.5cm	34,500	北京翰海	2014.05.10
清 白玉竹节笔搁	长5.8cm	55,200	中国嘉德	2014.11.20
清 青白玉沁色童子笔架	长12cm	13,800	中国嘉德	2014.09.22
清 玉雕寿山福海笔架	长26cm	287,500	中贸圣佳	2014.06.01
清 珊瑚魁星点斗笔架	宽8cm	74,750	北京保利	2014.12.04
清 玛瑙雕梅花笔架	长12.5cm	46,000	西泠拍卖	2014.12.13
18世纪/19世纪 褐皮白玉仙人乘槎纹笔搁	长11.1cm	171,340	伦敦苏富比	2014.05.14
民国 蜜蜡山形笔架	长14cm	13,800	北京保利	2014.10.26
和田玉雕八兔笔架	长28cm	1,041,480	中国艺海	2014.11.15
笔掭				
清乾隆 白玉雕螭龙纹笔掭	长7.8cm	460,000	北京匡时	2014.06.03
清乾隆 白玉双瓜蝶纹佛手笔掭	长15.5cm	575,000	北京保利	2014.01.11
清中期 白玉留皮雕松鼠葡萄笔掭	宽15.8cm	80,500	中国嘉德	2014.11.20
清中期 青白玉雕叶形笔掭	高13cm	13,800	中鸿信	2014.11.22
清 白玉荷塘清趣笔掭	长10cm	184,000	翰风国际	2014.04.30
清 白玉灵芝笔掭	长5.7cm	126,500	翰风国际	2014.04.30
清 白玉葡萄笔掭	长7cm	40,250	北京保利	2014.10.26
清 白玉双欢叶形笔掭	长9cm	115,000	北京翰海	2014.10.25
清 痕都斯坦白玉雕笔掭	长9.6cm	34,500	西泠拍卖	2014.05.06
清 琥珀罗汉笔掭	长9cm	11,500	北京保利	2014.10.26
青玉笔掭	长7.8cm	36,800	深圳市拍	2014.06.29
印盒				
清乾隆 青金石印盒	高7.5cm	346,080	台湾世家	2014.04.13
清乾隆 白玉印盒	直径5.6cm	115,000	北京翰海	2014.05.11
清 白玉印盒	长5.6cm	78,400	天津文物	2014.05.16
清 白玉雕兽面纹印盒	直径8cm	224,000	天津文物	2014.11.15

(成交价RMB：1万元以上)

拍品名称	物品尺寸	成交价RMB	拍卖公司	拍卖日期
清 黄玉印盒	长6.8cm	425,600	天津文物	2014.05.16
墨床				
元 黄玉琮、墨床	长6cm；长7.5cm	13,800	北京保利	2014.10.26
明 白玉雕梅花墨床	长9cm	80,500	西泠拍卖	2014.05.06
清早期 白玉洒金灵芝如意卷书式墨床	长11cm	57,500	北京翰海	2014.05.11
清乾隆 白玉梅花墨床	长10.5cm	63,250	北京保利	2014.08.02
清乾隆 白玉洒金诗文琴式墨床	长10.7cm	368,000	北京翰海	2014.10.25
清乾隆 白玉洒金一品当朝墨床	长8cm	34,500	北京翰海	2014.10.26
清乾隆 白玉双寿一鹭莲科墨床	长11cm	523,250	北京翰海	2014.10.26
清乾隆 碧玉嵌白玉龙纹墨床	长7.5cm	69,000	北京保利	2014.04.27
清乾隆 碧玉嵌白玉龙纹墨床	长7.5cm	32,200	北京保利	2014.10.26
清乾隆 芦雁图玉雕墨床	长11cm	103,500	中国嘉德	2014.11.22
清乾隆 嵌玉带板紫檀墨床	长13cm	253,000	古天一	2014.06.05
清乾隆 紫檀夔龙纹镶白玉八卦图墨床	高15.5cm	73,125	中鸿信	2014.11.22
清雍正 黄玉巧色"梅花"墨床	长7.5cm	2,022,400	香港苏富比	2014.04.08
清中期 白玉雕梅香图墨床	长10.8cm	184,000	北京诚轩	2014.11.20
清中期 白玉锦地卷书式墨床	长11.9cm	94,300	北京翰海	2014.10.26
清中期 白玉墨床	长12.5cm	92,000	北京保利	2014.01.11
清中期 白玉墨床	长12.5cm	57,500	北京保利	2014.10.26
清中期 白玉墨床	长8.5cm	11,500	北京保利	2014.10.26
清 白玉龙纹笔杆	长20.5cm	34,500	北京保利	2014.10.26
清 白玉仕女云龙纹卷书式墨床	长9.4cm	48,300	北京翰海	2014.05.11
水丞(水呈)				
明 白玉太狮少狮水丞	宽15cm	172,500	北京保利	2014.10.26
清早期 白玉灵芝水呈	长6.1cm	69,000	北京翰海	2014.05.11
清乾隆 白玉宝鸭水丞	长12cm	57,500	北京保利	2014.10.26
清乾隆 南红玛瑙"灵仙祝寿"水丞	长8.9cm	158,227	万昌斯	2014.05.25
清早期 白玉沁色喜鹊水丞	长14cm	172,500	北京翰海	2014.10.25
17世纪/18世纪 青玉雕螭龙纹桃式水丞	宽13.4cm	158,160	伦敦邦瀚斯	2014.05.15
清 白玉螭龙纹水呈	长7.7cm	40,250	北京翰海	2014.05.11
清 白玉雕梅花纹水丞	长10.7cm	224,000	天津文物	2014.11.15
清 白玉雕望子成龙纹水丞	长13.7cm	280,000	天津文物	2014.11.15
清 青白玉荷塘婴戏水丞	长10.8cm	13,800	中国嘉德	2014.09.22
18世纪/19世纪 红白玛瑙芝竹桃纹水丞	长9.3cm	74,415	伦敦苏富比	2014.11.05
19世纪 琥珀雕龙纹水丞	宽7.6cm	98,850	伦敦邦瀚斯	2014.05.15
民国晚期 白玉雕喜上梅稍水丞	宽10.2cm	45,998	邦瀚斯	2014.09.15
青白玉嵌百宝福至心灵水丞	长15cm	17,250	中国嘉德	2014.09.22
水盂				
明 白玉凤衔灵芝水盂	宽14cm	36,800	北京保利	2014.01.11
18世纪 白玉渣斗式水盂	长7.8cm	791,000	香港苏富比	2014.10.08
清早期 白玉辟邪水盂	长12cm	230,000	北京保利	2014.01.11
清早期 白玉辟邪水盂	长12cm	166,750	北京保利	2014.10.26
清早期 白玉雕"渔翁得利"水盂	高5.5cm	747,500	远方拍卖	2014.06.02
清乾隆 白玉瓜果水盂	长6cm	59,800	北京保利	2014.08.02
清乾隆 白玉留皮莲蓬水盂	高5.5cm	172,500	远方拍卖	2014.06.02
清乾隆 白玉双蝠桃形水盂	宽17.7cm	1,483,200	台湾世家	2014.04.13
清乾隆 黄玉宝鸭水盂	长9.2cm	979,600	香港苏富比	2014.04.08
清中期 白玉留皮荷叶形水盂	长7.5cm	23,000	北京保利	2014.10.26
清中期 白玉婴戏鱼篓水盂	宽11.5cm	345,000	北京保利	2014.12.03
清中期 白玉双童子水盂	宽8.3cm	184,000	北京保利	2014.12.05
清中期 白玉雕葫芦形水盂	长9.5cm	115,000	西泠拍卖	2014.12.13
清 白玉螭龙水盂	直径5.8cm	161,000	东拍国际	2014.07.31
清 白玉方斗形龙耳水盂	长14.6cm	98,900	中鸿信	2014.11.22
清 白玉凤凰牡丹水盂	长7.5cm	36,800	北京保利	2014.10.26
清 白玉福至心灵纹水盂	直径9cm	97,750	北京翰海	2014.05.10
清 白玉莲藕水盂	长11.5cm	126,500	北京保利	2014.01.11
清 白玉莲藕水盂	长11.5cm	92,000	北京保利	2014.10.26
清 白玉水盂	长21cm	1,495,000	江苏爱涛	2014.07.06
清 白玉水盂（三件一组）	尺寸不一	172,500	北京保利	2014.01.11
清 髮晶雕童子水盂	高8.7cm	36,800	西泠拍卖	2014.05.06
清 玛瑙雕桃形水盂	长7.3cm	18,400	中鸿信	2014.11.22
清 青白玉羊形水盂	长10.5cm	48,300	北京保利	2014.01.11
清 玉雕螭龙水盂	长7.5cm	28,750	北京翰海	2014.11.22
清 玉雕金蟾水盂	长9.5cm	46,000	北京保利	2014.01.11
清 玉雕水盂 小山子（两件）	宽5.5cm	43,700	北京保利	2014.01.11
玉鸭形水盂	高7cm	867,900	中国艺海	2014.11.15
青玉灵芝形水盂	长14cm	11,500	上海工美	2014.11.02
溪玉阁玉雕刻工作室 福寿双全白玉水盂	长9.7cm	43,700	西泠拍卖	2014.12.14
砚滴（水注）				
明末/18世纪 青白玉燊扆式水滴	长9.5cm	122,700	纽约佳士得	2014.03.20
清 白玉瑞兽水滴	长11cm	17,250	北京保利	2014.10.26
清乾隆 白玉瑞兽砚滴	长12cm	517,500	北京翰海	2014.10.26
白玉羊型水滴	长12.5cm	224,000	北京荣宝	2014.06.15
金镶玉水滴	高3.8cm	23,000	北京保利	2014.10.08
笔洗				
明 白玉雕"二龙戏珠"洗	长13cm	506,000	远方拍卖	2014.06.02
明 白玉雕花卉纹水洗摆件	长13.2cm	172,500	江苏爱涛	2014.07.06
明 白玉荷莲洗	直径12cm	69,000	深圳市拍	2014.01.05
明 白玉花卉水洗	长13cm	172,500	八益拍卖	2014.10.24
明 白玉镂雕桃形洗	宽13.5cm	69,000	中国嘉德	2014.05.18
明 白玉桃形洗	长10.5cm	120,750	古天一	2014.06.05
明 白玉万年如意羽觞洗	长10.1cm	34,500	北京翰海	2014.05.11
明 白玉雕灵芝洗	带座高11.5cm	92,000	西泠拍卖	2014.12.13
明 琥珀雕荷叶洗	长7cm	299,000	古天一	2014.06.05
明 黄玉雕螭龙纹盖洗	宽12.5cm	197,700	伦敦邦瀚斯	2014.05.15
明 火烧玉瓜果形笔洗	长12cm	63,250	北京翰海	2014.05.10
明 蜜腊雕玉兰水洗	长7.5cm	172,500	古天一	2014.06.05
明 青白玉雕螭纹四方洗	直径6.7cm	109,760	天津文物	2014.11.15
明 青白玉透雕灵芝洗	宽16cm	78,200	北京保利	2014.08.02
明 玉雕水洗	长6.5cm	69,000	北京保利	2014.04.27
明末清早期 白玉带沁色梅花洗	宽7.5cm	272,895	中国嘉德	2014.10.07
17世纪 青白玉镂雕螭龙洗	长14.6cm	65,163	纽约苏富比	2014.09.16
17世纪 青玉雕莲式洗	宽12.7cm	39,540	伦敦邦瀚斯	2014.05.15
17世纪/18世纪 琥珀雕莲式洗及象牙座	长9.5cm	316,320	伦敦苏富比	2014.05.14
清早期 青玉梅花纹笔洗	直径21.0cm	224,000	未来四方	2014.07.29
清早期 青白玉云龙纹洗	宽11cm	318,378	中国嘉德	2014.10.07
清早期 白玉留皮鸟纹洗	宽11cm	161,000	北京保利	2014.01.11
清早期 白玉留皮鸟纹洗	宽11cm	69,000	北京保利	2014.10.26
清康熙/乾隆 灰白玉雕九龙纹洗	直径14.3cm	613,300	纽约苏富比	2014.09.16
清雍正/乾隆 褐斑白玉桃式洗	长8.6cm	395,500	香港苏富比	2014.10.08
清乾隆 紫檀木镂雕玉兰洗	长12.5cm	20,700	中鸿信	2014.11.22
清乾隆 玉雕五福捧寿洗	长11.5cm	218,500	北京诚轩	2014.05.19
清乾隆 玉雕荷叶蛙型洗	高3cm	222,480	台湾世家	2014.04.13
清乾隆 青白玉留皮叶形洗	宽20cm	63,250	北京保利	2014.10.26
清乾隆 青白玉福在眼前双龙耳游环洗	宽26cm	322,000	北京保利	2014.01.11
清乾隆 青白玉福在眼前双龙耳游环洗	宽26cm	126,500	北京保利	2014.10.26
清乾隆 南红玛瑙一品清廉水洗	高5.5cm	203,400	江苏爱涛	2014.07.06
清乾隆 玛瑙雕荷叶蜻蜓洗	宽6.3cm	91,770	中国嘉德	2014.04.09
清乾隆 黄玉洗	长9cm	1,286,400	佳士得	2014.05.28
清乾隆 碧玉秋海棠洗	长23cm	437,000	北京保利	2014.06.04
清乾隆 碧玉雕番莲纹花耳洗	长32.1cm	1,028,300	香港苏富比	2014.10.08
清乾隆 碧玉雕缠枝花卉纹条棱洗	直径14.6cm	172,500	中贸圣佳	2014.07.06
清乾隆 白玉雕梅兰竹菊纹方胜洗	长14cm	80,500	西泠拍卖	2014.12.13

2014玉器拍卖成交汇总

(成交价RMB：1万元以上)

拍品名称	物品尺寸	成交价RMB	拍卖公司	拍卖日期
清乾隆 白玉云龙如意纹笔洗	直径13.5cm	460,000	北京翰海	2014.05.10
清乾隆 白玉西番莲水洗	直径15.5cm	2,070,000	北京翰海	2014.10.25
清乾隆 白玉双耳花卉水洗	宽15cm	69,000	北京保利	2014.10.26
清乾隆 白玉兽面纹蝠耳活环五足洗	直径23.2cm	5,016,960	罗芙奥	2014.05.25
清乾隆 白玉梅花洗	宽14cm	115,000	北京保利	2014.04.27
清乾隆 白玉梅花洗	宽14cm	51,750	北京保利	2014.10.26
清乾隆 白玉九如葵口洗	直径14cm	782,000	北京保利	2014.10.26
清乾隆 白玉荷叶洗	长6cm	46,000	北京保利	2014.04.27
清乾隆 白玉雕五龙纹笔洗	宽20cm	14,950,000	中国嘉德	2014.05.18
清乾隆 白玉雕双龙戏珠纹笔洗	长14cm	862,500	北京东正	2014.11.20
清乾隆 白玉雕包袱形笔洗	长10cm	346,080	台湾世家	2014.04.13
清嘉庆 青金石雕螭龙纹倭角长方洗	长10.7cm	86,250	北京翰海	2014.05.11
清道光 白玉福寿洗	直径7.7cm	46,000	北京翰海	2014.10.26
清中期 水晶如意纹笔洗（带座）	长18.5cm	85,880	广东省拍	2014.06.22
清中期 青白玉海棠形笔洗	宽7cm	25,696	中国嘉德	2014.04.09
清中期 碧玉笔洗	直径9.7cm	40,250	北京匡时	2014.06.04
清中期 白玉兽面纹洗	长6cm	28,750	北京翰海	2014.10.26
清中期 白玉巧雕喜鹊登梅方洗	宽11cm	230,000	北京保利	2014.04.27
清中期 白玉巧雕喜鹊登梅方洗	宽11cm	97,750	北京保利	2014.10.26
清中期 白玉灵芝洗	高5cm	158,675	保利香港	2014.10.07
清中期 白玉菊瓣纹小洗	直径5.5cm	10,350	北京保利	2014.10.26
清中期 白玉荷叶形笔洗	长25cm	253,000	北京翰海	2014.05.10
清中期 白玉荷叶洗	宽7cm	23,000	北京保利	2014.10.26
清中期 白玉荷叶洗	宽13cm	13,800	北京保利	2014.10.26
清中期 白玉荷叶式洗	长24cm	675,360	罗芙奥	2014.05.25
清中期 白玉荷塘清趣洗	宽9cm	23,000	北京保利	2014.10.26
清中期 白玉蝠磬如意海棠洗	长20cm	172,500	上海嘉泰	2014.06.19
清中期 白玉雕龙纹洗	长7cm	230,000	北京东正	2014.06.07
19世纪 青玉雕瓜蔓纹笔洗	长10.5cm	38,344	纽约苏富比	2014.03.18
19世纪 白玉雕福在眼前活环耳笔洗	长18.5cm	76,663	纽约苏富比	2014.09.16
清18世纪 白玉桃树椿形洗	长15cm	837,400	香港苏富比	2014.04.08
18世纪/19世纪 青玉蟠螭桃式小洗	长8.3cm	65,184	纽约佳士得	2014.03.20
18世纪/19世纪 青白玉福寿三多桃形洗	长17cm	122,700	纽约苏富比	2014.03.18
18世纪/19世纪 青白玉蝙蝠葫芦纹洗	直径12.1cm	52,091	伦敦苏富比	2014.11.05
18世纪/19世纪 白玉鲶鱼纹海棠式洗	直径7.9cm	124,025	伦敦苏富比	2014.11.05
18世纪 水晶“灵芝祝寿”图桃竹形洗	长12.7cm	148,125	香港苏富比	2014.04.08
18世纪 青白玉团龙纹洗	直径14.8cm	593,250	香港苏富比	2014.10.08
18世纪 青白玉雕罂粟纹洗	直径13.2cm	613,300	纽约苏富比	2014.09.16
18世纪 碧玉雕八宝吉祥有余双耳洗	宽26.7cm	230,063	纽约苏富比	2014.03.18
18世纪 白玉雕御题诗如意云形洗	长32.7cm	1,686,575	纽约苏富比	2014.09.16
18世纪 白玉雕一路连科洗	高8.9cm	53,664	纽约苏富比	2014.09.16
18世纪 白玉雕莲叶形笔洗	长10cm	30,675	纽约苏富比	2014.03.18
18世纪 白玉“福寿”图双耳桃形洗	长13.7cm	1,264,000	香港苏富比	2014.04.08
清17世纪/18世纪 褐斑黄玉“拐子龙”纹洗	长8.2cm	1,358,800	香港苏富比	2014.04.08
清 玉留皮螭龙洗	直径6cm	46,000	朵云轩	2014.06.29
清 青玉菊瓣洗	长24cm	13,800	中国嘉德	2014.09.22
清 青玉雕莲花形洗	长12.7cm	30,665	纽约苏富比	2014.09.16
清 青白玉喜鹊登梅水洗	长14cm	69,000	北京华辰	2014.05.17
清 青白玉葫芦形水洗	长14cm	92,000	北京华辰	2014.05.17
清 青白玉雕童子戏水形笔洗	直径13.3cm	172,500	上海泓盛	2014.06.26

拍品名称	物品尺寸	成交价RMB	拍卖公司	拍卖日期
清 玛瑙叶形笔洗	长14.2cm	34,500	南京经典	2014.01.06
清 玛瑙雕灵芝如意笔洗连座	带座高5.5cm	109,250	西泠拍卖	2014.05.06
清 火烧玉桃形笔洗	长17.5cm	92,000	北京翰海	2014.05.10
清 黄玉雕荷叶洗	带座高9cm	103,500	西泠拍卖	2014.05.06
清 黄玉雕缠枝莲纹笔洗	直径20.8cm	460,000	中鸿信	2014.11.22
清 琥珀童子洗	长10.5cm	51,750	北京匡时	2014.06.03
清 琥珀螭龙水洗	宽8.5cm	36,800	北京保利	2014.08.02
清 痕都斯坦水洗	长16cm	115,000	雍和嘉诚	2014.05.31
清 和田玉回纹水洗	直径9cm	34,500	南京经典	2014.08.04
清 白玉鸳鸯水洗摆件（一对）	长13cm	36,800	北京保利	2014.08.02
清 白玉桃形洗	长12.5cm	25,300	中国嘉德	2014.09.22
清 白玉双蛙荷叶洗	宽15cm	48,300	北京保利	2014.10.26
清 白玉双螭荷叶洗	宽13cm	32,200	北京保利	2014.10.26
清 白玉巧作双鱼洗	长17.8m	94,300	中鸿信	2014.11.22
清 白玉龙纹水洗	长13.5cm	287,500	江苏爱涛	2014.07.06
清 白玉灵芝洗	长12cm	17,250	中国嘉德	2014.06.22
清 白玉灵芝纹水洗	宽11cm	184,000	北京保利	2014.04.27
清 白玉荷叶洗	直径10cm	80,500	朵云轩	2014.06.29
清 白玉荷莲草虫格洗	长11.1cm	34,500	北京翰海	2014.10.26
清 白玉荷花洗	宽5.5cm	32,200	北京保利	2014.01.11
清 白玉福禄万代水洗	高15.3cm	276,000	江苏爱涛	2014.07.06
清 白玉雕蟹元荷叶纹洗	直径9.2cm	425,600	天津文物	2014.11.15
清 白玉雕双螭纹海棠形笔洗	长12.7cm	224,000	天津文物	2014.05.16
清 白玉雕荷叶洗	长9.3cm	253,000	西泠拍卖	2014.05.06
清 白玉雕苍龙戏珠纹笔洗	直径9cm	89,600	天津文物	2014.11.15
清 白玉带皮楼阁式洗	宽12cm	72,680	保利香港	2014.04.07
清 白玉螭龙纹洗	长9.8cm	34,500	北京翰海	2014.10.26
清 白玉苍龙教子笔洗	长13.3cm	667,000	翰风国际	2014.04.30
清 白玉雕荷塘清趣水洗	长10cm	46,000	西泠拍卖	2014.12.13
清 白玉雕镶翡翠荷蟹洗	长10cm	184,000	西泠拍卖	2014.12.13
清 白玉荷叶洗	长15cm	38,000	北京九歌	2014.12.17
清 白玉水仙灵芝水洗	长12cm	241,500	华艺国际	2014.12.09
清 白玉籽料龙纹洗	高5cm	420,000	北京九歌	2014.12.17
清 玛瑙雕梅花纹水洗	带座高12.5cm	97,750	西泠拍卖	2014.12.13
清 三希堂款白玉山水人物海棠水洗	长13cm	86,250	西泠拍卖	2014.12.13
白玉福寿灵芝耳洗	长17cm	86,250	中国嘉德	2014.03.24
白玉山水人物洗	长18cm	17,250	中国嘉德	2014.09.22
和田白玉笔洗	长22cm	2,603,700	中国艺海	2014.11.15
民国 碧玉俏雕灵芝笔洗	长12cm	46,000	中贸圣佳	2014.07.06
和田白玉福禄万代笔洗	长14.2cm	132,000	华软信诚	2014.01.01
近代 白玉螭龙水洗	宽13cm	34,500	北京保利	2014.08.02
青白玉双耳洗	长14.5cm	11,500	中国嘉德	2014.09.22
瞿利军 翠羽荷珠 白玉水洗		80,500	西泠拍卖	2014.05.03
溪玉阁玉雕工作室 螭龙望天 白玉笔洗		28,750	西泠拍卖	2014.05.03
瞿利军 一路连科 碧玉笔洗	长5.4cm	69,000	西泠拍卖	2014.12.14
纸镇				
汉代 玉雕熊形镇纸	高3.5cm	494,400	台湾世家	2014.04.13
元/明 玉雕瑞兽镇纸	长7.2cm	494,375	香港苏富比	2014.10.08
17世纪 黄玉卧马镇纸	长8.6cm	5,245,600	香港苏富比	2014.04.08
明 白玉雕琴棋书画纸镇	高7.8cm	80,500	北京翰海	2014.10.25
明 白玉沁色狮子戏球纸镇	长9cm	552,000	北京翰海	2014.10.25
明 黑白玉卧马纸镇	长8.5cm	287,500	远方拍卖	2014.06.02
明 琥珀螭龙纹纸镇	长5.3cm	48,300	北京匡时	2014.06.04
明 火烧玉九龙纸镇	长15cm	172,500	北京翰海	2014.05.10
明 火烧玉书卷形纸镇	长17cm	78,200	北京翰海	2014.05.10
明 南红玛瑙太师少师纸镇	长8.5cm	195,500	北京翰海	2014.05.10
明 青白玉螭蟠泗水纸镇	宽7.5cm	920,000	北京翰海	2014.05.10
明 水草玛瑙 棋子纸镇（二件）	直径5cm	48,300	北京翰海	2014.05.10
清乾隆 白玉蝠纹镇	宽8cm	69,000	北京保利	2014.08.02

拍品名称	物品尺寸	成交价RMB	拍卖公司	拍卖日期
清乾隆 水晶雕瑞兽纸镇	高8.9cm	112,700	江苏爱涛	2014.07.06
清乾隆 玉雕鸳鸯镇纸	高5cm	519,120	台湾世家	2014.04.13
清早期 玛瑙巧雕鹿乳奉亲镇	高7.9cm	149,500	北京诚轩	2014.05.19
清早期 玉雕代代封侯镇	长7.2cm	80,500	北京诚轩	2014.11.20
清中期 白玉琴棋书画纸镇	高8.1cm	32,200	北京翰海	2014.10.26
清中期白玉洒金梅花琴棋书画纸镇	长11.5cm	184,000	北京翰海	2014.10.26
清中期 白玉文镇、墨床、水呈（三件）	尺寸不一	655,500	北京翰海	2014.10.26
清中期 白玉云龙纹镇纸	长6.5cm	115,000	北京保利	2014.10.26
清中期 玉雕灵芝形镇	长8.5cm	172,500	北京诚轩	2014.11.20
清 白玉雕“雅人四好”镇纸	长12cm	138,000	北京华辰	2014.04.27
清 白玉雕花卉纹镇纸	长17.4cm	56,000	天津文物	2014.05.16
清 白玉雕梅花纹镇纸	长16cm	165,760	天津文物	2014.11.15
清 白玉雕双螭纹镇纸	长23cm	168,000	天津文物	2014.11.15
清 白玉雕松树纹纸镇	长8cm	392,000	天津文物	2014.05.16
清 白玉二龙戏凤纸镇	长6.8cm	20,700	中国嘉德	2014.09.22
清 白玉留皮卧牛纸镇	长10cm	109,250	北京翰海	2014.10.25
清 白玉糖色纸镇	长5cm	18,400	北京匡时	2014.09.17
清 白玉祥云瑞兽纸镇	长6cm	74,750	深圳市拍	2014.01.05
清 红木嵌白玉松下高士纸镇	长37cm	172,500	北京翰海	2014.10.25
清 红珊瑚瑞兽镇	长6cm	92,000	北京保利	2014.06.06
清 玛瑙福蛙镇纸	高4.5cm	51,750	北京匡时	2014.06.03
清 玛瑙瑞兽纸镇	长8.5cm	57,500	北京翰海	2014.05.10
清 南红玛瑙雕双狮纸镇	长7.3cm	34,500	中鸿信	2014.11.22
清 青白玉螭龙镇尺	长21.5cm	195,500	远方拍卖	2014.06.02
清 青白玉仕女纸镇	长8cm	59,800	北京翰海	2014.10.25
清 青白玉双兽纸镇	长8.2cm	17,250	中国嘉德	2014.09.22
清 青花玉卧牛镇纸	长14cm	34,500	太平洋	2014.06.25
清 水晶金鱼镇（一对）	长11.5cm×2	103,500	北京诚轩	2014.05.19
清 水晶双狮纸镇（二件）	长12cm	40,250	北京翰海	2014.05.10
清 水晶卧牛纸镇	长16cm	74,750	北京翰海	2014.05.10
清 玉雕童子献寿纸镇	长7cm	184,000	北京翰海	2014.01.11
18世纪 琥珀瑞兽纹长方纸镇	长8.7cm	79,080	伦敦苏富比	2014.05.14
白玉瑞兽纸镇	长11cm	345,000	北京翰海	2014.11.22
和田玉籽料一鸣惊人镇纸	长7.7cm	230,000	北京博观	2014.11.16
近代 白玉雕飞天纸镇（二件）	长9.5cm	92,000	北京翰海	2014.01.11
砚台				
明 青白玉八方砚	长10.7cm	46,000	北京翰海	2014.10.26
清早期 黄玉太平有象纹瓶式砚	长17.5cm	115,000	北京翰海	2014.05.11
清乾隆 青玉海水云龙纹砚	长14.8cm	63,250	北京翰海	2014.10.26
清中期 白玉龙纹砚	长13.8cm	55,200	北京翰海	2014.05.11
清 白玉三足寿字蝉形砚	长9.5cm	86,250	北京翰海	2014.10.25
清 白玉太平有象砚台	长16cm	40,250	北京保利	2014.04.27
清 白玉砚	长15cm	40,250	北京保利	2014.08.02
清 青白玉松下对弈砚	长17.5cm	161,000	北京华辰	2014.04.27
清 沈秉成藏佛手水晶砚	长11.3cm	109,760	天津文物	2014.11.15
碧玉嵌白玉砚台（一对）	长11cm	103,500	北京匡时	2014.09.17
青白玉砚台	直径16.8cm	67,200	北京荣宝	2014.06.15
青玉夔凤纹琴形砚	长11.3cm	20,700	中国嘉德	2014.09.22
玉玺				
明 黑青玉瑞兽钮印玺	长4.5cm	65,900	伦敦苏富比	2014.05.14
清乾隆 水晶如意纹瑞兽纽玺	高9cm	437,000	北京翰海	2014.05.10
清乾隆 青金石雕龙钮方玺	高4.8cm	838,460	香港苏富比	2014.10.08
清乾隆 御制黄玉“奉三无私”螭龙钮葫芦形玺	长3.7cm	1,725,000	北京保利	2014.12.03
清乾隆 白玉瑞兽钮“随安室”玺	高4.7cm	483,000	北京保利	2014.12.03
清乾隆 御制黄水晶“德日新”、“所宝惟贤”、“乾隆御笔”玺（三方）	尺寸不一	12,075,000	北京保利	2014.12.03
清光绪 慈禧太后 御宝灰青玉交龙钮长方玺	长14.7cm	461,300	伦敦苏富比	2014.05.14

拍品名称	物品尺寸	成交价RMB	拍卖公司	拍卖日期
清道光 白玉龙钮玺	高7cm	690,000	北京翰海	2014.10.26
18世纪/19世纪 白玉辟邪钮印玺	长2.3cm	105,440	伦敦苏富比	2014.05.14
18世纪/19世纪 白玉灵猴献桃印玺及青白玉螭龙纹长方印玺	长4cm	118,620	伦敦苏富比	2014.05.14
清 青玉雕八棱式“宣统之宝”玺	高3.4cm	253,000	北京东正	2014.05.18
白玉龙钮玉玺	长8cm	34,500	太平洋	2014.03.21
白玉双龙钮玺（二件）	长5.3cm	5,462,500	北京翰海	2014.05.11
碧玉雕龙钮玉玺	高9.7cm	280,000	北京九歌	2014.12.17
玛瑙及寿山石印玺（三件）	尺寸不一	24,805	伦敦苏富比	2014.11.05
玉及寿山石印玺（十八件）	尺寸不一	99,220	伦敦苏富比	2014.11.05
玉印				
明 白玉雕龟钮印章	宽3.2cm	44,800	天津文物	2014.11.15
明 白玉留皮雕瓦钮印章	高2.8cm	44,800	天津文物	2014.11.15
明 琥珀狮钮长方章	高7.5cm	34,500	北京翰海	2014.08.24
明 琥珀兽钮印章	高4.6cm	207,000	翰风国际	2014.04.30
明 黄玉甪端圆章	高4.2cm	43,700	北京翰海	2014.10.26
明 玛瑙“一琴一鹤”随形印	长6.0cm	32,200	北京保利	2014.04.27
明 瑞兽钮“古桐书舍”白玉印	长2.2cm	32,200	北京保利	2014.04.27
明 狮钮“禹都世家”玉印	长5.5cm	32,200	北京保利	2014.04.27
明 玉雕留皮瑞兽小印	宽2.5cm	45,885	中国嘉德	2014.04.09
明 玉雕兽钮印章	高3.8cm	34,500	北京传是	2014.06.05
清康熙 玉雕苍龙教子钮方章	高5.7cm	483,000	北京诚轩	2014.05.19
清早期 青白玉“和硕睿亲王宝”印	高5cm	782,000	北京保利	2014.12.03
清早期 玉雕兽钮小印章	高3cm	80,500	北京保利	2014.04.27
清早期 白玉童子印章	高3.7cm	52,900	北京保利	2014.04.27
清早期 白玉螭龙钮印	高3.3cm	112,700	古天一	2014.06.05
清乾隆 永理款黄玉巧雕龙钮方章	高4.4cm	437,000	西泠拍卖	2014.05.06
清乾隆 白玉印（两方）	尺寸不一	632,500	上海道明	2014.03.27
清中期 白玉雕瓦钮印（一对）	长6.3cm	920,000	北京东正	2014.05.18
18世纪及晚期 银盖壶镶青白玉螭龙带钩耳及水晶印章钮	高34cm	210,822	纽约苏富比	2014.09.16
18世纪/19世纪 白玉雕狮钮章		115,031	纽约苏富比	2014.03.18
18世纪 碧玉雕螭龙钮章料	高6cm	138,038	纽约苏富比	2014.03.18
清 玉雕螭龙钮印	高5cm	34,500	北京保利	2014.01.11
清 玉、琥珀印章（四件）	尺寸不一	29,900	北京保利	2014.10.26
清 水晶狮印	高13cm	66,410	日本伊斯特	2014.05.31
清 水晶狮钮印章（二件）	高14.5cm	40,250	北京翰海	2014.10.25
清 青玉绳钮印	长3.5cm	23,000	中国嘉德	2014.09.22
清 青白玉麒麟负书印	高3.5cm	52,760	中国嘉德	2014.10.07
清 青白玉龙钮印章	长5.5cm	82,800	中国嘉德	2014.05.18
清 蟠龙钮白玉圆形印	径2.5cm	92,000	西泠拍卖	2014.05.05
清 琥珀瑞兽钮印	高4cm	76,688	纽约佳士得	2014.03.20
清 琥珀龙纹印章	高5.8cm	31,360	广东省拍	2014.06.22
清 琥珀、蜜蜡章（二方）	尺寸不一	11,500	西泠拍卖	2014.05.05
清 红珊瑚“鸿福齐天”章	长5.7cm	276,000	北京保利	2014.06.04
清 各式玉印（三方）	尺寸不一	46,000	北京保利	2014.04.27
清 各式玉印（六方）	尺寸不一	71,300	北京保利	2014.04.27
清 各式玉印（八方）	尺寸不一	52,900	北京保利	2014.04.27
清 白玉印章、金玉坠（三件）	尺寸不一	47,150	北京保利	2014.04.27
清 白玉印章（一组）	尺寸不一	74,750	北京保利	2014.04.27
清 白玉印（四方）	尺寸不一	103,500	北京保利	2014.04.27
清 白玉随形印（四方）	尺寸不一	57,500	北京保利	2014.04.27
清 白玉兽钮章	高3.1cm	36,800	中国嘉德	2014.06.22
清 白玉兽钮印章	高2.8cm	28,750	中国嘉德	2014.11.20
清 白玉瑞兽钮印（三方）	尺寸不一	32,200	北京保利	2014.10.26
清 白玉瑞兽钮、龟钮印（两方）	尺寸不一	20,700	北京保利	2014.10.26
清 白玉沁色雕龟钮印章	高3.3cm	58,240	天津文物	2014.11.15
清 白玉沁色雕螭钮印章	高3.4cm	56,000	天津文物	2014.11.15
清 白玉龙钮印	高3cm	57,500	中国嘉德	2014.11.20

2014玉器拍卖成交汇总

(成交价RMB：1万元以上)

拍品名称	物品尺寸	成交价RMB	拍卖公司	拍卖日期
清 白玉留皮雕兽钮印章	长5cm	56,000	天津文物	2014.05.16
清 白玉留皮雕如意纹印章	高4.8cm	87,360	天津文物	2014.11.15
清 白玉猴钮印章	高4cm	11,500	中国嘉德	2014.11.20
清 白玉各式印章（五件）	尺寸不一	48,300	北京保利	2014.08.02
清 白玉各式兽钮印（八方）	尺寸不一	66,700	北京保利	2014.04.27
清 白玉雕兽钮印章	长3.5cm	64,960	天津文物	2014.05.16
清 白玉雕兽钮印章	高3.6cm	56,000	天津文物	2014.11.15
清 白玉雕兽钮印章	高2.3cm	53,760	天津文物	2014.11.15
清 白玉雕兽钮纹印章	高3cm	56,000	天津文物	2014.11.15
清 白玉雕兽钮纹印章	高3.2cm	56,000	天津文物	2014.11.15
清 白玉雕龙钮印章“清宁之宝”	高4.3cm	181,700	保利香港	2014.04.07
清 白玉带皮螭龙钮印	高4.2cm	34,500	北京翰海	2014.04.12
白玉狮钮章	高7.0cm	105,800	北京博观	2014.11.16
崔磊 白玉司命之印	高5cm	207,000	中国嘉德	2014.11.20
和田玉籽料瑞兽扭章	高7.9cm	184,000	北京博观	2014.11.16
黄罕勇 白玉辟邪印章	高5.6cm	230,000	中国嘉德	2014.11.20
民国 白玉瓦钮“大千居士”印章	长2cm	58,500	中鸿信	2014.11.22
穆宇静 四灵 白玉章	高6.5cm	126,500	北京匡时	2014.06.05
苏然 和田玉籽料四时花卉纹方章	高4.9cm	126,500	北京博观	2014.04.20
苏然 玉印章（十八方）	尺寸不一	322,000	西泠拍卖	2014.05.03
于雪涛 白玉天印	10cm×8.5cm×7cm	2,990,000	中国嘉德	2014.11.20
瞿利军 为有暗香来 墨玉印章（一对）	尺寸不一	63,250	西泠拍卖	2014.12.14
忠荣玉典 白玉圆雕山水纹椭圆章	高4.6cm	201,600	上海联合	2014.10.11
紫晶石狮钮印章	高3.9cm	16,675	上海工美	2014.11.02
其他文房用品				
明 白玉透雕婴戏砚屏	高6.1cm	69,000	北京翰海	2014.05.11
明末 白玉子冈款松树纹臂搁	长15.2cm	115,000	北京东正	2014.11.20
清乾隆 白玉竹节臂搁	长8cm	230,000	北京保利	2014.08.02
清乾隆 碧玉龙纹文字书别	长13.4cm	57,500	北京翰海	2014.05.11
清中期 白玉放鹤图砚屏	长11.5cm	287,500	上海嘉泰	2014.06.19
清 白玉宝剑书拨	长7.7cm	55,200	北京翰海	2014.05.10
清 白玉雕婴戏臂搁	长15.5cm	63,250	西泠拍卖	2014.05.06
清 白玉文房（一组）	尺寸不一	11,500	北京保利	2014.10.26
清 嵌白玉人物裁纸刀	长16cm	34,500	北京保利	2014.10.26
清 水晶文房（两件）	高10cm	20,700	北京保利	2014.10.26
清 竹刻诗文鞘青玉裁纸刀	长29.5cm	25,300	中国嘉德	2014.09.22
白玉 铜文房（四件）	尺寸不一	23,000	中国嘉德	2014.09.22
白玉文房（三件）	高7.1cm	32,200	中国嘉德	2014.03.24
白玉文房（三件）	长8.6cm	23,000	中国嘉德	2014.09.22
近代 碧玉八宝臂搁（一对）	长20cm	34,500	北京保利	2014.01.11
殷建国 溪山清逸 新疆和田籽料文房（十一件套）	尺寸不一	8,625,000	西泠拍卖	2014.12.14
五、兵器及刀剑饰				
新石器时代 良渚文化 石斧	长18.8cm	345,094	纽约苏富比	2014.03.18
新石器时代 玉刀	长20.8cm	46,013	纽约苏富比	2014.03.18
新石器时代 青玉斧	长14.3cm	30,675	纽约佳士得	2014.03.20
新石器时代或商 青玉斧	长16cm	53,681	纽约佳士得	2014.03.20
东周晚期/汉 灰青玉钩连云纹剑珌	宽5.5cm	42,178	纽约佳士得	2014.03.20
战国 白玉剑饰	宽5.3cm	36,708	中国嘉德	2014.04.09
战国 玉雕勾连纹剑璏	长6cm	36,386	中国嘉德	2014.10.07
战国 玉雕剑珌	宽6cm	52,760	中国嘉德	2014.10.07
西汉 白玉剑首	直径7.8cm	73,968	大唐国际	2014.05.27
西汉 玉螭龙纹剑璏及螭龙纹剑格	长9.4cm	230,063	纽约苏富比	2014.03.18
汉 白玉剑璏	长8.4cm	45,885	中国嘉德	2014.04.09
汉 黄玉兽面云纹剑璏	长10.35cm	130,673	保利香港	2014.10.07
汉 玉雕螭龙纹剑珌	高5.5cm	27,290	中国嘉德	2014.10.07
金/元 白玉五节双龙首剑（二件）	长20.5cm	1,150,000	北京翰海	2014.10.26

拍品名称	物品尺寸	成交价RMB	拍卖公司	拍卖日期
元/明 白玉螭龙纹剑饰	长8.3cm	34,500	北京翰海	2014.04.12
明以前 白玉雕螭龙纹剑饰（一组）	尺寸不一	264,500	西泠拍卖	2014.05.06
明 白玉螭龙纹剑璏	长7.1cm	66,700	北京翰海	2014.05.11
明 各式剑饰（四件）	尺寸不一	36,800	北京保利	2014.04.27
明 黄玉花卉金石异必剑珌	高3.6cm	48,300	北京翰海	2014.05.11
明 青白玉双龙耳杯及青白玉卷云纹剑璏	直径14.3cm	53,681	纽约佳士得	2014.03.20
明 玉雕剑饰（两件）	尺寸不一	34,500	北京保利	2014.10.26
明或更早 高浮雕龙纹剑格	长7.2cm	190,400	江苏爱涛	2014.07.06
明或更早 青玉七孔玉刀	长36.7cm	45,425	保利香港	2014.04.07
明以前 玉剑饰（一组四件）	尺寸不一	230,000	西泠拍卖	2014.05.06
清 古玉乾隆御题斧	长24.2cm	345,000	北京保利	2014.06.06
清 苏做仿痕都斯坦玉柄匕首	长35cm	345,000	北京传是	2014.06.05
清乾隆 白玉雕兽面纹剑璏	长10cm	64,400	中鸿信	2014.11.22
清乾隆 白玉提黑油钺	高9cm	345,000	远方拍卖	2014.06.02
18世纪 痕都斯坦式白玉带皮雕花叶纹柄匕首	长31cm	105,440	伦敦邦瀚斯	2014.05.15
19世纪 18世纪/19世纪 清晚期 青玉镂雕和合二仙纹如意形饰件 白玉雕螭龙纹带钩及白玉雕剑璏 青玉雕螭龙纹带扣（共四件）	尺寸不一	59,310	伦敦邦瀚斯	2014.05.15
白玉螭龙剑饰	直径3.5cm	34,500	北京翰海	2014.04.12
玉戈	宽25.3cm	329,802	中国艺海	2014.11.15